हिंदी पत्रकारिता के शिखर-पुरुष

रामवृक्ष बेनीपुरी

हिंदी पत्रकारिता के शिखर-पुरुष

रामवृक्ष बेनीपुरी

हेमंत

प्रभात प्रकाशन

प्रकाशक • **प्रभात प्रकाशन प्रा. लि.**
4/19 आसफ अली रोड,
नई दिल्ली–110002

संस्करण • 2025
मूल्य • चार सौ पचास रुपए
मुद्रक • सीता फाईन आर्ट, प्रा॰ लि॰, दिल्ली

Hindi Patrakarita Ke Shikhar Purush RAMVRIKSHA BENIPURI
by Shri Hemant ₹ 450.00
Published by Prabhat Prakashan Pvt. Ltd., 4/19 Asaf Ali Road, New Delhi-2
e-mail: prabhatbooks@gmail.com ISBN 978-93-5266-968-4

हैंडकैमरा के डिजिटल शॉट्स

चौदह साल पहले एक संयोग हुआ। उस वक्त पटना में मीडिया की शिक्षा के लिए 'कुकुरमुत्तों' की तरह प्राइवेट संस्थान उगने लगे थे। मगध विश्वविद्यालय और पटना विश्वविद्यालय में भी मीडिया की शिक्षा के लिए कक्षाएँ चलने लगीं। कुछ बिहारी पत्रकार और कॉलेज के शिक्षकों के कहने पर मैं भी एक महिला कॉलेज और पटना विश्वविद्यालय में 'पत्रकारिता' के क्लास लेने लगा। सप्ताह में दो क्लास।

मुझसे कहा गया कि मैं रिपोर्टिंग एवं संपादन कला की तकनीक के साथ 'हिंदी पत्रकारिता' का इतिहास भी पढ़ाऊँ। मैं पढ़ाने लगा। क्लास में छात्र-छात्राओं को मजा आने लगा। क्लास का समय एक घंटे से बढ़कर दो-तीन घंटे हो गया। करीब 12 महीने का सिलसिला चला। इसी दौरान विद्यार्थियों ने एक दिन कहा—"सर, आपने जो कुछ पढ़ाया है, उसे पुस्तक रूप में तैयार कर दें। बतौर रेफरेंस बुक खूब चलेगी। आपने सुनाई बेनीपुरी के पत्रकार बनने की कहानी। उससे हमने जाना-समझा और सीखा कि पत्रकार कैसे बना जा सकता है?" मुझे उनका सुझाव 'वायबुल' लगा।

खासकर इसलिए कि उन विद्यार्थियों ने कहा कि उनके व्यक्तित्व-कृतित्व के बारे में पढ़ने-सुनने से हम में यह समझ बन रही है कि हिंदी समाज में स्वतंत्र, स्वायत्त, संवेदनशील और जवाबदेह संचार-माध्यम के विकास के लिए उन जैसे पुराने पत्रकारों के व्यक्तित्व-कृतित्व का अध्ययन जरूरी है। सिर्फ एक नहीं, बल्कि कई-कई 'एंगल्स' से ऐसे कई अध्ययन हों, व्याख्या हो। हर अध्ययन ऐसे अन्य अध्ययनों के लिए उत्प्रेरक बने।

उनकी दूसरी बात—"हमें बताया जा रहा है कि आज विश्व भर में 'संचार के मॉडल' तैयार करने के प्रयास जारी हैं। सोर्स, मैसेज, चैनल, रिसीवर से संबंधित संचार मॉडल, जिसे 'एस.एम.सी.आर.' मॉडल कहा जाता है, के विभिन्न रूपों के बारे में विशेष अध्ययन भी जारी है। जनसंचार मॉडल या एस.एम.सी.आर. मॉडल के चार तत्त्व अनिवार्य और अविभाज्य माने जाते हैं—(क) प्रेषक—सोर्स, (ख) संदेश—मैसेज, (ग) माध्यम—चैनल, (घ) प्राप्तकर्ता या ग्रहणकर्ता (पाठक, श्रोता, दर्शक)—रिसीवर। इन चार तत्त्वों की

अलग-अलग और आपसी क्रिया-प्रतिक्रिया के मात्रात्मक और गुणात्मक प्रभाव-परिणाम और गति-दिशा 'जन-संप्रेषण' (या जनसंचार—मास कम्युनिकेशन) की पहचान कराते हैं।" इसके आधार पर लासवेल, ब्रेडाक, बेरलो आदि मॉडलों की समीक्षा की जाती है, लेकिन क्या देश में कहीं संचार का भारतीय मॉडल तैयार करने का प्रयास चल रहा है? हिंदी पत्रकार जगत् में इस तरह का मॉडल तैयार करने का मुद्दा विमर्श के एजेंडे में ही नहीं है। रामवृक्ष बेनीपुरी के व्यक्तित्व कृतित्व से पत्रकारिता या मास-कम्युनिकेशन का जो कवरेज एरिया विकसित हुआ, उसके शोध-अध्ययन से 'जन-संप्रेषण के हिंदी मॉडल' की अवधारणा विकसित करने के सूत्र निकाले जा सकते हैं।

पाठ्यक्रम के अनुसार, 100-120 घंटों की कक्षाओं के बाद पत्रकारिता के पठन-पाठन का सत्र खत्म होते ही मैंने कक्षा में उपस्थित विद्यार्थियों (50 फीसद लड़कियाँ) से सवाल किया—'आखिर आप पत्रकारिता की पढ़ाई क्यों कर रहे हैं?' लगभग सबका जवाब एक ही था—'नौकरी के लिए!'

मैं उलझ गया। नौकरी की आस में पत्रकारिता की पढ़ाई करनेवाले विद्यार्थियों को बेनीपुरी जैसा पत्रकार बनने की सीख देने से क्या फायदा? बेनीपुरी के पत्रकार बनने का जो इतिहास मैं पढ़ा रहा हूँ, उससे ये विद्यार्थी पत्रकार बनना क्या सीखेंगे, जो महज नौकरी में फिट होने लायक डिग्री चाहते हैं?

मैंने अपने नौकरीपेशा पत्रकार मित्रों से पत्रकारिता की पढ़ाई की इस प्रणाली के बारे में काफी बहस की। सबने स्वीकारा—'हम सब इसी के तो मारे हैं। हमारे देश में मीडिया की शिक्षा भी उसी शिक्षा प्रणाली में फिट कर दी गई है, जो औपनिवेशिक दौर में विकसित हुई थी। औपनिवेशिक दौर में शिक्षा का मतलब था—नौकरी के लिए शिक्षा। यह प्रणाली आजादी के संघर्ष को कुंद करने के लिए ब्रिटिश हुकूमत के हाथ का कारगर हथियार साबित हुई, खासकर आजादी के संघर्ष में देश के जन-जन को शामिल करने की सोचवाली धारा की दिशा बदलने और उसकी प्रवाह-क्षमता व प्रभाव को कम करने में।[1] आजादी के पहले देश की देशज बौद्धिक सत्ता ने अपने अस्तित्व को बचाए रखने के लिए 'नौकरी की शिक्षा' को स्वीकार किया और जाने-अनजाने उसे 'गुलामी' की आकर्षक और अनिवार्य गाँठ के रूप में स्थापित किया। आजादी के बाद उसे ही 'आजादी' की 'विकास-व्याख्या' की रंग-बिरंगी पैकेजिंग में प्रस्तुत कर दिया गया।

होते-होते हमारी बहस मीडिया के भविष्य और भविष्य के मीडिया से जुड़े कई पहलुओं पर अटक-भटककर रह गई। इस बीच मीडिया के मस्तिष्क माने जानेवाले कुछ पत्रकार मित्र महसूस करने लगे कि अब पूँजीपति 'मालिक' खुद 'मीडिया' के 'मस्तिष्क' बन बैठ गए हैं, जिसकी चालक शक्ति (driving force) है, पूँजी और वे सिर्फ 'हाथ-पैर' बने रह गए हैं। मालिक-मस्तिष्क पूँजी के 'वर्चस्व' को स्थापित रखने

के लिए 'मीडिया' शरीर के हर अंग की उपयोगिता और सार्थकता को नकार रहा है, उस पर प्रहार कर रहा है। दर्द हो रहा है, तो हम चिल्ला रहे हैं और मरहम की खोज कर रहे हैं; डॉक्टरों को बुलवा रहे हैं, लेकिन खुद पर खुद प्रहार करवाने जैसी क्रिया पर रोक नहीं लगा पा रहे। कुछ लोग यह महसूस करते हैं कि अब इस क्रिया को रोक पाना उनके बस में नहीं, क्योंकि उन्होंने अपने अस्तित्व के लिए इसे अनिवार्य माना, मीडिया-विकास के लिए जरूरी 'कार्य' के रूप में स्वीकार कर लिया है।

मतलब यह कि आज पत्रकार, मीडिया का हिस्सा होकर, उसी में अपना एवं अपने परिवार के भरण-पोषण की 'सुनिश्चितता' तलाशते हुए, उस 'सुनिश्चितता' की जमीन को निरंतर पोली और संकीर्ण होते देख रहे हैं। उसमें मौजूद 'नौकरी' की सुविधाभोगी प्रवृत्ति को स्वीकार किया और 'गुलामी' बरतने की आजादी' को ढो रहे हैं। उसमें जो स्वाधीन-स्वतंत्र हैं, उसको संपूर्ण रूप में पहचान नहीं पाते। उस स्वाधीनता को बरतते हुए अब 'डर' लगता है—प्राण का डर! अब तक ज़िंदा हैं, तो अक्सर महसूस करते हैं कि 'डर' से लड़ने के अंदर के हौसले ने उसको भगाया और, कभी महसूस होता है कि बच निकलने की स्ट्रैटजी के कारण डर उन्हें अपने प्रहार की जद में नहीं ले सका। वे नहीं समझ पाते कि उनके हौसले में साहस का कहीं सही स्रोत्र है या कि यह सब बच निकलने की उनकी रणनीति का कमाल है ?

खैर, इस तरह की बहस में अटकने-भटकने के दौरान ही, एक दिलचस्प 'दुर्घटना' हो गई। हुआ यह कि मैंने अखबार के दफ्तर की बजाय घर से प्रदेश के एक शीर्ष राजनेता को फोन किया, साक्षात्कार का समय तय करने के लिए। उनके पी.ए. ने फोन उठाया। मैंने अपना नाम बताया और कहा कि वह नेताजी को फोन दे। उसने पूछा—''आप कौन हैं ?'' मैंने कहा—''पत्रकार।'' उसने पूछा—''किस अखबार से हैं ?'' मैंने कहा—''किस अखबार से का क्या मतलब ? नेताजी को मेरा नाम बताइए। वो समझ जाएँगे। कहिए, उनके इंटरव्यू के लिए टाइम फिक्स करना चाहता हूँ।''

पी.ए. ने कहा कि वह ऐसा नहीं कर सकता। वह देर तक जिरह करता रहा कि मैं बताऊँ कि मैं किस अखबार में नौकरी करता हूँ। अखबार में नौकरी के बिना पत्रकार होने का क्या मतलब ?

मुझे सीरियस मजाक सूझा। मैंने गंभीर लहजे में कहा—''जी, मैं स्वतंत्र पत्रकार हूँ। आप नेताजी से यही कहिए।''

पी.ए. ने यह कहकर फोन रख दिया कि नेताजी किसी 'स्वतंतर' पत्रकार से नहीं मिलते। अगर मिलना ही है तो मैं उनसे 'जनता दरबार' में आकर मिल सकता हूँ। वह 'फ्री फॉर ऑल' है।

इसके बाद जो हुआ सो हुआ, वह प्रासंगिक नहीं। मेरे लिए प्रासंगिक यह रहा

कि मेरी समझदारी की एक और बंद खिड़की खुली। स्पष्ट हुआ कि अब कोई पत्रकार 'स्वतंत्र' नहीं रह सकता। पत्रकारिता सिर्फ 'नौकरी' रह गई है। तब से मैं और दुविधा में पड़ गया कि बेनीपुरी के पत्रकार बनने की कथा को 'रेफरेंस बुक' में बाँधूँ अथवा नहीं?

दुविधा के उस उत्प्रेरक दौर के करीब तीन साल बाद (2007) मैंने एक दिन श्रीयुत विजयदत्त श्रीधर जी[2] को फोन किया। उनके पहले पत्रकारिता के इतिहास के दस्तावेजी संकलन-संग्रहण के प्रसंग में देश के कई स्थापित संस्थानों में ऊँचे पदों पर आसीन मित्रों से मैंने 'कॉण्टैक्ट' किया था। बातचीत के संक्षिप्त क्रम में उन्होंने छूटते ही कहा—"आप रामवृक्ष बेनीपुरी का एक मुकम्मल मोनोग्राफ लिखकर जल्द-से-जल्द भेजें। इसे अत्यावश्यक मानें।" सो, विषयांतर हो गया।

कुछ ही दिन बाद देर रात को अचानक उनका फोन आया। मेरे पुराने मोबाइल पर उनकी आवाज कट-कटकर आ रही थी—"नारायण भक्तजी का फोन आया है। उन्होंने कहा कि मैं आपको फोन पर बधाई दूँ। इसलिए मैं तत्क्षण फोन कर रहा हूँ। ...उन्होंने आपकी कृति[3] की सराहना की।" श्रीधरजी ने शायद ऐसा भी कुछ कहा—"...हिंदी पत्रकारिता के इतिहास और वर्तमान ट्रेंड...में भविष्य की सीमा-संभावनाओं पर सवाल... समाधान के...सूत्र आपने..., उसे पढ़कर वह बेहद खुश हुए। इस तरह के विमर्श को आगे बढ़ाना अत्यावश्यक है...।" मैंने धन्यवाद ज्ञापन के साथ कहा—"मैं बेनीपुरी का मोनोग्राफ तैयार कर रहा हूँ। जल्द ही आपको भेजूँगा।"

उस दिन से मैं बेनीपुरी की उस कथा को नए सिरे से तैयार करने लगा, जिसे छात्रों को पढ़ाया करता था। करीब नौ महीने बाद फिर एक संयोग हुआ। मेरे एक इंजीनियर दोस्त ने हिमाचल प्रदेश के किसी हाइडल प्रोजेक्ट साइट से फोन किया कि अमेरिकी वैज्ञानिक रे कुर्जवील[4] की खबर मैंने पढ़ी है अथवा नहीं। नहीं पढ़ी तो पढ़ लूँ। पूरी खबर हिंदी के अखबारों में भी 25-26 सितंबर, 2009 के अंक में छप चुकी है। कुर्जवील का दावा है कि नैनो टेक्नोलॉजी की मदद से इन्सान अगले 20 साल में 'अमर होने की चाह' पूरी कर सकता है। अमर होने की वह चाह जो सदियों पुरानी है, हालाँकि तमाम कोशिशों के बावजूद जो आज तक पूरी नहीं हो सकी।...पढ़ने के बाद फोन करना।[5]

मैंने पूरी खबर पढ़ी और फोन करने की सोच रहा था कि उसी इंजीनियर दोस्त का फोन आ गया! मैं चौंक उठा। उसने फोन पर इस खबर की बाबत कई बातें कीं और कहा कि इन्सान को अमर बनाने के लिए जिस प्रोसेस पर प्रायोगिक काम चल रहा है, वह अब उपलब्ध तकनीक से असंभव नहीं लगता। मैंने पूछा—"तुम मुझे यह सब बताने के लिए इतने उत्सुक और बेचैन क्यों हो?"

उसने कहा—"तुम मीडिया के कई इतिहास-पुरुषों के व्यक्तित्व और कृतित्व पर काम कर रहे हो, करा रहे हो न?"

मैंने कहा—''हाँ। यह मेरी आजीविका—नौकरी—का हिस्सा है। रुचिकर भी है।''

उसने टोका—''यह ठीक है, लेकिन तुम यह काम क्यों कर रहे हो? इसलिए न कि वे व्यक्तित्व आम पाठकों की यादों में अमर रहें?''

मैं हँस पड़ा। कहा—''हाँ, ऐसा सोचना अच्छा लगता है।''

उसने कहा—''यानी तुम यह भी महसूस करते हो कि ऐसा तभी संभव है, जब तुम्हारी कृति छपे, आगे भी फिर-फिर छपे और हर पीढ़ी के पाठकों तक उसे पहुँचाने के प्रति समाज या बाजार का 'तंत्र' कुछ-न-कुछ अपनी प्रतिबद्धता का इजहार करे।''

मैं चुप रहा। वह बोलता गया—''तुम ऐसा करो, बेनीपुरी का जो 'मोनोग्राफ' तुम तैयार कर रहे हो, उसके लिए तुम सच्चाई की कल्पना के 'मोड' (Mode) में जाओ। खुद बेनीपुरी ने अपने बारे में जो कुछ लिखा और दूसरे समकालीनों ने उनके बारे में जो लिखा, उसको पढ़ो और देखो। पढ़कर देखने और पढ़ते-पढ़ते देखने का प्रयोग करो। माने यह कि तीन में से दो कारक तत्त्व—'देश' और 'काल'—को बारी-बारी से स्थिर करते हुए 'पात्र' (बेनीपुरी) की मानसिक क्रियाओं के 'बॉडी लैंग्वेज' में या फिर बॉडी की क्रियाओं के मानसिक लैंग्वेज में हुए और हो सकनेवाले बदलाव (विकास) का तुलनात्मक अध्ययन करो! इस अभ्यास के आधार पर उनके कार्य और कार्य करने के प्रोसेस का 'रीफ्रेमिंग' करो। फिर देखो, तुम्हें बेनीपुरी के पत्रकार बनने के कई रहस्य मालूम हो जाएँगे। वही लिखो। इसे पढ़कर कोई भी युवा सफल और श्रेष्ठ पत्रकार बनने के गुर जान सकेगा और अपने में पत्रकार का हुनर विकसित करने के लिए अपना गुरु आप बन सकेगा। तब पत्रकार बनना चाहनेवाला हर विद्यार्थी तुम्हारी किताब को खरीदेगा ही, इसलिए वह निरंतर छपती रहेगी।

''वैसे, चाहो तो, आजकल के ट्रेंड के मुताबिक, तुम भी बेनीपुरी के व्यक्तित्व और कृतित्व पर पहले से प्रकाशित तथ्यों का 'कटिंग-पेस्टिंग' कर अपने नाम पर किताब छपवा सकते हो, लेकिन इससे बेनीपुरी को अमर करने की जिम्मेदारी भी ऐसे लेखकों की तरह तुम्हारे 'लेखन' की उत्तरजीविता और दीर्घजीविता पर आश्रित हो जाएगी। ऐसा लेखन अकसर वही लेखक करता है, जो सिर्फ पैसा कमाने के लिए लेखन का धंधा करता है। तुम भी उस धंधे में शामिल हो तो कोई बात नहीं। तब सिर्फ यह लिखना छोड़ दो कि बेनीपुरी अमर हैं, क्योंकि तुम्हारे लिखने भर से अब बेनीपुरी अमर नहीं होनेवाले! और अब तो टाइम और स्पेस सहित इन्सान इतना बदल गया है कि उसके लिए पुस्तकालयों में पड़ी मोटी-मोटी किताबों या दस्तावेजों के रूप में पुराने शब्दों के बेनीपुरी अमर नहीं रह सकते।''

—हेमंत

संदर्भ

1. इस आशय की कुछ पुष्टि, कुछ सत्यापन और विरोधाभास की पहचान के लिए 'कथादेश' के मीडिया विशेषांक (अगस्त 2009, अतिथि संपादक—अनिल चमड़िया) को देखना पत्रकारों को आनंद-दंश दे सकता है।
2. विजयदत्त श्रीधर, 'भारतीय पत्रकारिता कोश' (दो खंड) के लेखक। निदेशक व संपादक, माधवराव सप्रे स्मृति समाचार-पत्र संग्रहालय एवं शोध संस्थान, भोपाल।
3. 'योद्धा पत्रकार', प्रकाशक : सामयिक प्रकाशन, नई दिल्ली।
4. रे कुर्जवील : वैज्ञानिक। भारतीय अखबारों में छपी खबरों के मुताबिक उनको अध्ययन, विज्ञान और संगीत में दिलचस्पी है। उन्होंने कंप्यूटर साइंस के साथ साहित्य की भी शिक्षा ली। कंप्यूटर पर लिखा नेत्रहीन भी सुन सके, ऐसी मशीन बनाई। कई किताबें लिखीं, कइयों का संपादन किया—द एज ऑफ इंटेलिजेंट मशींस, टेन परसेंट सॉल्यूशंस फॉर ए हेल्दी लाइफ, द एज ऑफ स्पिरिचुअल मशींस, द सिंगुलरिटी इज नीयर, ट्रांसेंड—नाइन स्टेप्स टू लिविंग वेल फॉरएवर।
5. पूरी खबर (25-09-2009) यह है कि अगले 20 साल में 'नैनो' तकनीक के जरिये 'शारीरिक क्रियाविधि' के बारे में वैज्ञानिक समझ काफी विकसित हो जाएगी। पाषाणकालीन मानव शरीर के 'सॉफ्टवेयर' को 'रिप्रोग्राम' करने के संसाधन प्राप्त हो जाएँगे। इसके आधार पर वैज्ञानिक पाषाण युग से चले आ रहे शरीर के प्रोग्राम को बदल देंगे यानी नैनो तकनीक की मदद से शरीर की मूलभूत क्रियाविधि बदली जा सकेगी। तब बढ़ती उम्र की प्रक्रिया यानी 'एजिंग' की प्रक्रिया को रोकने में वैज्ञानिक समर्थ होंगे। वे बुढ़ापे पर विराम लगा सकेंगे या फिर जवानी को ही लौटा देंगे। हमारे पास शरीर व मस्तिष्क की सूचनाओं को जानने के लिए खासा बैक-अप होगा। शरीर की कोई भी क्रियाविधि अनछुई नहीं रह जाएगी। सारी चीजें ज्ञात होने की स्थिति में इनसान अमर हो जाएगा।

   नैनो तकनीक जिस अवधारणा पर आधारित है, उसे कहा जाता है—'लॉ ऑफ एक्सेलेरेटिंग रिटर्न्स' (त्वरित वापसी का सिद्धांत)। कुर्जवील के मुताबिक, 'जानवरों में रक्त कणिकाओं (ब्लड सेल्स) के आधार की खोज की जा चुकी है। उनको नैनोबोट्स (पनडुब्बियाँ) नाम दिया गया है। उन पनडुब्बियों का परीक्षण भी किया जा चुका है। जल्द ही नैनोबोट्स रक्त कणिकाओं का स्थान ले लेंगी यानी ब्लड सेल्स के बदले शरीर में नैनोबोट्स दौड़ेंगी। रक्त कणिकाओं की तुलना में ये नैनोबोट्स हजार गुना ज्याद्रा प्रभावकारी होंगी। कुर्जवील के मुताबिक, उस समय यदि आप 'वर्चुअल-रीयलिटी' (काल्पनिक सच्चाई) मोड में जाना चाहेंगे तो नैनोबोट्स मस्तिष्क को संदेश भेजना बंद कर देंगे। बस, इसके बाद आप कुछ भी सोचने के लिए स्वतंत्र होंगे। मस्तिष्क में बननेवाली त्रिआयामीय (3-डी) चित्रों से यह पता लगाया जा सकेगा कि वर्तमान में क्या हो रहा है।

अनुक्रम

‘बालक’ रामवृक्ष

मनमौजी : बाढ़ का बेटा

वह नौ साल की उम्र में बेनीपुर गाँव छोड़कर बंशीपचरा गाँव आया—ददिहाल से ननिहाल—पाठशाला में पढ़ाई करने के लिए। तब तक उसने घर और बाहर अपने बारे में और अपने गाँव के बारे में जो कुछ जाना, उसका पूरा अर्थ दो शब्दों में सिमटा था—‘बाढ़’ और ‘मनमौजी’। इन दो शब्दों में पहले किसे सुना, मालूम नहीं। कब से मायने समझने लगा, पता नहीं। आँ-आँ··बा-बा-बा··मा··मा··! उसकी किलकारियों से आँगन में कोलाहल मचा—‘बाबा’, ‘मैया’, ‘दैया’, ‘भैया’ होने लगा। शायद उसी दिन से वह इनका अर्थ समझने लगा था, ढाई-तीन साल की उम्र से।

घर में लोग कभी दुलार से तो कभी गुस्से से कहते कि वह जिद्दी है, हठी है। कारण? माँ ने बहुत तपस्या के बाद उसे पाया था, अतः वह उसे आँख की पुतली बनाए रखती थी। उसे बहुत दुलारती। हालाँकि उसके जन्म के बाद से ही माँ बीमार रहने लगी थी। धीरे-धीरे उसका दूध सूख गया था। अतः उसे एक दाई के दूध पर पलना पड़ा। उससे छोटा एक और भाई हुआ। वह बेचारा भी एक दूसरी स्त्री के दूध पर पलता रहा, लेकिन थोड़े ही दिन बाद चल बसा था।

रामवृक्ष नंग-धड़ंग घूमा करता—कपड़े पहनता नहीं था। लोग उसकी असभ्यता से खीज उठते और माँ को खरी-खोटी सुनाते कि बच्चे को कपड़े पहनने को क्यों नहीं कहती, किंतु वह यह कहकर टाल देती कि ‘अकिल’ होगी, तो आप पहनने लगेगा। वह जो कुछ भला-बुरा करता, सबका समर्थन करती। कोई उसे डाँटता या चपतियाता तो वह रोने लगती। एक दिन उसने बीमार माँ के केश पकड़कर बहुत तंग किया। इस पर दादी ने उससे उसका पिंड छुड़ाया और दो-चार चपतें लगा दीं। माँ गिरती-पड़ती दौड़ी और उनसे छीनकर उसे कलेजे से लगा लिया।

इस सबसे उसकी उच्छृंखलता बढ़ती गई और वह जिद्दी हो गया—आधी रात को

भूँजा माँगना, अहले सुबह भात माँगना, बेमौसम का फल माँगना। हर दिन कोई-न-कोई बखेड़ा और माँ थी कि अपनी रोगशय्या के निकट सभी प्राप्त चीजें जुगताकर रखती और जब जो माँगता, देती··· ! चूड़ा, मूढ़ी, भूँजा, बताशे, लड्डू, केले, आम, जामुन, दही-दूध··· । ज्यों ही माँग हुई, पूरी की।

माँ की दो छोटी बहनें पिताजी के दो छोटे भाइयों से ब्याही गई थीं। सो, बीमार माँ ने बड़ी मौसी को नैहर से बुलवा लिया था और उन्हीं के हाथों उसे सौंप चुकी थीं। तब तक मौसी को कोई संतान न थी। सो, मौसी अपने कलेजे से उसे सटाकर सोतीं। माँ की तरह ही लाड़-प्यार से रखतीं, और सारी जिद और हठ को पूरा करतीं और बदमाशियाँ करने पर उसकी ढाल बन जाती थीं।

एक दिन उसकी दादी उसे गोद में लिटाए हुक्का पी रही थीं। उसने जोरों से हाथ-पैर उछाल दिए। चिलम से आग के कई गोले गिरे—जहाँ-जहाँ उसके बदन पर पड़े, फफोले निकल आए। इतने बड़े फफोले कि कमर के निकट तीन बड़े-बड़े स्थायी दाग पड़ गए। एक दिन वह लाह की चूड़ियाँ लेकर ताख पर रखे दीये से खेल रहा था। चूड़िया जलती थीं, लहक उठती थीं—कितना सुंदर! मौसी ने कई बार मना किया, किंतु कौन सुनता है? कि अचानक चूड़ी की लहकती हुई लाह उसकी छाती पर आ छुई! 'बाप-बाप' करते भागा। उसका एक लंबा निशान बन गया। (उसे क्या मालूम था कि शहर के स्कूल में नाम लिखाने के लिए यह निशान बड़े काम का होगा—'रामवृक्ष शर्मा', वल्द फुलवंत सिंह, ग्राम—बेनीपुर, थाना—कटरा, जिला—मुजफ्फरपुर होने का असली प्रमाण होगा।)

घर-परिवार में चौदह-पंद्रह बड़े लोगों के बीच वह अकेला बच्चा। सो, सबका दुलारा लेकिन उसके कारनामों से सब परेशान! उसे डाँटते-फटकारते कम, चिढ़ते-कुढ़ते ज्यादा—"देख, अब मार खाएगा। बहुत मनबढ़ू होता जा रहा है··· ।" बाबा उनकी बात पर हँसते और कहते—"अरे, बच्चा है। मनमौजी है। पढ़ेगा-लिखेगा, तो खुद ठीक हो जाएगा··· ।"

पहले जिद्दी, फिर हठी, फिर उच्छृंखल और अब मनमौजी? मनमौजी का क्या अर्थ? मौजी माने बिगड़ैल? दूसरों को तंग कर मजा लेनेवाला?

बाबा यदुनंदन सिंह बड़े धर्मनिष्ठ व्यक्ति थे। नियमित रूप से पूजापाठ करते। बिना पूजापाठ किए मुँह में अन्न नहीं रखते। बड़े सवेरे उठते—जाड़ों में बड़े अच्छे सुर से प्रभाती गाते। खेती-बाड़ी से निश्चिंत होकर, स्नान-ध्यान करते। फिर भोजन कर दुपहरिया में लोगों को 'रामायण' सुनाते। बंसहा कागज पर हाथ से लिखी तुलसीकृत 'रामायण' की प्रति उनके पास होती। उनसे 'रामायण' सुनने को आस-पास के गाँव के लोग भी आते थे। 'रामायण' का भावार्थ भी वह लोगों को समझाते। उनका गला बड़ा मीठा था। जब वह रामायण पाठ करते, समाँ बँध जाता।

उनकी बड़ी इच्छा थी कि उनका पोता भी 'रामायण' पढ़ सके। उसके लिए छापे की एक 'रामायण' खरीदी गई और एक शुभ दिन को गुरुजी ने उसे 'रामायण' का श्रीगणेश कराया। उस दिन बाबा के आनंद की सीमा न रही। उन्होंने गुरुजी को उस दिन पुरस्कार भी दिया। तब से उसे पाठशाला भेजा जाने लगा।

पाठशाला के नाम से ही वह घबड़ाता था। बड़ी मुश्किल से टाँग-टूँगकर उसे वहाँ तक पहुँचाया जाता था। वह घर में घुस जाता या मौसी की साड़ी से लिपट रहता। अत: वहाँ से कभी पुचकारकर और प्राय: टाँगकर उसे पाठशाला तक पहुँचाने का काम फूआजी करती थीं। पिताजी के पाँचों भाइयों में यह अकेली बहन। बड़ी नेक, बड़ी सरल। उसे बहुत मानती, लेकिन क्या करे बेचारी? उसकी भलाई के लिए ही तो उन्हें यह कठोर कर्म करना पड़ता। किंतु उसे इसका ज्ञान कहाँ? वह उन्हें गालियाँ तक देता था, हाथ-पैर चलाकर पीटता था और कभी-कभी दाँतों से काट लेता था! वैसे, वह शायद उस दिन से खुद पाठशाला जाने-आने लगा, जब उसकी तारीफ होने लगी कि उसके अक्षर बड़े सुंदर होते हैं, कि वह तो तेज विद्यार्थी है!

इसी दौरान उसका परिचय हुआ, बाढ़ से। एक दिन पाठशाला में बच्चों के साथ पढ़ाई का खेल करते हुए वह कुहराम मचा रहा था कि आवाज आई—बाढ़ आ रही है। बाढ़ आ रही है! नालों में पानी छुरी की तरह काट करने लगा। खेतों में पानी-पानी हो गया। पानी में मछलियाँ उछलने लगीं। थोड़ी ही देर में गाँव के चारों ओर पानी-ही-पानी हो गया—पानी पर साँप तैरते दिखने लगे। अरे, वो देखो गोह! पंद्रह फीट का पीला, लंबा जानवर, जिसकी पूँछ पर काँटें हैं, अपने लंबे थुथने को निकाले जीवित यमराज-सा इधर-उधर घूम रहा है!

बाढ़ की बात सुनते ही बच्चे भागकर पहुँच गए नाले में। वह भी साथ लग गया। कीचड़ से सना पीला-पीला पानी। बच्चे चुभकने लगे। उछल-कूद करने लगे, तरंगों पर तैरने लगे। मछुए अपने जाल लेकर आ गए, वे मछलियाँ मार रहे हैं। नए पानी का झाग चखकर पागल बनी मछलियाँ इधर-उधर मारी-मारी फिर रही हैं। बच्चे खाली हाथ उनको पकड़ने दौड़े। कई मछलियाँ हाथ में आ-आकर फिसल गईं। एकाध पकड़ में आई। बच्चों का कोलाहल दूना हो गया। रामवृक्ष को महसूस होने लगा कि उसकी नसों में भी उमंग की बाढ़ आ गई है।

पानी बढ़ता गया, बढ़ता गया। नालों से खेतों में पहुँचा और थोड़ी देर में ही हरी-भरी फसलें उसके विकराल उदर में समा गईं। गाँव को बाढ़ ने घेर लिया। घर-घर के सब काम-धंधे बंद। खेल-कूद का बाजार लग गया! दरवाजे-दरवाजे पर तरह-तरह के खेल जम गए—कौड़ियों के, गोटियों के, ताश के, गुल्ली-डंडे के। दिनभर खेल-ठहाके मचते, ललकारें लगतीं, हाहा-हूहू का समाँ बँधता। दिनभर खेल, रातभर झिंझरी। बूढ़े लोग

झींखते, वयस्क खीजते, लेकिन बच्चों के लिए तो बाढ़ वरदान बन गई। नावों पर झिझरी खेलें, गाना-बजाना हुआ। उत्सव, उछाह हुआ! दूसरों के संग रामवृक्ष की नाव भी तरंगों को कुचलती शान से चली!

बाढ़ हटी। चंद दिनों बाद बेनीपुर के खेतों में ऐसी फसल लहराई कि बच्चे-जवान-बूढ़े—सब दंग। धान बेनीपुर के सबसे ऊँचे मर्द से भी ऊँचा! धान की लंबी-लंबी बालियाँ, सरसों की पीली-पीली चादर, तीसी-खेसारी की चकमक बूटेदार चोलियाँ! बाबूजी के चेहरे पर से चिंता की रेखाएँ हटीं। बाबा के शांत चेहरे से आनंद का आलोक फूटने लगा! वह कहते—'बेनीपुर के लिए ये सब बाढ़ के वरदान हैं!' प्रकृति की अजब लीला! एक-डेढ़ महीने का विनाश और बाकी पूरे साल के लिए वरदान!

कील-काँटी

वह चार साल का हुआ कि माँ की अरथी निकली। मुमूर्षु माँ को लोगों ने घर से निकालकर आँगन में उत्तर सिरहाने लिटा दिया था। उसे आँगन से दरवाजे पर ले गए, क्योंकि बच्चे को मरनेवाली माँ के सामने नहीं रखना चाहिए। थोड़ी देर के बाद उसकी माँ ने मुँह पर हाथ ले जाकर पानी पीने का इशारा किया। लोगों ने गिलास में पानी दिया, तो उन्होंने मुँह एक ओर करके पीने से इनकार जताया और बड़ी चेष्टा करके अपने चारों ओर खड़े लोगों को देखने लगीं, जैसे किसी को ढूँढ़ रही हों। फिर कुछ देर तक आँखें मूँदे रहीं। जब दूसरी बार पानी पीने का इशारा किया और पानी दिया गया, तो फिर अस्वीकार कर दिया। यह क्रिया कई बार हुई। तब एक बूढ़ी, अनुभवी स्त्री ने ताड़ लिया और कहा—"शायद अपने बच्चे के हाथ से पीना चाहती है। बेचारी की साँस इसी के लिए अटकी हुई है। मुमूर्षु की इच्छा पूरी होनी चाहिए।" फलतः उसे वहाँ बुलाया गया। जब वह पहुँचा, उनकी आँखें मुँदी थीं, किंतु ज्यों ही कान में कहा गया बेटा आया है, कि उन्होंने आँखें खोल दीं और बड़ी देर तक उसे देखती रहीं। उसके हाथ में गिलास रखकर उसे उनके होंठों से लगाया गया। गटगट कर वह सारा पानी पी गईं। पानी खत्म और उनकी आँखें मुँदीं। दो-तीन लंबी हिचकियाँ और सारे आँगन में हाहाकार मच गया! उसे झट फिर दरवाजे पर ले जाया गया।

माँ की अरथी उठी तो मौसी ने उसे गोद में उठा लिया। मृत माँ के दोनों पैरों को इकट्ठा कर कील ठोक दी गई। घर से श्मशान तक सरसों के दाने छींट दिए गए। वह चीख-चीखकर रोने लगा था—माँ के साथ ऐसा क्यों किया जा रहा है? मौसी ने समझाया कि जो माँ छोटे बच्चे को छोड़कर मरती है, तो वह चुड़ैल बनकर, फिर बच्चे को लेने आती है। इसकी रोक के लिए यह सब किया गया है। कील के कारण वह चल न सकेगी और यदि घिसक-घुसककर चली भी तो सरसों के सारे दाने चुन लेने के बाद ही वह आ

पाएगी। इतने दाने वह बेचारी कैसे चुनेगी? अतः वह निरापद रहेगा।

वह दिन में खेलता होता, तो माँ को भूल जाता; लेकिन जब रात होती, सोने जाता, चिराग बुझा दिया जाता, त्यों ही उसे साफ दिखाई पड़ता, उसकी माँ दीवार के छेद से उसकी ओर देख रही है! फिर लगता, जैसे छेद से निकलकर वह घर में चली आई है और धीरे-धीरे उसकी ओर बढ़ रही है। वह भयभीत हो जाता, काँप उठता। उसकी माँ चुड़ैल बनकर आई है, उसे मार डालेगी, अपने साथ ले जाएगी। वह उसके निकट पहुँच जाती, उसके बदन को टोहती। उसे कभी-कभी लगता, माँ के नख बढ़ गए हैं, जिनकी चुभन भी वह महसूस करता। फिर वह बड़ी चौकसी से उसकी बगल में सटकर सो, जाती और उसके सिर पर हाथ फेरने लगती। उनका हाथ कितना ठंडा लगता! भय से उसके प्राण सूखने लगते, वह समझता—बस, वह मरा! तब बड़े जोरों से मौसी को बकोटने लगता, भय के मारे रोने की हिम्मत कहाँ होती! मौसी जग जातीं, उसे कलेजे से सटा लेतीं, फिर पूछने लगतीं। वह सारा किस्सा कहता, तो हाथ जोड़कर अपनी मरी हुई बहन से प्रार्थना करने लगतीं—"एक बच्चे को तो ले ही गई हो। इसे मेरे लिए छोड़ दो!"

माँ की मौत के बाद न जाने ऐसी कितनी रातें आईं और मौसी की प्रार्थना उसके दिमाग में भय की कील को गहरे और गहरे ठोंकती गई कि उसकी प्यारी माँ चुड़ैल हो गई!

माँ के मरने के बाद बाबूजी ने दूसरी शादी कर ली, मौसियों की नापसंदगी के बावजूद। पिता को बेटे से प्यार था, लेकिन वे खुलकर प्यार नहीं कर सकते थे। गाँव-घर की रीत ही ऐसी। यदि माँ मर गई, तो जीवित बाप अपने बेटे के लिए खुलकर प्यार नहीं जता सकता! अपने बेटे को प्यार करना कलजुगहापन समझा जाता!

वैसे, सौतेली माँ को भी काफी दिनों बाद संतान हुई, एक बच्ची। अतः पिता के प्रेम का अकेला हकदार तो वह ही रहा, लेकिन पिता के प्यार और प्यारी माँ की यादों के बीच दूसरी माँ आ गई! नतीजा, दिन-दिन उसका बिगड़ैलपन बढ़ता गया।

अगले साल फिर बाढ़ आई। उसके बाद साल भी और उसके पार साल भी। तरंगों से खेलता, तरंगों पर पलता, तरंगों पर बढ़ता रामवृक्ष का बाल-मन बाढ़ का दूसरा चेहरा भी पहचानने लगा और उसका मनमौजीपन भी बाढ़ की तरह उस पर चढ़ता-उतरता रंग बदलने लगा। तब जाकर बाढ़ का अर्थ खिला और मनमौजीपन का अर्थ खुला। बाढ़—प्रकृति की उद्दाम, तरल, उच्छल लीला! जो किनारों को नहीं माने, सीमाओं को नहीं माने, बंधनों को नहीं माने। जिसे ढूहों को गिराने, बड़े-बड़े वृक्षों को उखाड़ने, बड़ी-बड़ी नावों को डुबाने में मजा आवे! जो अनियंत्रित है, उच्छृंखल है, मौजी है! मौजी 'मौज' शब्द से बना है, जिसका अर्थ है—तरंग और मनमौजीपन—लहरों से प्रेम, प्रवाह से प्रेम, गति से प्रेम!

इसी तरह दिन बीत रहे थे, जब उसके बाबूजी बीमार पड़े। उनको पियरी की बीमारी

(जॉण्डिस) हो गई। बाबा ने उनकी बीमारी का इलाज कराने में कोर-कसर नहीं की; कहीं डायन ने जादू नहीं किया हो, इसलिए झाड़-फूँक भी चली। किंतु सारी कोशिशों के बावजूद उन्हें जाना था, सो, वह सबको रुलाकर चल दिए। उस रात आँगन में फिर चीत्कार मचा! पिता का शव आँगन में उत्तर सिरहाने रखा गया। गाँव भर के लोग इकट्ठे हो गए। रोने-धोने के बीच अरथी चली, तो उसे भी साथ ले जाया गया। श्मशान में पिता की लाश चिता पर रख दी गई। चारों ओर लकड़ियाँ थीं—सिर्फ उनका मुँह उघार था। उसके हाथ में एक लंबी लुकाठी दी गई। उसके सिरे में आग लगा दी गई और चिता की प्रदक्षिणा कर, तीन बार उसी से उनके मुँह में आग लगवाई गई। जब-जब वह उनके मुँह के सामने आग ले गया, काँप उठा। मुँह में आग लगाते ही उनकी मूँछें, बरौनियाँ, भवें—एक-एक कर झुलसने लगीं। उसकी आँखें झिप गईं। लगा, सारा कलेजा मुँह को आ गया; तो भी, एक बार नहीं, दो बार नहीं, तीन-तीन बार उससे यह कठोर कर्म करवाया गया!

विशारद

पिता के श्राद्ध में मामा आए। वह उसे अपने साथ उसे बंशीपचरा ले गए। सो, उसने पढ़ाई का क-ख-ग अपने गाँव बेनीपुर में शुरू किया और लोअर प्राइमरी की पढ़ाई अपने ननिहाल, बंशीपचरा में खत्म की। ननिहाल में उसके मामाजी उसे अपने लड़के की तरह मानते थे। लोअर प्राइमरी में जो शिक्षक थे, वह उर्दू-फारसी भी कुछ जानते थे। लोअर की पढ़ाई खत्म करके वह उर्दू-फारसी की ओर झुका। साथ ही, ज्यों-ज्यों उम्र बढ़ती गई, उसका नटखटपन दूर होता गया। उसी समय तुलसीदास की 'रामायण' से उसका संबंध जुटा। बेनीपुर में पनपी धार्मिक प्रकृति बंशीपचरा में साहित्यिक प्रवृत्ति में ढलने लगी। तुलसीदास की 'रामायण' ही नहीं, उनकी 'विनय पत्रिका' भी उसके लिए गलहार बन गई। 'रामायण' और 'विनय पत्रिका' के कितने ही पद उसे कंठस्थ हो गए और उन्हें गाते और दुहराते हुए वह थकता नहीं था।

इसी समय मामाजी के दामाद (ठाकुर प्रदीप नारायण शर्मा) रामवृक्ष की ममेरी बहन को बुलाने बंशीपचरा आए और उसे अपने साथ ले गए। खूबसूरत नौजवान थे, छोटे भाइयों को पढ़ाने के लिए स्कूल में नाम लिखवाने गए, तो यह देखकर कि उनकी उम्र के लोग भी पढ़ रहे हैं, उन्होंने स्वयं भी पढ़ना शुरू कर दिया था। स्कूल में रामवृक्ष को साथ कर लिया। वहाँ रामवृक्ष अंग्रेजी भी पढ़ने लगा। वह स्कूल उस समय मिडिल था, किंतु इंट्रेंस की तैयारी हो रही थी—दो क्लास भी खुल गए थे।

वहाँ जाने पर रामवृक्ष का रामायण प्रेम धीमा पड़ गया क्योंकि वहाँ विस्तृत क्षेत्र मिला, जिसमें वह अपने स्वभाव के अनुसार खूब विचरण करने लगा। उस समय

'विद्यार्थी' की धूम थी। 'प्रताप' अपनी फीजी की कहानी के लिए प्रसिद्ध हो रहा था, 'भारत भारती' तुरंत ही निकली थी—इन सबको पढ़ने में वह तल्लीन हुआ। 'प्रताप' तो चुरा-चुराकर पढ़ता, क्योंकि उस समय मास्टर लोग 'प्रताप' पढ़ना राजद्रोह समझते थे।

स्कूल की लाइब्रेरी या किसी मित्र के पास शायद ही कोई पुस्तक होती, जिसे वह न पढ़ता। वह इस प्रकार की बाहरी चीजों के पढ़ने में इतना तल्लीन रहता था कि अपने कोर्स की किताबें बहुत कम देखता, किंतु अपनी मस्तिष्कीय शक्ति के कारण क्लास में सबसे अच्छा लड़का समझा जाता था।

अपर क्लास में परीक्षा के दौरान ऐसा ही वाकया हुआ भी। भाषा की परीक्षा थी। वह एक बार भी कोर्स की किताब न खोल सका। कल होकर भाषा की पुस्तक से एक कहानी लिखने का प्रश्न दिया गया। उसे याद आया कि उस कहानी का पद्य रूप 'विद्यार्थी' में छपा था, जिसे वह पढ़ चुका है। फिर क्या था! उसने उसे इस फर्राटे से लिख दिया कि मास्टर लोग दंग रह गए!

लेकिन बहनोई की असामयिक मृत्यु हो गई और तब से वह अपनी नाव अकेले ही खेने निकल पड़ा। मिडिल पास करने के लिए स्कूल में वह तीन-चार मास ही रहा। स्कूल में ही उसने हेडमास्टर बाबू संजीवन राय के मुँह से प्रथम-प्रथम हिंदी साहित्य सम्मेलन का नाम सुना और मिडिल पास करते ही शहर जाकर प्रथमा परीक्षा देने की सोचने लगा। मिडिल पास कर मुजफ्फरपुर आया। यहाँ भूमिहार ब्राह्मण कॉलेजियट स्कूल में नाम लिखाया। प्रथमा परीक्षा की तैयारी में लगा, किंतु प्रथमा परीक्षा के थोड़े दिन पहले ही उसे 'जड़ैया' सताने लगी। वह घर गया यानी ममहर। सम्मेलन की परीक्षा के लिए वह कितना छटपटाया, मन्नतें मानीं, रामगुहार किया! खैर, 'जड़ैया' से पिंड छूटते ही कमजोर शरीर लिये मुजफ्फरपुर पहुँचा और लगातार वर्षा में भीगते हुए प्रतिदिन परीक्षा स्थल पर गया। परीक्षा दी, पास किया—प्रथम श्रेणी में।

स्कूल में मेधावी और सदाचारी लड़कों में उसकी गिनती होने लगी। शिक्षक और साथी सभी उसके चरित्र की प्रशंसा करते। सिगरेट-बीड़ी छूता तक नहीं था। बाल सीधे मुड़वाता। बाजार की मिठाइयाँ नहीं खाता। पान से भी परहेज रखता। कुरता-धोती, बस यही उसकी पोशाक थी। न पैर में जूते, न सिर पर टोपी। शिक्षकों की आज्ञा का पालन करना अपना कर्तव्य समझता। धीरे-धीरे खेल-कूद से विरक्ति होती गई। अपना सारा समय पढ़ने-लिखने में ही लगाता।

स्कूली किताबों से ही उसको संतोष नहीं था। पुस्तकें, पत्र-पत्रिकाएँ ढूँढ़कर पढ़ता। उन दिनों पत्र-पत्रिकाओं और पुस्तकों की संख्या बहुत कम थी, किंतु हाँ, जो थीं, वे अच्छी चीजें ही थीं। अत: पुस्तकों और पत्रिकाओं ने उसकी योग्यता बढ़ाने में बड़ी मदद की। उसकी साहित्यिक योग्यता इतनी अच्छी हो गई कि जब वह मैट्रिक में थर्ड क्लास

(आज के नौवें क्लास) में ही था, तभी हिंदी साहित्य की मध्यमा परीक्षा पास कर विशारद की उपाधि प्राप्त की। उसके साथ कितने बी.ए. के छात्रों ने भी वह परीक्षा दी थी और उन्होंने प्राय: उसी से सहायता ली।

झेंपू

मुजफ्फरपुर ने उसकी कल्पनाओं में पर लगा दिए। वहाँ के कई साहित्यिक युवकों से उसकी जान-पहचान हुई। उन लोगों ने उसे प्रोत्साहित किया। दिमाग कुलबुलाने लगा। कविता देवी का घूँघट उठाने के लिए दिल बेताब होने लगा और वह तुकबंदी करने लगा!

उसने पहली तुकबंदी में किया अपने गाँव, यानी बंशीपचरा का वर्णन—कैसा सुंदर गाँव है यह बंशीपचरा, सरस, सफल, हर खेत आँचल, आँचल रंगीन, तरह-तरह की फसल, बारहों महीने खेतों में खड़ी, लहराती सदाबहार। जिधर निकलिए, उधर बगीचे, पेड़-पौधों की भरमार, किसिम-किसिम के फल हर मौसम के, अमरूद, आँवला, जामुन, कटहल, बड़हर, बेर, बेल, अनार। बगीचे में ठाकुरबाड़ी, ब्रह्म स्थान पश्चिम में स्कूल और पोखरा, बीचोबीच एक नाला—क्या-क्या न धर दिया था उसमें।

लेकिन पढ़ाई के दौरान पिंगल से पाला पड़ा। तब समझा—अरे, तो कविता के भी नियम होते हैं! अक्षरों को गिनना पड़ता है, मात्राओं को गिनना पड़ता है, गति और यति, तुक और ताल पर ध्यान रखना पड़ता है। यही नहीं, अक्षर भी 'शुभ' और 'अशुभ' होते हैं! एक शब्द आया—'दग्धाक्षर'। जले हुए अक्षर या जलानेवाले अक्षर! क्या कहने हैं! पिंगल के बाद रस और अलंकार। नवरस, फिर उनके भाव, विभाव, अनुभाव, संचारी भाव। रसों में भी मित्रता है, शत्रुता है। छंद और रस में भी संबंध है। इस रस में यही छंद अच्छा लगता है। इस रस और उस रस को कभी एक साथ मत लाना। अलंकार तो समझो जादू की पिटारी है! माने कि कविता पूरी वनिता है—दोनों ही के लिए अलंकार चाहिए, अलग-अलग अंगों के लिए अलग-अलग अलंकार और अलग-अलग अवसरों के लिए भी अलग-अलग!

उसने जो तुकबंदी की, उसे किसी को दिखाने से शरमाता था, लेकिन शहर में देखा, शहर की वनिताओं की तरह, कविता भी सभा-सोसाइटी खोजती है, छिपने की जगह छपने को व्याकुल रहती है! तब उसमें प्रगल्भता आई। उसने पत्र-पत्रिकाओं में प्रकाशित कविताओं को पढ़कर उनके सौंदर्य को निकट से देखने-परखने का मजा लिया। कुछ तृप्ति हुई, तब भीतर की कविता फिर बाहर निकलने को आतुर-सी हुई, लेकिन उसके हाथ काँपने लगे। वह खुद झेंपू जो था!

काँपते हाथों से कविता देवी का घूँघट उठाने के जतन के पहले की ही तो बात है—तुकबंदी के दौर में ही उसकी शादी की चर्चा चल पड़ी थी! गुलाबी जाड़े के मौसम

में गुलाबी धूप में अलसाए से एक दिन किसी ने उसके मामाजी से एक लड़की की चर्चा छेड़ते हुए कहा—"बड़ी अच्छी लड़की है, गाँव के उस आदमी की लड़की जैसी!" इतना सुनते ही घूँघट में छिपी भावी पत्नी की कल्पना गाँव की इस लड़की के रंग-रूप की याद में उभ-चुभ करने लगी, जिसे उसने चोरी-छिपे देखा था!

"यह लड़की गोरी है, सुंदर है, सुशील है। हाँ, जो उस दिन कसीदा सीखने ममेरी बहन पास आई थी, उस दिन पोखरे में स्नान करते देखा था, उस दिन मकई के खेत के मचान पर देखा था, जब उसका आँचल फर्र-फर्र उड़ रहा था...। अगर वह लड़की इस लड़की जैसी हो, तो भला मुझे क्या उज्र हो सकता है?"

यूँ अब तक वह संयम से रहता था, लड़कियों से अपने को दूर-दूर ही रखता, लेकिन लड़कियों के प्रति आकर्षण पैदा हो ही चुका था। एक तरफ उसके कई मित्र ऐसे थे, जो उसी उम्र में पूरे भौंरे बन चुके थे और उसे भी उस फुलवाड़ी में घसीटने के लिए फूलों की सुगंधि की चर्चा कर उसे उत्तेजित करने की कोशिश करते थे! दूसरी तरफ उसके कस्बे के नए-नए स्कूल के शिक्षक क्लास में भीष्म, हनुमान, दयानंद, विवेकानंद के जीवन-चरित पढ़ाते हुए ब्रह्मचर्य की महिमा का गान करते थे। ऐसे में वह क्या कर सकता था! तमाम आकर्षण के बावजूद अपनी उत्तेजना पर संयम की चाबुक चलाकर उसने खुद को बिगड़ने से बचाया और मामाजी की धारणा पर खुद को टिकाने की कोशिश की कि पढ़ने में और पति बनने में परस्पर विरोध है। तभी उन कस्बाई मित्रों ने उसको 'झेंपू' शब्द से विभूषित कर दिया और शहर मुजफ्फरपुर आने तक वह खुद मान चुका था कि मित्र सही कहते हैं।

वैसे, मुजफ्फपुर आने के बाद पिंगल से पाला पड़ने के कारण कविता कामिनी से जैसी दूरी बनी, कुछ उसी तरह उस समय बंशीपचरा में अपरिचित लड़की से शादी की बात टल गई। उस अपरिचित लड़की के गाँव के लोगों ने बेनीपुर जाकर उसके बाबा से चर्चा की और बाबा ने उन्हें ऐसा झाड़ा कि उसने मान लिया कि वह लड़की उसकी पत्नी हो नहीं सकती। सो, उसने उसकी कल्पना भी छोड़ दी।

लेकिन अजब संयोग! करीब एक साल बाद वह घोड़े पर सवार होकर बंशीपचरा से स्कूल जा रहा था, वह भी बेनीपुर के रास्ते। मामाजी ने नया घोड़ा खरीदा था। मुल्तानी घोड़ा। उस पर सवारी गाँठने के प्रयास में वह कई बार पटखनी खा चुका था, लेकिन अंततः वह सवार बन चुका था। स्कूल जाने के लिए घोड़े पर सवार हुआ तो सोचा, जरा मौसी का आशीर्वाद ले लिया जाए, बाबा के भी दर्शन कर लिए जाएँ। सो, वह घोड़े को उड़ाता बेनीपुर चला। गाँव के निकट पहुँचते ही उसका घोड़ा दोनों कानों को सटाकर हिनहिना उठा। उसने देखा, दूर एक घोड़ा आ रहा है। उसने चाबुक फटकारा और एक ही सरपट में गाँव में जा पहुँचा, लेकिन कुछ ही पल बाद रास्ते में दिखा घोड़ा भी उसके घर के दरवाजे

पर रुका। घर के अंदर होने के कारण उसे तत्काल इसकी खबर नहीं थी, लेकिन लोगों ने समझा कि वही उसे लेता आया है। कुछ ही देर बाद बाबा ने घोड़े पर आए सज्जन से उसका परिचय करवाया कि ये तुम्हारे भावी श्वसुर हैं और उनके दामाद के रूप में उसका शगुन चढ़ आया! उनके विदा होने के बाद उसे मालूम हुआ कि वह उसी अपरिचिता लड़की के पिता हैं, जिससे उसकी शादी की चर्चा मामा के यहाँ चली थी और बाबा ने जिसको अस्वीकार कर दिया था। उन्होंने आकर बाबा को जीत लिया। फिर क्या! उसकी आँखों में वह अपरिचिता लड़की, ननिहाल की परिचिता लड़की ही के रूप में घूमने लगी!

तभी गणेशशंकर विद्यार्थी के 'प्रताप' की कविताओं से गहरा परिचय हुआ। पूरे इलाके में 'प्रताप' की धूम मची हुई थी। उसमें एक पृष्ठ कविताओं का होता। उन कविताओं ने आखर से उसके प्रेम को यूँ लहकाया कि उसमें कविता लिखने का जुनून सवार हुआ! वैसे, 'प्रताप' की कविताएँ प्राय: राष्ट्रीयता से ओत-प्रोत होतीं। वह उन्हें पढ़ता तो उसे महसूस होता कि उसकी नसों में बचपन से समाया बाढ़ का शोर राष्ट्रीयता के स्वर में बजने लगा है!

पहली कविता : नई प्रेरणा

ऐसे सरस और रोमांच से भरे परिवेश में एक दिन उसने कागज पर कुछ लिखा तो लगा, यह 'प्रताप' में छपनेवाली 'कविताओं' जैसी ही है। तब उसने आव देखा न ताव, उसे 'प्रताप' के पते पर भेज दी। किसी मित्र-सहपाठी को जानने नहीं दिया।

'प्रताप' में एक शीर्षक था—'नहीं छपेंगे'। उसमें संपादक की ओर से सूचना छपती कि अमुक-अमुक सज्जनों के लेख, कविता या समाचार नहीं छपेंगे। कविता भेजकर वह बड़ी उत्सुकता से 'प्रताप' की डाक की प्रतीक्षा करता। डाकिए को देखते ही टूट पड़ता और झट अखबार खोलकर पहले उसी शीर्षक को देखता, तब कविता वाले पृष्ठ को। सोच रखा था कि यदि 'नहीं छपेंगे' में उसका नाम छप गया तो फिर 'प्रताप' के उस अंक को ही गायब कर देगा ताकि मित्रों के सामने जिल्लत न उठानी पड़े; मानो शहर में 'प्रताप' की वही एक प्रति आती हो!

किशोर-मन ने इस भोलेपन में कई हफ्ते गुजारे। न कविता छपी, न सूचना। उसी बीच किसी जरूरी काम से वह घर गया। हफ्ते-दस दिन बाद लौटा। अभी शहर में घुस भी नहीं पाया था कि मित्रों की एक मंडली से भेंट हो गई, वे बधाई पर बधाई देने लगे। हॉस्टल आया, वहाँ बधाइयाँ, पुस्तकालय में गया, वहाँ बधाइयाँ कि उसकी कविता छपी है!

फिर तो कई दिनों तक देखा, महसूस किया कि वह जब सड़क पर जाता, उसे देखकर लोग फुसफुसा रहे हैं, उँगली से बता रहे हैं—"यही है कवि, जिसकी कविता 'प्रताप' में छपी है!" कसर सिर्फ एक रह गई थी, रामवृक्ष की जगह रामकृष्ण छपा था।

शायद उसके विद्वान् प्रूफरीडर ने सोचा होगा, रामवृक्ष भी कोई नाम हुआ? सो, शुद्ध करके रामकृष्ण बना दिया! किंतु तब भी पूरे इलाके में किसी को भ्रम नहीं हुआ कि वही लेखक है; क्योंकि अशुद्ध नाम के साथ शुद्ध 'बेनीपुरी' लगा था! यानी वह गाँव से लेकर शहर तक कवि के रूप में प्रसिद्ध हो गया।

इसी दौरान बरात सजी। वह दूल्हा बना। ससुराल पहुँचा, चुमावन हुआ। फिर विवाह-मंडप पहुँचा, उसकी बगल में एक लड़की को लाकर बिठलाया गया, चद्दर में लिपटी, सिमटी-सकुची। जब लड़की का हाथ उसके हाथ में आया, तो देखा, पतली-पतली अंगुलियाँ हैं, पतली-पतली, गोरी-गोरी। जब भाँवरें देने के समय खड़ी हुई, पाया वह उससे कुछ छोटी है, छरहरी है। जब लावा छितराने के समय उसे अँकवार में भरा, तो उसका शरीर झनझना उठा! कोहबर में लड़की को उसके साथ सुलाया गया, तो वह पसीने-पसीने हो रहा! किसी तरह 'हाँ-हूँ' के बीच रात काटी और दूसरे ही दिन ननिहाल चला गया। वहाँ जब उन्हीं मित्रों से कोहबर की चर्चा की, तो वे लोग हँसते-हँसते लोटपोट हुए कि यह 'झेंपू' तो पति-पत्नी के शाश्वत संबंधों का क-ख-ग भी नहीं जानता! फिर उसकी अज्ञानता पर शायद तरस खाकर उन्होंने पूरे ब्योरे के साथ मौखिक शिक्षा दी और कहा—बाकी बात प्रयोग से जान जाओगे!

पत्नी जब बेनीपुर आई तो उसने सचमुच प्रयोग शुरू कर दिया। वह दांपत्य-जीवन के परंपरागत नियमों की बाबत इतना जान-समझ चुका था कि नया पतिदेव दिन में अपनी पत्नी की ओर झाँकने की भी हिम्मत नहीं कर सकता। रात में, जब सब सो, जाते, चुपके-चोरी अपनी पत्नी के पास जाता और मुँह-अँधेरे ही घर से निकल भागता। जब कई बच्चे हो जाएँ, सास-ससुर चल बसें, तब शायद वे दिन में मिल पाएँ! सो देखता, कोई दूसरा उन्हें देख तो नहीं रहा। समाज को विवाह के पहले लुका-छिपी का रोमांस भी कतई मंजूर नहीं और विवाहित जीवन में भी मंजूर है तो सिर्फ लुका-छिपी का रोमांस! अजीब बात है!

उसने विवाहित जीवन लुका-छिपी के रोमांस से ही शुरू किया। अपनी कोठरी के घोर अंधकार में वह पुराने नायकों की तरह अपनी पत्नी-प्रियतमा की घोर प्रतीक्षा करता होता। लंबी प्रतीक्षा के बाद वह आती। वह ऐसा काछ देता मानो गंभीर निद्रा में हो। सोचता, नायिका जगाएगी, लेकिन यह क्या? अँधेरे में हाथ से टो-टाकर वह बगल में या पायताने में सो, रहती। अब नायक क्या करे? एक लंबी साँस लेकर करवट बदलता और इस तरह उसके बदन पर हाथ या पैर पटक देता कि जैसे उसे ज्ञात न हो कि वह कब आई, लेकिन असल तो मतलब होता, यह बताना कि मेरी नींद टूट चुकी है, अब तो कुछ बोलो। नायिका टस-से-मस नहीं होती! उसका सरस मौन इतना मुखर होता कि राजा खुशामद करने लगता।

जल्द ही रामवृक्ष को समझ में आया कि पति-पत्नी के यौन-संबंधों के बारे में वह

जितना अज्ञानी है, उतनी ही उसकी उमा रानी भी। उसने परंपरागत नियमों को ढीला करना शुरू किया। पत्नी ने साथ दिया। अपनी कोठरी में वे चिराग जलाने लगे, लेकिन उसे इस ठिकाने पर रखते कि बाहर के लोग नहीं जान सकें। यूँ दिन में अज्ञान के कारण वे भले शरम से गड़े जाते होते, एक-दूसरे से यूँ दूर-दूर रहते कि देखनेवालों को उनके करीब होने का एहसास हो जाए! रात उसी अज्ञान का अँधेरा दोनों को एक-दूसरे के प्रति यूँ आकर्षित करता कि उनमें अनन्य होने की प्रेमिल रोशनी फूट पड़ती!

उस रोशनी में रामवृक्ष ने पाया कि उसकी रानी कुछ भी पढ़ी-लिखी नहीं है। वह उसे पढ़ाने के लिए बेचैन हुआ, लेकिन रात में चिराग जलाने का यह रहस्य कमरे के बाहर निकला कि एक कोलाहल सा मच गया। उधर कोलाहल और इधर उसकी मास्टरी तेज हुई, तो रानी ने पढ़ना छोड़ दिया। उल्टे वह इस जतन में भिड़ गई कि उसके चलते पति की पढ़ाई न छूटे। बाहर के कोलाहल में यही पुरानी शंका घुली हुई थी! शादी होते ही प्राय: यह चर्चा चलती रहती थी कि अब उसके पति पढ़ नहीं सकेंगे। कुछ दिन में छोड़-छाड़कर बैठ जाएँगे। उसको पढ़ाने की पति की जो बेचैनी उसके लिए प्यार का इजहार थी, वही लोगों के लिए पति की पढ़ाई छोड़ने की शंका का प्रमाण बन गई! यह बात उसे तीखी लगी। सो, अब पति स्कूल से छुट्टी में भी आता, तो वह पूछती, उसकी छुट्टी कब समाप्त होगी और जो अवधि बताता, उसके बाद क्या मजाल कि वह घर पर रह जाए! दिन में तो खैर वह खुद दूर-दूर रहता और चुप रहता, लेकिन रात में लाख चाहे, वह न उससे बोलती और न एक पलंग पर सोते हुए भी उसके करीब आती!

और तो और, पति के स्कूल और पढ़ाई के लिए उसने अपनी पसंद और प्रसन्नता की हर चीज वार दी। पति स्कूल चलने को होते, तो वह उन्हें अपने से कुछ-न-कुछ पैसे जरूर दे देती। वह अपनी माँ की दुलारी बेटी थी। शादी के बाद उन्हें काफी पैसे दिए गए थे; जब कभी मैके से कोई आदमी आता, कुछ पैसे लिये आता। इन पैसों को वह सँजोकर रखती और पतिदेव चलने को होते, तो उनमें से कुछ दे देती—कुछ खास पसंद पड़े तो खाइए-पीजिएगा।

इधर पतिदेव स्कूल से लौटते समय उनके लिए कुछ शौक की चीजें—साबुन, तेल—ले आते, तो वह कभी उनका प्रयोग नहीं करती! उन्हें उनके लिए ही सँजोकर रखती। पतिदेव साफ-सुथरे रहें, बस यही चिंता—आप बाहर रहते हैं, इस तरह रहने से लोग क्या कहेंगे? मैं तो भीतर रहती हूँ, किसको देखना है मुझे?

पति कहते, 'मुझे तो देखना है', तो वह एक देहाती कहावत कह देती—''यदि पिया अच्छे होंगे, तो गूलर पर भी रीझे रहेंगे।'' उसका यह गर्व पतिदेव को न जाने क्या-क्या कह जाता, क्या-क्या सिखा जाता! उसका ऐसा प्यार पतिदेव को न जाने किन-किन संकल्पों पर अडिग रहने की ताकत दे जाता।

कुल मिलाकर हुआ यह कि भार्याजित रामवृक्ष का कविता कामिनी की ओर झुकाव कम होने लगा। वह कविता लिखने की बजाय कविता छापनेवाली पत्रिका निकालने की कल्पना करने लगा। मन-ही-मन संपादक-पत्रकार बनने की स्कीमें बनाने लगा। पत्र-पत्रिकाओं में देख-पढ़कर कविता की कला को समझने का जतन करने लगा, तो कुछ कविताओ में वह बात पाई, जो वह खुद अपनी कविता में देखना-पाना चाहता था। उसने सोचा, यह क्षेत्र उन्हीं कवियों के लिए छोड़ देना चाहिए। उनकी कविताओं की ओर लोगों का ध्यान आकृष्ट करना उसका कर्तव्य है, तभी वह संपादक बन सकेगा! वह संपादक बनने के बारे में जमीन-आसमान के कुलाबे मिलाने लगा।

स्कीम

उसने ममहर में जो पहला अखबार देखा था, वह 'हिंदी बंगवासी' था। उसने शहर आकर यह जानकारी हासिल की कि कलकता और बंबई, दो छोर से दो हिंदी साप्ताहिक निकलते हैं—'हिंदी बंगवासी' और 'वेंकटेश्वर समाचार'। बिहार में दोनों के पुराने ग्राहक हैं। ये दोनों अखबार बड़ी लंबी-लंबी साइज में निकलते हैं—इन्हें बिछाकर दो आदमी मजे से टाँग पसारकर सो, सकते हैं। शायद यही उन अखबारों की माँग का प्रमुख कारण है और शायद इसी की प्रतिक्रिया रूप में अन्य नए अखबार छोटे साइज में निकल रहे हैं!

वह सबको देख जाता—सरस्वती, मर्यादा, विद्यार्थी, श्रीकमला, प्रताप, पाटलिपुत्र...। हिंदी की उन पत्रिकओं से उसे संतोष नहीं होता। वह हर भाषा के उत्कृष्ट पत्रों को देखने की आकांक्षा में अपने जलपान के पैसे काट-काटकर 'मॉडर्न रिव्यू' (अंग्रेजी), 'जमाना' (उर्दू) 'भारतवर्ष' (बांग्ला) आदि मासिक पत्र खरीदने लगा या कहीं से ढूँढ़-ढाँढ़कर पढ़ता। हालाँकि उसे अच्छी तरह न तो अंग्रेजी आई थी, न उर्दू और न बांग्ला!

उसके साथी उसकी धृष्टता पर हँसते, तो वह कहता—"मुझे संपादक बनना है, इसलिए जरा देख लेता हूँ, दूसरी भाषाओं में कैसी पत्र-पत्रिकाएँ निकलती हैं!" मासिक पत्रिकाओं की छपाई-सुधराई या रंग-बिरंगी तसवीरों ने उसके तरुण मन को अपनी ओर ज्यादा आकृष्ट किया। इसीलिए साप्ताहिक एवं दैनिक पत्रों की अपेक्षा उसका झुकाव मासिक पत्रिकाओं की ओर ज्यादा हुआ। वह मासिक पत्रिका का संपादक बनने की स्कीमें बनाने लगा।

संयोग से एक दिन उसे ऐसी ही बनी-बनाई स्कीम मिल गई। 'सरस्वती' में पं. ज्वालादत्त शर्मा की एक कहानी छपी। उसमें वर्णन था कि किस तरह एक नौजवान के दिल में संपादक बनने की इच्छा पैदा हुई। उसने वकालत पास की, वकीलगिरी में पैसे कमाए, उन पैसों से अपने गाँव में एक बगीचा लगवाकर उसी में एक प्रेस बिठा लिया और फिर उसकी मासिक पत्रिका वहीं से निकलने लगी।

बस! वाह, इससे अच्छी स्कीम क्या हो सकती है? यह सोचकर छुट्टियों में वह जब-तब घर आता, सीधे अपनी सघन अमराई में पहुँच जाता, जमीन का अच्छी तरह मुआयना करता।

एक दिन तो इंतिहा हो गई। अमराई के एक कोने में खाली जगह थी। वहाँ बैठा और सपनाने लगा दिन में ही—'वह पढ़-लिखकर वकील बन गया है, खूब वकालत चल रही है, काफी पैसे कमा रहा है। एक दिन गाँव आया (सपने में सपना!) तो देखा··· खट-खट प्रेस चल रहा है, धड़ाधड़ पत्रिका निकल रही है! दैनिक पत्र नहीं, 'सरस्वती' जैसी पत्रिका···। ···संपादक की कुरसी पर बैठ उसने 'डमी' देखा···और बीच में ही उसने अपने सहयोगियों को ऑर्डर दिया—'नहीं-नहीं, हमें हिंदी की 'सरस्वती' जैसी स्टैंडर्ड पत्रिका बांग्ला के 'भारतवर्ष' जैसे सुसज्जित आकार में निकालनी है!' बांग्ला के 'भारतवर्ष', 'प्रवासी' आदि देखकर हिंदीवाले सिहर रहे हैं। सोचते हैं—इतना सुसज्जित और सस्ता मासिक हिंदी में कब निकलेगा··· ?'

लेकिन गांधी की आँधी ने पहले झोंके में ही उसके कल्पना-महल को धूल में मिला दिया। तब तक उसकी उम्र ने सिर्फ 19वें वसंत की बहार देखी थी।

गांधी की आँधी

पखेरू के अभी पंख भी नहीं फूटे थे। वह घोंसले में ही चें-चें कर रहा था। बहुत हुआ तो निकट की डाली पर फुदकता चला जाता और वहीं से विस्मय-विस्फारित नेत्रों से नीचे-ऊपर के संसार की एक झाँकी लेकर फिर घोंसले में आकर दुबका रहता कि तूफान आया! भीषण तूफान। पहले हवा का एक झोंका, फिर गर्द-गुबार का एक बवंडर और बाद में हाहा-हूहू, चरर-मरर। उसके छोटे से चार तिनकों के घोंसले की क्या बिसात! डालियाँ अरराकर गिरने लगीं। वृक्ष जड़ से उखड़ने लगे। बड़े-बड़े वट वृक्ष भी, जिनकी डालों से जड़ें फूट निकली थीं। 1919 से 1921 तक 'असहयोग आंदोलन' के तूफान में रामवृक्ष की स्थिति ऐसे छोटे-से पखेरू-सी हो गई!

चारों ओर उत्तेजना। विश्वयुद्ध (पहला) समाप्त होते ही जहाँ भारतीय सैनिकों की बहादुरी और भारतीय जनता द्वारा पूर्ण सहयोग मिलने के उपहार में अंग्रेजों से 'स्वराज्य' प्राप्त करने का सुख-सपना देखा जा रहा था, वहाँ 'रौलेट ऐक्ट' नसीब हुआ। देश एकबारगी विक्षुब्ध हो उठा। कांग्रेस के गरम नेताओं की बात दूर रही, नरम नेताओं की गरमी भी देश की जनता को पसीने-पसीने करने लगी। नरम गांधीजी ने रौलेट ऐक्ट के विरोध में 'सविनय प्रतिरोध' का बीड़ा उठाया, तभी पंजाब हत्याकांड हो गया! जलियाँवाला बाग में बच्चे तक भून डाले गए, जनरल-ओ-डायर की नृशंसता की कहानियाँ जबान-जबान पर! मुसलमानों के खिलाफत को लेकर अलग हंगामा! गांधीजी

ने 'असहयोग' की बिगुल फूँक दिया। असहयोग के प्रोग्राम पर कलकत्ता में कांग्रेस का विशेष अधिवेशन करने की बात चल ही रही थी कि देश में 'स्वराज्य हमारा जन्मसिद्ध अधिकार है' का जानदार मंत्र फूँकनेवाले लोकमान्य तिलकजी की मृत्यु हो गई! इस मृत्यु का शोक हिंदू-मुसलमानों ने समान रूप से मनाया।

उस दिन तरुण रामवृक्ष भी स्कूल नहीं गया। दिनभर हड़ताल रही। शाम को तिलक की अरथी बनाकर जुलूस निकाला गया, जिसमें हिंदू-मुसलमानों ने साथ कंधे दिए। शाम को इतनी बड़ी सभा हुई, जिसकी उसने कल्पना भी नहीं की थी।

अखबारों के शीर्षक आग बन गए। नेताओं की जबान से अंगारे झड़ने लगे। गांधीजी ने वायसरॉय को एक पत्र लिखा था। पत्र द्वारा आंदोलन का प्रथम संकेत दिया। उन्होंने ब्रिटिश सरकार द्वारा उनको दी गई सम्मानसूचक पदवियाँ और पुरस्कार लौटा दिए। उन्होंने लिखा—"मैं दुःख के साथ 'केसरे हिंद' का 'स्वर्ण पदक' लौटाता हूँ, जो मुझे दक्षिण अफ्रीका में सेना-कार्य के लिए दिया गया था। मैं जुलू युद्ध का पदक भी लौटा रहा हूँ, जो मुझे सन् 1906 में स्वयंसेवक भरती दल के कर्मचारी के रूप में मिला था। बोअर युद्ध का पदक भी मैं लौटा रहा हूँ, जिसको मुझे अंग्रेज सरकार ने सन् 1899-1900 की लड़ाई के घायलों की सेवा-शुश्रूषा के निमित्त दिया था।"

उन्होंने अपने पत्र में यह भी लिखा—"पंजाब में जो कुछ हुआ है, और जिन कारणों से 'खिलाफत आंदोलन' का जन्म हुआ है, उसके बाद अन्याय और अविचार के द्वारा कलंकित सरकार के प्रति मेरे मन में किसी प्रकार का सम्मान अथवा वृत्ति की भावना नहीं रह सकती। इस सरकार को पश्चात्ताप के मार्ग पर लाने के लिए मजबूर करना होगा। इसलिए मैंने असहयोग का निर्देश दिया है, जिसके द्वारा हिंसा का अवलंबन किए बिना भी सरकार से अपने को स्वतंत्र किया जा सकता है, संयत किया जा सकता है।"

सितंबर (1920) में कलकत्ता में कांग्रेस का विशेष अधिवेशन हुआ। उसमें गांधी के निर्णयों का प्रबल बहुमत से समर्थन हुआ। गांधीजी ने चुनौती दी—"तुम आजादी पसंद करते हो कि गुलामी? आजादी चाहते हो तो गुलाम ढारने के कारखानों—स्कूलों और कॉलेजों—से अपने को अलग करो। शैतान सरकार से अपना सारा संबंध तोड़ो। कचहरियाँ छोड़ो, पदवियाँ छोड़ो। यह सरकार हमारे सहयोग से चलती है; शांतिमय तरीके से उससे असहयोग मात्र कर दो, फिर तो उसको तुम्हारे सामने झुकना ही पड़ेगा। विदेशी कपड़ों को जला डालो, खादी पहनो, छुआछूत छोड़ो, हिंदू-मुसलिम एकता स्थापित करो, नशीली वस्तुओं का व्यवहार बंद करो, राष्ट्रीय पाठशालाएँ कायम करो, तिलक-स्वराज्य फंड में पैसे दो, मुठिया निकालो, चरखा चलाओ...।" गाँव से लेकर शहर तक एक हलचल! मानो प्रशांत सागर में अचानक ज्वार आ गया—उफ्, ये बड़ी-बड़ी तरंगें! किसकी नाव न डूबेगी, कौन सी तट-रेखा न नष्ट होगी!

रामवृक्ष ने स्कूल (भूमिहार ब्राह्मण कॉलेजियट स्कूल, मुजफ्फरपुर) छोड़ दिया! जिंदगी की नाव की पतवार और डाँड, दोनों नदी में फेंककर वह देश के लाखों युवकों की तरह तरंगों पर खिलवाड़ करने चल पड़ा।

स्कूल छोड़कर आंदोलन में शामिल होने की खबर पाते ही स्कूल के हेडमास्टर तपेश्वर सिंह उसके हॉस्टल आए और उसे समझाने की हरसंभव कोशिश की कि 'यह आंदोलन तुरंत खत्म हो जाएगा। तुम उतावलापन मत दिखलाओ। तेज लड़के हो, तुम्हें स्कॉलरशिप जरूर मिलेगी। देशभक्ति के लिए भी योग्यता चाहिए, तुम योग्य तो बन लो...।' पूरे गाँव-जवार में धाक रखनेवाले मुख्तार साहब भी दौड़े-दौड़े आए और उसके पिता-पितामह का नाम ले-लेकर नसीहत दी कि वह आंदोलन में पड़कर परिवार की आशाओं को न तोड़े। रामवृक्ष टस-से-मस नहीं हुआ।

कलकत्ता के विशेष अधिवेशन के बाद गांधीजी मुजफ्फरपुर पहुँचे। वह उन्हें देखने स्टेशन पहुँचा। तीन साल पहले भी पहली बार इसी स्टेशन पर वह गांधीजी को देखने गया था, जब वे चंपारण में निलहों के खिलाफ जनता को सत्याग्रह का नया पाठ सिखाने के लिए जा रहे थे। उस वक्त स्टेशन पर उसने एक दर्जन से ज्यादा आदमी नहीं देखे थे, पर इस बार इतनी भीड़ कि वह गांधीजी को ठीक से देख नहीं पाया!

स्वयंसेवक होने के नाते 'शफी मंजिल' (मौलाना शौकत अली साहब का मकान) में गांधी का निकट से दर्शन करने का मौका मिला। देखा, गांधीजी की वेशभूषा में कोई अंतर नहीं। फोटो में पगड़ी बाँधे गांधीजी को देखा था। सो, वह पगड़ी की तलाश में था, लेकिन गांधीजी के सिर पर पगड़ी की जगह टोपी थी। शरीर में कुरता कॉलरवाला। कमर में धोती और पैर बिल्कुल खाली! तीन साल पहले चेहरे पर संयम और कठोर जीवन की रुखाई थी, लेकिन अब? चेहरे पर तेज नजर आता है और उनकी वाणी में जैसे युग बोलने लगा है! उसके किशोर दिमाग में बार-बार आता—'यह छोटा सा मामूली आदमी किस तरह लोगों का, पूरे देश का आराध्य देव बन गया—यह जरूर ही अवतार है!'

शाम को तिलक मैदान में विराट् सभा हुई। लगभग एक लाख की भीड़ में उभरते कवि के रूप में उसे मंच से कविता पढ़ने का मौका मिला। उसने कविता पढ़ी। उसमें पंजाब और खिलाफत संबंधी अन्यायों का जिक्र था। खूब तालियाँ बजीं। गांधीजी ने अपने भाषण में उसकी चर्चा की। उसे तो लगा कि उसे पंख लग गए, उसने आसमान छू लिया!

'असहयोग आंदोलन' में बहुत से लोगों ने गांधीजी के दृष्टांत का अनुसरण किया। बहुत से मजिस्ट्रेटों ने अपने पद का त्याग कर दिया, कई विद्वानों व ज्ञानकर्मियों ने पदवियाँ छोड़ दीं। हजारों छात्रों ने कॉलेज छोड़ दिया। अदालतों का सारा सम्मान खत्म होने लगा। एक के बाद दूसरा स्कूल खाली होने लगा। उसने भी पढ़ना-लिखना छोड़कर शरीर पर खद्दर का कुरता, पैर में चमरौधा चप्पल, सिर पर गांधी टोपी, कंधे पर तिरंगा झंडा और

बगल में एक झोला, जिसमें तिलक-स्वराज्य फंड की रसीद, एक-दो फालतू कपड़े और पानी पीने के लिए टिन का एक लोटा था, का फकीरी बाना लेकर इस गाँव से उस गाँव और उस गाँव से इस गाँव देशमाता की मुक्ति का अलख जगाने निकल पड़ा।

'स्व' की प्राप्ति

नागपुर कांग्रेस ने असहयोग के कार्यक्रम को पूर्णत: स्वीकार करते हुए तिलक-स्वराज्य के फंड में एक करोड़ रुपया इकट्ठा करने, देश भर में कांग्रेस के एक करोड़ सदस्य बनाने और दस लाख चरखे चलाने का प्रोग्राम तय किया। गांधीजी ने घोषणा की कि इतना कर लो, तो फिर हम एक वर्ष में स्वराज्य ले लेंगे।

'एक वर्ष में स्वराज्य!' इस नारे के साथ रामवृक्ष भी हजारों युवकों के साथ गाँवों में घुस गया। रुपए की वर्षा होने लगी। खादी का मोटा कुरता और टोपी पहनकर जो जिस तरफ निकल जाता, झोली भर लाता।

तब तक कांग्रेस का बाजाब्ता संगठन नहीं था। रामवृक्ष ने देखा, वर्षा के पानी की तरह फंड के बहुत से रुपए गलत जगह पर बह रहे हैं, फिर भी इस प्रोग्राम के कारण हिंदुस्तान के गाँव-गाँव में गांधी का संदेश पहुँच रहा है—'एक वर्ष में स्वराज्य' पर आम लोग और गरीब-ग्रामीणों का विश्वास मजबूत हो रहा है। यहाँ तक कि जनता में गांधीजी की अलौकिकता की अफवाहें उड़ने लगी हैं।

गांधीजी ने नशा निषेध की बात कही। किसी ने कह दिया, तंबाकू खाना-पीना भी नशा है। फिर क्या ? हर गाँव में सामने बाँसों पर हुक्के लटकते दिखने लगे। किसी ने कह दिया, तंबाकू के पत्ते पर गाय और सूअर, दोनों के रोएँ उग आए हैं तो लोगों ने पत्तों को देखा। पत्तों पर सदा नजर आनेवाले उजले और काले रोएँ गाय और सूअर के रोएँ लगने लगे! दूसरी ओर, वह साल के मध्य में फकीर की तरह अलख जगाते बंशीपचरा पहुँचा तो देखा—संसार का आठवाँ आश्चर्य! जो मामाजी खूब गाँजा पीते थे, जिनके अगल-बगल चिलम दागनेवालों का एक पूरा गिरोह रहता था, उन्होंने गाँजा पीना बिल्कुल छोड़ दिया है!

वह जहाँ जाता, पाता कि तरह-तरह की अफवाहें उड़ रही हैं—गांधीजी अदृश्य हो जाते हैं! अंग्रेजों ने गांधीजी को जेल में रखा, जेल के फाटक बंद, लेकिन गांधी गायब! अखबारों तक में छपने लगा कि लोगों ने एक दिन गांधीजी को बादल पर उड़ते देखा। वह बादल पहले चतुर्भुजी विष्णु बना, फिर गांधी का रूप धारण कर लोप हो गया। और तो और, एक दिन रामवृक्ष की एक मौसी ने उससे भक्तिभाव से पूछा कि क्या नेपाल के किसी जंगल में गांधीजी की बहुत बड़ी सेना तैयार है ? चूड़ी बेचनेवाली ने उससे गुप्त रूप से यह कहा है।

रामवृक्ष का माथा ठनका, लेकिन उसे याद आया, गांधीजी को देखकर उसके मन में भी तो ऐसी ही उथल-पुथल मची थी कि हो-न-हो गांधीजी अवतारी पुरुष हैं। सामान्य आदमी से दिखते हैं, लेकिन हैं नहीं! जब उसने इस बाबत अखबारों में स्वयं गांधीजी का लिखा बयान पढ़ा कि वे न अवतारी पुरुष हैं और न बनना चाहते हैं, तो इसे उसने गाँव-देहात के लोगों को पढ़कर सुनाया, लेकिन जनता पर कोई असर नहीं। उल्टे, आम जनता के लिए महात्मा गांधी और महान् हो गए, 'कहीं राम हो गए और कहीं कृष्ण हो गए!' जन-जन की जुबान से तरह-तरह के गाने फूटने लगे, आल्हा बनने लगे, पँवाड़े बनने लगे। राम-रावण, कृष्ण-कंस की कथाओं की तर्ज पर लोकगीतों में गांधी-गवर्नमेंट की जोड़ी बन गई।

स्कूल छोड़ने के बाद से रामवृक्ष ने घर जाना छोड़ दिया था। उसे जब-तब खबर मिलती थी कि घर में कुहराम मच गया है। माँ-सी मौसी ने खाना-पीना छोड़ रखा है। पत्नी दिन-रात रोती रहती है। पूरे परिवार पर मातम छाया हुआ है। गाँववाले भी उदास हैं। उसे भी लगता कि पूरे घर-परिवार की आशा का वही तो केंद्र है। वह भी तो यही सोचता रहा है कि पढ़-लिखकर पैसा कमाएगा, घर को गरीबी और कर्ज से उबारेगा, लेकिन उसने खुद सब पर पानी फेर दिया। तनिक एक बार भी न सोचा कि यह खटराग गरीबों के लिए नहीं है! लेकिन कुछ ही दिनों के बाद उसने सुना कि उसके श्वसुरजी गिरफ्तार हुए, तो उसके मन का बोझ हल्का हो गया। वह श्वसुरजी से मिलने जेल गया। श्वसुरजी ने जेल में एक कविता लिखी—'जेल गए, हाँ, जेल गए'। वह 'कर्मवीर' में छपी!

श्वसुरजी की गिरफ्तारी की खबर खूब फैली! वह बिहार में पहली गिरफ्तारी थी। मोतीलाल नेहरू की अंग्रेजी पत्रिका 'इंडिपेंडेंट' ने उनके मुकदमे का वर्णन विस्तार से छापा। असहयोग शुरू होते ही उनके श्वसुरजी ने उन निलहों के खिलाफ जनता के विद्रोह की कमान थाम ली थी, जिनकी कोठियाँ मुजफ्फरपुर में बाकी थीं। चंपारण के गोरे निलहे पिछले तीन साल में खत्म हो गए, तो बेलसंड में क्यों रहें? बेलसंड और उसके गाँव-जवार में श्वसुरजी की धाक थी। विरोध की इस आवाज को शुरू में कुचल देने के लिए बेलसंड के निलहे साहब ने सीतामढ़ी के एस.डी.ओ. मिस्टर ली से फरियाद की। तुरंत विलायत से आए पक्के साहब ली ने आव देखा न ताव, श्वसुरजी को गिरफ्तार कर लिया।

श्वसुरजी की गिरफ्तारी के बाद परिवारवालों की आरजू पर वह ससुराल से घर पहुँचा। गाँव-घर में मातम और उदासी की छाया थी, लेकिन किसी ने उलाहना नहीं दिया! पत्नी का चेहरा बदल चुका था, लेकिन सूजी आँखों में आँसू न थे। जो जबान से न निकली, आँखों ने बताया—जिस तूफान ने रामवृक्ष के पैर उखाड़ दिए, उसके झोंके ने उन आँसुओं को सुखा दिया और अब पश्चात्तापों को उड़ा ले गया! वह दो ही दिन

बाद घर से निकल पड़ा तो पत्नी की आँखों में आँसू आ गए लेकिन उन आँसुओं ने उसे रोका नहीं! जब पिता ही गिरफ्तार हो गए तो पति को आंदोलन की गिरफ्त में जाने से क्या कहकर रोकती!

श्वसुरजी की गिरफ्तारी के बाद से तो जैसे मुजफ्फरपुर सहित पूरे बिहार में गिरफ्तारियों की धूम मच गई। यह गिरफ्तार हो रहे हैं, वह गिरफ्तार हो रहे हैं। यहाँ गिरफ्तारी हो रही है, वहाँ गिरफ्तारी हो रही है। भाषण करने के लिए गिरफ्तारी, गीत गाने के लिए गिरफ्तारी, नाटक खेलने के लिए गिरफ्तारी, पिकेटिंग के लिए गिरफ्तारी, वकील-बैरिस्टरों की गिरफ्तारी, रईस-जमींदारों की गिरफ्तारी, शिक्षक-विद्यार्थियों की गिरफ्तारी, दुकानदारों-फेरीवालों की गिरफ्तारी! उफ्, गांधीजी का यह कैसा जादू?

पूरा साल देहात-देहात घूमा किया। गाँव-गाँव घूमते-भटकते हुए उसने समझा, जन-आंदोलन क्या चीज है और जन-सेवा का क्या अर्थ है? दिन-रात पैदल दौड़ना, न खाने-पीने का ठिकाना, न रहने-सोने का। पैरों में छाले, कंठ में खुश्की, शरीर में थकावट, लेकिन आम जनता में ऐसा उत्साह कि भूख-प्यास-थकावट सब फुर्र! खिलानेवालों की कमी नहीं और इधर फुर्सत नहीं कि खाया जाए! आप खादी पहने हैं, तो आप जो कह दीजिए वह वेदवाक्य।

ज्यों-ज्यों साल पूरा होने का समय नजदीक आया, 'एक साल में स्वराज्य' नारे के जादू का जोर बढ़ता गया! वह नारा भारतीय समाज की पुरानी धारा को ही नया मोड़ देने लगा। करोड़ों लोग आत्मशुद्धि के जरिए अपनी जीवनधारा बदलकर जैसे स्वराज्य के स्वागत की तैयारी करने लगे। लाखों जवान आजादी के लिए मौत को गले लगाने निकल पड़े और मरणासन्न बूढ़े-बुजुर्ग साल खत्म होने के उस दिन तक जिंदा रहने की कामना करने लगे!

पूरे देश में 'स्व' को पाने की होड़ मच गई। गांधीजी के संदेश का मर्म यही तो है—स्व को जितनी जल्दी पाओ, उतनी ही जल्दी स्वराज्य पा लोगे! असहयोग के लिए बढ़े कदम मानो खुद-ब-खुद स्व की मंजिल के लिए नये-नये रास्ते गढ़ने लगे। विदेशी कीमती कपड़ों की होली जलाई तो सादी खादी पहनने का रास्ता जगमगाने लगा। लक-दक पोशाक और लजीज भोजन से विरक्ति हुई, तो भोजन में, वेश में सादगी का दौर-दौरा हुआ। स्वराज्य के लिए कृत्रिमता को छोड़ सरल जीवन की प्रेरणा हुई, तो घर-घर में यह संदेश घर करने लगा कि घरेलू जिंदगी के अलावा भी एक ऐसी जिंदगी है, जिसमें आदमी सबकुछ छोड़कर देश के लिए, समाज के लिए अपने को न्योछावर कर सकता है!

असहयोग का एक साल पूरा होने के पहले ही कार्तिक के दिन रामवृक्ष को महसूस हो गया कि स्वराज्य मिले न मिले, गांधीजी अपने मकसद में कामयाब हो गए, जब मरणशय्या पर पड़े उनके अनपढ़ नानाजी ने कहा—"आह, दो महीने और जी पाता तो

स्वराज्य देखकर खुशी से मरता!'' और तो और, यह खबर भी उड़ती-उड़ती उसके कानों तक पहुँच गई कि हजारीबाग जेल में बंद विद्वान् मौलवी शफी साहब 1921 की 31 दिसंबर को आधी रात तक जगे रहे कि ज्यों ही घड़ी बारह का घंटा बजाएगी, जेल का दरवाजा खुल के रहेगा!

1921 बीत गया। स्वराज्य नहीं मिला, लेकिन देश ने, देश की जनता ने अपने को पा लिया—वह अपनापन, जो वह खो चुकी थी! साल खत्म होने के बाद रामवृक्ष भी लौटा, 'स्व' की नई चेतना के साथ। आंदोलन ने उसे सिखाया कि समाज के लिए सब कुछ त्याग करने की भावना से प्रेरित संघर्ष सिर्फ विध्वंस नहीं करता। वह इनसान को सृजन की वैकल्पिक दृष्टि देता है और समाज के लिए रचनात्मकता के नए पथ आलोकित कर जाता है। वह घर लौटा तो उसका स्वागत 'बुद्धत्व' प्राप्ति के बाद घर आये सिद्धार्थ जैसा हुआ। पत्नी की आँखों में यह जिज्ञासा तो थी कि पतिदेव आगे क्या करेंगे, लेकिन उससे ज्यादा उन आँखों में विश्वास की ज्योति झिलमिल कर रही थी कि वह जो करेंगे, अच्छा करेंगे और वह ऐसा काम होगा, जिससे समाज के साथ घर का कल्याण होगा! और फिर घर से निकलते वक्त तो वह पत्नी की पलकों पर रुके आँसुओं के अभय आलोक में नहा उठा—मैं तैयार हूँ। आप निर्भय-निर्द्वंद्व रहें। आप जो करें, मैं साथ हूँ। अमृत आपको मिले, जहर मैं पीऊँगी!

कलम थामने का संकल्प

असहयोग आंदोलन का तूफान थमा तो युवक रामवृक्ष घर लौटे और कई दिनों तक देहात में ही रहे। कभी-कभार शहर जाते और इस निश्चय के साथ घर लौटते कि कुछ भी हो, अब पीछे नहीं लौटूँगा। इसी निश्चय के साथ तय करते—आगे बढ़ूँगा, कुछ करके रहूँगा!

लेकिन क्या करूँ, किस दिशा में आगे बढ़ूँ, इस सवाल पर अटकता-भटकता फिर शहर पहुँच जाता! गांधीजी की सभा में कविता-पाठ के बाद शुरू के थोड़े दिनों तक पत्र-पत्रिकाओं में, कवि-सम्मेलनों में भी उसकी कविता-कामिनी अपनी अदा दिखाती रही थी। कविता में व्यंग्य रखकर उसने कवि-सम्मेलनों में खूब हँसाया, खूब छकाया भी; तालियों के साथ हिंदी-प्रेमी राजाओं और राजकुमारों द्वारा स्वर्णपदक दिए जाने की घोषणाएँ भी बटोरीं, लेकिन फकीरी बाना धारण कर 'असहयोगी' बनते ही कविता उसके साथ चलने में ही असमर्थता जताने लगी थी। उसे भी लगने लगा कि वह तो स्वराज्य के संघर्ष में सबकुछ त्यागकर, विशुद्ध सरल जीवन और सादगी के गांधी-पथ पर निकल पड़ा है। इसमें अपनी अदाओं से छकानेवाली, अलंकार आभूषणों से सजी-धजी कविता कहाँ तक साथ देगी! मुक्ति के इस कठिन संघर्ष में सफलता

के लिए तो तलवार जैसे सशक्त माध्यम की जरूरत है। पत्रकारिता ही ऐसा माध्यम हो सकती है, कविता-लेखन नहीं!

असहयोग थमा तो उसका ध्यान दूसरी तरफ गया—असहयोग के बाद बिहार सहित पूरे हिंदुस्तान में उभरे करुण दृश्य—तूफान से हुई तबाही के दृश्य! बड़े-बड़े वृक्षों के उखड़े हुए तने, गिरी हुई डालियाँ, घरों के उजड़े हुए छप्पर! हरी-भरी फसलों की बरबादियाँ, मरे हुए जानवरों और आदमियों की घिन्नाती लाशें, फिर महामारियाँ!

स्वराज्य की आस में जो लोग असहयोग में दर्शक की तरह शामिल हुए और 'स्व' पाने से भी वंचित रह गए, वे चिल्लाने लगे—तूफान, तेरा बुरा हो! ऐसे लोग स्कूलों में लौटने लगे, वकील चोंगा सँभालने लगे। कौंसिल में प्रवेश की धूम मची—बड़े नेताओं में कौंसिल में पहुँचने की होड़ मच गई। छोटे नेता डिस्ट्रिक्ट बोर्ड और म्यूनिसिपैलिटी में घुसने के लिए आपस में भिड़ गए। कुछ लोगों ने चरखा थाम लिया और कुछ लोग बम धरने दौड़े। गया में कांग्रेस का अधिवेशन हुआ तो 'स्व' पाकर भी स्वराज्य से वंचित राजनीतिज्ञ आपस में भिड़ गए!

युवक रामवृक्ष उस अधिवेशन में शामिल हुआ और देखी—घृणित प्रतिक्रियाओं की राजनीति! कांग्रेस दो दलों में बँट गई—परिवर्तनवादी और अपरिवर्तनवादी। दोनों दलों में कुश्ता-कुश्ती हुई। गांधीजी जेल से छूटे नहीं थे। उनकी अनुपस्थिति में परिवर्तनवादियों ने कौंसिल में प्रवेश का रास्ता साफ करने के लिए गांधी पर आरोप लगाया—'आपने सब गड़बड़ और सत्यानास किया।' दूसरी तरफ, आगे का रास्ता तलाशने में असमर्थ अपरिवर्तनवादी उन्हें 'कुरसी-पसंद' कहकर चिढ़ाने लगे।

रामवृक्ष क्या करे? स्कूल जाए? जिसे गुलामखाना कहा, उसी में पढ़ाई के लिए किस मुँह से घुसे? तो क्या घर बैठे? घास छीले, कुदाल चलाए? अपनी सारी महत्त्वाकांक्षा भूलकर हल के पीछे टख-टख करे? नहीं-नहीं, यह सब उससे नहीं होगा। जब चरखा और बम पकड़ने से भी इनकार कर दिया, तब हल-कुदाल को कैसे थाम लेगा?

बस, एक चीज बची है—कलम, बस कलम! वही एक चीज है, जिसके जरिये वह उस आत्मविश्वास को बरत सकता है, जिसे असहयोग आंदोलन में अर्जित किया—स्कूल छोड़कर असहयोग आंदोलन में शामिल होने के पहले उसने वह आत्मविश्वास अर्जित कर लिया था, जिससे वह वैयक्तिक जीत हासिल कर सकता है; लेकिन आंदोलन ने उस आत्मविश्वास में संकल्प की वह शक्ति भरी, जिससे वह एक साथ समग्रता से वैयक्तिक और सार्वजनीन हो सकता है! यह आत्मविश्वास कहता है—अब तुम कुछ भी करो, वह सिर्फ 'रिएक्शन' न हो, 'क्रिएशन' हो।

तरुण भारत

कुछ इसी तरह की मन:स्थिति में रामवृक्ष एक दिन गाँव से मुजफ्फरपुर पहुँचे। इस बीच 'भूमिहार ब्राह्मण कॉलेजियट स्कूल', जिसे उन्होंने असहयोग आंदोलन में शामिल होने के लिए छोड़ा था, राष्ट्रीय स्कूल में परिणत हो गया था। उसके हेडमास्टर बाबू तपेश्वर सिंह भी असहयोग की धारा में बह चले थे। उधर मुख्तार साहब भी सिर से पैर तक खादीपोश हो गए थे। उन्होंने मदिरा निषेध पर एक नाटक बनाया और एक दिन रामवृक्ष को अपने गाँव बुलाकर उन्हें वह नाटक सुनाया, यानी हकीम खुद बीमारी की चपेट में आ चुके थे!

मुजफ्फरपुर पहुँचने पर भूमिहार ब्राह्मण कॉलेजियट स्कूल के ही प्रसिद्ध अध्यापक मथुरा प्रसाद दीक्षितजी से रामवृक्ष की भेंट हुई। दीक्षितजी उनके गुरु थे, साहित्य रसिक थे, उनको साहित्य की ओर प्रवृत्त किया करते थे। हमेशा उन्हें प्रोत्साहित करते, उनसे काम लेते, आगे बढ़ाते थे। उन्होंने भी गांधीजी की पुकार पर स्कूल से असहयोग कर दिया था। कुछ दिनों तक वह भी देहात-देहात में असहयोग का प्रचार करते फिरे थे, लेकिन अब पटना से निकलनेवाले अखबार 'तरुण भारत' के संपादक थे।

उन्होंने रामवृक्ष से पटना चलने का आग्रह किया। उनका आग्रह रामवृक्ष के लिए मुँहमाँगा वरदान सिद्ध हुआ। सो, शीघ्र ही उनके साथ पटना पहुँचकर 'तरुण भारत' के दफ्तर में प्रवेश किया।

'तरुण भारत' पटना के महेंद्रू मोहल्ले के चौधरी टोले से निकलता था। चौधरी टोला, पटना के अखबार नवीसी में खास स्थान रखता था। वहीं के पं. सोनासिंह चौधरी 'पाटलिपुत्र' के संपादक थे। उन्हीं के भाई रामगोपाल सिंह चौधरी के हाथ में उस समय पटना का एकमात्र अंग्रेजी दैनिक 'एक्सप्रेस' का संचालन सूत्र था। ये दोनों अखबार हथुआ स्टेट की ओर से निकलते थे। दोनों की बड़ी धूम थी, लेकिन 'तरुण भारत' के संचालक चौधरी घराने से नहीं थे। उन लोगों का परिवार रुतबे में चौधरी लोगों से भी बढ़ा-चढ़ा था। 'तरुण भारत' के संचालक थे नागेश्वर प्रसाद शर्मा, जो 'लालबाबू' के नाम से पुकारे जाते थे। लालबाबू सचमुच लालबाबू थे। चेहरा गोरा लाल भभूका था। कसरत से गठा हुआ शरीर; बहुत ही सुंदर दिखते थे। रहन-सहन में भी पूरे लालबाबू—पटना के एक उदार रईस! भावना पर काम करते। हमेशा कुछ दरबारी उन्हें घेरे रहते। उनके दो भाई और थे—एक, अंबिका प्रसाद सिंह, जो उन दिनों बड़े लाट की कौंसिल के सदस्य थे। पं. मोतीलाल नेहरूजी की स्वराज पार्टी बनी, तो वह उसमें भी शामिल हो गए। छोटे भाई थे, द्वारका प्रसाद शर्मा*, जो उस समय आई.सी.एस. पढ़ने विलायत गए हुए थे।

* बाद में वह मिस्टर डी.के. शर्मा के नाम से कई जिलों के कलेक्टर बने।

लालबाबू ने चौधरी टोला के अपने मकान में 'तरुण भारत' का दफ्तर जमा रखा था। एक हैंड प्रेस भी था। लालबाबू स्वयं 'असहयोगी' थे। सो, उन्होंने 'यंग इंडिया' की तर्ज पर 'तरुण भारत' साप्ताहिक पत्र निकालने के लिए गांधीजी से आज्ञा और आशीर्वाद प्राप्त किया था। एक स्थानीय सज्जन को मैनेजर नियुक्त किया। फिर मथुरा प्रसाद दीक्षितजी को बुलाया, संपादन के लिए। दीक्षितजी ठहरे रामवृक्ष बेनीपुरी के गुरु! सो, गुरु ने शिष्य को पटना बुलाया।

रामवृक्ष को 'तरुण भारत' में सहकारी संपादक की हैसियत से स्थान मिला। यहीं पत्रकारिता की अंत:प्रेरणा और पत्रकारिता की भौतिक लाचारी की पगडंडियाँ मिलीं। यहीं से शुरू हुई उनके पत्रकार बनने की यात्रा—अंत:प्रेरणा की लाचार यात्रा!

उन्होंने नौसिखुए की तरह 'तरुण भारत' में प्रवेश किया। थे भी बिल्कुल नौसिखिया आदमी। जाते ही प्रूफ देखना सीखा। अभी असहयोग की धूम खत्म नहीं हुई थी। गांधीजी की धूम तो खैर, और बुलंद हो रही थी। उनके संग 'यंग इंडिया' की भी धूम थी। तब तक गांधीजी का कोई हिंदी पत्र नहीं था, 'हिंदी नवजीवन' नहीं निकला था। इसलिए 'तरुण भारत' गांधीजी के लेखों का अनुवाद छापता था। 'यंग इंडिया' से अनुवाद प्राय: दीक्षितजी करते; रामवृक्ष के जिम्मे समाचारों का संकलन, कभी-कभी संपादकीय टिप्पणियाँ लिखना और कविताओं का चुनाव भी था। अखबार के गेट-अप की जिम्मेवारी भी लगभग उन्हीं पर रहती।

'असहयोगी' लालबाबू पटना के नेताओं में से थे। उनके यहाँ लोगों की भीड़ लगी रहती थी। वह ऑफिस में ही प्राय: रहते। उनके चलते दीक्षितजी भी उसी भीड़-भाड़ में फँसे होते। इसलिए धीरे-धीरे अनुवाद का बोझ भी रामवृक्ष के माथे पर आ गया। वह अंग्रेजी अधिक जानते नहीं थे। फिर भी, अनुवाद के बोझ को चुनौती के रूप में सहर्ष स्वीकार किया। 'विशारद' परीक्षा में अंग्रेजी से अनुवाद उनका एक विषय था, उसमें वह पास घोषित थे ही; अत: आत्मविश्वास के बल पर अनुवाद का बोझ उठा लिया और दो कदम चलते ही महसूस किया कि अनुवाद का काम कतई भारी नहीं।

वैसे, गांधीजी की भाषा भी बड़ी सरल और मधुर होती थी। रामवृक्ष को भी शब्द-कोशों से सहायता लेने में कभी संकोच नहीं होता था। फिर, दीक्षितजी तो थे ही। किंतु उसी समय उन्हें मालूम हुआ कि गुजराती में 'नवजीवन' निकलता है और गांधीजी के लेख उसमें छपते हैं। रामवृक्ष ने झट नई राह निकाली। पटना में एक गुजराती सज्जन से थोड़ी गुजराती सीख ली। 'नवजीवन' मँगाना शुरू किया और उसी सज्जन मित्र की सहायता से गुजराती से गांधीजी के लेखों का हिंदी अनुवाद देने लगे। अनुवाद का काम और आसान बन गया। गुजराती से अनुवाद होने पर हिंदी लेखों में गुजराती भाषा की रवानी भी आ गई! उन्होंने बांग्ला पहले से सीख रखी थी। उर्दू तो बाजाब्ता पढ़ी थी। यह ज्ञान भी उनके लिए पत्रकार जीवन की ठोस व तेज शुरुआत करने में सहायक बना।

जल्द ही 'तरुण भारत' में उन्होंने 'अग्रलेख' लिखना शुरू कर दिया। एक उपनाम से कभी-कभार कविता लेखन भी। यों कहिए कि अधिकांश काम अपने ऊपर लेकर उन्होंने अपने गुरु संपादक को बहुत कुछ निश्चिंत कर दिया।

छोटा-सा प्रेस; एक ही घर में प्रबंध, संपादन, कंपोजिंग, छपाई आदि की खिचड़ी। वहीं प्रेस में काम करनेवालों के लिए 'खिचड़ी' भी पकती।

'हैंड प्रेस' में छपाई। छपाई साफ हो, इसके लिए कागज को हल्के भिगो दिया जाता। प्रूफ उठाने के लिए 'गेली' पर बनात के कपड़े रखकर पैर से दबाया जाता। कंपोजिंग के लिए स्थानीय बढ़ई के बने 'टाइप केस' और उनके खानों में विविध अक्षरों और व्यंजन के टाइप। ये टाइप कलकत्ता से मँगाए जाते। हेडिंग के अच्छे टाइप के लिए गुजराती टाइप फाउंडरी से पार्सल आते। कटिंग के लिए बड़ी-बड़ी जल्लादी छुरी। सिलाई के लिए सूई-धागे।

उन दिनों किसी पत्र के एक संस्करण की प्रकाशित प्रतियों की संख्या सिर्फ सैकड़ा में होती थी—एक सौ, दो सौ या ज्यादा से ज्यादा पाँच सौ। जो ग्राहक बनते, उनके मन अजीब-अजीब तरह के होते। वे प्राय: लिखते, मुझे 'तरुण भारत' नामक हिंदी 'बंगवासी' या 'वेंकटेश्वर समाचार' चाहिए। यानी उन दिनों देहातों में अखबार का मानी 'हिंदी बंगवासी' या 'वेंकटेश्वर समाचार' था।

रामवृक्ष खूब मन लगाकर काम करते। कुछ दिनों तक इस काम में उनका मन लगा भी, क्योंकि काम नया था और मजेदार भी—उन्हें अपनी पत्रिका निकालनी ही है, तो छपाई के सारे सरंजाम की जानकारी भी तो रखनी है! फिर अपनी लिखी चीज को यों तुरंत-तुरंत छपते और बँटते देखना और उस पर चर्चा होते पाना बड़ा ही रोमांचक लगता था। जब कंपोजीटर उन्हें 'छोटे संपादकजी' कहकर पुकारते, तब तो वह फूले नहीं समाते। संपादक का पूरा स्नेह और संचालक की कृपा भी उन्हें प्रचुर मात्रा में प्राप्त थी, किंतु साल के अंदर-अंदर मन उचट गया। वह इस्तीफा देकर घर चले आए! 'तरुण भारत' छोड़ने के और भी कई कारण थे। एक बड़ा कारण यह कि वहाँ मुशाहरा बहुत कम मिलता था। सिर्फ बीस रुपए मासिक। शुरू से रामवृक्ष कुछ खर्राच तबीयत के थे। सो, खाने-पीने में ही ज्यादा खर्च हो जाता। घर के लिए कुछ बचना मुश्किल। फिर गाँव के घर में काम-धाम देखनेवाला भी कोई नहीं था। जो उपज होती, बरबाद हो रही थी। परिवार से जुड़ा एक झंझट यह भी कि घर बँटवारे के एक मुकदमे में फँसा हुआ था। अत: घर छोड़कर 'मुफ्त' में इस तरह खटना उन्हें अच्छा नहीं लगा।

लेकिन सबसे बड़ा कारण था—हृदय में बचपन से जमी मासिक पत्र निकालने की लालसा, जो जब-तब जोर मारने लगती थी। मासिक पत्रिका निकालने की लालसा का यह मृगजल इतना प्यारा था कि गंगा का किनारा छोड़कर वह अपने घर पर आ गए।

'तरुण भारत' में छह महीने के अभ्यास से ही यह भरोसा जोर मारने लगा कि वह अपने सपनों की पत्रिका निकाल सकते हैं। 'अरे, जब हुनर हाथ में है तो फिर पत्रकारिता की नौकरी-चाकरी क्यों? पत्रकारिता का अपना उद्यम क्यों नहीं किया जाए? यह तो समझ में आता है कि पत्र-उद्योग के लिए पूँजी की जरूरत है, लेकिन यह क्या कि पत्रकारिता-ज्ञान को अपनी अभिव्यक्ति के लिए पूँजी के पीछे-पीछे चलना पड़े? ज्ञान को पूँजी के पीछे चलने-चलाने की बजाय पूँजी को ज्ञान के पीछे चलने को विवश करने का अभिक्रम किए बिना पत्रकारिता स्वाधीन कैसे होगी?'—इसी द्वंद्व और उधेड़बुन में वह घर लौटे। उन्होंने सोचा, घर रहकर मित्रों से मिल-जुलकर इस बारे में कुछ काम आगे बढ़ाया जाए।

वह एक ओर घर का काम-काज देखते, दूसरी ओर मासिक पत्र निकालने के लिए कोशिश करते। रुचि न होते हुए भी घर का काम-काज देखते-देखते दिन निकल जाता, और मासिक पत्रिका निकालने की बात 'न बन सकनेवाली बात' बनकर रह जाती! रात काटना मुश्किल हो जाता। दिमाग में कोई कीड़ा काटने लगता—पत्रकारिता का कीड़ा! वह बेचैन हो उठते। रात की बेचैनी दिन का चैन भी लूटने लगी।

उसी दौरान बँटवारे के मुकदमे की आखिरी अपील रेवेन्यू बोर्ड, पटना में पेश हुई। उसी सिलसिले में रामवृक्ष पटना गए। सोचा, आया हूँ तो जरा लालबाबू से भेंट कर लूँ। चौधरी टोला गए। लालबाबू प्रेम से मिले और आग्रह किया कि वह 'तरुण भारत' में फिर आ जाएँ। यही नहीं, खुद ही कहा, अब पैंतालीस रुपए महीने दूँगा और छह महीने में पचास रुपए कर दूँगा। तब रामवृक्ष ने सोचा, घर को कम-से-कम तीन सौ रुपए साल तो दे सकता हूँ—और जीवन के आदर्श की पूर्ति तो होगी ही। सो, उन्हें वचन दिया और घर से उठकर फिर 'तरुण भारत' में पहुँच गए, लेकिन थोड़े ही दिनों में उनको पता चल गया कि इस बीच गंगा से बहुत पानी बह चुका है। 'तरुण भारत' अब पुराना 'तरुण भारत' नहीं रहा। दीक्षितजी वहाँ से हट चुके थे और वहाँ पं. बटुकदेव शर्माजी की गद्दी जमी थी!

वहाँ पहुँचने पर रामवृक्ष से कहा गया कि प्रबंध विभाग को देखो। हिसाब-किताब से वह हमेशा भागते थे, लेकिन अब उन्हें उसी काम की देख-रेख का जिम्मा लेना पड़ा। बाहर का माहौल भी बदल चुका था। असहयोग का दौर खत्म हो चला था और प्रतिक्रिया का दौर-दौरा था। जात-पाँत की राजनीति सिर उठाने लगी थी। भूमिहार और कायस्थ में कलह का बीज बोया जा रहा था। लालबाबू भूमिहर ब्राह्मण थे, उन्हें इस बात की कसक थी कि प्रांतीय राजनीति में उन्हें भूमिहर होने की वजह से वह स्थान नहीं मिल पाता, जिसके वह हकदार हैं। कुछ लोग उनके कान भरते। बटुकदेवजी ने तो संपादक बनकर आते ही मानो बारूद में आग लगा दी। 'तरुण भारत' में 'उल्टी गंगा' बहने लगी!

बटुकजी का दिमाग बड़ा ही उपजाऊ था। नाम का उपहास करने में तो उन्हें

कमाल हासिल था। श्रद्धेय राजेंद्र प्रसादजी उनके लिए मुंशी ठगेंद्र प्रसाद हो गए, शंभुनाथ वर्माजी कुंभनाथ वर्मा बने, पांडे जगन्नाथ को पांडे लंठनाथ बना दिया, तो बलदेव सहाय को खलदेव सहाय। बदरीनाथ वर्माजी को क्षुद्रीनाथ वर्मा तथा अनुग्रह नारायण सिंह को दुराग्रह नारायण सिंह चश्मोनियल के शुभ नाम मिले। जो ये नाम दे सकता था, वह क्या नहीं लिख सकता और छाप सकता था?

इस वातावरण में रामवृक्ष का दम घुटने लगा, लेकिन लालबाबू का इतना स्नेह था कि समझ में नहीं आता था, क्या करें! वह कभी-कभी बटुकजी से कहते थे—जरा संयम से काम लें। उन्हें यह उम्मीद भी थी कि धीरे-धीरे लालबाबू से कहकर इन बातों को रोक लेंगे, लेकिन लालबाबू भावुक आदमी थे—वह किसी भी ओर करवट बदल सकते थे। बटुकजी ने इस बात को ताड़ लिया था।

इस माहौल में कुछ ही महीने बाद रामवृक्ष को अजीर्ण हो गया और बीमार हो गए। बीमारी घर लौटने का बहाना बनी और वह घर चले गए। जब वह घर पर ही थे, बटुकजी ने लालबाबू को समझा-बुझाकर उन पर भी दोषारोपण का वार कर दिया। रामवृक्ष दंग! वह उसी दिन पटना के लिए रवाना हुए, लेकिन गुस्से में उनके पास न जाकर अपने पुराने परिचित रामबहादुर शर्मा के साथ ठहरे और उन्हें वह अंक दिखलाया। संयोग से उसी शाम को लालबाबू भी वहाँ पहुँचे। भावुकतावश उसी प्रेम से मिले—लेकिन रामवृक्ष तो अपमान के मारे मर्माहत थे। शर्माजी ने बीच-बचाव किया। खैर, 'तरुण भारत' के अगले अंक में ही रामवृक्ष की निर्दोषिता की बात छाप दी गई। लालबाबू ने आग्रह किया—'तरुण भारत' में चलें, लेकिन रामवृक्ष ने दो-टूक शब्दों में बटुकजी के साथ काम करने से इनकार कर दिया।

किसान मित्र

पत्रकारिता की बारूदी दुर्गंध से रामवृक्ष इस कदर विचलित और मर्माहत हुए कि सोचा, अब घर पर रहकर खेती-गृहस्थी में ही दिन गुजारें—बाज आए पत्रकार बनने से! यह शहरी जीवन भी कोई जीवन है? आज के दोस्त, कल के दुश्मन—भगवान् बचाए इनसे! लेकिन रामबहादुर शर्माजी ने उन्हें समझाया कि वह ऐसा निर्णय नहीं करें। उन्होंने रामवृक्ष को बहुत सराहा, उनकी प्रतिभा की तारीफ की। कहा—"यह प्रतिभा खेत-खलिहान में बरबाद हो जाए, यह देश और समाज के लिए क्या वांछनीय है?"

उन्होंने सिर्फ समझाया ही नहीं, एक योजना भी सामने रख दी। कहा—"मैं 'किसान मित्र' नाम से एक अखबार निकालने जा रहा हूँ। आप उसके संपादन की जिम्मेवारी लीजिए।" रामवृक्ष उनसे न नहीं कर सके।

'किसान मित्र' निकला—अच्छा निकला। उसके मुखपृष्ठ की तसवीर और ब्लॉक

कलकत्ते से बनवा लिया। छपाई-सफाई पर भी काफी ध्यान रखा गया। खेती-बाड़ी संबंधी लेख उसमें अच्छे से दिए जाते। संपादक की जगह पर शर्माजी के भाई गणेश दीक्षितजी का नाम छपा, जो छपरा में वकालत करते थे। हालाँकि सब काम रामवृक्ष को ही करने पड़ते थे। हाँ, गणेश दीक्षितजी कभी-कभी संपादकीय लेख आदि भेज देते थे।

लेकिन 'तरुण भारत' छोड़कर 'किसान मित्र' में आना आसमान से गिरकर खजूर पर अटकने जैसा साबित हुआ। दरअसल, उन दिनों किसान का आंदोलन आरंभ हो रहा था। हरफनमौला स्वामी विद्यानंदजी उसके संचालक थे। उन्होंने किसानों का एक पत्र निकाला था, तो उसके जवाब में जमींदारों ने निकाला—'किसान मित्र!' किंतु इस तरह का प्रबंध किया कि मालूम नहीं हो कि यह जमींदारों का पत्र है!

युवक रामवृक्ष इसी भूलभुलैए में पड़ गए, लेकिन साल बीतते न बीतते वह बुरी तरह बीमार पड़े और, बीमारी को 'प्रायश्चित्त' का मौका मानकर 'किसान मित्र' की दोस्ती ठुकरा दी। उन्हें दमे ने दबोच लिया। पटना में दवा कराने से फायदा नहीं होता देख वह घर चले आए। मुजफ्फरपुर के चर्चित चिकित्सक शिवचंद्रजी मिश्र से मिले। मुजफ्फरपुर में उनकी चिकित्सा की बड़ी धाक थी। वह सिर्फ चिकित्सक नहीं थे, साहित्यिक हृदय भी रखते थे। साहित्यिक व्यक्तियों के लिए उनका दरबार हमेशा खुला रहता था। रामवृक्ष को तो बहुत स्नेह की नजर से देखते थे और 'साहित्यिकजी' कहकर पुकारते थे। रामवृक्ष की हालत देखकर उन्हें चिंता हुई और दवाई देने लगे, लेकिन 'मर्ज बढ़ता गया, ज्यों-ज्यों दवा की।' मिश्रजी ने मुफ्त में दवा की, दवाएँ दीं किंतु सब बेअसर।

रामवृक्ष जिंदगी से निराश हो गए। जब दमे का दौरा आता, मृत्यु की आकांक्षा करते और सोचते धीरे-धीरे उसके प्रशस्त भवन की ओर बढ़ रहे हैं। कुछ दिनों बाद दवाओं से चिढ़-सी हो गई। उसी दौरान पता चला कि 'किसान मित्र' बंद हो गया। दिल को तसल्ली मिली, लेकिन दमे से राहत नहीं मिली। ऐसे में, एक दिन एक खानाबदोश बुढ़िया आई। उसने आठ आने पैसे लेकर एक दवा बना दी—जड़ी-बूटी की दवा। रामवृक्ष को उसकी दवा पर क्या विश्वास होता? लेकिन एक बात ने उन्हें खाने को प्रेरित किया। बुढ़िया ने कहा—"मेरी दवा खाओ और आम और दूध मिलाकर पियो।" उस साल आम खूब आया था। अन्य डॉक्टर-वैद्यों ने तो मीठा खाने से साफ मना कर दिया था। रामवृक्ष ने सोचा, मरने से पहले खूब आम खा लेते हैं। बुढ़िया की दवा के बहाने एक के बदले चार आम खाने से घर में कोई टोकेगा भी नहीं!

उन्होंने बुढ़िया की दवा खाई और जी भरकर आम खाए। कुछ ही दिन में बीमारी हवा हो गई! बुढ़िया की दवा ने उन्हें भला-चंगा कर दिया और तो और, आम खाने से वह पहले से ज्यादा मोटे-ताजे भी हो गए! रोगी रामवृक्ष के लिए आम का लोभ दवा का लाभ बन गया।

और जैसे ही दमे पर पूरा काबू पाया, फिर पत्रकार जीवन के लिए तबीयत तड़पने लगी। मन क्लांत रहने लगा। वह क्या करें, कहाँ जाएँ? 1923 गुजर रहा था। असहयोग समाप्त हो गया था। पत्रकार जीवन का प्रारंभिक अनुभव कोई लुभावना नहीं रहा। सिर मुड़ाते ही ओले पड़े की कहावत चरितार्थ हुई, लेकिन वह क्या करें! वह तो शुरू से पत्रकार बनना चाहते थे, सिर्फ पत्रकार। इसके सिवा वह न और कुछ सोच सकते थे और न ही कर सकते थे।

संगी-साथियों को लगता, गाँव का है! एकाध पत्र-पत्रिका पढ़ गया है। अफनाने लगा है! गरीब है, इसलिए पत्र-पत्रिका का 'ग्लैमर' कुछ ज्यादा ही सिर पर चढ़कर बोल रहा है। गाँव-देहात में अकसर यही होता है। दो-ढाई आखर का 'पत्र' पढ़ना सीखकर गरीबी में पला-बढ़ा बचपन जवानी की दहलीज पर कदम रखते ही बेपर के उड़ने लगता है और बंद समाज में यह 'आखर' कुछ ज्यादा ही गजब ढाता है! इसे पढ़ना सीखते ही बंदा खुद को पंडित समझने लगता है!

उनके कुछ पढ़े-लिखे दोस्तों को भी लगता—यह सब पहली नजर में प्यार (Love at first sight) जैसा मामला है। 'प्यार' शब्द ढाई आखर का होता है और रामवृक्ष का पहला प्यार आखर से! आखर से प्यार उसके लिए ढाई आखर के प्यार से ज्यादा नशीला है! नशा इतनी तेजी से चढ़ता है कि सुध-बुध खो जाता है, लेकिन सकल जग का अनुभव है—यह नशा जितनी जल्दी चढ़ता है, उतनी ही तेजी से उतरता है। बच्चू को नून-तेल के लिए भटकना पड़ेगा तो नशा हिरन हो जाएगा!

वह दोस्तों की बात काटते नहीं, उन्हें समझाने की भी चिंता नहीं करते। उनके पास भी जैसे खुद से बोलते-बतियाते और खुद को समझने की कोशिश करते—'मैं कैसे कह दूँ कि यह नशा आखर से प्रेम का नतीजा नहीं है? हो सकता है, आगे चलकर यही साध्य हो जाए! नहीं भी हो सकता है। साध्य का अर्थ मेरे लिए अभीष्ट है। मैं अभी यह कैसे कह सकता हूँ कि यही मेरा लक्ष्य है, जबकि इसे न ठीक से जानता हूँ और न पहचानता हूँ। हाँ, सपना जरूर है। ऐसा सपना देखना अच्छा नहीं, तो बुरा भी नहीं। मैंने अपने सपने के बारे में सिर्फ इतना जाना है कि पत्रकारिता मेरा साध्य बन सकती है। मैं फिलहाल इतना अर्थ ही समझ पाया हूँ कि वह मेरे जैसे गरीब युवक के लिए संभव है। घर-परिवार और समाज से अभी तक अभाव झेलना, निर्धनता की चोट को बरदाश्त करना, आँसुओं को ऊर्जा बनाना, बाढ़ जैसी आपदा में तिनके तक का सहारा न होने के बावजूद जान बचाने के लिए हाथ-पैर मारना, तैरना और तैरने का आनंद लेना सीखा है! जब यह सब संभव है तो फिर पत्रकारिता को आजमाने में हर्ज क्या है?'

गोलमाल

तरह-तरह से सोचते, साथियों से बोलते-बतियाते रामवृक्ष ने शिवपूजन सहाय को कलकत्ता के पते पर पत्र लिखा। पटना में रहते शिवजी से कुछ-कुछ जान-पहचान हो चुकी थी। उनसे जब-तब भेंट-मुलाकात और पत्र-व्यवहार भी होता था। शिवजी 'मतवाला' के संपादन में व्यस्त थे। हिंदी संसार में 'मतवाला' की धूम थी और वह मतवाला मंडल के श्रेष्ठ रत्नों में से थे।

युवा रामवृक्ष ने साहस कर उन्हीं के पास अपनी मर्मव्यथा लिख भेजी कि किस तरह उनकी आत्मा किसी रचनात्मक साहित्यिक कार्य के लिए छटपटा रही है, लेकिन उसके लिए कोई क्षेत्र न पाकर उनका हृदय किस कदर मुरझाया जा रहा है।

जवाब पाने का विश्वास कम था, लेकिन बेचैनी भरी आशा कायम रही। अंततः जवाब आया। एक पोस्टकार्ड—लाल रोशनाई से लिखे सुंदर स्वच्छ चमकते अक्षर! शिवपूजनजी ने लिखा—'पत्र देखते आप पटना सिटी आइए, वहाँ आपके लिए एक काम है।'

रामवृक्ष को जैसे वह घाट मिल गया, जहाँ डुबकी लगाते ही अनायास मंत्रोच्चार-सा संकल्प फूट पड़ता है—मुझे पत्रकारिता करनी है, मुझे संपादक बनना है!

पत्र में ब्योरे के साथ उस स्थान का पता था। रामवृक्ष वहाँ पहुँचे। वहाँ साक्षात् शिवजी उपस्थित थे! उन्होंने गले लगाया और 'गोलमाल' के संपादन का भार सौंप दिया। शिवजी के एक मारवाड़ी मित्र दीनानाथ सिगतिया एक हास्य-व्यंग्य प्रधान पत्र पटना से निकालना चाहते थे। उसी का 'गोलमाल' नाम रखा गया। पहले अंक के सभी शीर्षक और लेख शिवपूजनजी ने ठीक किए। प्रथम अंक की सामग्री भी उन्होंने जुटाई। रामवृक्ष को समझाया-बुझाया। तरह-तरह से प्रोत्साहित कर, उनमें आत्मविश्वास की भावना भरकर, शिवजी कलकता चले गए और रामवृक्ष उनके बताए रास्ते पर चल पड़े।

'गोलमाल' में उन्हें पूरी स्वाधीनता थी। शिवपूजनजी हर अंक के बाद एक खत लिखते, उन्हें खूब बढ़ावा देते, नई-नई सलाहें भी देते, जहाँ त्रुटि होती, शिवजी का और लंबा पत्र आता। सफलता पर पीठ ठोंकते।

छह महीने तक 'गोलमाल' पटना सिटी से निकलता रहा। 'स्टेट्समैन' तक ने उस पर टिप्पणी की। मित्रों ने तो प्रशंसा की झड़ी लगा दी, लेकिन साल पूरा होने के पहले ही झटका लगा। गोलमाल के संचालक चुपचाप पटना से गायब हो गए—सिगतियाजी पूरे गोलमालानंद भए, बोरिया-बँधना लेकर कलकता चले गए। वहाँ जाकर उन्होंने रामवृक्ष को पत्र लिखा—आप यहीं आ जाइए। अब यहीं से 'गोलमाल' निकालूँगा।

रामवृक्ष कलकत्ता नहीं गए। जाते भी कैसे? बिहार की माटी की ममता के मोहपाश में जो बँधे थे! बिहार की मिट्टी से चिपके रहने की आदत—बाढ़ का बेटा जो ठहरे! लेकिन शिवजी की कृपाघाट पर डुबकी लगाकर दिल-दिमाग में यह बात भी बिठा

ली कि अब तो पत्रकारिता ही जीवन की मुख्यधारा है। मझधार ही किनारा है। घर की आर्थिक स्थिति बहुत खराब है, ज्यादा पैसों की भी जरूरत है, लेकिन अब जो भी हाथ-पैर मारना है सिर्फ और सिर्फ पत्रकारिता में! वह भी बिहार में।

सो, एक बार फिर एक साथ कई जगह पत्र लिखे। प्रतीक्षा चिंता में ढलती, उसके पहले ही तीन जगहों के पैगाम मिले। एक सज्जन ने कहा—'देश'[1] में चलिए, राजेंद्र बाबू उसे फर्स्ट क्लास पत्र बनाना चाहते हैं, लेकिन घर के लिए जितने पैसे की जरूरत थी, 'देश' की आर्थिक स्थिति में उतना पाना संभव नहीं। दूसरा पैगाम बाबू गोकर्ण सिंह का आया। वह उत्तर बिहार के स्वर्गीय नेता बाबू रामदयालु सिंह के बड़े भाई थे। उनका गाँव गंगेया रामवृक्ष के घर के निकट ही था। एक दिन वह रामवृक्ष के गाँव आए और वहीं बातचीत चलने पर कहा—"खड्गविलास प्रेस (बांकीपुर)[2] चलिए। मैं अब बूढ़ा हो चला हूँ, एक होनहार नौजवान की तलाश है!" पैसे के बारे में चर्चा करने पर कहा—"मुशाहरे की कोई बात नहीं! यह तो दरबार है। देखिए, मेरी हालत वहाँ रहते कैसी अच्छी हो गई है?" जाते-जाते उन्होंने तय किया कि वह खत लिखकर रामवृक्ष को बुला लेंगे। इसी बीच हिंदी पुस्तक भंडार, लहेरिया सराय के एक सज्जन मिले। उन्होंने कहा, "हिंदी पुस्तक भंडार एक मासिक पत्र निकालना चाहता है, आप वहाँ क्यों न चलिए?" रामवृक्ष ने उनसे कहा कि अगर वे लोग बुलाएँ, तो सोचूँगा।

इस बीच आर्थिक हालत इतनी पतली हुई कि उन्होंने एक ही दिन दो खत लिखे—एक खड्गविलास प्रेस में और दूसरा हिंदी पुस्तक भंडार में और निर्णय किया, जहाँ से पहली बुलाहट होगी, वहीं जाएँगे।

सप्ताह के अंदर ही रामलोचन शरणजी का खत मिला—सादर आमंत्रण का और रामवृक्ष हिंदी पुस्तक भंडार, लहेरिया सराय जा पहुँचे।

बालक

उनके पहुँचने के पहले ही बाबू रामलोचन शरणजी, जो मास्टर साहब कहलाते थे, ने अपने स्कूली पुस्तकों के सूची-पत्रों में 'बालक' निकालने की सूचना दे रखी थी। रामवृक्ष के पहुँचने पर अपनी कल्पना को मूर्त रूप देने का जिम्मा उन्हीं पर डाल दिया। 'बालक' पर वह काफी पैसे खर्च करने को तैयार थे। फिर क्या था! रामवृक्ष ने फैसला कर लिया—'बालक' को हिंदुस्तान का सर्वश्रेष्ठ बालोपयोगी पत्र बनाना है!

इसके लिए उन्होंने जल्दी करना उचित नहीं समझा। पहले पूरी योजना बनाई। हिंदुस्तान भर के बालोपयोगी पत्रों को, और अंग्रेजी के सर्वश्रेष्ठ बालोपयोगी मासिक पत्रों को मँगाकर देखना शुरू किया। दाक्षिणात्य भाषाओं को छोड़कर मराठी, गुजराती, उर्दू, बांग्ला के मासिक पत्रों को मँगाया। उनको उनमें बांग्ला के बालोपयोगी पत्र सर्वांग सुंदर

लगे। उन्होंने उन पत्रों सहित अंग्रेजी और बांग्ला में उपलब्ध बालोपयोगी साहित्य का भी एक बहुत बड़ा संग्रह कर लिया।

एक वर्ष की मेहनत के बाद उन्होंने 'बालक' के स्तंभ-शीर्षक निश्चित किए और उसके रूप का एक खाका तैयार किया। मास्टर साहब तो स्कूली पुस्तकों में दिन-रात फँसे रहते थे। उन्हें इस ओर देखने की फुर्सत नहीं थी—हाँ, जब-तब उनसे खुद रामवृक्ष सलाहें ले लिया करते थे।

इसी एक वर्ष में रामवृक्ष ने एक और चमत्कार किया। वह सिर्फ प्लान बनाते नहीं बैठे। उन्होंने 'बालक' पत्रिका के प्रकाशन के पहले पाँच बालोपयोगी पुस्तकें—'बगुलाभगत', 'सियार पांडे', 'कविता कुसुम', 'प्रेम' और 'बिहारी-सतसई की टीका'—धड़ल्ले से लिख डालीं। काशी जाकर छपवाया भी। यह रामलोचन शरणजी का तत्काल का काम भी था कि जिला बोर्ड द्वारा खरीदी जाने के लिए कुछ बालोपयोगी पुस्तकें छापी जाएँ। रामवृक्ष ने यह काम झटपट करके दिखाया। भंडार को टटके पैसे मिले। रामवृक्ष को यश मिला।

एक दिन मास्टर साहब ने गद्गद कंठ से कहा—"तुम नौकर नहीं हो। अपने को मेरा छोटा भाई समझो। रुपए-पैसे की चिंता नहीं करो। तुम पुस्तक भंडार के लिए गोकर्ण सिंह बनो।" और सचमुच रामवृक्ष अपने को वैसा ही समझने लगे।

'बालक' के मामले में मास्टर साहब ने रामवृक्ष को पूरा स्वायत्त शासन दे दिया। सो, अपनी योजना के अनुसार उन्होंने 'बालक' के प्रथम अंक के लिए लेख भी स्वयं तैयार किए। उन लेखों में कुछ दोस्तों के नाम दे दिए। (यह क्रम बहुत दिनों तक जारी रहा।) लेख आदि तैयार कर वह कलकता पहुँचे। शिवपूजन भाई की सलाह और उनकी देख-रेख के बिना 'बालक' का जन्म संभव कैसे होगा! शिवजी ने उनकी योजना पूरी-की-पूरी पसंद की। सब लेखों को देख गए, रामवृक्ष के अनुरोध पर अपना एक लेख भी दिया।

संयोग से कलकत्ता में ही 'बालक' के लिए उन्हें एक फर्स्ट क्लास आर्टिस्ट मिल गए, बिहारी कलाकार रामेश्वर प्रसाद वर्मा—बर्दमान इस्टेट के स्टेट-आर्टिस्ट। जैसी रंगीन कूची, वैसी ही रंगीन तबीयत। छोटी उम्र में ही उनके चित्र 'सरस्वती' को प्राय: विभूषित करते थे! रामवृक्ष खुश कि बिहार के मासिक पत्र के लिए एक बिहारी चित्रकार मिल गया! उन्होंने हेडिंग के लिए तसवीरें बना दीं, तिरंगा टाइटिल बनाया। फिर तो 'बालक' के सारे चित्र उन्होंने ही बनाए। पहला अंक कलकत्ता, वणिक प्रेस में छपा। छपाई मन के लायक नहीं हुई, लेकिन तो भी जो चीज निकली, उसने हिंदी संसार में धूम मचा दी।

उस समय हिंदी-संसार में इंडियन प्रेस के 'बालसखा' की सर्वश्रेष्ठता थी। गौरीशंकर हीराचंद ओझाजी ऐसे महान् विद्वान् ने लिखा—'बालक' ने 'बालसखा' को पराजित कर दिया। फिर तो यह आवाज चारों ओर से निकलने लगी।

लेकिन रामवृक्ष को इतने ही से संतोष कहाँ? उन्होंने अपनी सफलता तब समझी, जब 'अमृत बाजार पत्रिका' ने 'बालक' को 'संदेश' से भी अच्छा और 'महाराष्ट्र' ने उसे 'आनंद' से भी सुंदर और सुपाठ्य माना। भारतीय भाषाओं में बांग्ला और मराठी उन दिनों अपने बाल साहित्य की श्रेष्ठता के लिए मशहूर थे। जब इन्होंने 'बालक' का श्रेष्ठत्व स्वीकार कर लिया तो दूसरों का क्या कहना?

'बालक' के दो अंक कलकता में छपे। फिर उसकी छपाई ज्ञानमंडल प्रेस, काशी में होने लगी। ज्ञानमंडल में रामवृक्ष के मन के लायक छपाई शुरू हुई। उसके मैनेजर श्री माधवराव पराड़कर (श्री बाबूराव पराड़करजी के अनुज) 'बालक' की छपाई सुंदर बनाने के लिए कोई भी रिस्क लेने को तैयार रहते थे।

एक बार तिरंगे टाइटिल की छपाई हो रही थी। आधा छप चुका था, तो रामवृक्ष पहुँचे। देखा, तीसरे रंग का इंप्रेशन अच्छा और सही नहीं आ रहा है। माधवरावजी आए, देखा और जितने कागज छपे थे, सबको रद्दी कर दिया। पचास पौंड का आर्ट पेपर था—तीन हजार छपता था। इस घाटे को उन्होंने सानंद बरदाश्त कर लिया!

'बालक' की प्रसिद्धि बढ़ती गई, प्रचार बढ़ता गया। उसके लेखों का अनुवाद मराठी, गुजराती, उर्दू में होने लगा। बांग्ला पत्र भी जब-तब उससे चीजें लेकर देते। रामवृक्ष हर वर्ष उसमें नए-नए परिवर्तन करते। पहले वर्ष के अधिकांश लेख उन्होंने ही लिखे—भिन्न-भिन्न मित्रों के नाम से, लेकिन दूसरे वर्ष से उन्हें योग्य लेखक मिलते गए। हिंदी के सभी आचार्यों ने अपने लेख से 'बालक' को आभूषित किया। रायबहादुर गौरीशंकर हीराचंद ओझा, साहित्याचार्य पं. पद्मसिंह शर्मा, प्रेमचंद, पं. अयोध्यासिंह उपाध्याय, लाला भगवानदीन आदि के लेख से 'बालक' का कलेवर भूषित होने लगा। 'बालक' ने इन आचार्यों के मन में भी बच्चों के लिए लिखने की प्रेरणा जगा दी!

अवस्था, अनुभव और शिक्षा में अधकचरे, और किसी की खुशामद करने की कला से पूरी तरह अपरिचित युवक रामवृक्ष ने ढाई साल में 'बालक' को सफलता के शिखर पर बिठा दिया! यहाँ तक कि माखनलालजी जैसे पारखी संपादक के मुँह से निकला—'बालक', 'बालसखा', 'शिशु'—ये पत्र हमारे बाल-साहित्य के भूषण हैं। 'बालक' इन पत्रों में वस्तु से उठकर अब संस्था बन गया है।' रामवृक्ष अब सचमुच श्रीरामवृक्ष बेनीपुरी हो गए।

धुन के पक्के रामवृक्ष ने 'पुस्तक भंडार' के साहित्यिक प्रकाशन को भी शिखर पर पहुँचाने लिए उसके सर्वेसर्वा रामलोचन शरणजी से अनुरोध किया कि उसके संपादन की जिम्मेदारी शिवपूजनजी को सौंप दी जाए। बड़े भाई ने छोटे भाई के अनुरोध को सहर्ष स्वीकार किया। तब शिवजी काशी आ गए और 'पुस्तक भंडार' के साहित्य प्रकाशन के संपादन में लीन हो गए।

सफलता का शिखर : इस्तीफा

सफलता के शिखर पर पहुँचकर अचानक एक दिन बेनीपुरी ने 'बालक' के संपादक पद से इस्तीफा दे दिया, जबकि 'बालक' से उनके अचानक हटने की कल्पना उनके नजदीक के दोस्त भी नहीं कर सकते थे।

उन दिनों मुजफ्फरपुर में अखिल भारतीय हिंदी साहित्य सम्मेलन करने की तैयारियाँ चल रही थीं। रामवृक्ष स्वागत समिति के मंत्रियों में थे। इसलिए या तो वह मुजफ्फरपुर में रहते या बाहर चंदे के लिए जाते। मुजफ्फरपुर में स्वागत समिति को लेकर कुछ लोगों ने ऐसी परिस्थिति पैदा कर दी कि उनका वहाँ रहना लाजिमी हो गया था। वह बीच-बीच में काशी आकर शिवपूजनजी को 'बालक' की जिम्मेवारियाँ सौंप जाते थे या फिर लहेरिया सराय जाकर प्रबंधन विभाग को आवश्यक बातें बता आते थे। इस बीच 'बालक' के भरण-पोषण के लिए व्यवस्थापकों द्वारा क्या-क्या चक्रचाल रची जा रही थी, उन्हें खबर नहीं थी।

दरअसल, एक दिन वह मुजफ्फरपुर से सम्मेलन की रसीदें लेकर दरभंगा पहुँचे। वहाँ से कुछ मिनट के फासले पर स्थित लहेरिया सराय दफ्तर पहुँचे। अचानक पहुँचने पर उन्हें वहाँ का वायुमंडल भारी मालूम पड़ा। इधर-उधर से बातें दरियाफ्त कीं। तब मालूम हुआ कि वहाँ एक पूरा षड्यंत्र पक चुका है! कुछ लोग जो 'बालक' की सफलता से जल उठे थे, उन्होंने जाल बिछा रखा था। उनकी साजिश के पीछे की समझ यह थी कि 'बालक' की सफलता रामलोचन शरण और रामवृक्ष की घनिष्ठता का परिणाम है। इस घनिष्ठता को तोड़ो। बेनीपुरी हवा हो जाएगा और 'बालक' पके फल-सा जमीन पर टपक जाएगा। उन्होंने रामवृक्ष की अनुपस्थिति का लाभ उठाया। रामलोचन शरणजी के खूब कान भरे।

रामवृक्ष बेनीपुरी को खटका हुआ। वह सीधे रामलोचन शरणजी के सामने हुए। दो-टूक बात की। तब उन्हें महसूस हुआ कि विरोधियों की चाल असर कर गई। जो रामलोचन शरणजी उन्हें अपना 'छोटा भाई' समझने को कहते थे, वह आत्मीय नहीं रहे!

फिर तो ठेठ फैसला किया—'अपनी शक्तियाँ इस षड्यंत्र के खंडन में बरबाद नहीं करनी हैं। मुझे 'बालक' से हट जाना है। मास्टर साहब मुशाहरा काफी देते हैं—सौ रुपए मासिक के अलावा समय-समय पर अतिरिक्त सहायता भी, लेकिन वह अब आत्मीय नहीं रहे। वह 'मालिक' हो गए, इसके माने कि उन्होंने मुझे भाई से फिर 'नौकर' बना दिया। रुपए के लोभ-लाभ का खयाल कर रुक गया तो इसका मतलब यह होगा कि मैंने नौकर बनना कबूल कर लिया! मैं पत्रकार बनना चाहता हूँ, इसके लिए नौकरी कर रहा हूँ; लेकिन इसका माने यह थोड़े न है कि किसी का नौकर बनूँगा?'

उन्होंने तत्क्षण इस्तीफा लिखा। 'बालक' के लिए 'विदाई' का एक संपादकीय लिखा। सारा दोष अपने ऊपर मढ़ लिया और रात ही की गाड़ी से अपना सामान वहीं

छोड़कर मुजफ्फरपुर के लिए रवाना हो गए। जिस कलम-दवात से 'बालक' का इस्तीफा लिखा, उसी से 'युवक' नामक एक मासिक पत्र निकालने की सूचना भी लिख ली।

स्वाधीनता की कीमत

मुजफ्फरपुर हिंदी साहित्य सम्मेलन के बाद वह घर लौटे। 'बालक' से इस्तीफे की बात सुन घर पर सभी को बुरा लगा। किंतु घर के प्रबंधक तो वह खुद हैं—ज्यादा विरोध कौन करे? शायद उनके पुरुषार्थ पर सबको भरोसा है। अलबत्ता घर पर थोड़े ही दिन ठहरे कि खुद बीमार पड़े, फिर रानीजी (पत्नीश्री) बीमार पड़ीं। उनका दुधमुँहा बच्चा भी माँ की बीमारी से बीमार-सा हो गया। रामवृक्ष तो देहात के वैद्यजी के चूर्ण पर ही अच्छा हुए—आती-जाती जड़ैया को भंग-भवानी के प्रचंड गोले ने स्वाहा कर दिया। किंतु रानीजी को सीमातढ़ी ले जाकर ऑपरेशन कराना पड़ा—बुरे प्रकार का घाव था, वह मरते-मरते बचीं। रानीजी पुनः पूर्ण स्वस्थ हुईं तो गोद का बच्चा भी हरा-भरा हुआ।

यों घरेलू आपत्तियों से छुटकारा मिला, किंतु रामवृक्ष के चित्त को दिन-रात चिंता घेरे रही। कई-कई दिनों तक 'बालक' को लेकर चित्त उद्विग्न रहा—'आह! जिसको मैंने जन्म दिया, जिसके पालन-पोषण में अपनी जान की परवाह न की, वह आज दूसरे की गोद में डाल दिया गया! आखिर ऐसा कैसे हो गया?'

रह-रहकर पिछले साढ़े तीन साल के क्षण-क्षण दृश्य बनकर आँखों में कौंधने लगते—उन्होंने हिंदी पुस्तक भंडार में साढ़े तीन वर्ष गुजारे। संचालक बाबू रामलोचन शरण ने खूब स्वागत किया। रामवृक्ष के कई ऐसे मित्र, जो उन्हें भी जानते थे, उनके पास जाने से रोक चुके थे। गंगाशरण भी जिनसे 'तरुण भारत' के समय मित्रता हुई थी। उनसे जब रामवृक्ष ने कहा—"अब तो मेरी जिंदगी पुस्तक भंडार के साथ नत्थी हो चुकी", तो वह मुसकरा उठे थे और कहा था—"काश, दुनिया की राह इतनी सीधी होती!"

किंतु रामवृक्ष को तो रामलोचनजी के व्यवहार ने मोह लिया था। उन्होंने पहले उनकी योग्यता की थोड़ी-बहुत क्रियात्मक जाँच की थी, लेकिन बाद में काम करने की पूरी स्वतंत्रता दे दी थी। उन्हें यही तो चाहिए था! कार्य स्वतंत्रता मिलते ही उनकी सोई शक्ति जैसे जाग उठी थी। वह दिन-रात परिश्रम करने लगे थे। सात-आठ दिन के अंदर 'बिहारी सतसई' की टीका लिखी। 'विद्यापति पदावली' पंद्रह बीस दिन के अंदर संकलित, संपादित और प्रकाशित भी हो गई। जिस समय पदावली छप रही थी, वह मुश्किल से तीन-चार घंटा सोते थे। वह काशी में थे। जिस परिवार के साथ वह ठहरे थे, वहीं एक वृद्ध थे। वे उन्हें खूब डाँटते, किंतु वह तो धुन में मस्त थे। पदावली तैयार हुई और वह बीमार पड़े—खूब ही बीमार···।

लहेरिया सराय में 'बालक' का संपादन और उसके लिए बिहार के जिले-जिले

घूम-घूमकर प्रोपेगंडा करने के साथ-साथ मित्रों से पुस्तक भंडार के लिए अन्य पुस्तकें लिखवाईं और उन्हें छपवाया भी। इसके अतिरिक्त रामवृक्ष ने एक दर्जन से ऊपर पुस्तकें लिख डालीं। उनमें कुछ उनके नाम से और कुछ बिना नाम के ही निकलीं। वह 'बालक' के संपादक थे, लेकिन बन गए उसका प्रबंधक भी, पुस्तक भंडार का ट्रेवलिंग एजेंट, करेस्पॉन्डेंस क्लर्क भी और प्रूफ रीडर भी। वह पुस्तक भंडार को अपना समझते थे और उसके लिए सभी पाप-पुण्य करने को तैयार रहते थे। फिर भी ऐसा हो गया! क्यों हो गया?

'हर आदमी अपनी बालक संतान से जो मनोकामनाएँ रखता है, इस कागजी 'बालक' से उन्होंने भी रखी थीं। उसके पन्ने-पन्ने में अपने हृदय का रक्त उड़ेल दिया। वह तो यह समझने लगे थे कि उनकी नाव अब एक किनारे लग गई। अब उस किनारे पर या तो झोंपड़ी बनेगी या महल—अब फिर नौका-नयन की जांफिसानी उन्हें नहीं उठानी पड़ेगी। 'बालक' के बाद 'विद्यापति' नाम का एक उत्तम मासिक पत्र भी वहीं से निकालने का विचार कर लिया गया था। उसी के नाम पर उन्होंने पुस्तक भंडार के प्रेस का नाम 'विद्यापति प्रेस' रखवा दिया था—मास्टर साहब तो अपने प्रेस का नाम 'पाठशाला प्रेस' तय किए हुए थे। उन्होंने सोच रखा था कि दस साल में ही बिहार साहित्य भंडार को सर्वांगपूर्ण कर देंगे। मास्टर साहब जैसे उदार प्रकाशक हैं और शिवपूजनजी जैसे समर्थ सहायक, तो फिर असफलता की क्या बात! लेकिन भाग्यदेव कहीं खड़ा मुसकरा रहा था। उसने एक ही झटके में इस कल्पना-महल को धूल में मिला दिया…!

'…लेकिन नहीं, यह भाग्य-वाग्य का चक्कर नहीं। रामलोचन शरण रुपए दे रहे थे। वह देख चुके थे कि मैं कितना काम कर सकता हूँ, अतः उनमें यह इच्छा रही होगी कि मैं सदा उसी जोश से काम करता रहूँ, लेकिन उन्हें मेरा बीच-बीच में कुछ आराम करना खल गया होगा। या फिर उनके अनुरोध पर भाई शिवपूजनजी भी भंडार के नौकर होकर काम कर रहे हैं, संभव है, उनके आने से मेरी अनावश्यकता सोची गई हो—अब बेनीपुरी एक भार है, एक ही से काम चलाने को सोचा गया हो…।

'एक बात और है। मैं तेज मिजाज सदा से हूँ—किसी की दो बात सह लेना मेरी प्रकृति के विरुद्ध है। यों ही जो कुछ मन में आता है, खुलकर कह भी देता हूँ, चाहे किसी को बुरा लगे या भला। रामलोचन शरणजी के प्रति भी मेरा यही स्वभाव था, लेकिन मालिक सदा चाहता है न कि मेरा नौकर दबा रहे? ऐसा नौकर कौन चाहेगा, जो उसी पर रौब गालिब किए रहे…?

'…नहीं-नहीं। सबसे बुरा तो मुझे यह लगा कि मेरे चरित्र पर लांछन लगाया जा रहा है। मुझे सबसे अधिक जिस पर गर्व है, अपने उसी चरित्र पर लांछन! अगर कोई भगवान् हो भी तो उसके सामने खड़ा होकर मैं कबीर की तरह गरब से कह सकता हूँ—दास कबीर जतन से राखी, जस की तस धर दीनी चदरिया। मैंने अपनी चरित-चादर को कभी

मैली नहीं होने दी, उस पर दाग नहीं लगने दिया…।

'हाँ, मैं शुरू से एक दिहाती कहावत का कायल रहा हूँ—भर माँग सेन्हुर, न तो पट दे राँड़। बीच की स्थिति मुझे पसंद नहीं। इसीलिए झट लहेरिया सराय छोड़ दिया। …रामलोचन शरणजी ने मेरे साथ पूरी शिष्टता दिखाई। कहा—घर पर ही रहो। पुस्तकें लिखा करो, मैं रुपए भेज दिया करूँगा। हुँह, जैसे मुझे इन बातों को समझने की अकल नहीं…।

'मैं जानता था कि मेरे अचानक हट जाने के बाद उनके निकट मुझे अपराधी सिद्ध करने की कोशिशें होंगी, लेकिन खैर, मैं विदाई वाला संपादकीय लिख आया। वह मेरी नेकनीयती का सबूत है…।

'…लेखक और संपादक को आत्ममर्यादा के प्रश्न पर सबकुछ तिलांजलि देने को सदा तैयार रहना चाहिए।…थुक्का-फजीहती करके हटने से दोनों ओर हानि होती। जहर ही पीना है, तो फिर मुँह बिचकाने से क्या फायदा? हँसते-हँसते पिया जाए, पिलानेवाले की जयकार करके पिया जाए। हमारी यह हँसी कभी-न-कभी उसके हृदय को आलोड़ित करेगी ही। उसका मुँह न खुले, उसका रोआँ कभी-न-कभी बोलेगा ही। यह हँसी ही प्रायः जहर को अमृत बनाती रही है, हमें सदा इसे याद रखना है…।'

द्वंद्व का झूला : मकड़ी का जाला

''बालक' से आकस्मिक इस्तीफा और झटपट निश्चय से मित्रों को आश्चर्य हुआ। कहा—मैं सनकी हूँ।

'…हाँ-हाँ, मैं सनकी हूँ। तो? मैं भावुक हूँ—मस्तिष्क से अधिक हृदय मुझे अपील करता है। फिलॉसफी से मैं घबरा जाता है। स्वप्न देखने में आनंद आता है। बड़े प्रेम से स्वप्न का सुनहला जाल बुनता हूँ और उसी को सत्य मान उसकी आराधना करने लगता हूँ। यही नहीं, उस स्वप्न-जाल को संसार भी सत्य समझे, इसके लिए छटपटा उठता हूँ, व्यग्र हो जाता हूँ। इस व्यग्रता में उससे गलतियाँ हो जाती हैं। भावुकता तुनक-मिजाज होती ही है…।

'…पिता, चाचा, मामा की असामयिक मृत्यु के कारण दस व्यक्तियों के परिवार का दुर्वह बोझ है मुझ पर। मेरा परिवार अपना अच्छा भरण-पोषण ही मुझसे नहीं चाहता, वरन् वह चाहता है कि मैं उसकी भविष्य की चिंता भी दूर कर दूँ—यानी… कुछ स्थायी संपत्ति का प्रबंध कर जाऊँ। मैं अपने में वह शक्ति देखता हूँ, जिससे मैं चाहूँ तो कुछ पैसे कमा सकूँ। यदि माता-पिता या चाचाजी होते, तो मैं निश्चिंत होता; किंतु जिस मौसी ने मुझे पुत्र से बढ़कर पाला है, उसे, उसके एकमात्र पुत्र को और पुत्रवधू को मैं कष्ट में कैसे देख सकता हूँ? मेरी पितामही जीवित हैं, मेरी सौतेली माँ हैं, एक मौसी (छोटे चाचा की पत्नी) और हैं, उनकी छोटी-सी बच्ची है—इन सबके प्रति मेरा कुछ कर्तव्य है,

इसको मैं कैसे भूलूँ? और मेरी रानी!—मेरे ऐसे पागल पति के सभी अत्याचारों को सहती हुई भी, जो अर्द्धांगिनी के कर्तव्य का पालन कर रही है, मैंने भी अपने हृदय के सारे प्रेम को जिस पर न्योछावर कर दिया है, अपनी उस प्यारी रानी की भविष्य चिंता मुझे व्यग्र करे तो आश्चर्य क्या! अब तो एक देवकुमार भी मेरे आँगन में आ गए हैं—इनके स्वागत में भी तो त्रुटि न होनी चाहिए, इत्यादि-इत्यादि गृह चिंता मुझे सताया करती है। किंतु उस स्वप्न-जाल की मनोहरता, जो मुझे मुग्ध किए हुए है, न आसानी से अपने परिवार को आँखों से दूर कर सकता हूँ और न अपने स्वप्न को। मकड़ी स्वयं जाला बुनती है और स्वयं उसमें फँसकर, सुनता हूँ, मरती है। मेरी भी कुछ ऐसी ही हालत है—परिवार या स्वप्न, संपत्ति या आदर्श। इस द्वंद्व के झूले में आज तक मैं झूल रहा हूँ। मेरे जीवन में जो चंचलता, जो अस्थिरता दिख पड़ती है, उसका कारण ही यही विधा है।

'नहीं, नहीं। मुझमें एक और गुण है। हाँ गुण, जिसके चलते पहले भी दो-तीन बार पटखनी खा चुका हूँ। यह महान् गुण है किसी पर भी तुरंत विश्वास कर लेने का! और, जिस पर विश्वास किया, उसका होकर ही मुझे चैन मिलता है। किसी को तुरंत ही 'अपना' समझ लेना और तदनुसार अपनी कार्य दिशा बदल देना—मेरा स्वभाव-सा हो गया है। जहाँ कहीं रहा या नौकरी की, उसको अपना आत्मीय समझ लिया; उसके नजदीक हृदय खोलकर रख दिया। जहाँ अधिक आत्मीयता होती है, वहाँ से आदमी एक तरह से निश्चिंत हो ही जाता है। मैं निश्चिंत हो गया, किंतु दुनिया उसकी ओर से क्यों निश्चिंत होने लगी? उसने षड्यंत्र करना शुरू किया और यों अचानक पटका कि मैं चारों खाने चित्त हो गया''! किंतु आगे?

'वैसे, पहले भी तो मैं कहीं अधिक दिन न टिक सका। कारण? मेरी प्रबल महत्त्वाकांक्षा? यह महत्त्वाकांक्षा ही मुझे आज तक सता रही है'' ? यही अवगुण है, जो मुझे किसी की मातहती में काम करने नहीं देता? इसके चलते ही मैं कष्ट उठा रहा हूँ?

'दोस्त-यार कहते हैं—'भई, यह पारस्परिक सहयोग का युग है। अकेले कोई काम नहीं हो सकता। संसार में सफल होने के लिए एक गुट बना रखना जरूरी हो गया है।' और गुट रखने का अर्थ है, समझौता—कुछ मेरी बात, कुछ आपकी बात।

'यह सब मैं समझता हूँ लेकिन मेरी इच्छा भी तो रहती है कि लोग मेरी बातें सुनें, मेरे ऐसा सोचें, मेरी राह पर चलें! शायद यही बात सामने वाले को चुभती हो''। कोई अपने को बेचकर मेरे पीछे क्यों चलेगा?

'''अधीनता पर मैंने थूक दिया। मुझे 'अधीनता' शब्द ही खटकता है। मैं किसी के ताबे में रहूँ, यह विचार ही मुझे असहनीय है।

'''वैसे भी अधीनता तो कभी अच्छी नहीं। इसके लिए समझौता करना पड़ेगा, ऐसा सोचते ही कभी-कभी विद्रोही मन बोल उठता है—ऊँह, यह कैसी कायरता; जो रास्ता

तुम्हें पसंद है, उस पर बढ़ते चलो, बढ़ते चलो। दूसरे से समझौता करने की लालसा में तुम अपनी मौलिकता खो दोगे और जब मौलिकता ही नहीं रही, तो जिंदगी किस काम की? इसकी परवाह मत करो कि तुम्हारे पीछे चलनेवाले कितने हैं—जिस राह पर तुम्हें विश्वास हो, उस पर बेधड़क बढ़ो—अकेले बढ़ो; एक न एक दिन लोगों को तुम्हारे पीछे चलना ही पड़ेगा। हाँ, इस प्रवृत्ति से शुरू में कठिनाई होगी, किंतु अंत में 'इन द लॉन्ग रन' तुम्हारी ही बाजी रहेगी…।

'लेकिन हाँ, इतना मैं कह सकता हूँ कि मैं उच्छृंखल अवश्य हूँ। बचपन का संस्कार मुझे निपट निरंकुश बनाए हुए है…। ज्यों-ज्यों अनुभव बढ़ रहा है, अपने को सहनशील बनाने का यत्न करता हूँ, किंतु क्या करूँ? बहुत प्रयत्न के बाद असफल भी होता हूँ। बचपन का संस्कार जो इतना प्रबल है! मेरा स्वभाव ही अड़ियल घोड़े के ऐसा हो गया है। जरा बाग ढीली रखिए, कोड़े को फेंक दीजिए—वह सरपटे का कदम जाएगा कि आप दंग रह जाएँगे। किंतु जहाँ बाग कसा या कोड़ा दिखलाया कि अड़ा—चाहे लाख पीटिए, एक इंच आगे पैर नहीं—भले ही वह आपको लिये-दिए उलट जाए, अपने अंग तोड़े, आपके अंग की भी मरम्मत कर दे।'

इस तरह के कई-कई विचार-दृश्य न जाने कितने दिन—कितनी रात रामवृक्ष के दिल-दिमाग को मथते रहे! कभी उनको लगता कि यह सब परिस्थितियों का दोष है और कभी लगता कि यह उनकी नासमझी का परिणाम है। कभी-कभी वह स्वाधीनता की अपनी समझ को लेकर उलझ जाते! दम घुटता, तो निजात पाने के लिए अपनी उलझन को लिखने बैठ जाते डायरी में…!

निराशा का कर्तव्य : पत्रकारिता की आशा

बहरहाल, पत्रकार बनने के निश्चय के साथ 'तरुण भारत' पहुँचकर वहाँ से 'बालक' के संपादन की लंबी यात्रा को सफलता की मंजिल के पास स्थगित करते-करते रामवृक्ष ने यह अच्छी तरह से समझ लिया कि प्रोफशनल हुए बिना पत्रकारिता की 'नौकरी' करना संभव नहीं और, नौकरी में टिके रहना है तो प्रोफेशनलिज्म के नाम पर पत्रकारिता के उस रास्ते पर चलना होगा, जो 'मालिक' और उनकी 'पूँजी' को रास आए।

पत्रकारिता की अंत:प्रेरणा के कारण उन्होंने नौकरी की लाचारी को स्वीकार किया लेकिन नौकरी की गुलामी पत्रकारिता की आजाद साँसों पर रोक लगाने लगे तो? 'तरुण भारत' की नौकरी के वक्त ही रामवृक्ष को ऐसा खतरा महसूस होने लगा था। इसलिए 'बालक' की नौकरी स्वीकार करते वक्त उसकी अधीनता में अपनी पत्रकारिता को मुक्ति की हवाओं के सहारे जिंदा रखने के लिए वह मौलिक 'साहित्य लेखन' में जुटे—बहुरंगी लेखन, सतरंगी लेखन में लगे रहे। उस लेखन में असहयोग आंदोलन के

दौरान गाँव-समाज के जन-जीवन में घूमने-भटकने से प्राप्त अनुभव बहुत काम आए। उन्होंने देखा कि लोगों की स्मृति और जुबान पर लिखित या अलिखित आख्यायिकाओं का ऐसा भंडार है, जो प्रचलित तो हैं, किंतु उन्हें साहित्य में स्थान पाने का सौभाग्य नहीं प्राप्त हुआ। कई पुरानी कथाएँ तो ऐसी हैं, जिनका वर्तमान समय की सामाजिक प्रवृत्तियों के आलोक में नया पाठ लिखा जा सकता है। तुलसीदास, सूरदास, कालिदास की कृतियाँ 'पुरानी कथाओं का नया पाठ' ही तो हैं! यानी पुरानी कथाओं, ऐतिहासिक घटनाओं या पात्रों से संबद्ध ग्रंथों का गहरा अनुशीलन और स्थानों का गंभीर निरीक्षण करने के बाद उन पर आधारित अलग, मौलिक, नई और उत्कृष्ट रचना की जा सकती है।

युवा रामवृक्ष को ऐसे लेखन के वक्त ही एक आदत पड़ी—चर्चित लेखकों की कृतियाँ पढ़ने, उनकी जीवनी की जानकारी हासिल करने, विश्व-प्रसिद्ध कलाकारों-कथाकारों पर लिखी किताबों को पढ़ने और पढ़ना खत्म होते ही या बीच ही में अपनी कॉपी में नोट जैसा लिख लेने की आदत—कृतियों का सारांश और कृतिकारों के व्यक्तित्व का भी सारांश! सोच यह होती कि यों थोड़े दिनों में ही नोट बुक एक अच्छी स्केच-पुस्तिका बन जाएगी।

उस दौरान कुछ विदेशी लेखकों की किताबें हाथ आईं तो पढ़कर उनके कथा-सार को यूँ अपनी भाषा में ढालने का जतन किया कि उनके पात्र, चरित्र और घटनाएँ अपने गाँव-समाज की लगें। कई कृतियों का ऐसा अनुवाद किया कि वह उनका अपना मौलिक लेखन लगे। ऐसी सामग्री किताब रूप में छपने दी, तो उसकी भूमिका में लिख दिया—"यह किताब 'तैयार' हुई।" फिर संक्षेप में पाठकों तक यह बता दिया कि इसमें कितना खुद लिखा, और कितना भावानुवाद या कितना शब्दानुवाद है।

'बालक' की नौकरी छोड़ी तो किताबों को पढ़ते-पढ़ते उन पर नोट लिखने की क्रिया को मौलिक लेखन की अनिवार्य प्रक्रिया बना लिया। देश-दुनिया के तमाम दिग्गज लेखकों की किताबें खोज-खोजकर पढ़ना शुरू किया—जितना लिखना, उससे ज्यादा पढ़ना। फिर यह नोट लिखना कि 'उनमें क्या पाया—उनसे क्या पाया!' नोट करने की इस क्रियात्मक प्रवृत्ति ने उनके चित्त की चिंता हर ली। वह नया संकल्प लेकर गाँव से मुजफ्फरपुर और वहाँ से पटना आए। पटना आते ही मुजफ्फरपुर के साहित्य सम्मेलन के अवसर पर 'युवक' के बारे में सूचना सहित व्याख्या छपवाकर बँटवाया था, उस पर्चे में एक छोटा-सा परिवर्तन किया। पर्चे में लिखा था—'युवक' शक्ति, साहस और 'सौंदर्य' का मासिक पत्र होगा। उसे बदलकर लिखा—'युवक' शक्ति, साहस और 'साधना' का मासिक पत्र होगा।

युवक रामवृक्ष बेनीपुरी ने दृढ़ संकल्प किया—हाँ, वह पत्रकारिता करेंगे, प्रोफेशन की तरह। प्रोफेशनल लेखक की तरह लिखेंगे, लेकिन चालू प्रोफेशनल जर्नलिज्म की हर

जंजीर को तोड़ेंगे। पेशेवर जर्नलिज्म को आजादी की उस हवा से कभी दूर नहीं होने देंगे, जिसके बिना 'ऑक्सीजन' का मॉस्क लगाकर भी वह जिंदा नहीं रह सकता!

संदर्भ

1. उस वक्त पटना से दो अंग्रेजी पत्र निकलते थे—'एक्सप्रेस' और 'सर्चलाइट'। 'एक्सप्रेस' दैनिक था; लेकिन वह उतार की ओर था, उसकी पुरानी शान और आन नहीं रह गई थी। 'सर्चलाइट' का दबदबा बढ़ रहा था। 'सर्चलाइट का एक हिंदी संस्करण निकलता था, जिसके संपादन विभाग में हरिवंश सहाय थे। यही हिंदी संस्करण आगे चलकर 'देश' के रूप में परिणत हुआ, जिसके राजेंद्र प्रसादजी संपादक बने थे। 'देश' इसके बाद एक युग तक बिहार का सर्वश्रेष्ठ पत्र के रूप में निकलता रहा। असहयोग के कारण 'पाटलिपुत्र' बंद हो चुका था—उस समय की उग्र राजनीति से कदम-ब-कदम मिलाकर चलना हथुआ राज के इस अखबार के लिए मुश्किल था और उसे नीची सतह पर उतारकर चलाना उसके संपादक मंडल को मंजूर नहीं था। 'पाटलिपुत्र' अपने जमाने में हिंदी-संसार के किसी भी साप्ताहिक पत्र से मुकाबला कर सकता था। उग्र राजनीति के कारण 'प्रताप' की धाक बढ़ रही थी जरूर, लेकिन जहाँ तक एक अखबार की हैसियत की बात थी, 'पाटलिपुत्र' उससे किसी कदर भी घटिया नहीं था। विषय की विविधता के खयाल से तो वह कुछ-कुछ बढ़ा-चढ़ा ही रहता था। 'देश' ने 'पाटलिपुत्र' के अभाव की अच्छी तरह पूर्ति की।
2. आधुनिक हिंदी का बिहार में पहला प्रेस। खड्गविलास प्रेस की स्थापना 1880 में हुई। पटना शहर के बाँकीपुर मोहल्ले के चौहट्टा स्थित खपरैल के मकान में ट्रेडिल मशीन लगाकर कंपोजिंग चालू की गई। इसकी स्थापना तीन विभिन्न स्थानों के समवयस्क साहित्यिक अभिरुचि-संपन्न तीन युवकों के समन्वित वैचारिक मंथन से हुआ। वे थे—रामदीन सिंह, रामचरित्र सिंह और साहब प्रसाद सिंह। तीनों क्षत्रिय थे। उन्नीसवीं सदी का युग सामंतवादी था। क्षत्रियों के आमोद-प्रमोद का मुख्य साधन 'खड्ग' था। इसलिए उन्होंने अपने प्रेस का नाम 'खड्गविलास प्रेस' रखा। उन्नीसवीं सदी में प्रेस शब्द के लिए 'छापाखाना' और 'यंत्रालय' शब्द चलते थे। प्रेस के प्रथम प्रबंधक साहबप्रसाद सिंह ने प्रेस की बजाय 'छापाखाना', शब्द का इस्तेमाल किया, हालाँकि उसका मोनोग्राम अंग्रेजी में था, जिसमें 'K.V. Press' अंकित था। कुछ ही समय बाद इस प्रेस का निजी भवन वर्तमान बी.एन. कॉलेज के सामनेवाली गली में बना। आठ फ्लैट मशीनें, आठ ट्रेडिल मशीनें तथा प्रूफ उठाने की कई मशीनें खरीदी गईं। सभी मशीनें आधुनिक स्तर की एवं लंदन निर्मित थीं। सन् 1936 तक यह प्रेस बिहार का अकेला बड़ा प्रेस था, जिसके द्वारा प्रकाशित अधिकतर पाठ्य-पुस्तकों का प्रचलन बिहार के विद्यालयों में था।

□

जादू की कलम

लागल करेजवा में चोट

बंशीपचरा आए, कितने ही दिन हुए। मन रमाया। मन रमा भी, लेकिन अकसर बेनीपुर गाँव-घर की याद आती और हूक उठ जाती। उसके चलते उसकी माँ के पैरों में कील ठोंकी गई, उसे अपने हाथों से अपने पिताजी का मुँह झुलसाना पड़ा! रामवृक्ष का दिमाग बौखला उठता। उसके दिल में एक और कील धँसती जाती—पहले से धँसी कील को बाहर निकालने की कोशिश करती-सी—जो समाज अपने मुर्दों के साथ इस बेरहमी से पेश आता है, उसे जिंदा रहने का क्या अधिकार है?

कभी माँ का चेहरा, कभी पिता का चेहरा। कभी ये चेहरे आईना बन जाते और उनमें बेनीपुर गाँव तसवीर-सा दिख जाता और कभी गाँव-घर के दर्पण में माँ-बाबूजी के चेहरे झाँकते! यादों की हूक कलेजे में टीस मारती। कभी रफलाती, कभी हँसाती। अकसरहा, वह हँसते-हँसते रोने लगता और रोते-रोते हँसने लगता! कभी दिल-दिमाग में बेनीपुर की 'हा-हू' करती मौजी बाढ़ का शोर मचता तो अंदर की खुशी आँखों में आँसू बन छलकने लगती, और कभी अपने मनमौजीपन की घटनाओं की याद कील की तरह चुभती तो अंदर का रुदन चेहरे पर मुसकान बनकर झलक जाता! वह बेनीपुर में था, तो वह उसमें समाया हुआ था। छोड़ा, तो अब बेनीपुर उसमें समा गया!

वह बेनीपुर की बाढ़ को अपनी नसों में लेकर सदाबहार देहात बंशीपचरा पहुँचा। बेनीपुर में पेड़-पौधे बहुत कम थे—हर साल की बाढ़ उन्हें बचने ही न दे, लेकिन बंशीपचरा में उनकी भरमार थी। जिधर निकलिए, उधर बगीचे। फलों की गिनती नहीं। किसिम-किसिम के फल, मौसम-मौसम के फल। बेनीपुर में सिर्फ दो फसलें—धान और खेसारी, कभी-कभी गेहूँ, लेकिन यहाँ तरह-तरह की फसलें—बारहों महीने कोई-न-कोई फसल खेतों में खड़ी लहराती! सदाबहार रंगीन वातावरण—रोमांस से भरपूर! ऊपर से, राजपूत, यादव, भूमिहारों के इस गाँव में प्रायः लाठियाँ गरजतीं, भाले चमकते और गँड़ासे बरसते। कोई ऐसा साल नहीं, जब बात-बात में बजीं न किरचें! लोकजीवन रोमांच से भी रंगीन!

वह रोमांस और रोमांच की रंगीनियों में पगने लगा। बीहन के खेत में बीया उपारने जाती औरतों को गाते सुना—

दुअरे लगइहौं मैं जूही-चमेली,
अँगने लगइहौं अनार हे...
नारियर के गछिया।
...

दस फूल फूले जूही-चमेली
दुई फूल फूले अनार हे,
नारियर के गछिया।
...

देवरा छयला चिखे जूही-चमेली
सइयाँ रंगीला अनार हे,
नारियर के गछिया।

उधर बीहन के खेत में झूमर तो इधर रोपनी के खेत में हलवाहों ने खेत में बिरहा की टेर लगाई...

आम के गाछ कोइलिया कुहके
बनमा में कुहकय मोर
मोरा अँगना में कुहकय सोना के चिरइया
सुन हुलसे जिया मोर!

आँगन में भी कम कोलाहल नहीं। आसमान में बादल के स्वर, तो आँगन में जाँत के स्वर में कोकिल-कंठी का स्वर—

रतिया पिसावे जौ-गेहुँआ ए बाबा
दिनमा कतावे झीना सूत
सुतले सेजियवा उठावे ए बाबा
अरे अँगना घरे सब छूँछ।...

पाँत बनाकर रोपनी करती औरतें बीच-बीच में एक-दूसरे की देह पर कीचड़ उछाल देतीं, पानी उलीच देतीं। बूढ़े मंगर की तो सबने मिलकर बड़ी दुर्गत बना दी। कीचड़ से वह बेचारा भूत बन गया। रह-रहकर गालियाँ बोलता औरतों को गालियों की क्या परवाह? वे खिलखिलाकर हँसतीं और मानो मंगर को चिढ़ाने के लिए गातीं—

नइहरवा में ठंडी बयार,
ससुरवा मैं ना जइहौं।
ससुरा में मिले न जउआ की रोटी

मड़ुआ की रोटी,
नइहरा में पूरी हजार।
ससुरवा मैं न जइहौं।।
ससुरा मिलेला लात और मूका,
नइहरा में मीठी-मीठी बात
ससुरवा मैं ना जइहौं।।

साँझ को घूमघाम कर घर लौटते उसने अचानक सुना, भैंस पर सवार गाँव का छोकरा ऊँचे स्वर में गाए जा रहा है—लागल करेजवा में चोट!

ग्रामीण बोली के साढ़े तीन शब्द—मोहक, मनोरंजक। जीवन के परम सत्य को कितने सीधे-सादे ढंग से कह गए!

किशोर मन के कलेजे में चोट लग ही गई! वह कविता कामिनी का घूँघट उठाने को अकुलाने लगा, लेकिन तभी शादी हुई—पिंगल से पाला पड़ा। कवि-मन ने अपनी बात कविता में कहने का विचार त्याग दिया। वह गद्य लिखने का अभ्यास करने लगा। हालाँकि अकसर उसे महसूस होता कि गद्य लिखते वक्त भी उस पर वही सुरूर सवार हो गया, जो कविता लिखने के समय होता है और वह गद्य को कविता बनाने में लगा है! उसके अंदर से आवाज आती—हाँ-हाँ! मैंने कविता लिखना छोड़ दिया। कविता को नहीं। यह शै ही ऐसी है, जो लगी, छूटती नहीं!

प्रथम पाठ

संपादकजी ने एक घटना की सूचना दी और कहा—''इसे खबर बनाओ। स्थल-निरीक्षण करो, स्थितियों और घटनाओं का वस्तुनिष्ठ उल्लेख करो। अखबार में जगह कितनी है, किसकी जगह कितनी है, किसके लिए कौन स्तंभ है, तुम जान चुके हो। तुम्हारे समाचार के लिए कितनी जगह मिलेगी, यह तुम्हारी लेखनी और पाठकों की पसंदगी पर निर्भर है। सामाचार ऐसा हो कि पढ़नेवाले में पढ़ने की जिज्ञासा और रुचि जगे, पढ़ने में मजा आए और संपादक होने के नाते मैं तुम्हारे समाचार का पहला पाठक हूँगा।''

वह चुप रहा। चेहरे पर हल्की मुसकान लिये संपादकजी को यूँ देखा मानो नीचे से ऊपर और ऊपर से नीचे तक निहारता कैमरा अचानक क्लिक हुआ—बिना रेडी बोले फ्लैश चमका! उसकी आँखों में बिजली-सी कौंधी। वह शरारती चमक देख संपादकजी पल भर के लिए उसे निहारते रहे।

''संपादकजी पाठक होंगे! वह भी प्रथम पाठक! तब तो वही अंतिम पाठक भी हो सकते हैं। संपादक जो ठहरे। तब? वह क्या करे? उसे ऐसा लिखना होगा, जो संपादकजी ही को अंतिम पाठक हो सकने का अधिकार बरतने का मौका न दे।'' उसने

मुँह से कुछ नहीं कहा, हल्के से सिर्फ सिर हिला दिया और संपादकजी के कमरे से निकलने को उठा।

तभी संपादकजी ने फिर टोका—"और हाँ, तुम इतना तो जान गए हो न कि हर सूचना समाचार नहीं होती, लेकिन हर समाचार में कोई-न-कोई सूचना होती है! लेकिन...।"

वह रुका—"लेकिन के बाद फिर लेकिन... ?"

"...लेकिन कोई सूचना समाचार बनने योग्य है या नहीं, कोई सूचना समाचार बनाई जा सकती है या नहीं—ये सवाल ऐसे हैं, जिनका जवाब तुम्हारी लेखनी स्वयं बताएगी। समझे? वह साबित करेगा कि तुममें पत्रकार बनने योग्य क्षमता है अथवा नहीं?"

वह चुपचाप बाहर निकल गया। घटना-स्थल पर गया, घूमघाम कर लौटते ही लिखना शुरू किया—दफ्तर के हो-हल्ले के बीच! टेबल के इर्द-गिर्द बैठे तरह-तरह के लोग, कानों में आती मशीन की आवाज—खट-खुट, घर्र-घर्र, घर्र-घर्र!

दस लाइन लिखते ही उसे लगा समाचार जैसी कोई 'चीज' तैयार हुई है और उसका पेट फूलने लगा है! किसी को सुनाए बिना पेट फूलना थमेगा नहीं। जिसने कलम थामी है, वह जानता आया है कि इसका यही एक इलाज है। संपादकजी को दिखाए, यह मुमकिन नहीं। उसके कहने पर शायद वह प्रथम पाठक बन जाएँगे, लेकिन अंतिम पाठक भी बन गए तो? यह तो 'चौबे गए छब्बे बनने, दूबे बनकर आए' जैसा मामला हो जाएगा। बंदूक चलाना आता है, साबित करने के लिए हाँक लिया कि तोप भी चलाना आता है। इतना भर चलेगा, लेकिन अपनी कुछ पक्की, कुछ कच्ची खबर लेकर सीधे संपादकजी के पास पहुँचना तो तोप के मुँह में घुसने जैसी मूर्खता होगी न!

'कुछ लिखते ही पेट फूलना, यह मेरी बुरी आदत है! इस पर काबू करना होगा।' मन-ही-मन में बुदबुदाते हुए वह उठा, 'खैर..., अभी आसन्न प्रॉब्लम से निपट लूँ, अन्यथा पेट फूलते-फूलते फट गया तो लेने के देने पड़ जाएँगे।' अगल-बगल देखा, सब व्यस्त। सिर्फ भोंदू कान खुजलाते हुए इधर-उधर ताक रहा था।

भोंदू! उसके नौकरी में आने के पहले से दफ्तर में है! शायद चपरासी है या...। जिस दिन उसने सहकारी संपादक की हैसियत से दफ्तर में कदम रखा था, कई लोगों से परिचय हुआ, लेकिन दोस्ती सबसे पहले भोंदू से हुई थी।

वह फुर्सत में दिखा—कमरे के दरवाजे पर स्टूल पर बैठा। प्रथम परिचय के वक्त ही समझ में आ गया था कि वह सदा फुर्सत में रहता है, निश्चिंत भी। शायद उसकी यही नौकरी है!

वह उठा कि उससे भोंदू की नजर टकराई। आवाज किए बगैर उसे बुलाया—इशारे से। भोंदू उसके पास आया—मुसकराता हुआ। यह मुसकान उसके चेहरे का स्थायी भाव है। वह इस मुसकान को पहचान चुका है—सपाट समतल जमीन से रिसते जल जैसा!

पिछले साल की ही तो बात है। वह चंपारण गया था—गांधीजी के दर्शन करने। तब बूढ़ी गंडक के किनारे घूमते-टहलते हुए वह तटवर्ती गाँववालों से मिला था। बात-बात में बूढ़ी गंडक की बात निकली, तो उसने आश्चर्य प्रकट किया—"बूढ़ी, लेकिन गंगा से मिलने तक जिंदा-जीवंत यह नदी कितने बल खाती चलती है जवान छोकरी की तरह! है न?" तब एक बूढ़े किसान ने कहा—"बच्चा, मसान का नाम सुना है? वहीं से निकलती है बूढ़ी गंडक। यह हिमालय से नहीं उतरती। इसका उद्‍गम तराई की जमीन से रिसता पानी है! उद्‍गम से लेकर चंपारन के पश्चिमी क्षेत्र से होकर मोतिहारी तक बूढ़ी गंडक को 'सिकरहना' कहा जाता है।"

"सिकरहना का माने?"

निरक्षर गाँववासियों ने पूरे उत्साह से बताया—"पत्तरकारजी, ये आज की नदी थोड़े न है! यह तो महाभारत काल में पैदा हुई। अज्ञातवास के समय पाँचों पांडव चंपारण्य में भटक रहे थे। प्यास लगी तो युधिष्ठिर ने अर्जुन से पानी लाने को कहा। अर्जुन ने सींक का बाण चलाकर धरती फोड़ी तो साफ पानी की धार फूट पड़ी। यही सिकरहना है।"

उसने उसी वक्त नोट किया था कि इलाके में कई जगह समतल जमीन से पानी रिसता है। जमीन से रिसकर बनी धाराएँ कहीं रुककर 'चौर' या 'मॅन' बन गई हैं और कई एक-दो डग चलकर सूख गई हैं—मानो मरणनिद्रा में हैं। कभी बाढ़ का भीषण शोर मचता है तो ये कुंभकर्णी नींद से जगती हैं और उत्पात मचा जाती हैं।

भोंदू नजदीक आकर खड़ा हुआ, तो अनायास उसे बूढ़ी गंडक की याद आई और वह हँस पड़ा। भोंदू के सपाट चेहरे की मुसकान से बेचारगी कुछ ज्यादा ही रिसने लगी। उसने पूछा—"का बात है, छोटे संपादकजी··· ? चाय-वाय चाहिए का··· ?"

उसने मेज के उस तरफ खड़े भोंदू को अपनी तरफ आने का इशारा किया और कुछ गुपचुप लहजे में कहा—"सुनो, एक खबर पकी है। तुम्हीं जरा चखकर बताओ, स्वाद कैसा है?"

उसने दस पंक्तियों का समाचार सुनाया! भोंदू ने ध्यान से सुना। उसके चेहरे से बेचारगी की जगह आनंद की मुसकान रिसने लगी और पूरे चेहरे पर पसर गई—ललाट से लेकर ठुड्डी तक! पूरा सुनकर उसने कहा—"वाह! आप तो गजबे लिखते हैं! मजा आ गया!" यह सुनकर उसे तृप्ति की साँस मिली और उसका पेट फूलना थम गया।

संपादकजी ने उसका डिस्पैच पढ़कर संतोष व्यक्त किया। भोंदू की साइड स्टोरी सुनकर तो वह ठहाके पर ठहाके लगाने लगे। उन्होंने ठहाके में कुछ दिखावे की नाराजगी घोलते हुए कहा—"तो इसका माने है कि तुमने मुझे पहला पाठक नहीं बनने दिया!"

उसने मुसकराते हुए कहा—"मुझे डर था कि कहीं आप मेरी खबर पढ़कर अंतिम पाठक होने का दावा न ठोंक दें!"

संपादक ने फिर ठहाका लगाया। हँसी थमी तो बोले—"ठीक है। छपने दे दो।"

यानी उसके पत्रकार बनने का रास्ता साफ! तब पहली बार उसे महसूस हुआ कि उसने पेट फूलने के रोग के स्थायी इलाज की सबसे सस्ती और अचूक दवा खोज ली है!

स्टोरी लिखो, कहानी रचो

वह पैड पर लिखने लगा—बिना रूल के पैड पर। वह अब तक बँधी कॉपियों पर लिखता आ रहा था। स्कूल में यही सीखा, लेकिन अब लगने लगा कि पत्रकार बनने के लिए खुले कागज पर लिखने का अभ्यास ज्यादा जरूरी है। बँधी कॉपियों में प्रतिभा बँध जाती है। अखबार के दफ्तर में यह सीखा और अब घर में भी पैड पर लिखना उसे ज्यादा अच्छा लगने लगा। वैसे, वह घर में बँधी कॉपी में लिखने की भी प्रैक्टिस करता है। इसे साधने में कुछ ज्यादा समय की जरूरत है यानी ज्यादा अनुभव चाहिए। वह कहानी-उपन्यास लिखेगा, तब तो बँधी कॉपी में लिखने की प्रैक्टिस ही काम आएगी, वही उपयोगी होगी।

पैड पर लिखने बैठते ही उसके विचारों और लेखनी में होड़ लग जाती—यही तो पत्रकारिता की तड़प का बुनियादी प्रमाण है! और, यही साहित्यकारिता की भी तो है? ज्ञान की नदिया में समाचार और विचार मछलियों से तैरते दिखते हैं, जैसे चेल्हवा मछली—तड़पती, उछलती, चमकती और लेखनी? जाल है—छोटे घेरे का, कच्चे सूत का और वह खुद क्या है?—माँझी! और क्या?

"देखो, देखो—लेखनी के जाल में आने के पहले ही माँझी को ललचाकर वह मछली निकल भागना चाहती है, लेकिन माँझी उसे छोड़े कैसे?"

वह पत्रकार बन रहा है, तो उसे माँझी की तरह जिस तेजी से जाल फैलाना है, उसी तेजी से समेटना भी तो है! सो, वह तेजी से लिखता—सर-सर! सर-सर! व्याकरण की सुध नहीं। कोई हर्ज नहीं, बाद में गोद-गाद कर ठीक कर लिया जाएगा।

लिखने के लिए समय चाहिए। देखने, ग्रहण करने और उस पर सोचने में भी वक्त लगता है। देखने-सोचने का काम दिल-दिमाग के कागज पर पेंसिल से लिखने जैसा काम है, जो फटाफट संभव हो भी जाता है, लेकिन उसी समय दिल-दिमाग की बात को उतने ही समय में कागज पर उतार लेना—पत्रकारिता में सबसे ज्यादा जरूरी यह है! सोचने की समय-सीमा में ही सोची बात को कागज पर उतारना तभी संभव है, जब 'समय' में निहित 'स्पेस' को ठीक से जाना-पहचाना जाए! समय लचीले रबर के टुकड़े सा होता है। दबाने पर दबता है, तो खींचने पर तार जैसा लंबा भी हो सकता है। पत्रकार बनना है, तो इसका अभ्यास करना होगा कि दिमाग में विचार या दृश्य रूप में उभरती बात को शब्द-रूप में कागज पर उतारने के लिए रबर जैसे समय को इतना ही खींचो कि

शब्दों की लड़ी गुँथ जाए, लेकिन समय का तार न टूटे!

उसने इसका अभ्यास किया। वह एक सुर में तीन-चार घंटे लिखना सीख गया। लिखने के लिए एकमुश्त तीन-चार घंटे बैठे रहने का अभ्यास वह रोज करता। यह कभी आसानी से सधता, लेकिन कभी-कभी काफी कठिनाई पेश आती। मामला फिफ्टी-फिफ्टी पर आ गया तो लगा, पत्रकारिता में ठोस कदम पड़े। फिर तो जिस घटना या स्थिति को जानने-समझने के लिए दो दिन भटका किया, उसे घर या दफ्तर पहुँचते ही दो घंटे में कागज पर साफ-साफ और मुकम्मल लिखकर देना बाएँ हाथ का खेल हो गया!

वह दफ्तर के हो-हल्ले में, आते-जाते और टेबल के इर्द-गिर्द बैठे-बतियाते लोगों के बीच, कान में मशीन की आती घर्र-घर्र आवाज से विचलित हुए बिना लिखना सीख गया। पेशे का तकाजा है, तो यही सही। वह इस सबसे बचना, चिढ़ना-कुढ़ना छोड़ चुका है। पत्रकार बनना है और यह सब फेस करना ही है, तब खम ठोंककर मैदान में क्यों न उतरे? चंद दिनों में ही वह समझ गया कि पत्रकारिता का हर गीत हो-हल्ले की धुन और घर्र-घर्र के ताल से मधुर-मंदिर बनता है। आखिर लिखना गीत गुनगुनाने जैसा ही तो काम है। लगातार गुनगुनाओ, कठिनाई और परेशानियों के बीच भी गाना-गुनगुनाना जारी रखो, तो वह धीरे-धीरे आनंददायक महसूस होने लगता है। मधुर गीत जैसा गद्य लिखना तो अपने-आपमें रोमांचक भी होता है।

वह गति में होता है तो उसके हृदय और मस्तिष्क, दोनों गति में होते हैं—पल-पल बदलनेवाली दृश्यावली और परिस्थितियाँ जैसे उसकी प्रतिभा को पंख दे देती हैं। रेल पर हो या मोटर में, साइकिल पर हो या बैलगाड़ी पर, वह अपनी 'रपट' की रूपरेखा सफर में ही तैयार करने का अभ्यस्त होने लगा—सफर में भी किसी रचना की रूपरेखा की सुंदरता को उकेरने की कल्पना बुनी जा सकती है!

उस दिन पहलेजा घाट से गंगा पार करते समय वह एकाध घंटे के लिए जहाज पर रहा। एक सुंदर कल्पना आई—जहाज के रेलिंग पर फुदकती चिड़ियों सी, आसमान पर साथ चलते सफेद बादलों की तरह। उसे दिल की कलम से अपने दिमाग के कागज के किसी कोने में नोट कर लिया। देर रात दफ्तर से घर लौटकर जब लेखनी उठाई तो पाया कि उसके मस्तिष्क ने उसके धरोहर को बिल्कुल सुरक्षित रखा है। उसके हृदय से फूटता आनंद आश्चर्य में बदल गया—अरे, ऐसा भी होता है?

वह तो महज सूचना इकट्ठा करने घटना स्थल पर गया था, लेकिन जाते-लौटते रास्ते में एक अलग ही 'कथा' का ढाँचा दिमाग के कागज पर उकेर लिया। अखबार में छपने के लिए रपट लिखकर घर लौटा—अकेला हुआ, एकांत पाया—अपने आप फिर कलम चलने लगी और कल्पना शब्दों में साकार होने लगी—बिल्कुल अलग कथाकृति के रूप में! अरे, तो वह साहित्यकार भी बन रहा है? वाह!

हाँ-हाँ, वह दफ्तर के 'लेखन' और घर के 'लेखन' में उभरते फर्क से यह समझने लगा है कि 'पत्रकारिता' और 'साहित्यकारिता' में फर्क होता है। वह पहले से कुछ-कुछ जानता था, लेकिन अब यह समझने लगा है कि पहलका (पत्रकारिता) के बिना दुसरका (साहित्यकारिता) जिंदा नहीं रह सकता और दूसरे के बिना पहला अपनी सार्थकता सिद्ध नहीं कर सकता। यह अनुभव उसके अनिश्चित जीवन-पथ का पहला प्रकाश-स्तंभ बन गया।

उसे अकसर अपनी एक अक्षमता कचोटती रहती—काश, वह भी आशुलिपि (शॉर्टहैंड) जानता होता! तब वह भी सफर में बर्नार्ड शॉ की तरह करता। सुना है, बर्नार्ड शॉ ने अपने कई नाटक दो तल्ले बस के ऊपर बैठकर आशुलिपि में लिखे। उसने कोशिश की, लेकिन वह आशुलिपि नहीं सीख सका। अलबत्ता इस कोशिश में वह क्षिप्त वेग से लिखना सीख गया।

वैसे, किसी दृश्य या घटना को देखते वक्त वह इतना भाव-विभोर हो जाता है कि कागज-कलम निकालने का जी नहीं करता। हाँ, पत्रकार होने के नाते किसी भी स्थान पर, कहीं भी कुछ-न-कुछ नोट कर लेता और निश्चिंतता के प्रथम क्षण ही उसमें रंग भर देता। अगर शौकिया लेखक होता तो शायद ऐसा करने का अभ्यास न कर पाता।

पटना के गली-गलियारों में पैदल चलते समय भी उसके मन में तरह-तरह की बातें उठतीं। लोहानीपुर, मछुआटोली, गोलघर, पटना लॉन, गंगा के किनारे महेंद्रू घाट, रानी घाट, पटना सिटी, जहाँ से गुजरता अटक जाता—"इस पटना में पाटलिपुत्र कहाँ है? इस पटना में ऐसा क्या है, जो इतिहास में उसके पाटलिपुत्र होने के स्पर्श या गंध होने की गवाही देता है?" शाम होते ही छज्जू बाग से लॉन और जहाज घाट तक की सड़कों पर कुछ उजाला और कुछ धुआँ के साथ अंग्रेजी राज के अँधेरों को उजागर करती ढिबरी-बत्तियाँ जलतीं तो वह देर तक खड़ा रह जाता—उसे लगता, इन सड़कों से जुड़ी पटना की सँकरी गलियाँ इतिहास से निकलकर वर्तमान तक चली आई हैं। वह बिहारी-समाज की जीवन-गति, वर्तमान गतिशीलता में परंपरा की जीवंतता के स्पर्श की खोज में अकसर राजधानी की बड़ी सड़कों से गलियों में घुस जाया करता। पटना सिटी की किसी गली में तो यूँ घुसता मानो इतिहास की यात्रा पर निकला हो। न जाने क्या-क्या लेकर लौटता—कभी रोमांच, कभी आक्रोश, कभी उदासी और कभी सब एक साथ—"अरे, सचमुच यही वह गली रही होगी जो पाटलिपुत्रयुगीन बल खाती-इठलाती सुंदरता का इशारा कर बाहर के यात्रियों को रोक लेती थी! देखो तो वह ठठेरा, वह सड़क पर पानी छिड़कता भिश्ती, और वह कंकालनुमा आदमी जो ढोल बजाकर भीख माँग रहा है! ये सब तो 'पटना कलम' के शानदार चित्रों से उतरे विद्रूप चेहरे हैं!"

"हमारे कई लेखक-चिंतक कहते हैं कि एक अकेले व्यक्ति के चित्रण से भी पूरे समाज का, देश का, सभ्यता का, युग का चित्र खींचा जा सकता है। क्या बिहार में ऐसा

कोई एक व्यक्ति या व्यक्तित्व है, जिसके चित्रण से पूरे बिहारी समाज की परिपाटी, सभ्यता-संस्कृति दिखे?'' वह पटना की गलियों से होते हुए डेरा पहुँचता तो अकसर भिन्न-भिन्न फ्लैशबैक भावनाओं और फ्लैश-फॉरवर्ड विचारों में उलझ जाता। देर रात तक नींद नहीं आती। वह लिखने बैठ जाता—मन-मस्तिष्क की उलझन को शब्दों में उतार लेता। नींद को पुकारने का इससे कारगर तरीका कोई नहीं।

वह यह भी लिख रखता—'अगर मैं बंबई या कलकत्ता में होता तो? रास्ता चलते-चलते कहीं भी रुक जाने और देर तक कुछ भी निहारते रहने की आदत की वजह से कब का किसी गाड़ी के नीचे कुचलकर मर गया होता। शायद इसीलिए मैं बड़े शहरों से घबड़ाता हूँ! मुझे पटना की गलियाँ पसंद हैं, तो शायद इसी आत्म-रक्षा की भावना से!'

'वैसे, यह बेनीपुरी नाम के व्यक्ति की निजी आदत है या बिहारी होने की पहचान? चलो, इस पर बाद में कभी विचार किया जाएगा। अब नींद आ रही है।'

सफलता और सार्थकता

आशुलिपि (Short hand) सीखने के बहाने क्षिप्त वेग से लिखना क्या सीखा, वह शब्द चुनने या मुहावरे बनाने पर अटकने की आशंका से मुक्त हो गया। अनायास ऐसे शब्द और ऐसे मुहावरे आ जाया करते, जिन्हें देखकर कभी-कभी वह स्वयं आश्चर्य में पड़ जाया करता। विचारों की भी यही हालत रहती। वह हाथ में कलम लेकर शुरू कर देता, और नए-नए विचार, नए-नए मुहावरों और शब्दों में सज-धजकर उसकी कलम की नोक से उतरने लगते।

ये विचार उसके दिमाग में कहाँ थे? ये कहाँ से भटकते-भटकते आकर मस्तिष्क के किस एकांत कोने में जा बैठे? ये किस टकसाल में ढले हैं—बाहर सोने-चाँदी के ठप्पे मात्र थे। टकसाल में जाकर गोल-गोल, सुंदर-सुंदर नए बेलबूटों से सजे और नई कीमत की छाप लेकर निकल आए हैं! हाँ, लगता है, जैसे इन्हें कभी देखा हो—सपनों की सुंदरियों की तरह—अवगुंठनवाली, कुहेलिकामयी। जैसे वे स्वप्न-सुंदरियाँ घूँघट हटाकर उसके सामने आकर उसी पर मुसकरा रही हैं! सचमुच, उसकी रचनाएँ खुद उसे कम विस्मित नहीं करतीं!

वह कुछ भी लिखता, लिखने के समय एक ढाँचा जरूर बनाता, लेकिन जब समाप्त करता, वे उन ढाँचों से बहुत दूर पड़ जाते। समाचार लेखन में भी अकसर यही होता। स्केच, नाटक, कहानी, उपन्यास में तो ऐसा होता ही होता। उसके पात्र या पात्रियाँ जैसे उससे अपनी बात लिखवा रहे हों। मानो वे उससे कहते हों—जब तक हम तुम्हारे मस्तिष्क के गर्भ में पलते रहे तुम्हारे रहे। अब जब बाहर आ रहे हैं, तो हमें अपना विकास आप करने दो।

उसके एक दोस्त ने एक दिन कहा—मैं अपने बच्चों के लिए Most Obedient Father (सबसे आज्ञाकारी पिता) हूँ।

वह अनायास मुसकराने लगा—वह भी तो अपनी रचनाओं के लिए वैसा ही आज्ञाकारी पिता बन रहा है! जिनकी कल्पना-मूर्तियाँ उसने पहले तैयार कर रखी थीं, वे वही नहीं रहतीं। उसकी मानसिक संतानें आप बढ़ती हैं, आप बनती हैं। वह उनकी वृद्धि में मदद भर करता है, बस।

वह हर 'कृति' में कहने लगा—'मैंने जो समझा वह लिखा, लेकिन उसकी सार्थकता तभी है, जब पाठक कहे कि मैं भी ऐसा समझता हूँ या फिर यह जरूर कहे कि मैं ऐसा नहीं समझता। पाठक चुप रहे—यह मेरी कृति की कमी है—निरर्थकता का प्रमाण है।

'पाठक जब कहेगा—यह मेरी चीज जैसी है, मैं संतोष करूँगा, लेकिन वह कहे—यह मेरी ही चीज है, तब मुझे आनंद मिलेगा। वैसा ही अपूर्व आनंद, जो मुझे लिखने में मिला था क्योंकि बड़ा सच यही है। मुझे लिखने में आनंद आता है। मैं लिखता-लिखता और लिखता जाता हूँ; क्योंकि लिखने में आनंद है। लिखने में आनंद न मिले तो अपनी कृति को सृजन नहीं मानूँगा। उसे उत्पादन (प्रोडक्शन) के खाने में रख दूँगा और उसे सृजन (क्रिएशन) के दायरे में लाने का प्रयास करता रहूँगा। इनसान अपनी संतान के साथ, अपनी संतान के लिए यही करता है न? औरत जननी बनती है, लेकिन माँ बने बिना वह खुद को कैसे सार्थक मान सकती है? माँ बनकर वह अपनी संतान को सिखाती है—अपने स्वाधीन स्वरूप को खुद रचने की कला सीखो, अपनी पुनर्रचना करने का, स्वयंभू बनने का ज्ञान अर्जित करो। माँ का यह त्याग ही उसकी सफलता है, उपलब्धि है। स्वयंभू बनकर ही कोई संतान अपनी जननी को माँ कहाने का महान् आनंद दे सकती है!

लिखो, लिखो, लेखक बनो

कुछ दिन पहले तक वह किसी खास प्रसंग, घटना या दृश्य का स्फुरण पाकर लिखता था, लेकिन अब लिखना उसकी आदत में शुमार होने लगा। कुछ न लिखे तो अभाव का अनुभव करने लगता है; नेताओं जैसा, जो बिना कुछ बोले, बिना कुछ संदेश या उपदेश दिए रह नहीं सकते। इस तरह की हालत तब बिगड़ने की हद तक पहुँच जाती, जब वह कुछ न लिखने की सोचता।

पहले उसने जमकर रिपोर्टिंग की। घटनास्थल पर जाकर रिपोर्टिंग करने की ऐसी आदत पड़ी कि मस्तिष्क में हर जगह के कई-कई धरोहर संचित हो जातीं। उसे लगता—सात जन्म लिखूँ, तब भी शायद खाली न हो। इसलिए संपादक के कहते ही और अकसर कहने के पहले ही वह फटाफट 'फॉलो-अप' स्टोरी लिख जाता। तत्काल छपे तो ठीक,

न भी छपे तो वह लेखन उसकी किसी उस 'रचना' के लिए, उस कृति के लिए मसाले का काम देगी, जिसे वह जल्द ही कागज पर उतारेगा।

वह पत्रकार बनने के पहले कदम पर ही उन बेचारों जैसी बेचारगी से मुक्ति पा गया, जिन्हें लिखने के लिए विषय ढूँढ़ने पड़ते हैं। उल्टे, पत्रकार की भूमिका से आगे बढ़कर संपादक की भूमिका में आते ही उसका रोना यह हो गया कि आह, मेरे मस्तिष्क में इतनी चीजें भरी पड़ी हैं—मुझे फुरसत नहीं मिलती कि मैं उन्हें कलमबंद करूँ।

वह पत्रकार के साथ संपादक बनने की यात्रा शुरू करने के बीच ही दर्जनों पुस्तकें लिख गया—सबकी पांडुलिपियाँ तैयार कर लीं। इसके बाद भी कम-से-कम पचास छोटे-बड़े स्केच, दो दर्जन कहानियाँ और एकांकी, एक दर्जन नाटक और आधे दर्जन उपन्यास उसके मस्तिष्क में खाँव-खाँव मचाए रहते।

उसने बड़े-बड़े पेचीदे वाक्यों से भागने की प्रैक्टिस की, बड़े-बड़े पैराग्राफ से भी। उसने एक शब्द का वाक्य लिखने को भी साधना शुरू किया! एक शब्द एक पूरे चित्र को दे सकता है, तो एक वाक्य का क्या काम?

संपादन के क्षेत्र में उतरने के पहले उसने लेखक बनने और खुद को फटाफट लिख सकनेवाले लेखक के तौर पर स्थापित करने का जतन किया, तो पाया कि उसके लेखन में एक पैराग्राफ की एक पंक्ति की भी भरमार है। उनकी जगह छोटे-छोटे शब्द, छोटे-छोटे वाक्य, छोटे-छोटे पैराग्राफ होते तो कितना बेहतर होता!—देखने में सुंदर, पढ़ने में आसान, समझने में कोई दिक्कत नहीं। नायिका के तीर जैसे छोटे, जो घाव लेकिन गंभीर करें। यही तो सफल पत्रकारिता का, उत्कृष्ट लेखन का, सर्वोत्तम संपादन का पहला और अंतिम पाठ है। उसे यही साधना है, उसकी महत्त्वाकांक्षा भी तो यही है—जमाना कहे, नायक के एकमात्र अधिकारी 'बिहारीलाल' नहीं थे, किसी जमाने में बिहार का कोई बेनीपुरी भी था!

उसने संपादक बनने के लिए अभ्यास शुरू किया लिखने से, अपने लेखन को माँजने से। इसके लिए वह खुद अपना पाठक बन गया—चीर-फाड़ कर मरीज की जान बचाने या तमाम कोशिशों के बावजूद मृत्यु को प्राप्त होनेवाले की पोस्टमार्टम रिपोर्ट तैयार करनेवाले, अंदर से संवेदनशील और ऊपर से कठोर नजर आनेवाले डॉक्टर जैसा!

वह सपने देखता। अपने हर सपने से इतना जाना कि पत्रकारिता उसका साध्य है और वह फिलहाल इतना अर्थ ही समझ पाया है कि वह उसके जैसे गरीब युवक के लिए संभव है। उसके घर-परिवार-समाज से अभी तक जो हासिल हुआ है—अभाव का दर्द, निर्धनता की चोट, चोट को बरदाश्त करने के लिए आँसू, आँसुओं के हर कतरे को ऊर्जा का कण बनाने का हौसला! बाढ़ जैसी आपदा में तिनके तक का सहारा न होने के बावजूद जान बचाने के लिए हाथ-पैर मारे, तो तैरना सीखा। तैरने में आनंद आने लगा,

तो यह समझ बनने लगी कि यह आनंद ही हर आपदा को परास्त करने का सबसे बड़ा साधन है!

जो अच्छा लिखते हैं, छपते हैं। वे छपते हैं, इसीलिए तो वह उन्हें पढ़ पाता है। उनमें से कुछ ऐसे लोगों को वह जानता है, जिनका लिखा छपा नहीं, छपता नहीं या कम छपता है। क्यों? क्या उनका लिखा 'अच्छा' नहीं है—छपने लायक चीज नहीं है? क्या वे लोग छपने के लिए नहीं लिखते? उसने उनको जितना पढ़ा उससे लगा कि उनकी चीज उपयोगी है—कलात्मक भी है, लेकिन कम छपते हैं। क्या वे छपने की इच्छा किए बिना लिखते हैं? क्या अच्छा लिखने की यह शर्त है कि कोई लेखक छपने की इच्छा न पाले? लेकिन तब वह लिखना भी कोई लिखना है, जो उपयोग में न आवे! छपे बिना वह चीज उपयोगी कैसे होगी? कई वाजिब सवाल हैं, जिनको वह ठीक से समझ नहीं पाया है, लेकिन दिमाग में नोट कर लिया कि इनका सही जवाब ढूँढ़ना है। कुछ ऐसे लोगों को भी उसने सुना, जो लिखते कम हैं, बोलते अधिक हैं और उससे ज्यादा छपते हैं। ऐसा क्यों? वह जानना चाहता है कि ऐसा क्यों होता है? लेकिन उसके लिए शायद पहले यह जानना जरूरी है कि ऐसा कैसे होता है?

वह लिखना सीख चुका है, लेकिन क्या वह ऐसा 'कुछ' लिख सकता है, जो छपने योग्य हो? यह उसने पहली बार तब जाना, जब उसकी एक कविता 'प्रताप' में छपी, लेकिन 'लेखन' को आजीविका बनाने की पहली शर्त तो यही है कि वह वही लिखे और ऐसा लिखे कि वह छपे! न छपने वाली चीज लिखने का मतलब है—ऐसा काम जिसका चाहकर भी दाम नहीं पाया सकता! ऊपर से समय बरबाद और मेहनत व्यर्थ।

तो उसे 'कलम' को 'साधन' बनाना होगा। कैसा साधन? कलम को 'कुल्हाड़ी' बनाना होगा?—कि सुबह से शाम तक जंगल से लकड़ी काटो, गट्ठर बनाओ और डिपो में जमा करो! तब मजदूरी मिलेगी?

पत्रकारिता को भैंस चराने के डंडा जैसा बनाया जाए तो? तब तो पत्रकार को 'चरवाहा' बनना होगा? गाय-बकरी-भैंस हाँकनेवाला? लेकिन इतने से काम नहीं चलनेवाला।

'कलम' को 'हल' बनाया जाए तो? तब पत्रकारिता माने किसानी होगी! हल से खेत जोतता किसान! न गरमी की परवाह, न जाड़े की चिंता। बारिश में भीगते हुए काम करो और इसके लिए 'भगवान्' से प्रार्थना करते रहो—हे प्रभु! सही सीजन में बारिश देना[1], नहीं तो सारी मेहनत बेकार जाएगी। अनुभव रोकता है—अपनी जमीन न हो तो केवल 'हल' हाथ में लेकर कोई व्यक्ति किसान कैसे हो सकता है? वह तो भूमिहीन मजदूर जैसा होगा, जो सिर्फ खेती का काम कर सकता है या फिर 'बटाईदार'! हाथ में जमीन हो, वह उस पर कुछ भी पैदा करने के लिए आजाद हो, तभी न! तब तो मुकम्मल

पत्रकारिता का माने हुआ कि वह पत्र-खेती का मालिक हो, पत्र-पैदावार का संपादक हो, पत्र-कार्य का मजदूर हो।

वह पत्रकार है और साहित्यकार भी बनना चाहता है। वह इस मत से अवगत है कि कोई भी लेखक साहित्यकार बन सकता है, लेकिन पत्रकार नहीं हो सकता! पत्रकार बनने के लिए पहली और आखिरी शर्त यह है कि वह लिखे, लिखता रहे! अनाज की खेती करनेवाले किसान की तरह अक्षर की खेती करे। शायद साहित्यकारिता की भी पहली शर्त यही होती है, लेकिन आखिरी शर्त नहीं! पत्रकारिता किसानी की तरह है। अपने या दूसरों के खेतों में की जानेवाली बटैयादारी या मजदूरी जैसी है, जिससे अपने व अपने परिवार के लिए दो वक्त की रोटी जुटती है। उसी से देश-समाज के लिए वह अनाज भी पैदा होता है, जिससे देश जिंदा रहता है, पलता है, लड़ता है, बढ़ता है। किसान यानी अपने या दूसरों की जमीन पर श्रम करनेवाला खेतिहर जानता है कि किस मौसम में किस वक्त, किस खेत में किस फसल के बीज बोने हैं? यही फर्क है पत्रकार लेखक और साहित्यकार लेखक में!

यही सब सोचते-विचारते उसने ठान लिया कि वह पहले पत्रकार बनेगा, संपादक बनेगा। फिर तो कहानीकार-उपन्यासकार, कुल खाकर लेखक बनकर जीने का रास्ता साफ होगा!

कॉमा-फुलस्टॉप बोले

उसने लिखने के समय शब्दों पर ध्यान देना छोड़ दिया। चित्र बनाने पर ध्यान दिया! शब्द वही लिये जो वास्तविकता को चित्र की तरह उकेरनेवाले लेखन में मददगार हों। फिर तो वह सपनों में देखे दृश्यों और चित्र-छवियों को शब्दों में उकेरने लगा—शब्द चित्र बनाने का अभ्यास करने लगा।

जैसे प्रसंग वैसे शब्द—ऐसे शब्द वही हो सकते हैं, जो अनायास आएँ। अनायास शब्द आएँ, इसके लिए दिल-दिमाग में स्थान गढ़ना पड़ता है। ऐसी जगह, जहाँ आजादी का, निडरता का बोध व्याप्त हो। जहाँ से सादगी की सुंदरता आमंत्रित करे, वहाँ ऐसे शब्द दौड़कर आएँगे, जिन्हें अपनी सरलता और साधारणता में असाधारण शक्ति होने का भरोसा हो। जहाँ 'जरूरत' की जरूरत होगी वहाँ 'आवश्यकता' झाँकने की गुस्ताखी नहीं करेगी और जहाँ 'आवश्यकता' की आवश्यकता है, वहाँ 'जरूरत' खुद दूर खड़ी हो जाएगी। उसने ऐसी ही मनःस्थल की खोज की।

वह आजादी के आंदोलन में शामिल हुआ। गांधी की आँधी में उड़ता हुआ इस गाँव से उस गाँव भटकता रहा। उसने देखे कई गाँव—गरीब, गँवार, भोले-भाले लोग—गांधी की बोली पर उठ खड़े हुए। उनकी वाचा फूटी और उसने जाना—अरे, ये शब्द!

अछूते, सूधे, सुथरे शब्द—कितनी जान है इनमें, कितना जोर है इनमें—ये कितने सुंदर हैं, कितने बलवान हैं! एक-एक शब्द एक पूरे चित्र का प्रतिनिधित्व करता है। एक-एक मुहावरा—एक पूरी दुनिया छिपी है इनमें।

उसने अब तक इसी में तो जिया किया है। जीवन को अब तक जाना-समझा इन्हीं गाँवों से। गाँव में पैदा हुए शब्दों से, पले-बढ़े मुहावरों से, लेकिन आश्चर्य है! उनको जीते-बरतते हुए वह उनके ही बल पर शहर आया पत्रकारिता करने, लेकिन अपनी ताकत आजमाने के वक्त ताकत के उसी स्रोत्र को बिसरा गया! समझ का यह झटका लगते ही उसके लेखन में अनायास आने को तत्पर-आतुर शब्दों के लिए स्थान पैदा हो गया। तब उसने तेजी से आगे बढ़ते हुए पीछे मुड़-मुड़कर देखना शुरू किया। अपने जीवन को, अपने गाँव को, अपने लोगों को देखने की कला और विज्ञान सीखा, इसका नियमित अभ्यास तेज किया और अंत:स्थल की पहचान पा ली। उसने भाषा को अखाड़ा बनाकर रखनेवाले यारों के पुराणों के पन्ने उलटने, कुरान की आयतें कोट करने की सीख त्यागी। तब से, वह जब लिखने बैठता, तो देखता—जैसे प्रसंग, वैसे शब्द चले आ रहे हैं। आजादी की मुसकान लिये, निर्भयता की ताकत लिये और सादगी की सुंदरता लिये। ऐसे में, कई बार बाहर खड़े कुछ शब्द मौन की भाषा में कहते—'मित्र, हम अंदर आने को तैयार हैं, लेकिन हमसे ज्यादा तुम्हारे अंतर का खाली स्थान बोलेगा—वह हमसे ज्यादा गहरे और गंभीर अर्थ उकेरेगा। अब जैसा तुम कहो, जो चाहो।' उसने उसी वक्त उन कादार शब्दों को सलाम किया, जो अनायास आए; लेकिन उसके आदेश की प्रतीक्षा में बाहर खड़े रह गए तब से उसे फुलस्टॉप और कॉमा भी बोलते-से लगे!

कॉमा और फुलस्टॉप भी बोल सकते हैं, तो यह कहना ही होगा न कि अगर नहीं बोलते तो उन्हें बोलना चाहिए। उसने सोचना शुरू किया—बोलने के समय जो काम हम चेहरे की भंगिमाओं से लेते हैं, वह काम हम लिखने के समय किसको दें—कॉमा-फुलस्टॉप चिह्नों के सिवा! हिंदी में इनकी संख्या सिर्फ पाँच-छह है, हास्य और विस्मय के लिए सिर्फ एक चिह्न—' !'। उनकी संख्या बढ़ानी होगी। है कि नहीं? यह उसके जैसे पत्रकार-लेखक को सोचना ही पड़ेगा। खैर, जब तक ऐसा नहीं होता, तब तक जो चिह्न हैं, उनका अलग-अलग प्रयोग तो होना चाहिए, अपनी विविध चीजों को चमकाने के लिए।

शब्दों में आवाज

वह संपादक बनने की तैयारी के क्रम में 'बगुला भगत' लिखने लगा। बच्चों के लिए पुस्तक। बिल्कुल जरूरी 'होमवर्क' जैसा। हिंदी पत्रकारिता और संपादन का अभ्यास यहाँ से शुरू किया जा सकता है। इस अभ्यास के लिए आकाश (स्पेस) भी खाली है और अवसर (स्कोप) भी भरपूर है।

करीब 30 पेज लंबी कहानी लिखी, बाल उपन्यास जैसी। मूल कहानी बचपन में सुनी थी। लोककथा—अत्याचारी बगुला से मछलियों की मुक्ति की कहानी।

कहानी में घटना है, क्लाइमेक्स है। लिखते वक्त दिल-दिमाग में यह आवाज गूँजती रही कि बचपन में उस कहानी को सुनने में बहुत मजा आया था। लिखने के पहले कई दिन उसने उस कहानी को अपने शब्दों में मन-ही-मन गुना तो लगा उतना 'मजा' नहीं आ रहा। बचपन में तीस मिनट की उस कहानी को करीब तीन घंटे तक सुना किया, लेकिन क्षण भर के लिए भी उसका आनंद कम नहीं हुआ था। जब तक नींद की परियाँ उसकी पलकों को अपने पंखों से मूँदने नहीं आईं, तब तक सुनानेवाले के आवाज-अंदाज का यह असर था कि अंत-अंत तक वह पूछता रहा—'अच्छा! तो आगे क्या हुआ?'

वही कहानी अब लिखने बैठा है, तो उसे शब्द और शैली ही से सुनानेवाले के आवाज-अंदाज जैसा असर पैदा करना होगा! इसके सिवा विकल्प क्या है? शब्द-शिल्प-शैली—यही साधन हैं। सीमित साधन। इन्हें अपर्याप्त मानकर बैठे तो कहानी नहीं लिखी जा सकती। लिखना है तो इनमें निहित संभावना तलाशनी होगी। बड़े और महान् लेखकों-कथाकारों ने यही किया होगा—तभी तो वे बड़े और महान् कहे जाते हैं।

तो यही सही! वह चिर परिचित कहानियों की संरचना बदलकर देखेगा। रोचक और मनोरंजक हुई तो ठीक, नहीं तो उसमें कुछ दिलचस्प घटनाएँ जोड़कर पुरानी कथा का नया पाठ तैयार करेगा। ऐसा पाठ कि लोगों को लगे कि यह उसकी मौलिक कृति है।

सो, उसने यूँ लिखना शुरू किया—"बैसाख का महीना था। गाँव के पोखरे का पानी प्रायः सूख गया था। एक छोटे-से गड़हे में कुछ पानी बच गया था। उसी में पोखरे की सभी मछलियाँ इकट्ठी हो गई थीं। हमारे बगुला भगत की पाँचों अंगुलियाँ घी में थीं—खूब गुलछर्रे उड़ा रहे थे। अधिक पानी रहने पर मछलियाँ उनके पंजे में जल्दी नहीं आती थीं। जब तक वह चोंच चलाते, तब तक वे निकल भागती थीं। इस प्रकार उनके राग-भोग में बड़ी कठिनाई थी। किंतु आज-कल बैसाख में पौ बारह है! अब मछलियाँ जातीं कहाँ? अब तो पोखरे में दौड़-धूप करने या निकल भागने की जगह नहीं! एक छोटा सा गड़हा और उसी में पोखरे-भर की मछलियाँ।

"साँझ हो गई थी। उधर सूरज दिनभर की थकावट से अपना मुँह लाल किए धीरे-धीरे पच्छिम को जा रहे थे, इधर भगतजी आनंद से अपने उजले पंखों को फुलाए, पेट की ओर गर्व से देखते, अपने खोते की ओर पैर बढ़ाने की फिक्र में थे।

"प्रतिदिन की संहार-लीला से मछलियों के बीच तहलका मच गया। अपनी रक्षा कैसे की जाए—उन्हें तनिक भी नहीं सूझता! सभी के मुँह पर हवाइयाँ उड़ रही थीं। सबके हृदय से यही आह-भरी आवाज आती थी—ओ भगवान्! इस दुष्ट से पिंड छुड़ाओ।"

इतना लिखते-लिखते उसे बचपन में बड़े-बूढ़ों की जुबानी सुनी आवाज याद आई।

इस आवाज के अंदाज को लेखन में कैसे उतारे? इसके बिना कहानी कहानी कैसी? बच्चे कहानी को तभी पढ़ेंगे, जब उनको उससे सुनने का मजा मिले!

वह सुनाने के अंदाज में लिखने लगा—''प्यारे बालको, तुमने मछलियाँ देखी हैं? किसी गहड़े या पोखरे में जाकर देखो। अहा! यह पोठिया है। है तो बहुत छोटी, पर कितनी सुंदर है! छोटी-छोटी रंगीन आँखें—समूचे शरीर पर मानो हीरे की कनी जड़ी हो! चंचलता तो इसके अंग-अंग में कूट-कूटकर भरी है। कैसी चुलबुली है! इधर से उधर दौड़ लगा रही है—एक क्षण भी किसी जगह ठहरना मुश्किल।

''जो चंचल होता है, उसकी बुद्धि भी तेज होती है। तुम्हारा सहपाठी 'ढुनमुन' खेलता-कूदता हुआ भी नित्य गुरुजी को पाठ सुना देता है, और वह 'बुद्धू' दिनभर रटते रहने पर भी सदा पाठ न सुनाने के लिए पीटा जाता है! है न?

''चंचल पोठिया को बगुला भगत से बचने की युक्ति सूझ गई। उसने देखा, सबकी अक्ल चकरा गई है; अब अधिक विलंब न करना चाहिए। इसके अलावा, अपने चंचल स्वभाव के कारण, उसी की जाति को अधिक हानि उठानी पड़ती है—दौड़ती-फिरती जहाँ बगुले के निकट पहुँची कि उसका शिकार बनी! सो, वह मछलियों के राजा के पास इस विषय में राय करने को चली।

''महाराज 'रोहू' सेवार के सिंहासन पर बैठे थे। बाईं ओर उनकी प्रियतमा महारानी 'बोआरी देवी' विराज रही थीं—बगल में 'टेंगड़े' अपने काँटे-रूपी भालों को तिरछा किए खड़े थे—रानी की ओर 'सिंघी' बर्छी ताने खड़ी थी। पीछे 'बामी' अपनी पीठ पर तीर-कमान बाँधे, वीर-वेश में खड़ी चँवर डुला रही थी। 'नयनी' अपने नयनों को मटका-मटकाकर, अजीब ढंग से नाचती-गाती हुई, सभासदों को मोहित कर रही थी—सामने मंत्री 'सौरा' जी बैठे कभी अपने विशाल राज्य के कागज-पत्रों को उलटते थे, और कभी राजा के मुख की ओर देख बिना बुलाए ही 'हाँ हजूर', 'जी हजूर' कर रहे थे—मंत्रीजी के बाद पृथ्वी में सुरंग लगाकर शत्रुओं का संहार करनेवाले सेनापति सरदार 'गैचा' सिंहजी हवाई जहाज पर चढ़कर आकाश के शत्रुओं को गर्द में मिलानेवाले मिस्टर 'फ्रलायार' (जो समुद्र में ही रहा करते थे, किंतु रोहू महाराज ने मोटा दरमाहा तय करके इन्हें बुला लिया था), और समय पड़ने पर पृथ्वी में भी मोरचा लेनेवाले मियाँ 'कोबई' खाँ अभिमान में फूले हुए बैठे थे। इन सबके पीछे 'दरही, कतरी, गरई, मगुरी' आदि महिलाएँ तथा 'हिल्सा, कोतरा, बुल्ला, लटवा' आदि पुरुष-सभासद के रूप में बैठे, राजा के मुख की ओर एकटक निहार रहे थे।

''पोठिया ने कहा—महाराज, यदि केवल मुझ पर ही बिपत होती, तो मैं श्रीमान् को कभी कष्ट न देती—न आज फरियाद करती—जिस प्रकार होता, सह लेती। किंतु देखती हूँ कि समस्त मत्स्य-समाज पर आफत आ पड़ी है। धर्मावतार बगुला भगतजी ने

इस समय जैसा उपद्रव मचा रखा है, उसे देखते हुए तो यही समझ पड़ता है कि श्रीमान् अगर शीघ्र कोई उचित प्रबंध न करेंगे, तो मछलियों का यह विशाल राज्य मरघट में बदल जाएगा और एक भी मछली दुनिया में कहीं नजर न आएगी। देखिए, वह दुष्ट प्रतिदिन इस गहड़े में आता है और भरपेट मछलियाँ खाकर ऐंठता-इठलाता चला जाता है। कोई भी उसकी नकेल थामनेवाला नहीं है!

''रोहू महाराज ने कहा—तो बेटी! इस दुष्ट से छुटकारा पाने के लिए तुम कौन सा उपाय सोचती हो? तुम्हारी बुद्धि तो तेज ठहरी। अवश्य कोई प्रबंध तुमने ठीक किया ही होगा।

''पोठिया ने कहा—महाराज, मेरी बुद्धि की बड़ाई कर मुझे लाज में न डालिए। मैं किस योग्य ठहरी? किंतु बगुला भगत से बचने के लिए कोई उपाय तो सोचना ही होगा। यह काम कुछ कठिन है। मेरे विचार से इस विषय में किसी एक की राय अधिक काम की न होगी। इसलिए मैं सोचती हूँ कि कल सभी जलचरों की एक सभा की जाए। उसमें कोई एक राय ठीक कर ली जाए; क्योंकि 'पाँच-सात मिल कीजै काज, हारे-जीते न कुछ लाज'। हाँ, उस सभा के सभापति 'श्रीयुत, केंकड़ा चौबे' को बनाइए।

''केंकड़े का नाम सुनकर सभी सभासद आँख-भौं चमकाने लगे। यहाँ तक कि महाराज रोहू के मुख का रंग भी उतर चला। पोठिया ताड़ गई। बोली—"महाराज! श्रीमान् के अछत ही मैंने केंकड़ा चौबे को सभापति का आसन देने को क्यों कहा है, इसका रहस्य पीछे मालूम होगा। श्रीमान् महान् वीर हैं, पराक्रमी हैं, साहसी हैं, सबकुछ हैं; किंतु सब आदमी सब काम नहीं कर सकते। यदि बगुला भगत को राह पर लाने और हम लोगों को इस विपद् से उबारने की शक्ति किसी में है, तो केवल 'केंकड़ा चौबे' में ही। मैं विशेष कुछ न कहूँगी। मुझ ऐसी दुलारी लड़की का यह अनुरोध, अपनी जाति की भलाई पर बहुत दूर तक विचार करके, श्रीमान् अवश्य स्वीकार करें, यही विनय है।''

''राजा राजी हो गए। फिर दूसरा कौन चीं-चपड़ करता?''

इतना लिखते-लिखते कहानी सध गई। उसे गांधीजी के असहयोग आंदोलन के कई दृश्य याद आ गए—आमसभा, जुलूस, प्रदर्शन, प्रस्ताव पर बहस, कार्यक्रम के अनुशासन एवं तरीकों पर बाताबाती, मान-मनौवल…!

यही तो लिखना है। यूँ लिखना है कि बच्चों को लगे, दिमाग में जानकारियों के जोड़-घटाव, तिथियाँ और विज्ञान के फॉरमूले भरने के लिए वे जंगलों और खेतों में घूम रहे हैं। पेड़ों और खंभों में धक्के दे रहे हैं, उनके रहस्य समझ रहे हैं, कुश्ती, गुल्ली-डंडा, गेंद-गेंद खेलते-खेलते अपने पुट्ठों में रस आने का अनुभव कर रहे हैं, खाली पीठ घोड़े पर उछलकर चढ़ रहे हैं, बंसी और जाल लेकर मछली मार रहे हैं…।

बचपन के सामूहिक खेल और जवानी के जनसंघर्ष में प्रथम भागीदारी के घुले-

मिले अनुभव कहानी की रवानी बनकर कागज पर उतरने लगे—"पोठिया ने इस सभा को सफल बनाने के लिए कुछ भी उठा न रखा।"

"घोंघा, मेंढक, केंकड़ा, कछुआ—कोई भी ऐसा जलचर न बचा, जिसे निमत्रंण न दिया गया हो। मछलियों की तो यह सभा ही ठहरी। सभा-स्थान पर पुरइन के पत्तों का एक विशाल शामियाना ताना गया। नीचे नीली-हरी काई का मखमली फर्श बिछा था। शामियाने के चारों तरफ कुंभी के बंदनवार लटक रहे थे। जगह-जगह 'सभी जलचर मिल जाओ'—'बगुला भगत का नाश करो'—'मेल में ही बल है'—'दुष्टों का नाश करना परम धर्म है' आदि-आदि सुंदर-सुंदर उक्तियाँ टँगी हुई थीं। सभा-मंडप के सामने मोटे-मोटे अक्षरों में 'प्रथम जलचर महासम्मेलन' लिखा हुआ था। सभापति के बैठने के लिए एक ऊँची 'कोकरौल' रखी थी। भिन्न-भिन्न जातियों के बैठने के लिए अलग-अलग विभाग बना दिए गए थे, जिससे प्रबंध में कोई गड़बड़ न हो!

"नियत समय पर प्रतिनिधि लोग सभा में पधारने लगे। सभी अपने अलग-अलग विभाग में बैठते—अर्थात् मेंढकों के विभाग में केवल मेंढक-ही-मेंढक, और घोंघों के विभाग में केवल घोंघे-ही-घोंघे। इस ढंग से कछुओं, और मछलियों आदि के बैठ जाने पर जो विचित्र दृश्य जुटा, वह लेखनी से वर्णन नहीं किया जा सकता। प्रतिनिधियों और दर्शकों के मारे कहीं तिल धरने की जगह भी न रह गई थी। ठीक तेरह बजकर तिरसठ मिनट तिरानबे सेकंड पर, कछुए की पीठ पर चढ़े, अभिमान में फूले, सभापति पधारे। सभी ने खड़े होकर उनका स्वागत किया। स्वागत-समिति के अध्यक्ष महाराज रोहूजी की आज्ञा लेकर मंत्री 'सौरा' जी ने श्रीमती पोठिया देवी को कार्य आरंभ करने का निर्देश दिया। सबसे पहले संगीताचार्य श्री मेंढकजी खड़े होकर मृदंग बजाने और अपनी सुरीली आवाज में स्वागत-गीत गाने लगे—

टर्र! टर्र! टर्र!
आओ-आओ जलचर भाई।
हिलें-मिलें सब फूट बिहाई।
दुश्मन-मुँह पर उड़े हवाई।
टर्र! टर्र! टर्र!
यह बगुला जो भगत बना है।
रूप श्वेत मन श्याम घना है।
बिना हटाए चैन मना है।
टर्र! टर्र! टर्र!

"एक तो पोठिया देवी की बनाई हुई यह अपूर्व कविता, उस पर मेंढकजी का अलौकिक स्वर। सभी श्रोता मस्त हुए। बीच-बीच में तालियों की गड़गड़ाहट से पुरइन

का शामियाना फटने-फटने को हो जाता था। इसके बाद, स्वागत समिति के अध्यक्ष 'रोहू महाराज' का भाषण आरंभ हुआ—"प्यारे जलचर भाइयो, आज आपका स्वागत करते मुझे अपार हर्ष होता है। कारण यह है कि हमारी जाति दुनिया की सबसे प्राचीन जाति है। आप जानते हैं कि पृथ्वी पर चलने-फिरनेवाली एक मनुष्य नामधारी जाति है। उसके इतिहास से भी पता चलता है कि जिस समय महाप्रलय होती है, उस समय सारे संसार में केवल जल-ही-जल रह जाता है और मेरा विचार है कि अगर केवल जल-ही-जल रह जाता है, तो जहाँ जल होगा, वहाँ हम लोग भी अवश्य होंगे।

"इस तरह से देखिए तो जिस समय मनुष्य पशु, पक्षी, पेड़, पहाड़ आदि कोई नहीं थे, उस समय भी हमारी जाति मौजूद थी। यही नहीं, मेरा खयाल है कि हमारी जाति से ही संसार के सभी प्राणियों की उत्पत्ति हुई है। देखिए, मनुष्य-जाति के एक साहब ने साबित किया है कि बंदरों से ही मनुष्य की उत्पत्ति हुई है—प्रकृति की लीला से बंदर की पूँछ घिसते-घिसते साफ हो गई, शरीर के रोएँ गिर पड़े, वह मनुष्य बन गया। इस पर मेरा यह कहना कि अगर ध्यान से देखिए, तो यह साफ पता चल जाएगा कि बंदरों की उत्पत्ति हमारी ही जाति के एक जीव 'मेंढक' से—जिनका अद्भुत गान आप भी सुन चुके हैं—हुई है। बंदरों और मेंढकों की देह की बनावट देखने से कोई भी इसे अस्वीकार नहीं कर सकता। रह गई पूँछ और रोएँ नष्ट की बात। तो, जिस तरह प्रकृति की लीला से बंदर की पूँछ और रोएँ नष्ट हो जाने से वह मनुष्य बन सकता है, उसी तरह मेंढक की पूँछ और रोएँ भी हो सकते हैं, और वह बंदर बन सकता है। मेंढकों के बच्चों को तो अभी तक पूँछ होती ही है!

"तो पृथ्वी के सबसे सभ्य जीव मनुष्य की उत्पत्ति के आदि कारण भी हमीं लोग हैं। यदि खोज की जाए, तो आप देखेंगे कि दुनिया के सभी जीवों की उत्पत्ति हमीं लोगों से है, और जलचर-जाति ही थलचरों की जननी है और तो और, जिस विष्णु की पूजा सभी मनुष्य करते हैं, और जो प्रलय के बाद भी जीते रहते हैं—वह भी जलचर ही हैं। इसके अतिरिक्त, ईश्वर का पहला और दूसरा अवतार भी जलचर योनि ही में हुए थे। मच्छ-कच्छ अवतारों को आप लोग जानते ही हैं। भला जिस जाति में सबसे पहले जन्म लेने के लिए एक बार नहीं, दो-दो बार ईश्वर की अभिलाषा होती हो, उसके गौरव का क्या वर्णन?"

'बगुला भगत' में उसके अपने विचार, भावनाएँ और अनुभूतियाँ साकार होने लगीं, तो और भी विचित्र घटना घटित होने लगी। पुरानी लोककथा के अधिकांश भाग छूट गए। उसका ध्यान उसी ओर केंद्रित हो गया जिसके द्वारा उसके विचार, भावना या अनुभूति अधिक-से-अधिक विकास पा रहे थे। उसने जान लिया कि यहाँ पहुँचकर वह सर्वतंत्र स्वतंत्र हो गया है। पात्रों के चरित्र और कथा के विकास को वह जैसा चाहे,

रूप दे सकता है। यह उसके अनुभवों की व्यापकता और कल्पना-शक्ति की उर्वरता पर निर्भर है। अब पुरानी लोककथा उसके मस्तिष्क के भंडार की कथा-वस्तु मात्र बन गई। वह मस्तिष्क में भिन्न-भिन्न कल्पना-मूर्तियों के रूप में संग्रहीत कितने ही अनुभवों को कथा-वस्तु के जाने-अनजाने पात्र-पात्रियों में पिरोकर अपनी मनमानी कथा की सृष्टि करने लगा।

'बगुला भगत' का क्लाइमेक्स लिखने में तो उसे इतना मजा आया कि उसने अंत में कहानी के सबक को भी तुकबंदी में प्रस्तुत कर दिया। वह भी इस तरह कि वह बच्चों को कतई उपदेश पिलाने जैसा न लगे; उसकी पात्र-पात्रियाँ या उसकी कथा बालपाठकों के हृदयों को निरंतर अभिभूत करती रहे—

"भगत का भंडा फूटा!
फूटा हो फूटा!
बगुला भगत चले थे बनने हंसों का सरदार।
किंतु खुल गई उनकी कलई हुए लोग हुशियार॥
सबने मिलकर उनको कूटा!
कूटा हो कूटा!
भगत का भंडा फूटा!!
रूप-रंग से क्या होता है, अगर नहीं गुण होवे।
जो दूजों को ठगना चाहता, एक दिन वह खुद रोवे॥
सुफल न फलता छल का बूटा।
बूटा हो बूटा!
भगत का भंडा फूटा!!
मान चाहते हो तो विद्या सीखो, गुण उपजाओ।
छल छोड़ो, कुकरम से भागो, सज्जनता दिखलाओ॥
प्रेम का धागा कभी न टूटा।
टूटा हो टूटा॥
भ-ग-त-का-भं-डा-फूटा!!!"

'बालक' का संपादक बनने का मुहूर्त तय होने के पहले ही 'बगुला भगत' कहानी पुस्तक रूप में छप गई। पत्र-पत्रिकाओं में समीक्षा छपी—'पुस्तक मनोरंजक है, उपदेशप्रद भी है। इसे पढ़कर बच्चे हँसते-हँसते लोट-पोट हो जाएँगे।' यानी बचपन के उसके छोटे-छोटे अनुभव बड़े काम के साबित हुए!

समीक्षाएँ पढ़ीं तो वे दंश भी याद बनकर आनंद देने लगे, जो कथा-रचना के वक्त

पीड़ा देते थे! लिखते वक्त उसको हृदय और मस्तिष्क के कितने आलोड़नों से गुजरना पड़ा; पग-पग पर कैसी-कैसी कठिनाइयों का सामना करना पड़ा! वह उस वक्त 'उफ्-उफ्' करने लगता था, आह भरने लगता था, लेकिन अब? वह चहकने लगा—अहा, अहा! (1925 से 1950 : यह तथ्य हिंदी जगत् में रेखांकित हुआ कि रामवृक्ष बेनीपुरी हिंदी बाल-साहित्य के एकमात्र ऐसे लेखक हैं, जिन्होंने योजनाबद्ध तरीके से बड़े पैमाने पर बाल साहित्य लिखा और तो और, बाल साहित्य में रवींद्रनाथ ठाकुर को छोड़कर किसी भी दूसरे भारतीय लेखक के बाल साहित्य में इतनी विविधता नहीं है)।

लेखन के स्टेप्स

उसने संपादक बनने की तैयारी शुरू की। पत्रकारिता सीखने-सिखाने का न कोई स्कूल, न कॉलेज और न गुरुकुल। तो क्या हुआ? वह खुद अपना गुरु बनेगा एकलव्य जैसा।

उसने योजना बनाई। लेखन के 'स्टेप्स' तय किए। पहले बाल-कथाएँ, फिर महापुरुषों की जीवनियाँ, फिर बच्चों को प्रेरित करनेवाली साहस कथाएँ और फिर विज्ञान के क्षेत्र की नई से नई जानकारियाँ।

इसके लिए उसने पहले लिखने के लिए कुछ पुरानी कथाएँ चुनीं। कुछ पुरानी कथाओं और लोककथाओं को लेकर नया पाठ तैयार करने की कोशिश की। लेना सहल लगा, किंतु पहली कहानी का नया पाठ लिखते-लिखते ही उसने जान लिया कि कला के चक्के पर चढ़ने पर उसका रूप आगे चलकर क्या होगा, वह उस पर निर्भर नहीं। रचना की प्रक्रिया में ऐसी-ऐसी बातें आ गईं, जिनकी उसने पहले कल्पना भी नहीं की थी!

खैर, वह समझ गया कि अपने लेखन के मकसद के प्रति स्पष्ट रहना है तो पुरानी कथाओं को नया रूप देते समय कुछ खास बातों पर ध्यान देना होगा, यानी सबसे पहले उस समय की सामाजिक प्रवृत्तियों का गहरा अध्ययन करना है। कथा से संबद्ध ग्रंथों का अनुशीलन और स्थानों का निरीक्षण करने के बाद ही तत्संबंधी रचना की ओर प्रवृत्त होना है। ऐतिहासिक घटनाओं के लिए तो उनके मूल पर गहराई से विचार करना है।

उसने देखा, लिखित या अलिखित आख्यायिकाएँ कथा-वस्तु का ऐसा भंडार हैं, जो लोगों में प्रचलित तो हैं, किंतु उन्हें अब तक साहित्य में स्थान पाने का सौभाग्य नहीं प्राप्त हुआ। ऐसी आख्यायिकाओं को नए रूप देने के लिए वह स्वतंत्र है, किंतु अकसर एक विकट प्रश्न सामने आ जाता है—उनमें वह किस हद तक परिवर्तन या परिवर्तन कर सकता है?

आलोचकों का एक दल झट हाथ पकड़ लेगा और कहेगा—बस यहीं तक, इसके आगे नहीं। यह पात्र या पात्री या उसकी कथा इसी रूप में चली आई है, अक्षरों में आकर वह अक्षरता प्राप्त कर चुकी है। तुम कौन होते हो कि इसमें परिवर्तन या परिवर्तन

करो? लेकिन संसार के बड़े-बड़े साहित्य-स्रष्टाओं ने तो पुरानी लिखित-अलिखित आख्यायिकाओं को लिया और उनका मनमाने ढंग से परिवर्तन और परिवर्तन किया! इन परिवर्तनों और परिवर्तनों के कारण ही तो वे आख्यायिकाएँ और उनके पात्र आज भी अमर हैं, लोगों के हृदयों और जिह्वाओं पर हैं!

'महाभारत', 'रामायण' और 'श्रीमद्भगवद्गीता' से हमारे साहित्य-स्रष्टाओं ने कथाएँ लीं, जबकि इन तीनों ग्रंथों के साथ धार्मिक भावना जुड़ी है और इनके कितने ही पात्र देवत्व और ईश्वरत्व तक प्राप्त कर चुके हैं।

'महाभारत' में शकुंतला का उपाख्यान है। सीधी-सादी कथा। दुष्यंत नामक राजा शिकार को जाता है, मुनि कण्व के आश्रय में पहुँचता है, शकुंतला उसकी अभ्यर्थना करती है। दोनों में गांधर्व विवाह होता है, राजा राजधानी को लौटता है। कण्व जब आश्रम में आते हैं, यह समाचार सुनकर प्रसन्न होते हैं। कालांतर में कण्व के आश्रय में ही भरत का जन्म होता है, फिर कण्व पुत्र सहित शकुंतला को राजा के पास भेजते हैं। राजा कुछ हिचकता है, किंतु पुरोहित के विश्वास दिलाने पर सपुत्र शकुंतला को सादर ग्रहण करता है। यही न कुल कहानी है?

लेकिन कहाँ यह सीधी-सादी कथा और कहाँ कालिदास का 'अभिज्ञानशाकुन्तलम्'! इस सीधी-सादी कथा में न सखियाँ हैं, न दुर्वासा हैं, न अँगूठी है, न मछली है, न राजा की विस्मृति है, न कण्व के आश्रम में भरत का जन्म है, न उसका सिंह-शावकों से खिलवाड़ है! क्या 'महाभारत' की इस कथा को ज्यों-का-त्यों लेकर कालिदास उस साहित्यिक कृति का निर्माण कर पाते, जिसे अनुवाद रूप में देखकर गेटे चिल्ला उठा था—'अद्भुत, परम अद्भुत!'

वाल्मीकि की 'रामायण' और तुलसी के 'मानस' में भी तो अंतर है! कथा के जिन-जिन स्थलों के कारण मानस मानस है, वे सब तुलसी के कौशल हैं। जनकपुर की पुष्पवाटिका में राम-सीता की झाँकी का जो वर्णन तुलसीदास ने किया है, उसकी चर्चा भी 'वाल्मीकि रामायण' में नहीं है और यदि एक इसी प्रसंग को हटा दीजिए, तो 'मानस' कितना छूँछा लगे। फिर उसी 'रामायण' से एक प्रसंग लेकर माइकेल मधुसूदन ने 'मेघनाद वध' की सृष्टि की!

जाहिर है, पुरानी कथाओं को नए रूप में देने में ही नहीं, उनके प्रमुख पात्रों के चरित्र को नए साँचे में ढाल देने में भी साहित्यकार को स्वतंत्रता प्राप्त है। यही हाल 'श्रीमद्भगवत' का है। वहाँ राधा नाम की एक गोपिका की चर्चा तो आई है, किंतु उस राधा को लेकर एक बिल्कुल नवीन चरित का निर्माण तो बाद के साहित्यकारों ने किया और हमारे सूर ने बालगोपाल की जो छवि आँकी, वह तो उस अंधे की ही अपनी सूझ-बूझ है!

हाँ, कुछ आलोचक कहते हैं, पौराणिक कहानियों में तो इन बातों के लिए गुंजाइश की जा सकती है, किंतु जब तुम ऐतिहासिक पात्रों को लो, तब तुम्हें अपने को इतिहास की लक्ष्मण-रेखा के भीतर ही रखना होगा।

अब इसका क्या मतलब? क्या यह कि पुराणों के चरित्रों को तुम भ्रष्ट कर सकते हो? भ्रष्ट भी कर लो, जो देवत्व तक प्राप्त कर चुके हैं, या ईश्वरत्व की भी जिनमें कल्पना की जा चुकी है; किंतु इतिहास के उन पात्रों को मत छुओ जो मानवमात्र थे, और वीर या प्रेमी के रूप में जिनके चरित्र का एक छोटा-सा भाग ही संसार के सामने आ सका, अधिकांश भाग परदे के भीतर ही सड़-गल गया?

कैसी बेमतलब की बात! नहीं-नहीं, यह निर्विवाद है कि वाल्मीकि के राम से ही तुलसी को संतोष होता तो वह उस राम को नए रूप में नहीं गढ़ते, जिसके चलते उनकी राम-कथा ने नया रूप धारण कर लिया और उसी राम-कथा में उर्मिला के अस्तित्व का अभाव इतना खटका कि मैथिलीशरण गुप्तजी ने 'साकेत' की रचना कर दी!

हाँ, तकनीक अलग हो, तो उसकी अलग कठिनाइयाँ भी हैं। शकुंतला पर आख्यान लिखना एक बात है और नाटक या काव्य लिखना बिल्कुल दूसरी बात। तीनों की शकुंतला तीन रूप की हो जाएगी। कालिदास ने नाटक नहीं लिखकर शकुंतला पर काव्य लिखा होता, तो वह शकुंतला निस्संदेह किसी दूसरी रूपरेखा की होती! फिर युग का प्रभाव भी लेखक पर पड़ता ही है। यदि कालिदास फिर अवतार लें, इस युग के वातावरण में पलें और फिर से शकुंतला लिखने लगें, तो वह शकुंतला तीसरी ही शकुंतला होगी!

'बालक' के संपादन की नौकरी में लगने के पहले ही उसने तय कर लिया—वह पत्रकारिता सहित साहित्यकारिता को बहुरंगी बनाएगा, सतरंगी बनाएगा, और उन रंगों के लिए जन-जीवन में प्रवेश करेगा। जैसे अजंता की अपूर्व चित्रकारी के लिए उसके कलाकारों ने उसी के आस-पास की मिट्टी से, पत्थर से, पेड़ों की जड़ से, छाल से, पौधों की पत्तियों से, फूलों से रंग संचित किए, उसी तरह! तभी वह पत्रकारिता की नौकरी में गुलामी बरतने भर की आजादी में घुटकर जीने की पीड़ा से मुक्त रह पाएगा और देश की आजादी के लिए जारी संघर्ष में शामिल रहने के साथ-साथ पत्रकारिता की आजादी के रास्तों की तलाश जारी रख सकेगा।

पत्रकारिता का मॉडल

बाहर अँधेरा है, राह धुँधली है। फिर भी उसने यात्रा की तैयारी कर ली। पत्रकारिता का पड़ाव (नौकरी) छोड़, पत्रकारिता की मंजिल (उद्यम) की ओर जाना है। उसने पत्रकारिता के उद्यम का एक 'आदर्श मॉडल'—ब्लू प्रिंट—तैयार किया।

'अपनी कलम के द्वारा बारह बीघे जमीन खरीदूँगा। दस बीघे जमीन में 'खेती-

बारी' करूँगा। दो बीघे जमीन में फलवाड़ी लगाऊँगा। फलवाड़ी के भीतर साहित्याश्रम की स्थापना करूँगा। साहित्याश्रम में एक सुंदर पुस्तकालय रहेगा जिसमें विश्व साहित्य के अनमोल ग्रंथ रहेंगे। साहित्याश्रम में एक प्रेस भी होगा जिससे छपकर 'परिवार' नामक मासिक पत्र निकलेगा।

'साहित्याश्रम में पूरा साम्यवादी बरताव रहेगा। सभी जी भरकर काम करेंगे। जो कुछ आय होगी, सभी मिल-जुलकर खाएँगे। साहित्याश्रम मेरी निजी संपत्ति नहीं समझा जाएगा, वरन् वह एक सार्वजनिक संस्था होगा।

'साहित्याश्रम से जो सचित्र मासिक पत्र निकलेगा उसमें खासकर ऐसी ही बातें होंगी, जिनसे देहात के लोगों के जीवन में आनंद की वृद्धि हो।

''परिवार' ऐसा निकाला जाएगा कि प्रत्येक परिवार में उसका खरीदा जाना आवश्यक समझा जाए। घरेलू सुखों की वृद्धि उसका खास लक्ष्य होगा।'

साहित्याश्रम के चल निकलने पर स्टैंडर्ड लिटरेरी सोसाइटी के ढंग से प्रकाशन होगा। पहले 'संसार का इतिहास' पच्चीस भागों में निकलेगा। फिर 'संसार के लेखक' तथा 'संसार के जीव-जंतु' आदि पुस्तकें निकलेंगी।

''परिवार' के बाद साहित्याश्रम की नींव मजबूत हो जाने पर एक 'देहाती' नामक सचित्र साप्ताहिक भी निकाला जाएगा···।'

वह मन-ही-मन प्रार्थना करता है—'भगवान्, मुझमें इतना बल दे कि अपने उपर्युक्त आदर्श को कार्यरूप में परिणत कर सकूँ।'

□

‘युवक’ रामवृक्ष

ढाक के तीन पात

‘कलकता कांग्रेस’ अधिवेशन की घोषणा होते ही निश्चय किया कि इसी अवसर पर ‘युवक’ पत्रिका का पहला अंक निकाला जाए। सोचा, यदि किसी तरह एक अंक निकाल लिया जाए, तो फिर तो पैसे बरसने लगेंगे। एक अंक के लिए मित्र गंगाशरण ने जैसे-तैसे पैसे जुटाए। वह पैसा उन्होंने अपने घर से जुटाया। हालाँकि तब वह अपने घर के मालिक नहीं थे।

रुपयों को लेकर रामवृक्ष और गंगाशरण कलकत्ता पहुँचे। ‘युवक’ के प्रथम अंक की पूरी सामग्री भी साथ थी। एक प्रेस में एडवांस दिया। कलकत्ता में कांग्रेस अधिवेशन बस शुरू होने ही वाला था। दोनों ने सोचा—दो-चार सौ प्रतियाँ तो वहीं बेच लेंगे। उससे प्रेस का बाकी पैसा चुकता कर देंगे। पत्र छपा और वे ललकते हुए प्रेस गए, किंतु प्रेस के ‘देशसेवी’ संचालक ने बड़ी मिठास से कहा—“बिना पूरी रकम चुकाए कुछ भी प्रतियाँ देने में हम असमर्थ हैं।” आरजू-मिन्नत, वादे-जमानत। किंतु कोई सुनवाई नहीं!

दोनों मित्र कलकत्ता के मैदान में आमने-सामने दो बेंचों पर उदास, विषण्ण, भूखे-रूखे-सूखे औंधे पड़ गए! हाय रे, यह क्या! सामने कांग्रेस अधिवेशन की हलचल बुलंदी पर है! पं. मोतीलाल नेहरू का शानदार जुलूस निकला, सुभाष बोस स्वयंसेवकों के कप्तान के रूप में बिल्कुल सेनानायक नजर आ रहे हैं।[1] नारे लग रहे हैं, झंडे फहर रहे हैं! चारों ओर जिंदगी ही जिंदगी! वहीं बेंच पर पड़े-पड़े दोनों चुप! दिल में हूक-सी उठी। रह-रहकर आँखों के सामने ‘युवक’ का शानदार मुखपृष्ठ झिलमिलाने लगा। बे-लगाम के बछेड़े पर बेजीन के ही चढ़ने को आतुर, अस्त-व्यस्त बालोंवाला उभरे पुट्ठों का वह युवक! वह हार मान जाएगा? मुखपृष्ठ पर अंकित है—‘शक्ति, साहस और साधना’ का मासिक। शक्ति हार मानती है? साहस हार मानता है? साधना हार मानती है?

नहीं-नहीं! अंदर से आवाज आई! हम डिगनेवाले, पीछे हटनेवाले लोग नहीं!

तब? उठना है। हरसंभव प्रयास करना है और क्या? दोनों उठे। दौड़-धूप किया। कुछ और पैसे जुटाए और प्रेस गए। सोच लिया कि पहले आरजू-मिन्नत करेंगे। फिर भी नहीं माने तो प्रेस वाले की 'जय या क्षय' करके रहेंगे! खैर, इस बार देशसेवक संचालक नरम पड़े। पहले अंक की कुछ प्रतियाँ दीं। दोनों कांग्रेस नगर की ओर दौड़ पड़े। आनंद विभोर! बिहार के लोग तो आएँगे ही। हिंदीभाषी लोगों की भी भरमार होगी। एक हजार प्रतियाँ बेच ही लेंगे। सौ-दो सौ ग्राहक भी बना लेंगे, लेकिन वहाँ पहुँचकर कांग्रेसी जमात में चक्कर लगाते-लगाते सपनों के पंख थक गए!

दोनों, हाथ में 'ढाक के तीन पात' लेकर पटना लौटे। सफलता अभी कोसों, दूर थी।

आश्रम

कलकत्ता जाने के करीब दस-बारह महीने पहले जिस दिन युवक रामवृक्ष ने 'बालक' छोड़ा था, उसी दिन 'युवक' के लिए हैंडबिल छपवाया था और उसके लिए काम शुरू कर दिया था। मुकम्मल स्कीम के साथ मैदान में उतरे थे। उन्होंने सोचा था कि जिनके हाथों में हैंडबिल देंगे, वही उनके हाथों में कम-से-कम एक वर्ष के शुल्क के चार रुपए तो रख देगा। उस समय यार लोग बातें भी ऐसी ही करते थे, किंतु तभी देख लिया था कि बात के पैसे और ताँबे के पैसे में बहुत फर्क है—एक सिर्फ हवा की फूँक, एक ठोस धातु!

रामवृक्ष मुजफ्फरपुर से पटना आए थे तो उनको अपने पुराने परिचित गंगाशरण सिंह की याद आई थी। उनसे 'तरुण भारत' के कार्यालय में जान-पहचान हुई थी। उन्होंने उनसे सब बातें बतलाईं और स्कीम रखी कि पहले पटना में 'युवक आश्रम' खोला जाए। उसी के अनुसार पटना में 'युवक आश्रम' खुला और 'युवक' के लिए प्रयत्न शुरू हुआ था। हालाँकि यह काम भी करीब 6 महीने विलंब से शुरू हुआ, क्योंकि पहले रामवृक्ष बीमार पड़े, फिर गंगाशरण।

स्वस्थ होते ही शुरू हुई स्वतंत्र पत्रकारिता के पथ पर 'युवक' रामवृक्ष बेनीपुरी की जर्नलिज्म की साधना-यात्रा। 'युवक' की पहली सूचना में उसे शक्ति, साहस और सौंदर्य का मासिक पत्र बताया गया गया था, लेकिन जैसे ही प्रकाशन के लिए कलकत्ता दौड़ने को हुए, 'सौंदर्य' की जगह 'साधना' कर दिया गया। 'सौंदर्य' की जगह 'साधना' शब्द रखते वक्त कहाँ सोचा था कि पत्रकारिता को प्रोफेशन के रूप में स्वीकार करने के लिए जर्नलिज्म की स्वतंत्रता की नई परिभाषा गढ़ने का दृढ़ संकल्प करना ही होगा!

वे कलकत्ता से लौटे तो घर नहीं गए। सीधे 'युवक आश्रम' ही आए। कलकत्ते के अनुभव ने दोनों मित्रों के 'संकल्प' को 'जिद' बना दिया! पटना साइंस कॉलेज के सामने एक खपड़ैल के जिस मकान को 'युवक आश्रम' नाम दिया था, उसे सचमुच का आश्रम बनाने में जुट गए।

मस्ती और धूम

'युवक आश्रम' के शुरू करने का अर्थ ही था—'युवक' के मूल संकल्प पर अमल। पत्रिका को शक्ति, साहस और साधना के जीवंत प्रतीक के रूप में प्रस्तुत करने के लिए स्वयं को उसकी जिंदा मिसाल बनाने का प्रयास। रामवृक्ष और गंगाशरण ने पहले अपनी पुरानी जीवनशैली को चुनौती दी। रामवृक्ष ने 'बालक' की नौकरी करते-करते रहन-सहन और वेश-भूषा तक में अपने को 'साहित्यिक' व्यक्ति बना लिया था। रेशमी कपड़े पहनना, बड़े-बड़े बाल रखना…। अपने बक्से में दो-चार किस्म के इत्र रखना…। जब-तब भंग भी छनती थी! इधर गंगाशरण भी संपन्न घर के सदस्य थे। माँ-बाप के प्यारे, साहित्य रसिक—उनकी भी अपनी ठाट थी, लेकिन दोनों ने निश्चय किया—दुनिया बदलने के लिए निकले हैं तो पहले खुद को बदलें! गंगाशरण पटना में ही अवस्थित पिता के मकान को छोड़कर आश्रम में रामवृक्ष के साथ रहने आ गए। सोने का, प्रार्थना का, खाने का—सबका निश्चित समय बन गया। जमीन पर सिर्फ चटाई बिछाकर सोना, अपने कपड़े खुद साफ करना। सादा खाना खाना, अपनी थाली खुद माँजना। जाड़े में दोनों को एक ही ओढ़ने के नीचे सोना है। अजीब ढंग का जुनून!

इस तरह कलकत्ता से लौटकर दोनों फिर 'युवक-साधना' में डट गए। सूर्योदय के पहले उठ जाते, अपने हाथों से घर की सफाई करते, अपने से अपने कपड़े धोते, प्राय: रसोई के बरतन भी मलते और पाखाने की सफाई भी करते। जो कुछ साग-सत्तू होता, अतिथियों के साथ हिल-मिलकर खाते। फिर अपने-अपने काम में पिल पड़ते। कोई प्रेस जाता, कोई पते लिखता, कोई लेबल चिपकाता, कोई डाक ले जाता। ग्राहकों के लिए रूटीन दौड़-धूप। जल्द ही राजनीति के 'तरुण तपस्वियों' के लिए 'युवक आश्रम' अड्डा बन गया। वहाँ सब तरह के, सब विचार के नौजवानों की धूम मचने लगी। नई-नई विचारधाराएँ वहाँ से निकलने लगीं और बिहार के कोने-कोने में फैलने लगीं—जाति-पाँति के खिलाफ, मजहब के खिलाफ, ईश्वर के खिलाफ, पूँजीवाद के खिलाफ। संक्षेप में, समाज और सरकार के खिलाफ मानो विद्रोह की चहुँमुखी धाराएँ वहाँ से निकल-निकलकर बिहार के घर-आँगन को प्लावित करने लगीं।

रामवृक्ष मस्ती में लिखने लगे। सिर्फ लिखते नहीं, लिखवाते भी। 'युवक' में 'समाजवाद' पर लेख छापा। 'समाजवाद' पर बिहार में पहला लेख। इसके लेखक भी एक युवा विद्यार्थी—देवराज उपाध्याय। बिहार के युवकों के हृदय में 'युवक' धीरे-धीरे घर करने लगा। जल्द ही आश्रम में दर्जनों युवा नए लेखक आए, नए कवि उमड़े। युवक आश्रम बिहार के शेर भाई योगेंद्र शुक्ल का अड्डा बन गया। 'भागो नहीं, दुनिया को बदलो' कहनेवाले राहुल सांकृत्यायनजी ने अपनी धूनी वहीं रमा दी! तब 'युवक' के रेगुलर छप सकने की उम्मीद भी बँध गई।

ये है राजनीति

'युवक' के निकालने का सिलसिला शुरू करते वक्त ही (1928) साइमन कमीशन का आगमन हुआ। उसके बाद असेंबली में भगत सिंह का बम विस्फोट और फिर जेल में 63 दिनों के अनशन और यतींद्रनाथ की शहादत से हिंदुस्तान भर में युवक आंदोलन की धूम मची। इधर पटना में 'युवक आश्रम' चल निकला और देखते-देखते बिहार भर के आंदोलनकारी नवयुवकों की संगठित ताकत की अभिव्यक्ति का सशक्त माध्यम बनने लगा; चूल्हे पर चढ़े हुए कड़ाह में जैसे उफान आ गया!

पटना में तो सिर्फ एक आश्रम खुला था—सदाकत आश्रम। अब उसी की तर्ज पर 'युवक आश्रम' चलने लगा, वह भी नई-नई विचारधाराओं के संगम-स्थल सा, जवानी के नए तेवर के साथ तो पुराने कांग्रेसियों के कान खड़े हो गए। उनको राजनीति में कांग्रेस का एकाधिकार और अपना राजनीतिक वर्चस्व डगमग करता दिखने लगा। खुद को राजनीति की भट्ठी में झोंकने की तैयारी करते रामवृक्ष को यह नग्न दृश्य जब-तब कुछ विचलित करता था, हालाँकि इससे बेपरवाह 'युवक' सफलता की ओर कदम बढ़ाने लगा।

प्रथम वर्ष के पूर्वार्द्ध में कुछ निश्चित ग्राहक हो गए, जिनसे बँधी आमदनी होने लगी। नए ग्राहक भी मिलने लगे। ज्यों ही उसके अंक निकलते, हाथोहाथ बिक जाते। एक हजार प्रतियों से शुरू 'युवक' की ढाई हजार प्रतियाँ छपने लगीं। मित्र द्वय—रामवृक्ष और गंगाशरण को समाजवादी प्रयोग का 'फकीरी अनुभव' हिसाब-किताब से चलने का रास्ता दिखाने लगा। पटना कॉलेज के सामने होने के कारण युवक आश्रम कॉलेज के विद्यार्थियों और नौजवानों का अड्डा बन गया।

साइमन कमीशन के बहिष्कार का दारोमदार तो विद्यार्थियों के ही रुख पर निर्भर था। वे 'युवक आश्रम' आते, पूछते तो रामवृक्ष और उनके तमाम मित्र 'बहिष्कार' पर जोर देते। तब विद्यार्थी और युवक कहते—"राजनीति में सलाह सिर्फ वाचिक नहीं हो सकती। हमको आगे बढ़ने को कहते हैं, तो आपको भी आगे बढ़ना होगा।" तब रामवृक्ष ने पत्रकारिता के साथ राजनीति की ओर पहला कदम—ठोस कदम—बढ़ाया।

साइमन कमीशन के आगमन के पहले बिहार के गरम राजनीतिज्ञों के साथ-साथ नरम राजनीतिज्ञों को भी जोश आ गया था। पटना में एक प्रांतीय राजनीतिक कॉन्फ्रेंस हुई, तो उसके स्वागताध्यक्ष बने थे, नरम राजनीतिज्ञ डॉ. सच्चिदानंद सिन्हा। उसमें मौलाना मोहम्मद अली साहब भी पधारे, जो संयोगवश उस दिन पटना आए हुए थे। अली साहब कांग्रेस से फिट हो चुके थे और हाल ही में मुसलिम देशों से लौटे थे। वह बड़ी शान से मंच पर आए और सिन्हा साहब को अरबी ढंग से मंच पर ही चूमा। फिर अंग्रेजों के प्रति घृणा टपकानेवाला भाषण दिया और सिद्ध कर दिया कि नीचे अब भी चिनगारी बाकी है। उन्होंने एकता पर जोर देते हुए कहा—"अगर हम सब मिलकर (एक साथ) थूक

दें, तो उसी थूक के समुंदर में ये सारे फिरंगी डूब जाएँ।" उस कॉन्फ्रेंस में रामवृक्ष अपने कई युवा मित्रों और विद्यार्थियों के साथ पहुँचे थे। वहाँ से निकलते ही साइमन के पटना आगमन के 'बॉयकॉट' का कार्यक्रम बनाया, लेकिन तय किया कि जैसे नेता कहेंगे, वैसा करेंगे। सिर्फ छींकने को कहेंगे तो छीकेंगे। बिना उनके कहे कतई नहीं थूकेंगे!

साइमन के पटना आगमन के एक दिन पहले ही 'युवक आश्रम' शिविर-सा बन गया। प्रांत भर के युवक वहाँ पहुँचने लगे। रात पटना में कोई सोया नहीं। आधी रात से नौजवानों की टोलियाँ गली-गली में घूमने लगीं, यह गाते हुए—'उठो, भारत के वीरो, सबेरा हुआ। उठो, साइमन भगाने का बेरा हुआ।'

सरकारी अधिकारियों ने पटना कॉलेज के सारे फाटक बंद कर दिए, लेकिन सारे हॉस्टल आधी रात को ही खाली हो गए। ये नौजवान उन फाटकों को तोड़कर-तड़पकर जब स्टेशन पहुँचे तो पाया, वहाँ भी उनके लिए ऊँचे-ऊँचे बाड़े बने हुए हैं। वे चाहते तो उन्हें उखाड़ दे सकते थे, लेकिन प्रशासनिक अधिकारियों का हुक्म हुआ—स्टेशन से दूर, इस बाड़े के अंदर ही रहकर चिल्लाते रहो, क्योंकि तुम्हारे नेताओं ने पुलिसवालों से ऐसा ही समझौता कर रखा है!

पटना के बुद्धिमान सरकारी अधिकारियों ने प्रदर्शन में कोई दुर्घटना न हो, इसके लिए कांग्रेस के नेताओं से समझौता किया था। पटना के कांग्रेसी नेता भी यही चाहते थे। अधिकारियों ने हार्डिंग पार्क में जगह दी, जिसके सामने ही कमीशन की ट्रेन लगने वाली थी और वे उसी से होकर मोटर से जाने वाले थे। नेताओं की बात मानकर नौजवान हार्डिंग पार्क में ही जमा हुए, स्टेशन पर लगी बाड़ों को नहीं तोड़ा।

आधी रात में ही लोग पार्क में एकत्र होने लगे। वहाँ तिल धरने की जगह नहीं रही। बहुत से लोग तो अगल-बगल मकानों और पेड़ों पर चढ़ गए। काले झंडों की भरमार। सबकी जबान पर—'साइमन गो बैक'। जाड़े की रात थी—लेकिन चिल्लाना कहाँ बंद होने वाला था? सुबह हुई, ट्रेन आई, तो काले झंडों की लहरों पर नारों का जैसे तूफान उठ गया! कमीशन के लोग वहाँ से गुजरे—चेहरों पर कुछ खीज और कुछ बनावटी मुसकराहट लिये!

साइमन आए और गए। पुलिस को कोई परेशानी नहीं हुई और पटना के नेताओं को फायदा हुआ। उनकी जय-जयकार हुई और उनकी पीठ और छाती भी सलामत रही। उन पर पुलिस की लाठी नहीं बरसी, जैसे लखनऊ में साइमन बहिष्कार में ही पं. नेहरू पर बरसीं। वैसी गोली भी नहीं चली, जिसने लाहौर में लाला लाजपत राय के सीने पर चोट दी और वह स्वर्गवासी हुए।

साइमन की हलचल खत्म हुई भी नहीं कि एक दिन लोगों ने अखबारों में पढ़ा—असेंबली में बम फूटा। असेंबली हॉल में भगदड़ मच गई। होम मेंबर टेबल के नीचे घुस

गए। बम फेंकनेवाले नौजवानों ने 'इनकलाब जिंदाबाद' और 'साम्राज्यशाही का नाश हो' के नारे लगाए, पर्चे गिराए और बहादुरी के साथ आत्मसमर्पण किया। यह खबर कहानी बनकर घर-घर फैल गई। भगत सिंह और बटुकेश्वर दत्त के नाम तो बच्चे-बच्चे की जबान पर आ गए—''अरे, यह तो लाहौर षड्यंत्र केस के भगत सिंह हैं, जो लाहौर के डिप्टी सुपरिंटेंडेंट मिस्टर सांडर्स की हत्या करने के अभियोग में गिरफ्तार किए गए हैं! लाहौर षड्यंत्र केस में शामिल भगत सिंह का यह कैसा धमाका!'' थोड़े ही दिनों में उनके फोटो गाँव-गाँव और गली-गली में पहुँच गए। 'युवक' ने असेंबली में उनके निर्भीक व्यवहार, उनके ओजस्वी और वीरतापूर्ण वक्तव्य[2], और मजिस्ट्रेट से उनकी चुहलें भी छापीं।

असेंबली बम कांड के बाद 'लाहौर षड्यंत्र' केस चला। जब मुकदमा चल रहा था, राजबंदियों के साथ साधारण अभियुक्त का व्यवहार न होकर खास शरीफाना ढंग का व्यवहार होना चाहिए, इस पर केस के अभियुक्तों ने अनशन शुरू किया। देश में हलचल मच गई। तब कुछ ही दिनों बाद एक और व्यक्ति का नाम अचानक सबकी जुबान पर नाचने लगा—यतींद्रनाथ दास! वह भी इस केस में अभियुक्त थे। अनशन के सिलसिले में ही 63 दिनों के अनशन के बाद उनकी जेल में मृत्यु हो गई।

जिस दिन यतींद्रनाथ दास की मृत्यु की खबर फैली, रामवृक्ष 'युवक' के काम से राँची में थे। उस दिन राँची में जुलूस निकला और एक सार्वजनिक सभा हुई। जुलूस और सभा में 'इनकलाब जिंदाबाद' और 'साम्राज्यवाद मुर्दाबाद' के खूब नारे लगे। रामवृक्ष सभा में शामिल हुए। सभा के बाद पटना के लिए रवाना हुए कि 'युवक' के लिए यतींद्रनाथ दास संबंधी लेख और चित्रों का जल्द-से-जल्द प्रबंध करना है, लेकिन साथ में यह देखने की बेचैनी भी थी कि पटना में यतींद्रनाथ दास की शहादत पर क्या हो रहा है? पटना आए तो यह सुनकर दंग रह गए कि यहाँ न तो सभा हुई और न जुलूस निकला! जुलूस इसलिए नहीं निकला कि पुलिस ने 'इनकलाब जिंदाबाद' और 'साम्राज्यवाद मुर्दाबाद' के नारों पर रोक लगा दी थी! इस रोक पर 'पटना युवक संघ' में विचार हुआ था अपने सभापति कृष्णवल्लभ सहाय' के नेतृत्व में और बहुमत से तय किया था कि नारों पर प्रतिबंध लगाने के विरोध में जुलूस निकालना रद्द कर दिया जाए और धूमधाम से सिर्फ सभा की जाए।

रामवृक्ष बौखला गए। पटना लौटने की शाम सभा हुई—बहुत बड़ी सभा। रामवृक्ष भी सभा में पहुँचे और जैसे ही सभा में बोलने की आज्ञा मिली, वह फूट पड़े—''नारों पर प्रतिबंध के विरोध में जुलूस नहीं निकाला जाए—यह क्या निर्णय? क्या हम शहीद यतींद्र की स्मृति इसी तरह मना सकते हैं कि सरकार के प्रतिबंध से डरकर जुलूस निकालना छोड़ दें? जो नारे गवर्नर की कोठी के सामने राँची में लगाए जा सकते हैं, उन्हें पटना की

सड़कों पर क्यों रोका गया? यह तो सरासर पुलिस की ज्यादती और धाँधली है। हम इस ज्यादती के सामने सिर झुकाकर एक ओर उस शहीद-शिरोमणि का अपमान कर रहे हैं, दूसरी ओर पुलिस को ऐसे कुकर्मों के लिए प्रोत्साहित कर रहे हैं। नहीं, यह निर्णय ठीक नहीं।'' भाषण समाप्त होते ही सभा रामवृक्ष के पक्ष में हो गई और चारों ओर से नारे लगने लगे—'हम जुलूस निकालेंगे।'

सभापति कृष्णवल्लभ बाबू ने कहा कि चूँकि संघ का निर्णय जुलूस नहीं निकालने का है, अत: वैधानिक रीति से उसके निर्णय के खिलाफ, उसकी बुलाई गई सभा में कोई प्रस्ताव पेश नहीं किया जा सकता। हाँ, आप दूसरा प्रस्ताव पास करना चाहते हैं तो मैं इस सभा को भंग करता हूँ। मैं संघ के सभापति पद से हटता हूँ। आप लोग नया सभापति चुनकर कोई निर्णय कर लें।

कृष्णवल्लभ सहाय हट गए। अंबिकाकांत सभापति चुने गए। रामवृक्ष ने जुलूस निकालने का प्रस्ताव रखा, वह सर्वसम्मति से पास हुआ और तय हुआ कि कल जुलूस जरूर निकाला जाएगा। दूसरे दिन भोर में रामवृक्ष और उनके युवा मित्रों ने सोचा गिरफ्तारियाँ हो सकती हैं। लाठीचार्ज की संभावना तो है ही, फिर यह प्रांत की राजधानी की बात है, सो, राजेंद्र बाबू को इत्तिला कर देना चाहिए। अत: सब सदाकत आश्रम पहुँचे। वे राजेंद्र बाबू के सामने सारी बातें रख ही रहे थे कि ब्रजकिशोर बाबू वहाँ पधारे। उन्होंने आते ही रामवृक्ष और उनके युवा साथियों को डाँटा और कहा कि चूँकि ये नारे बम विस्फोट के साथ लगाए गए थे, अत: ये हिंसा से संबद्ध हैं और राजेंद्र बाबू जैसे अहिंसक के लिए इन नारों से संबंध रखने का प्रश्न भी नहीं उठता। रामवृक्ष ने उनके सामने तर्क रखा कि आखिर 'वंदे मातरम्' का गान और नारा भी तो हिंसात्मक आंदोलन को आधार बनानेवाली पुस्तक 'आनंदमठ' से लिया गया है! जब 'वंदे मातरम्' में हम हिंसा नहीं मानते, तो फिर 'इनकलाब जिंदाबाद' में हिंसा का सवाल क्यों उठाया जाए? लेकिन ब्रजकिशोर बाबू की मुद्रा कह रही थी—यह फिजूल की बहस है! उनका यह रुख देख सब युवा राजेंद्र बाबू के पास से हट गए, लेकिन यह कहते हुए लौटे कि आप जरा शाम को जरूर पधारिए—सिर्फ यह देखने के लिए कि हम किस अहिंसात्मक तरीके से शांतिपूर्वक लाठियाँ खा सकते हैं और गिरफ्तार हो सकते हैं।

वहाँ से लौटकर रामवृक्ष ने अपने नाम से जुलूस निकालने की आज्ञा के लिए एक दरखास्त सुपरिंटेंडेंट के नाम से तैयार की और उसमें लिख दिया कि जुलूस में 'इनकलाब जिंदाबाद' और 'साम्राज्यवाद का नाश हो' के नारे भी लगाए जाएँगे। जिस समय रामवृक्ष दरखास्त लेकर पटना लॉन' के पुलिस लाइन पहुँचे, वहाँ बड़ी सरगरमी दिखाई पड़ी। सिपाहियों को वरदी पहनाई जा रही थी। बंदूकें सँभाली जा रही थीं। उनकी दरखास्त देखकर सुपरिंटेंडेंट ने कहा—दरखास्त बयालीस घंटे पहले आनी चाहिए।

लोगों की भीड़ लॉन में इकट्ठी हो रही थी और जुलूस आज ही नहीं निकलने पर लोगों के हतोत्साह हो उनको भला-बुरा कहने की आशंका थी। फिर भी, रामवृक्ष ने तारीख दो दिन और आगे बढ़ा दी कि लोग उन पर जल्दीबाजी का दोष न मढ़ दें। शाम को फिर गुलाब बाग में सभा हुई। रामवृक्ष सभा में बोल रहे थे कि किसी ने आकर कहा, "राजेंद्र बाबू सभा के बाहर खड़े हैं, आपको बुला रहे हैं।" भाषण अधूरा छोड़कर वह सभा के बाहर आए। चिंतित और गंभीर राजेंद्र बाबू ने कहा—"मैं यहाँ रहूँ और तुम लोग अकेले जुलूस निकालो, मार खाओ, गिरफ्तार होओ, यह मुझसे बरदाश्त नहीं हो सकता। मैं भी जुलूस में शामिल रहूँगा, लेकिन मेरी एक लाचारी है। 'इनकलाब जिंदाबाद' के बारे में मुझे ऐसा लगता है कि उसमें हिंसा की बू है, इसलिए मैं हिचक रहा हूँ। हाँ, 'साम्राज्यवाद का नाश हो' के बारे में मुझे कोई उज्र नहीं। अगर सिर्फ 'साम्राज्यवाद का नाश हो' के नारे लगाओ, तो कैसा हो?"

रामवृक्ष ने झट 'हाँ' कह दिया। उनके लिए राजेंद्र बाबू की सहानुभूति और प्रीति सबसे बड़ी बात जो ठहरी। सभा में आकर रामवृक्ष ने यही सूचना दी। कुछ साथियों को एक नारा छोड़ना बुरा लगा, लेकिन ज्यादातर लोगों ने उत्साह से इसका समर्थन किया—"आखिर हमारे राजेंद्र बाबू शामिल होंगे, फिर सोचो जुलूस का क्या जलवा होगा? राजेंद्र बाबू ने एक शर्त और रखी है कि कम-से-कम पाँच सौ ऐसे नौजवान तैयार रखो, जो बिना उत्तेजित हुए सब तरह की मारपीट बरदाश्त करें।" यह शर्त सुनकर तो नौजवान और जोश में आ गए। वे सभा खत्म होते ही 'राजेंद्र बाबू जिंदाबाद' के नारे लगाते हुए निकल पड़े। बाकी दो दिनों तक वे पटना में घूम-घूमकर सत्याग्रह के प्रतिज्ञापत्र पर दस्तखत कराते रहे। इससे उत्साह और बढ़ गया, गली-गली में संदेश पहुँच गया।

ठीक जुलूस के दिन रामवृक्ष पुलिस से लाइसेंस ले आने के लिए गए। सुपरिंटेंडेंट ने कहा—"लाइसेंस तो चला गया!"

रामवृक्ष ने कहा—"दरखास्त मैंने दी, लाइसेंस मुझको मिलना चाहिए। अभी तक नहीं मिला।"

सुपरिंटेंडेंट ने कहा—"एक दूसरी दरखास्त पड़ी थी।"

रामवृक्ष गुस्सा गए—"तो मेरी दरखास्त पर आपने क्या किया, वह मुझे बताइए।"

सुपरिंटेंडेंट मुसकराया। बोला—"जाकर अपने नेताओं से पूछिए।"

रामवृक्ष को धक्का-सा लगा। दौड़े-दौड़े खादी डिपो गए, जहाँ राजेंद्र बाबू और अन्य नेता एकत्र थे—ब्रजकिशोर बाबू भी थे।

यह लाइसेंस कैसे मिला, किसने दरखास्त दी, उसमें क्या शर्तें हैं, यह पूछने पर ब्रजकिशोर बाबू आगबबूला हो गए। रामवृक्ष गुस्से में रोने लगे। उनकी आँखों से झर-झर

पानी बहने लगा। राजेंद्र बाबू उनको आश्वासन देने लगे। तभी जुलूस में चलने का हल्ला हुआ। सब लोग चल पड़े। राजेंद्र बाबू ने रामवृक्ष से चलने को कहा, लेकिन वह कुछ डग चलकर डेरे लौट गए!

शाम को जुलूस निकला, खूब शान से। 'सर्चलाइट' में लंबी-चौड़ी रिपोर्ट छपी। राजेंद्र बाबू के नाम के साथ पटना के सभी कांग्रेसी वकीलों के नाम थे—जनमत की विजय की डींग थी!

इंतिहा

1929 के आखिरी दिनों में तो इंतिहा हो गई! रामवृक्ष मुंगेर के राजनीतिक सम्मेलन में शामिल होकर पटना लौटे तो समझ में आया कि राजनीति के आसमान पर छाए जिन बादलों को वह 'सिर्फ गरजनेवाली, खुलकर बरसनेवाली नहीं' मानकर हवा-पानी ले रहे थे, वह बड़े तूफान का संकेत है—खासकर युवा राजनीति के नए तेवर के खिलाफ!

मुंगेर में (1929 के आखिरी हिस्से में, लाहौर कांग्रेस के तुरंत पहले) कांग्रेस का प्रादेशिक राजनीतिक सम्मेलन हुआ। वहाँ राजेंद्र बाबू और स्वामी सहजानंद सहित सभी प्रांतीय नेता शामिल हुए। उसमें सरदार पटेल भी बुलाए गए, जो बारदोली विजय के बाद देश के कोने-कोने में प्रसिद्ध हो चुके थे। रामवृक्ष भी वहाँ पहुँचे और बतौर प्रतिनिधि शामिल हुए। (उन दिनों राजनीतिक कॉन्फ्रेंसों में ज्यादा बाजाब्तगी नहीं निभाई जाती थी। जो कांग्रेसी वहाँ पहुँच जाते, किसी-न-किसी तरह प्रतिनिधि हो जाते।) रामवृक्ष की ही तरह कॉन्फ्रेंस में बूढ़े नेता-कार्यकर्ताओं से कई गुना ज्यादा संख्या में पहुँचे युवक—नौजवान कार्यकर्ता।

उस सम्मेलन में 'पूर्ण स्वतंत्रता बनाम औपनिवेशिक स्वराज्य' का सवाल अहम था और, बिहार की तरुण शक्ति से बड़े-बूढ़ों की भिड़ंत हो गई! 'युवक' के जरिए रामवृक्ष पूर्ण स्वराज्य के लिए जबरदस्त प्रचार कर रहे थे, इसलिए यह स्वाभाविक था कि उन्होंने ही पूर्ण स्वाधीनता का प्रस्ताव पेश किया, वह भी सरदार पटेल की मौजूदगी में, उनकी इच्छा के खिलाफ! लगभग सभी बड़े-बुजुर्ग इसके विरोध में उठ खड़े हुए—सरदार पटेल भी। दूसरी तरफ बिहार के लगभग सभी युवकों ने एक स्वर में इस प्रस्ताव का समर्थन किया। प्रस्ताव के पक्ष में यह वातावरण देखकर बुजुर्ग नेता लोग घबराए। राजेंद्र बाबू सभापति थे। उनकी तबीयत खराब थी। वे नहीं बोले, लेकिन सरदार पटेल से लेकर स्वामी सहजानंद तक सभी नेता इसके विरोध में बोले। फिर तो छोटे-बड़े, मझोले सभी कांग्रेसी नेता मंच पर आए और भीम गर्जन करने लगे। बड़े-बुजुर्ग नेता नौजवानों को समझाते-समझाते डाँटने लगे। डाँट का असर न होते देख चेतावनी देने लगे। पं. प्रजापति मिश्र प्रांतीय युवक सम्मेलन के सेनापति थे। बहस के दौरान इस सेनापति ने अपने युवकों

को मझधार में छोड़ दिया! लेकिन नौजवान टस से मस नहीं हुए—'हम लड़ेंगे, मरेंगे, जान देंगे पूर्ण स्वतंत्रता के लिए। हमें इससे रत्ती भर भी कम का कोई सौदा मंजूर नहीं।' घंटों विवाद चला। अंत में वोट हुआ। बूढ़े नेता हार गए, नौजवान जीत गए। जवानी का जोश जीत गया, बुढ़ापे का होश हार गया!

'युवक' के प्रचार-प्रसार के अवसर की तलाश के साथ मुंगेर पहुँचे रामवृक्ष बेनीपुरी ने पूरी बहस में पूरे होशो-हवास और दम-खम के साथ भाग लिया, लेकिन उनके अंदर का प्रोफेशनल पत्रकार नोट करता रहा—'दो अलग-अलग शक्तियों की जोर आजमाइश! माना, एक-दूसरे के मुकाबिल कौन सही है और कौन गलत, यह विचारणीय है, लेकिन कौन अपने आपमें कितना सही और कितना गलत है, यह भी तो विचारणीय है। यह एक मंजिल के लिए दो अलग-अलग रास्तों के बीच का संघर्ष है या दो अलग-अलग मंजिलों के लिए एक रास्ते पर कब्जे का संघर्ष? युवकों की जीत एक-दूसरे को काटते-पीटते दो रास्तों में से अपने रास्ते को सही करार देने जैसा दावा भर तो नहीं? और, बूढ़े नेताओं की हार? जवानों की राह गलत ठहराने और इस बहाने अपनी राह पर चलते रहने—पुरानी लकीर पीटते रहने जैसी जिद—का संकेत तो नहीं? पुरानी और अनुभवी शक्ति ने नौजवानों की उभरती नई शक्ति को हवाई साबित करने की पुरजोर कोशिश की, लेकिन परिणामस्वरूप उनकी मंजिल पर पड़ा भ्रम का भव्य परदा हवा में उड़ रहा है और उसका नंगापन उघड़ रहा है! नेताओं का गर्जन-तर्जन उस नंगेपन को छिपाने का प्रयास तो नहीं?'

युवक रामवृक्ष राजनीति का पहला किला फतह करने की मुद्रा में मुंगेर से पटना लौटे तो देखा, कांग्रेस के मुखपत्र में छपी तीन कॉलम की 'खरी और खोटी' खबर, जो उनके ही बारे में थी—'उच्छृंखल, उद्दंड, धर्मद्रोही और ईश्वर-विरोधी रामवृक्ष ने पूर्ण स्वाधीनता का प्रस्ताव पेश करने की हिमाकत की!'

कुछ 'देशभक्त' अखबारों ने तो उनको लक्ष्य कर और भी अजीब-अजीब बातें छापीं—'ये नौजवान, जो ईश्वर तक पर विश्वास नहीं रखते, जिनमें तहजीब नहीं, तमीज नहीं—ये नेता बनने की धुन में पागल, जिनके रहन-सहन और शिक्षा-दीक्षा का कोई ठौर-ठिकाना नहीं, ये बदबख्त लोग त्यागी-तपस्वी, महान्, विद्वान् नेताओं के सिर पर नाचना चाहते हैं। लोगो, इनसे होशियार—इनके लिए कोई जगह नहीं।'

यह सिर पर नाचना हुआ

साहित्यिक पत्रकारिता की पगडंडी से राजनीतिक पत्रकारिता के पथ पर पहुँचकर राजनीति का हवा-पानी लेते रामवृक्ष भौचक रह गए!

"अरे, ये लोग यह क्या बोल रहे हैं? वह गरीब किसान का बेटा। गांधीजी की

आज्ञा पर पढ़ना-लिखना छोड़ा। फिर न तो स्कूल-कॉलेज का दरवाजा खटखटाया और न बड़े लोगों की फर्श पर नाक रगड़ी। हाँ, उनको ईश्वर नामक उस जाली चीज पर विश्वास नहीं, जिसके नाम के परदे में दुनिया भर के अनर्थ किए जाते हैं। तहजीब और तमीज के नाम पर वह अपने हृदय की भावना छिपा नहीं पाते, यह आरोप आप लगा सकते हैं, उनको कोई उज्र नहीं, लेकिन नेताओं के सिर पर नाचने का आरोप! यह आरोप तो न लगाइए, भगवन्! एक निर्धन, निरक्षर नौजवान के हृदय में नेताओं की बगल में बैठने की भी हिम्मत कहाँ है? सिर पर नाचने की क्या बात? साइमन कमीशन का बहिष्कार, असेंबली बम विस्फोट और फिर यतींद्रनाथ दास की शहादत पर बिहार के युवकों ने पिछले दिनों जो किया, वह नेताओं के सर पर नाचना ठहरा? आश्चर्य!''

ठीक उसी समय लाहौर कांग्रेस में जाने के लिए युवाओं में आपाधापी मची। कड़वापपन और नाराजगी से भरे रामवृक्ष के दिल ने वहाँ जाने से इनकार कर दिया। कौन जाए वहाँ इन नेताओं के दर्शन करने?

विप्लव

मुंगेर से पटना लौटने पर 'युवक' की सफलता की जयमाल गले में पड़ने का सपना देखते रामवृक्ष को समझ में आ गया कि वह राजनीति के तूफान से घिर चुके हैं। अब सिर्फ पत्रकारिता या राजनीतिक पत्रकारिता से काम नहीं चलने वाला।

''ऊफ', ये राजनीति! इसमें कितना पाखंड है, झूठ है, प्रपंच है! तिकड़म तो इसकी कुंजी है। वह इतिहास को मिटा रहा है। झूठा इतिहास तैयार कर रहा है। देवता को दानव और दानव को देवता के रूप में प्रस्तुत करने में इसे जरा भी झिझक नहीं। जितने अपराध इसके मंच पर हो रहे हैं, यदि उन सब पर कार्रवाई हो तो हर शहर का आधा स्थान जेल ही घेर ले! जिनके गले में मालाएँ मिल रही हैं, उन्हें तौक मिलता। जिनके सरों पर ताज रखे जा रहे हैं, उन पर काँटे रखे जाते और उन्हें सूली पर चढ़ा दिया जाता। किंतु वाह रे खिलाड़ी! शरीफ लोग बकते रहें, इनका कारवाँ बढ़ता जाएगा!''

वह कई दिनों तक द्वंद्व में घिरे रहे। क्या कांग्रेसी राजनीति के इस तूफान से बच के निकलने की कोई भी योजना या प्रयास व्यर्थ है? जब तूफान की ओर पीठ करने से भी मौत मिलेगी और छाती पर झेलने से भी, तो क्या करना उचित है और क्या करना बुद्धिमानी है! तूफान को पीठ दिखाकर जिंदा बच भी गए तो क्या? उस जिंदगी से तो मौत अच्छी! लेकिन तूफान को छाती पर झेलते हुए मर गए तो? किसको नुकसान होगा? तब पत्रकारिता का क्या होगा?

''तब आप क्या करना चाहते हो? आप भी पत्रकारिता की राजनीति करोगे?'' अंबिका ने सीधा सवाल किया और द्वंद्व से उबार लिया। इतना ही नहीं, उन्हें रास्ता

भी सुझा दिया! 'सर्चलाइट' के मैनेजर अंबिका ने दो टूक राय दी—''पत्रकारिता की राजनीति से बचना चाहते हो तो सीधे राजनीति में उतरना होगा! और हाँ, न तूफान से बच के निकलने के लिए झुको, और न मरने से बचने के लिए किसी को मारने की राजनीतिक साजिश करो; तूफान के खिलाफ खुद नया तूफान बन जाओ!

''माना, कांग्रेस की कमेटियों में नेतृत्व के लिए खींचतान है। एक बड़े नेता के पीछे अनेक छोटे नेता—महारुद्र के चारों ओर द्वादश रुद्रों का जमघट लग जाता है और ये रुद्र उस महारुद्र के नाम पर तांडव करते हैं। आपको अपने से ही ज्यादा संबंध है। इसलिए आप कल्पना नहीं कर सकते कि बिहार के बाहर भी राजनीति का यही हाल है। नेताओं के आस-पास षड्यंत्र चलते हैं, अपने लोगों को घसीट-घसीटकर ऊपर बढ़ाने की कोशिशें होती हैं, तरह-तरह की व्यक्तिगत ईर्ष्याओं और द्वेष-जलन का दौर-दौरा है! लेकिन एक बात आप मानोगे न कि आपको बिहार पर नाज है। बिहार के नेता राजेंद्र बाबू पर नाज है। आप उन्हीं राजेंद्र बाबू के आस-पास ऐसा दृश्य देखकर आँसू बहा रहे हो न? क्यों? इसलिए कि उन्होंने आपको सही पाकर भी आपकी बात को स्वीकार नहीं किया? कि इससे आपके अहं को ठेस लगी? या इसलिए कि आपने यह देखकर भी नहीं देखा कि आपको जिन राजेंद्र बाबू पर नाज है, वह इसी राजनीति का गरल पीते हुए 'शिव' बने हुए हैं! आपने यह तो पढ़ा है न कि महानता ऐसी संपत्ति है, जिसकी साख तुरंत नहीं स्वीकार की जाती। स्वीकृति पाने के पहले बहुत दिनों तक उसे सँजोकर रखना पड़ता है। ऐसे ही तो हैं हमारे राजेंद्र बाबू। देश के जन-जन को आजादी का अमृत बाँटने के लिए राजनीति के हर नकार का विष खुद चुपचाप पीनेवाले राजेंद्र बाबू! वे अपना शरीर गला रहे हैं अपनी आत्मा को शुद्ध रखने के लिए। जो उन पर चोट करता है, उसके प्रति भी द्वेष या कटुता का एक शब्द जुबान पर नहीं लाते। उल्टे खुद पर उँगली उठाकर सोचने लगते हैं कि उन्होंने पूरी ईमानदारी नहीं बरती; पूरी ईमानदारी की कमी ही असफलता की जननी है! इसलिए उठो, सत्य को ढूँढ़ो, सत्य को! जो आप नहीं जानते, कह दो, मैं उसे नहीं जानता; जिसकी परवाह आप नहीं करते, कह दो, मैं उसकी परवाह नहीं करता!...और हाँ, रह गई अखबारों की एकांगी रिपोर्ट की बात, तो उस पर चिढ़ने-कुढ़ने या रोने-गुस्साने से कोई लाभ नहीं। उसका मजा तो आपको आगे-आगे और चखना होगा! इसके लिए तैयार हो जाओ।''

यतींद्रनाथ दास की शहादत पर 'युवक' में मुकम्मल रिपोर्ट छापने के बाद से अपने द्वंद्वों में उलझे रामवृक्ष विरक्त होने से उबरे और फिर से 'युवक' में जोश भरने का प्लान करने लगे, लेकिन तब तक लाहौर ने समूचे देश में एक नई गरमी भर दी। 31 दिसंबर की आधी रात के बाद रावी तट पर जवाहरलाल ने स्वतंत्रता का झंडा उड़ाया। 'औपनिवेशिक स्वराज्य' को हमेशा के लिए दफना दिया गया। पूर्ण स्वराज्य को कबूल किया गया।

जिस 'इनकलाब जिंदाबाद' के नारे में राजेंद्र बाबू को हिंसा की बू मालूम पड़ती थी, उसी 'इनकलाब जिंदाबाद' के साथ उन्होंने अपना अध्यक्षीय भाषण समाप्त किया। तय हो गया कि 26 जनवरी को पूरे देश में 'स्वाधीनता दिवस' मनाया जाएगा—पूर्ण आजादी की घोषणा, यानी पूर्ण आजादी के लिए संघर्ष। संघर्ष बिना आजादी मिल नहीं सकती। भीख से क्या आजादी मिली है? भीख से मिलनेवाली आजादी क्या आजादी है?

रामवृक्ष अपनी लय में आए। स्वाधीनता दिवस के कार्यक्रम और 'युवक' का रेगुलर अंक निकालने में खुद को पूरी तरह से खपा दिया। इसमें उनका पूरा साथ दिया अंबिका ने, जो उसी दौरान 'सर्चलाइट' के मैनेजर होते हुए 'पटना युवक संघ' के मंत्री बने और साथ में शहर कांग्रेस कमेटी के भी नए मंत्री बने। 'सर्चलाइट' के मैनेजर और 'युवक' के संपादक ने मिलकर 'पटना युवक संघ' के नौजवानों के जोश और उत्साह को गति दी और पूरे पटना में 'स्वाधीनता दिवस' शान से मना। लाहौर की हरारत कम होने के पहले ही सिर पर आई स्वाधीनता की सरगरमी के दौरान अंबिका रामवृक्ष के साथ इस तरह लगे कि पिछले जुलूस की घटना से लगी ठेस का दर्द दूर हुआ और उनकी आँखों में भरे आँसू नई ऊर्जा में तब्दील होने लगे!

पहली गिरफ्तारी

रामवृक्ष 'युवक' के 'विप्लव अंक' की तैयारी करने लगे, लेकिन उसी समय गांधीजी ने फिर एक नई आँधी पैदा कर दी—'नमक सत्याग्रह'!

'युवक' का 'विप्लव' अंक निकल रहा था कि आँधी दरवाजे पर आ गई। बिहार के युवकों के हाथों में वह अंक पड़ते न पड़ते देश भर में विप्लव का दौर-दौरा शुरू हो गया! 'युवक' द्वारा जिस क्रांति का गीत बारह-पंद्रह महीनों से गाया जा रहा था, वह क्रांति जैसे सामने आकर खड़ी हो गई! रामवृक्ष, गंगाशरण, अंबिका और उनके नौजवान साथी उसके स्वागत से कैसे मुख मोड़ सकते थे? 'युवक' सिर्फ एक साहित्यिक आयोजन नहीं। वह बिहार के युवकों की साधना का प्रतीक बन गया है। बिहार के युवक अपनी जान हथेली पर लेकर जब समर क्षेत्र में कूदने लगे हैं, तब 'युवक' के संचालक या संपादक कौन सा मुँह लेकर कलम घिस-घिस करते रहें?

हालाँकि गांधीजी की घोषणा रामवृक्ष और उनके मित्रों को कुछ समझ नहीं आई थी। नमक से स्वराज्य की लड़ाई! एक मुट्ठी नमक से स्वराज्य कैसे मिलेगा? लेकिन देश के कई बड़े नेता कह रहे हैं—'यह समझने की बात नहीं, लेकिन देश लड़ाई चाहता है और सेनापति की आज्ञा यही है!' सो, आचार्य कृपलानी को पटना सिटी की एक सभा में ले जाते हुए रामवृक्ष ने उनसे रास्ते में पूछ ही लिया—"दादा, यह कैसे होगा? नमक बनाकर हम स्वराज्य कैसे लेंगे?" कृपलानी जी ने कहा—"मैं भी नहीं जानता। इतना

ही कह सकता हूँ, जो बुड्ढा कहता है, करते जाओ। कुछ चीज जरूर निकल आएगी; यह मेरा विश्वास है।''

तब रामवृक्ष अविश्वास रखकर भी क्या करते? न बम फेंक सकते हैं, न चरखा चला सकते हैं, लेकिन कुछ करना भी चाहते हैं। देश में जो गरमी फैल रही है, उससे उनकी नस-नस कसमस कर रही है। चलो, नमक कानून तोड़ने से ही लड़ाई छिड़ सकती है, तो यही सही, लेकिन पटना के नेताओं की वही पुरानी नीति कि प्रांत के बाहर कुछ भी हो, शहर में शांति बनी रहे, जारी थी। जब वकीलों के हाथ में नेतृत्व है, तो यही होना है। वकील माने शैतान और भगवान्, दोनों को एक साथ प्रसन्न रखने की कला में प्रवीण! लेकिन अंबिका का साथ होने के कारण रामवृक्ष ने तय किया—'हम नहीं रुकेंगे। पटना में भी कुछ करके रहेंगे।' सो, फटाफट सत्याग्रहियों की भरती शुरू की। उनकी सूची बनाई। साथियों के निर्देश पर रामवृक्ष सूची लेकर राजेंद्र बाबू से स्वीकृति लेने दौड़े। गांधीजी ने बिहार में सत्याग्रह के लिए राजेंद्र बाबू को संचालक बनाया था। राजेंद्र बाबू दरभंगा से मुजफ्फरपुर आ रहे थे। रामवृक्ष मुजफ्फरपुर स्टेशन पर ही उनसे भेंट करने पहुँच गए। उन्होंने पटना का हाल पूछा। रामवृक्ष ने विस्तार से सारा किस्सा सुना दिया। ठीक उसी वक्त पटना के एक नेता भी आ गए—बात टलवाने की पूरी चेष्टा की, लेकिन अबकी राजेंद्र बाबू ने विचलित हुए बिना झट से रामवृक्ष से कागज लेकर लिख दिया—''पटना में सत्याग्रह शुरू किया जाए।'' फिर वहीं राजेंद्र बाबू ने पटना के नागरिकों के नाम एक अपील भी लिखकर रामवृक्ष को दे दी—पटना के नेता उनका मुँह देखते रह गए! उन्होंने लिखा—''चंद्रगुप्त और शेरशाह का पटना अपने पूर्व गौरव का परिचय दे।...जहाँ सत्याग्रही हों, वे पूर्ण शांति रखने की शर्त पर नमक कानून तोड़ना प्रारंभ कर दें। मुझसे पूछने की जरूरत नहीं।'' और पटना ने अपना परिचय दे दिया। सत्याग्रहियों का पहला जत्था अंबिकाकांत के नेतृत्व में निकला (15 अप्रैल, 1930)। जत्थे के पीछे अनगिनत लोगों की भीड़। दर्शकों में औरतों की बड़ी संख्या!

रामवृक्ष को अंबिका का आदेश था—'''विप्लव' अंक के डिस्पैच का काम पूरा करने के बाद ही सत्याग्रह में शामिल होना।'' जत्था पटना कॉलेज के सामने पहुँचा तो पुलिस ने उसे आगे बढ़ने से रोक दिया। अपने काम में व्यस्त गंजी पहने रामवृक्ष शरीर पर एक चादर ओढ़े बाहर निकले। दर्शक-जिज्ञासा लिये! अंबिका आगे बढ़े और दूसरे ही पल नजारा बदल गया! पुलिस सार्जेंट ने उनकी बाँह पकड़ ली, बाँह को मरोड़कर पीठ पर ले गया और चट-चट डंडे बरसा दिए। कोलाहल मच गया। नारों की आवाज बुलंद हुई। डंडे तड़-तड़ बरसने लगे। सिर फूटने लगे। रक्त के फव्वारे छूटने लगे। सत्याग्रहियों में कोई भेदभाव न रहा। इधर अंबिका के साथ कई नौजवानों को बस में ठूँसकर पुलिस जेल ले गई और उधर इसके पहले पूरे शहर में आग की तरह जत्थे-

के-जत्थे फूट पड़े। रामवृक्ष पर भी जुनून सवार हो गया। कुछ नौजवान पीछे लगे। नारे लगाते थोड़ी देर चले और गिरफ्तार हो गए! सदाकत आश्रम किसी ने खबर की, तो प्रो. अब्दुल बारी दौड़े—कांग्रेस के पास कोई मोटर नहीं थी। रास्ते में टमटम लेकर भागे-भागे आए, रामवृक्ष को गले लगाया और साथ ही आश्वासन दिया—"जाओ, इस आग को हम जलाए रखेंगे।"

पटना जेल गेट पर अदालत बैठी। अदालत क्या, मखौल! सामने मजिस्ट्रेट बैठे। एक बगल रामवृक्ष और उनके कुछ युवा साथी खड़े किए गए। मुकदमा शुरू हुआ—नकली (फॉल्स) मुकदमा। इंस्पेक्टर ने मुकदमा रखा। पुलिस के लोगों ने गवाहियाँ दीं। रामवृक्ष और साथियों ने अपराध स्वीकार किया, लेकिन कार्रवाई में भाग लेने से इनकार किया। मजिस्ट्रेट ने सजा सुनाई। छह-छह महीने की सजा—सख्त कैद की। उन्हें धन्यवाद देकर सत्याग्रही बैरक में लौटे।

उसी दिन से राजधानी पटना में महाभारत मचने लगा। गंगाशरण पटना जिला कांग्रेस के 'डिक्टेटर' की हैसियत से गिरफ्तार हुए और लंबी सजा पाकर कैंप जेल पहुँचे। कुछ ही दिन बाद राजेंद्र बाबू पटना आए और नेतृत्व अपने हाथ में लिया। अंग्रेज सरकार ने प्रो. अब्दुल बारी साहब पर कोड़े बरसाए थे। पटना का चरचर साहब नामक अंग्रेज अफसर घुड़सवारों की टुकड़ी लेकर उन पर टूट पड़ा था। बारी साहब काफी ऊँचे, पूरे पठान। शानदार दाढ़ी, रोबदार चेहरा! उन पर चाबुक चलाता चरचर बकने लगा—"यह लाट साहब की ओर से, यह कलेक्टर की ओर से, यह मेरी ओर से…।" इस अपमान ने आग में घी का काम किया। जेल में ही रामवृक्ष को मालूम हुआ कि 'युवक' के विप्लव अंक को सरकार ने जब्त कर लिया, देहात-देहात में उसकी प्रतियाँ खोजी जा रही हैं।

हँसो, हँसो, खूब हँसो, : जेल में आईना नहीं

अंबिका के साथ रामवृक्ष जेल में जब दाखिल हुए, बदन पर मात्र एक गंजी थी और उस पर एक चादर लपेट रखी थी। पहले दिन जेल में भोजन के नाम पर सामने आया भात-दाल-तरकारी का घिनौना रूप और सड़ी-सड़ी गंध! भात—जिसमें कंकड़ ही कंकड़। दाल—जिसमें छिलके, पानी और नमक का मात्र स्वाद। तरकारी कुट्टी काटी हुई डंठलों को नमक-मिर्च के साथ उबाल दिया! भूख लगी थी, लेकिन कुछ भी कंठ से नीचे नहीं उतार सके। रात को रोटियाँ आईं। कहा गया, गेहूँ की हैं। किंतु मँडुवे की रोटी का रंग और स्वाद उसके जैसा होता, तो गनीमत। रात को सोने चले, तो क्यों नींद आए? गरमी के दिन, बंद घर, बिछावन के लिए कंबल, जो काँटे से चुभते और पटना के मच्छर! लेकिन इन मच्छरों को भी मात कर दिया खटमलों ने। उनकी तो छत से भी रातभर वर्षा होती रही!

घंटी बजी, गिनती हुई, फाटक खुला। बेड़े में बंद मानव पशु बाहर निकले। पाखाने में कोई परदा नहीं—पाँत में बैठ जाइए। आप बैठे हैं और कुछ बेचारे आपके सिर पर खड़े हैं—प्रकृति का जोर उन्हें परेशान किए हैं। अब यहाँ से नंगे निकलकर दूर के उस नल पर आबदस्त लीजिए। फिर, हाथ-मुँह धोने का स्वाँग करके खिचड़ी खाइए—जेल की वह खिचड़ी, जिसे भिखारी ठाकुर के 'प्रेमगान' में आदर का स्थान मिला है! पिल्लू तैर रहे, कोई मुजायका नहीं—निगल जाइए। दिन में भात मिलेगा—बिहारी तबीयत उछल रही है, लेकिन यह भात—इसका रंग—भात में कंकड़ है या कंकड़ में भात? एक मित्र धोती फेंट सँभाल रहे हैं। यह काहे भाई? कि जरा तसले में डुबकी लगाकर देखना चाहते हैं कि कम्बख्त दाल कहाँ जा बैठी है? सब हँसते हैं। हँसो, हँसो, खूब हँसो। हँसोगे नहीं तो जेल की काली दीवारें तुम्हें लील जाएँगी। शरीर बच भी जाए, आत्मा तो नहीं बच सकती!

किंतु रामवृक्ष और उनके कुछ साथियों के लिए यह सब सिर्फ दो सप्ताह की झंझट रही। धीरे-धीरे पता चला कि वे लोग विशिष्ट व्यक्ति हैं! उनके लिए विशेष प्रबंध किए जाने लगे। जिनसे मिलने के लिए राजेंद्र बाबू आते हैं, आचार्य कृपलानी आते हैं, उन्हें साधारण कैदियों की तरह तो रखा नहीं जा सकता!

अंबिका को 'ए' डिवीजन मिला और रामवृक्ष सहित बाकी सभी सत्याग्रहियों को 'बी' डिवीजन। 'बी' डिवीजन मिलने पर खाने में थोड़ा सुधार हुआ। अच्छा चावल, अच्छी दाल, कहने को हलवा और दूध भी, किंतु सब पर जेल की मुहर। अच्छा चावल आया, तो भात गीला और हलवा कच्चा! गनीमत दूध लेकिन सिर्फ एक पाव!

जब से जेल में आए, हजामत नहीं बनाई थी। हजामत की बात की तो मालूम हुआ कि जेल में उस्तरे का प्रवेश निषेध है—कहीं कोई गला काट ले तो? बस, कैंची से जहाँ तक संभव हो, बाल मुँडवा लीजिए! रामवृक्ष ने सोचा—'चलो, एक झंझट दूर हुई—बाल बढ़ने दो। दस साल पहले देशबंधु चित्तरंजन दास जेल से निकले थे, उनकी शानदार दाढ़ीवाली तसवीर निकली थी। मेरी तसवीर भी कहीं निकल ही जाएगी, नहीं तो पास में तो रहेगी।

जेल में आईना रखने में भी मुमानियत! शीशे को चूरकर कच्चे धागे के सहारे लोहे की छड़ को काट दिया जा सकता है और जेल से निकल भागा जा सकता है। इसलिए कैदी अपना चेहरा देखने से वंचित रखे जाते हैं! कभी-कभी जेल की दीवारों पर अपनी छाया भर देख ली, बस, लेकिन एक दिन रामवृक्ष शौच के लिए पाखाने में गए और पेशाब से भरे बरतन में अचानक अपने चेहरे का प्रतिबिंब देखकर चौंक उठे! प्रतिबिंब बिल्कुल साफ था—भद्दे बाल, भद्दी दाढ़ी, भद्दी मूँछें। अरे, यही मैं हूँ? वह हँसते, दौड़ते खटाल में आए और अंबिका से अपने आविष्कार की चर्चा की। जिंदादिल अंबिका तुरंत उनके आविष्कार का लाभ उठाने पाखाने की ओर दौड़े! इधर अपने भद्दे

प्रतिबिंब पर हँसते हुए रामवृक्ष ने अपने दिमाग के पन्ने पर नोट किया—'आदमी अपनी सूरत नहीं देख पाता, यह खैरियत की बात है। यह विधाता का वरदान है। क्योंकि यदि आदमी अपनी सूरत हर समय देख पाए, तो कभी-कभी ऐसी स्थिति आती है कि अपनी सूरत देखकर उसकी छाती फट जाए!'

जेल में शुरू के दो-चार दिन एक अजीब तरह के एकाकीपन का अनुभव हुआ—कई दिनों तक सूना-सूना सा लगा। रामवृक्ष बाहर से जेल की काली दीवारों को प्राय: देखते आए थे—लगभग बीस फीट ऊँची दीवारें, लेकिन अंदर आकर पता चला, जेल की ऊँचाई कितनी गुनी बड़ी है और उसका कालापन कितना गहरा है! धीरे-धीरे कुछ और लोग आए, उनकी ही तरह के विशिष्ट व्यक्ति, तो जेल का एकाकीपन कम हुआ, लेकिन पहली बार में ही यह देख लिया कि जेल की दीवारें आदमी को कितना बदल देती हैं! रामवृक्ष के साथ एक विद्यार्थी आया था। उसमें कितना इनकलाबी जोश था! पुलिस उसे पकड़ना नहीं चाहती थी, तो भी उछलकर पुलिस-वैन पर चढ़ गया था। रास्ते भर नारे लगाता-लगाता गला फँसा लिया था। क्षत्रिय था, शहाबाद का—कुँवर सिंह की भूमि का, किंतु दीवारों के भीतर पहुँचते-पहुँचते वह ठंडा पड़ गया और एक दिन जेल गेट पर गया, तो लौटा नहीं। मालूम हुआ, माफी माँगकर चला गया।

जो विशिष्ट लोग थे, वे भला माफी कैसे माँगते? लेकिन उनकी कमजोरियाँ दिन-दिन खिलने लगीं। उनके सामने ही एक कैदी को लात-जूतों से मार-मारकर अधमुआ कर दिया गया और कहा गया—आप राजबंदी हैं, आपको जेल के भीतरी प्रबंध में हाथ नहीं डालना चाहिए! जेलर तो शायद वही हो सकता था, जो मनोविज्ञान का सबसे बड़ा ज्ञाता हो। वह तो जैसे उनके चेहरे देखकर ही उनकी कमजोरियों को जान जाता। किसी के लिए चिट्ठी, किसी के लिए मुलाकात, किसी के लिए कुछ बूँद घी, किसी के लिए एक प्याली चाय, किसी के लिए कोई अखबार, किसी के लिए कोई किताब—क्या महत्त्व रखते हैं, वह भाँप लेता और इन्हें मुहैया कर वह अपना मनमाना राज्य चलाता! खैर, एक दिन रामवृक्ष उनकी ही पोशाक और उसी भद्दे चेहरे में पटना जेल से हजारीबाग सेंट्रल जेल के लिए रवाना कर दिए गए।

जंजीरें और दीवारें

हजारीबाग सेंट्रल जेल ट्रांसफर हुए तो मालूम हुआ कि बेचारे यतींद्रनाथ दास, जो अनशन द्वारा अपने प्राणों की आहुति दे गए थे, जाते-जाते राजबंदियों की सुख-सुविधा के लिए पथ प्रशस्त कर गए हैं। हजारीबाग में भी 'ए' और 'बी' डिवीजन के कैदी रखे जाने लगे हैं। सरकार ने राजबंदियों के लिए यह वर्गीकरण स्वीकार कर लिया है।

अभी नियम लागू ही हुआ था। रामवृक्ष पहली खेप में हजारीबाग पहुँच गए—सो,

सचमुच के विशिष्ट कैदी बन गए! जाते ही पत्रकार रामवृक्ष ने जेल की अलग और विशेष 'पहचान' को नोट किया। सचमुच यह जेल कुछ अलग है और विशेष भी। सब जेल बनाए जाते हैं अपराधियों को ध्यान में रखकर, लेकिन हजारीबाग सेंट्रल जेल की रचना हुई देशभक्तों पर नजर रखकर और देशभक्तों के अलग-अलग डिवीजन बनाने और उनमें डिवीजन पैदा करने के अंग्रेजी हुकूमत के पैमानों का कहना ही क्या![3]

यहाँ राजबंदियों के लिए ठाठ-ही-ठाठ है—पलंग, गद्दा, तकिया, मसहरी, टेबल, कुरसी, शेल्फ, हलवा, दूध, पावरोटी, अंडा, बासमती चावल, तसमई, खिचड़ी, गोश्त, मछली—क्या चाहिए प्यारे भाइयो? खाइए, खिलाइए। स्वराज्य पीछे आवेगा, स्वराज्य भोगिए पहले!

लेकिन 'युवक' के कैदी संपादक की नजर पड़ी उन लोगों पर, जो इन स्वर्ग-सुखों को दो-चार दिन भी भोग नहीं पाते कि परवाना आता—भैये, यह तुम्हारी हैसियत नहीं। तुम इस क्लास के नहीं, हटो यहाँ से। तुम तो नारकी हो, धोखे से यहाँ भेज दिए गए। बाहर निकलो यहाँ से। जब-जब किसी का क्लास टूटता, नीचे के क्लास में भेज दिया जाता, तो जेल में उदासी का वातावरण फैल जाता। सिर्फ इसलिए नहीं कि अपने साथियों को क्यों हमारे बीच से हटाया जा रहा है, बेचारों की क्या दुर्गति होगी, बल्कि इसलिए भी कि कहीं हमारे लिए भी ऐसा परवाना न कट जाए!

दूसरी तरफ 'ए'-'बी' डिवीजन की सुविधाओं से भी कई लोगों को तृप्ति नहीं। एक-दूसरे से जैसे प्रतिस्पर्धा चलने लगी कि कौन कितनी शान से रहता है? इस शान की पूर्ति तभी संभव थी, जब जेल में चोरी-छिपे की चीजें मँगाई जा सकें। तब तिकड़म का बोलबाला हुआ। पहले जेलर की खुशामद से काम चलता। जब खुशामदियों की संख्या बढ़ी, तो लेन-देन तक बात पहुँच गई। राजनीतिक पत्रकार रामवृक्ष 'जंजीरें और दीवारें' शीर्षक से नोटबुक में 'मसाला' इकट्ठा करने लगे। रात होती, लालटेन हटा लिया जाता तो अँधेरा और गहरा जाता। रामवृक्ष को अँधेरे में कबीर, विद्यापति, तुलसी, सूर के पद याद आते। सुबह उठते ही वह लिखने लगते—'कैसे दिन कटि हैं जतन बताई जइओ'! फिर विद्यापति, बिहारी आदि की विरह सूचक पंक्तियाँ जोड़कर एक लंबी लड़ी बना लेते। देर तक उन्हें गुनगुनाते। यही लड़ी उनसे लिखवाने लगी—पतितों के देश में! साहित्यिक पत्रकार रामवृक्ष ने उपन्यास लेखन शुरू किया।

'पतितों के देश में' लिखते-लिखते रामवृक्ष का बिहार-उड़ीसा के (उस समय उड़ीसा भी बिहार में था।) दिग्गज राजबंदियों से सामीप्य स्थापित हुआ—सर्वश्री गोपबंधु चौधरी, नीलकंठ दास, नवकृष्ण चौधरी, हरेकृष्ण महताब, श्री बाबू, अनुग्रह बाबू, रामदयालु बाबू, दीपनारायण सिंह··· । आखिरी में राजेंद्र बाबू।

जेल में डिवीजन के नाम पर राजबंदियों के बीच सरकार द्वारा वर्ग विभाजन की

बात बढ़ी तो एक राजबंदी ने अनशन शुरू किया। तब लोग गंभीरता से सोचने लगे। एक पक्ष कहता—'वर्गीकरण ठीक नहीं, सभी राजबंदियों को एक वर्ग में रखा जाए।' किंतु इसके विपक्ष में कहा जाता—'हमें जहाँ भी रखा जाए, हमें रहना चाहिए, जेल के कानून को मानना चाहिए। गांधीजी ने कहा है!'

राजेंद्र बाबू के समक्ष पूरा मामला रखा गया। उनसे राजबंदियों की 'अतृप्ति' के विभिन्न आकार-प्रकारों की भी चर्चा की गई, लेकिन वह इसे कहाँ रोक सकते थे? उन्होंने कुछ भी करने में असमर्थता प्रकट की।

अंततः रामवृक्ष से नहीं रहा गया, तो विशिष्ट कैदी की 'अपनी' शैली बना ली। स्वयं सारी सुविधाओं को छोड़ दिया। पलंग-गद्दे हटा दिए, जमीन पर कंबल बिछाकर सोना शुरू किया। उनको नहाने-धुलाने या घर-बरतन साफ करने के लिए जो 'पनिया' (साधारण कैदी) दिया गया, उसे ही अपना भोजन देकर उसका साधारण भोजन खुद खाना शुरू किया। 'युवक आश्रम' का अभ्यास काम आया! इससे मन में थोड़ी शांति आई, लेकिन जल्द ही मालूम हो गया कि जेल में उनके साथ ऐसा करनेवालों की संख्या बेहद कम है—बस, बीस-पच्चीस मात्र!

कैदी

रामवृक्ष ने अपने रहने-खाने और काम करने का रूटीन बना लिया। जेल में लोगों के पास तरह-तरह की किताबें भी थीं, उनसे लेकर पढ़ने लगे। मौका मिला, तो बाहर से किताबें मँगा लीं। खासकर बरट्रेंड रसेल की पुस्तक 'मैरेज ऐंड मॉरल्स' किताब पढ़ी तो सेक्स-समस्या से संबंधित अन्य कई किताबें मँगा लीं। अचानक एक दिन उनके सेल में राजेंद्र बाबू आ गए। झेंपते हुए भी साहस कर उनके हाथ में बरट्रेंड रसेल की किताब थमा दी। वह किताब ले गए और फिर इस विषय की एक-एक किताब लेकर पढ़ गए!

लिखना तो रामवृक्ष का पेशा ठहरा। सो, जेल से 'कैदी' पत्रिका निकालने लगे। हस्तलिखित मासिक पत्र। उसमें राजेंद्र बाबू भी लिखते। 'कैदी' के पहले अंक में ही राजेंद्र बाबू ने लेख लिखा—'प्रजा का धन'। उसमें उन्होंने लिखा—"हम जेल में प्रजा का ही धन खा रहे हैं। अतः उसकी भरपाई के लिए हमें कुछ काम यहाँ जरूर करना चाहिए।" राजेंद्र बाबू, जैसा करते वैसा ही, वही लिखते। निष्ठा से रहते, अपना काम आप करते, सीधा-सादा जीवन व्यतीत करते। खूब पढ़ते-लिखते, चरखा चलाते। फैक्टरी में आकर प्रतिदिन कुछ घंटे नियमित काम करते। रस्सी बटने और नेवारी बुनने के काम तक को आजादी के संघर्ष की साधना की तरह सीखते। अधिसंख्य क्रांतिकारी राजबंदी भी इसी तरह का जीवन जीते लेकिन भिन्न-भिन्न सत्याग्रही राजबंदियों की तरह-तरह की 'लीला' देखकर वे बिगड़ उठते—"इन्हीं से स्वराज्य प्राप्त होगा?"

न सत्याग्रहियों को पता और न क्रांतिकारियों को पता कि स्वराज्य किनके द्वारा आएगा, लेकिन दोनों तरफ के लोगों की यह समझ पक्की हो गई कि जिसके द्वारा भी स्वराज्य आए, उसको भोगेंगे ये ही लोग, जिन्होंने जेल में भी सिद्ध कर दिया कि भोगने की कला ये जानते हैं!

जेल के इस अँधेरे में भी उजाले का एक चकत्ता यह था कि जेल में राजेंद्र बाबू के मार्फत रामवृक्ष की रामनंदन मिश्र से भेंट हुई—दोस्ती हो गई। उन्होंने भी अपना जीवन देश के काम में रामवृक्ष के साथ उत्सर्ग करने का निश्चय किया। वह उस समय दरभंगा में 'मगन आश्रम' का संचालन कर रहे थे, जहाँ युवकों का एक झुंड गांधीजी के आदर्श पर ग्रामसेवा किया करता था। मगन आश्रम बिहार का 'साबरमती आश्रम' था। पिछले दिनों रामनंदनजी ने परदा प्रथा के खिलाफ आंदोलन शुरू किया था, उसी सिलसिले में महात्माजी के भतीजे श्री मगनलाल गांधी वहाँ आए थे। उसी दौरान उनकी मृत्यु पटना में हुई थी। सो, उन्हीं के नाम पर वह आश्रम बना था।

रामनंदनजी ने प्रस्ताव रखा कि जब जेल से निकलें, रामवृक्ष भी अपने साथियों सहित मगन आश्रम में शामिल हो जाएँ और 'युवक' उसी के तत्त्वावधान में निकले। गंगाशरण वहाँ नहीं थे। अत: रामवृक्ष ने वचन तो कुछ नहीं दिया, लेकिन उन्होंने यह राय पसंद की कि प्रांत भर के युवकों की ताकत एक साथ केंद्रित होकर काम करे। हालाँकि उनको यह शक भी था कि उन लोगों को, जो उग्र विचार के लिए बदनाम थे, मगन आश्रम में लिया जाना राजेंद्र बाबू आदि को पसंद होगा या नहीं? उन्हें राजी करने का जिम्मा रामनंदनजी ने लिया। फलत: 'युवक' को मगन आश्रम से निकालने का निश्चय जेल में ही हो गया। तय हुआ कि उसका ऑफिस पटना के 'युवक आश्रम' में ही रहेगा, लेकिन वह मगन आश्रम की ही संस्था समझा जाएगा। 'युवक' के लिए पैसे का जिम्मा रामनंदनजी ने पहले से ही कबूल कर लिया था।

सो, गांधी-इरविन समझौते (तारीख-साल?) के बाद रामवृक्ष के जेल से निकलते ही पटना में फिर 'युवक आश्रम' खुल गया और नए अंक की तैयारी होने लगी। एक प्रेस लगाने का भी तय हुआ। इस बार 'युवक' के आयोजन में अवधेश्वर प्रसाद सिंह भी आ गए। हजारीबाग से जिस दिन रामवृक्ष छूटे, उसके एक दिन पहले ही उन्होंने उनसे रामनंदनजी का परिचय करा दिया था और सब बातें बता दी थीं। साथ में अंबिका और जगदीश। गंगाशरण प्रबंधकर्ता थे ही। वह ज्यादातर पटना में रहते, बाकी लोग बाहर दौड़-धूप करते, लेकिन रामवृक्ष जब रामनंदनजी से प्रेस और युवक के लिए रुपए लेने गए, तब पाया कि कठिनाई अब भी पीछा छोड़ना नहीं चाहती। रामनंदनजी ने कहा था कि वह एकमुश्त पाँच हजार रुपया दे देंगे, आप लोग निश्चिंत होकर 'युवक' पत्रिका चलाना। रामनंदनजी ने सोचा था कि अपने परिवार से उन्हें इतनी रकम मिल जाएगी,

लेकिन परदा विरोधी आंदोलन के चलते घरवाले उनसे बहुत नाराज थे। उन्होंने साफ इनकार कर दिया। तब रामनंदनजी ने कर्ज लेना तय किया, दो-चार आदमियों के पास दौड़े, लेकिन उनके पिता की ऐसी धाक थी कि कोई उन्हें कर्ज देने को भी तैयार नहीं हुआ। सबने मीठी-मीठी बातें करके टाल दिया। तब रामनंदनजी अड़ गए। उन्होंने रामवृक्ष के सामने ही अपनी पत्नीश्री राजकिशोरी देवी को बुलाया और कहा—"अपने सभी गहने दे दो।" राजकिशोरीजी हँसती हुई गईं और सब गहने निकाल लाईं। सोने के गहने—जिनमें कई तो शायद ही एकाध बार पहने गए थे! वह रुमाल के ऊपर एक-एक गिनकर रखती गईं और स्वाभाविक हँसी हँसती गईं। उन गहनों में उनके एकमात्र लड़के विजय के हाथों के सोने के बाले भी थे। रामवृक्ष बाले के जोड़े को देखकर काँप गए और कहा—"कम-से-कम इसे रख लीजिए।" लेकिन 'अब विजय इसे क्या पहनेगा?' कहकर उसे भी राजकिशोरीजी ने रख दिया। उनकी हँसती आँखें चमक रही थीं और रामवृक्ष और अवधेश्वर की आँखें नम हो रही थीं।

आत्महत्या का करंट

गहने बेच दिए गए। 'युवक' निकलने लगा। निकलते ही फिर ग्राहक धड़ाधड़ बनने लगे और इधर पूर्णिया से प्रेस लाकर बिठाने की तैयारियाँ की जाने लगीं। इसके लिए रामवृक्ष ने अपनी कुछ जमीन गिरवी रखी। अवधेश्वरजी ने न जाने क्या-क्या तकलीफें उठाईं! अंबिका ने भी न जाने क्या-क्या जतन किए! जगदीश भी किसी तरह दिघवारा से कुछ पैसे लाए। फिर भी कुछ रुपए घटे, तो श्री हीरालाल सर्राफ ने उधार दिए। रामवृक्ष पूर्णिया गए। वहाँ एक प्रेस सस्ते में पट गया। प्रेस खरीद लिया गया।

'युवक' धड़ल्ले से निकलने लगा, तो रामवृक्ष को लगने लगा कि इस बार 'युवक' शुरू से सफलतापूर्वक चलेगा, लेकिन अचानक दो घटनाएँ हो गईं।

एक, सरकार ने युवक का 'क्रांति अंक' जब्त कर लिया, जिसमें 'इनकलाब जिंदाबाद' शीर्षक लेख छपा था, और धारा 124 का वारंट निकालकर रामवृक्ष को गिरफ्तार कर लिया। इस अंक में भगत सिंह, सुखदेव और राजगुरु की तसवीर थी, जिन्हें फाँसी हो चुकी थी और उन्हीं पर उनका लिखा 'इनकलाब जिंदाबाद' शीर्षक लेख था। साथ ही जापान से भेजे गए आनंदमोहन सहाय का लेख। सरकार ने दोनों लेखों को आपत्तिजनक बताया। पाँच हजार की जमानत पर रामवृक्ष रिहा हुए और मुकदमा चलने लगा।

वह इस मुकदमे को लड़ ही रहे थे कि दूसरी घटना हो गई। रामनंदनजी आए और बताया कि अब 'युवक' की मदद करने से वह लाचार हैं, क्योंकि कुछ कांग्रेसी नेताओं को रामवृक्ष का 'मगन आश्रम' में आना पसंद नहीं है। उन्होंने धमकी दी है कि यदि

रामवृक्ष से रामनंदन अलग नहीं होंगे, तो गांधीजी से मगन आश्रम के लिए जो रुपए उन्हें मासिक मिलते हैं, वह बंद करा देंगे। इसे सुनकर रामवृक्ष स्तब्ध रह गए! वैसे, 'युवक' के पुनर्प्रकाशन की तैयारियों के दौरान ही एक दिन राजेंद्र बाबू ने उन्हें बुलाया था और पूछा था कि समाजवादी होते हुए भी उन्हें अहिंसा का हिमायती कैसे समझा जाए? रामवृक्ष ने अपनी स्थिति साफ की। उससे राजेंद्र बाबू संतुष्ट हो गए थे।

लेकिन अब? रामनंदनजी ने तो कहा—"मुझे प्रांत के नेताओं ने कहा है कि आपकी मदद नहीं की जाए!" सब गांधीवादी नेता। उन्होंने ही रामनंदनजी को रामवृक्ष की मदद करने से रोक दिया!

रामवृक्ष का दिमाग बौखला उठा। नेताओं की बेरुखी से दिल पर ऐसी चोट लगी कि आत्महत्या कर लेने की इच्छा हुई—जिंदगी में पहली बार। वह दुमंजिले मकान में थे। व्याकुल होकर छत पर चले गए, देखा, बिजली के तार सिर्फ इतनी दूरी पर हैं कि एक छोटे से छड़ से छू सकते हैं। एक लोहे का छड़ भी पड़ा है। जी में आया, इसी छड़ से बिजली के तार को छूकर अपने जीवन का अंत कर लें।

वह जहाँ खड़े थे, वहीं पैर के नीचे वह छड़ था। सामने तार! कई बार छड़ उठाने को झुके, फिर रुके! फिर न जाने क्यों, क्या तरंग उठी कि वहाँ से नीचे आए और साइकिल उठाकर चल दिए—कुम्हरार! अशोक काल के भग्नावशेष की खुदाई का स्थल। वहाँ पड़े एक चिकने पत्थर की लाट पर जाकर वह सो, गए। नींद टूटी तो सीधे अपने 'युवक आश्रम' में आए। मन में बस एक संकल्प लिये—'लड़ना है, बस लड़ना है!'

और पुराने जोश-खरोश से वह लड़ने लगे—परिस्थितियों से, अंग्रेज सरकार से, और अपने नेताओं से भी, लेकिन इसके लिए उन्होंने ठान लिया कि वह अब पत्रकारिता के साथ सक्रिय 'राजनीति' को भी साधेंगे!

क्रांतिकारी पत्रकारिता की कीमत

धीरे-धीरे रामवृक्ष को पता चल गया कि बड़े लोगों ने क्यों मदद नहीं की। शुरू से 'युवक' एक क्रांतिकारी पत्र के रूप में चर्चित हुआ। बिहार में सबसे पहले समाजवाद संबंधी लेख उसमें निकले। इसके तुरंत बाद 'बिहार सोशलिस्ट पार्टी' (1931) बनाने की तैयारी होने लगी, तो उसका सदर दफ्तर 'युवक आश्रम' बना। फिर कोई धनी या यथास्थिति का पोषक मदद क्यों करता?

एक बात और भी थी—'युवक' के संपादक रामवृक्ष ने पहले से यह स्पष्ट नीति बना रखी थी कि वह कभी भी किसी खास व्यक्ति की हिमायत नहीं करेंगे; किसी खास बड़े आदमी के गुट में अपने को नहीं रखेंगे। अत: जो लोग भी अपने प्रभाव से रुपए एकत्र करा सकते थे, मौखिक सहानुभूति भले दी, मदद करने को तत्पर नहीं हुए। शायद

उन्हें इस बात से भी चिढ़ थी कि रामवृक्ष उनके गुट में शामिल नहीं होकर अक्षम्य अपराध कर रहे हैं। तब ऐसे अपराधी को वे सजा के बदले पुरस्कार क्यों देते?

यूँ 'युवक' को ग्राहक तो मिलते रहे, लेकिन सिर्फ ग्राहकों के बल पर प्रारंभिक अवस्था में पत्रिका चलाना कितना मुश्किल है, यह अनुभव होने लगा। जैसे-तैसे रुपए इकट्ठे होते भी तो समय पर नहीं मिलते। ऐसे दिन भी प्राय: आते, जंब ग्राहकों से मिले रुपए सिर्फ इतने होते कि उनसे 'युवक' का डिस्पैच आदि किया जा सकता था और रामवृक्ष और उनके मित्रों को फाका करके रह जाना पड़ता। हाँ, उस फाके में भी वे यों मस्त रहते कि जो लोग आश्रम में आते, अनुभव नहीं कर पाते कि वे भूखे हैं। जब-तब आश्रम आनेवाले कुछ बड़े लोग खूब उत्साह दिया करते, किंतु जब पैसे की बात आती, सिर खुजलाने लगते। 'युवक' के लिए सिर्फ एक सज्जन ने, जो बिहार के बाहर के थे, थोड़ी आर्थिक मदद की। अलबत्ता, बड़े लोगों के पास दौड़ने में समय और पैसे की बरबादी हुई।

'युवक' की नाव इस तरह डाँवाँडोल होते हुए भी 'क्रांति-अंक' छपा और प्रेस से अंक बाहर निकला था कि सरकार कुपित भई और रामवृक्ष के साथ गंगाशरणजी एवं अंबिकाजी फिर जेल के अंदर हुए! अंबिकाजी ने जेल से ही 'क्रांति-अंक' ग्राहकों को भेजवाने का प्रबंध किया था, तो सरकार ने प्रेस की जब्ती की सूचना निकाल दी।

पुलिस 'क्रांति-अंक' जब्त करने के लिए गाँव-गाँव तलाशी करती फिरी। यों वह जनता को 'युवक' के ग्राहक बनने से पहले से डराती रही थी, लेकिन अबकी 124 का प्रहार शुरू किया। बेनीपुर में एक दिन सशस्त्र पुलिस का एक दस्ता धूमधाम से पहुँचा। रामवृक्ष के घर का कोना-कोना छाना। जब गाँववालों ने गवाह होना स्वीकार नहीं किया, तो दो आदमियों पर अदल-हुक्मी का मुकदमा ठोंक दिया।

इधर रामवृक्ष पर जारी मुकदमे में जज महोदय ने दस हजार की जमानत, एक वर्ष की कड़ी कैद, ढाई सौ रुपए जुरमाना, नहीं तो छह महीने की अतिरिक्त सजा का फैसला सुनाया। उस जमानत में रामवृक्ष की पत्नीश्री ने अपने गहने बेच दिए।

मुकदमे की सुनवाई के दौरान मजिस्ट्रेट ने रामवृक्ष के वकील से पूछा—"इनकलाब जिंदाबाद' का क्या मतलब है? इनकलाब होता है, नया राज्य बनता है, फिर इनकलाब खत्म होता है। इनकलाब हमेशा जिंदा रहे, इसका क्या मानी है?"

रामवृक्ष के वकील बलदेव सहाय ने झट जवाब दिया—"इसका मानी तो साफ है। एक दिन ऐसा आएगा, जब आपकी जगह कोई गांधी टोपीवाला हाकिम होगा। जहाँ सरकारी वकील हैं, वहाँ मैं होऊँगा, किंतु उस दिन भी बेनीपुरी उसी कठघरे में रहेंगे, जहाँ वह आज हैं।" मजिस्ट्रेट हँसे। सजा भुगतने को तैयार, कठघरे में खड़े, रामवृक्ष भी हँस पड़े। रामवृक्ष को डेढ़ वर्ष की सख्त कैद की सजा हुई। हाईकोर्ट से भी सजा बहाल रही।

रामवृक्ष और गंगाशरण, दोनों काफी कर्ज में फँस गए। गंगाशरण मुसकराते रहे, उनके चेहरे पर शिकन तक नहीं आई, लेकिन रामवृक्ष को अकसर ग्लानि-बोध होता कि इस दलदल में उन्होंने ही गंगा को फँसाया!

बहरहाल, डेढ़ वर्ष की सजा के बाद 'युवक' को पुनर्जीवित करने की इच्छा कोशिश में नहीं बदल सकी। युवक रामवृक्ष और गंगाशरण ने जेल में रहते तय कर लिया कि अब उन्हें नई और सक्रिय राजनीति में भूमिका अदा करनी है। इसलिए इतने से तसल्ली करनी होगी कि 'युवक' स्वतंत्र पत्रकारिता का अनोखा और सफल प्रयत्न साबित हुआ। चलो, इतना तो हुआ कि एक मासिक पत्र की हैसियत से 'युवक' का हिंदी-संसार में आशातीत स्वागत हुआ। जब 'प्रभा', 'मर्यादा', 'स्वार्थ'—तीनों मासिक बंद हो गए, जिनका राजनीति से संबंध था, 'युवक' ने उनके अभाव की पूर्ति की चेष्टा की। 'विशाल भारत' ने अपनी समालोचना में लिखा भी कि "'युवक' की पंक्ति-पंक्ति में ओज है, तेज है, बिजली है!" 'विशाल भारत' की इस सम्मति को सभी पत्र-पत्रिकाओं ने दुहराया। 'युवक' के लेख गुजराती, उर्दू, तमिल आदि के पत्रों में अनुवादित किए गए। मद्रास में भी 'युवक' का प्रचार बढ़ा। हिंदी के लगभग सभी पत्र-पत्रिकाओं ने विज्ञापन आदि मुफ्त छापकर 'युवक' की मदद की। क्या यह कम है? और तो और, 'युवक आश्रम' सिर्फ 'युवक' निकालने का एक ऑफिस मात्र नहीं रहा, बल्कि वह बिहार के प्रगतिशील साहित्य और राजनीति का केंद्र बन गया। 'दिनकर', 'आरसी' और 'केसरी' की प्रतिभा की पहली कली 'युवक' में ही फूटी। 'युवक' में दिनकर 'अमिताभ' नाम से छपे। 'मनोरंजन सिंह' का 'कुँवर सिंह' 'युवक' में ही छपा। द्विजजी की छायावादी सतह के नीचे जो चिनगारियाँ थीं, उनका पता 'युवक' ने दिया। प्रिंसिपल विश्वमोहन की पहली रचना 'युवक' में छपी। जनार्दन प्रसाद मिश्र को 'युवक' ने ही लिखने को लाचार किया…।

समाजवादी राजनीति के पथ पर

बिहार में कई-कई समान-धर्मा युवकों के लिए 'युवक आश्रम' मिलन-स्थल बना हुआ था ही और 'युवक' का संपादन करते-करते रामवृक्ष समाजवाद और समाजवादी राजनीति की ओर बढ़ चले थे! लेकिन जब रामवृक्ष समान-धर्मा युवकों के साथ पटना कैंप जेल पहुँचे, तब बिहार में समाजवाद और उसकी राजनीति की गहरी नींव पड़ गई। पटना कैंप जेल में वे कैडर तैयार हुए, जो आगे चलकर बिहार में समाजवाद के प्रचारक, योद्धा और नायक सिद्ध हुए।

यूँ रामवृक्ष समाजवाद का नाम (उन दिनों 'साम्यवाद' कहा जाता था) रूस की क्रांति के बाद ही सुनने लगे थे। वह उन दिनों स्कूल में पढ़ रहे थे, और मुख्यतः गणेश

शंकर विद्यार्थी के 'प्रताप' और माखनलाल चतुर्वेदी की 'प्रभा' में रूस में हो रहे संघर्षों और प्रयोगों का वर्णन पढ़ते थे। उन्हीं दिनों वह कल्पना करने लगे थे कि बड़े होने पर वह अपने देश में भी ऐसी दुनिया की स्थापना के लिए चेष्टा करेंगे। रूस एक नई सभ्यता का प्रतीक बन गया था, लेनिन-ट्राटस्की इस नई दुनिया के मसीहा थे। 1924 में लेनिन की मृत्यु तक स्टालिन का नाम शायद ही कोई जानता था। लेनिन और ट्राटस्की की जोड़ी के साथ विदेश मंत्री की हैसियत से चेचरिन का भी नाम चर्चा में था, जो हर अंतरराष्ट्रीय सम्मेलन के अवसर पर समता और स्वाधीनता का ऐसा उद्‌घोष करता था कि संसार चकित रह जाता था!

पटना कैंप जेल में रामवृक्ष सहित करीब चार हजार कैदी थे। मुख्यतः युवक, जो देहातों से आए थे। उनके हृदय और मस्तिष्क में कोई मलिनता नहीं थी। किसी पूर्वधारणा से भी वे जकड़े हुए नहीं थे। रामवृक्ष ने चुप-चोरी वहाँ समाजवाद पर कई पुस्तकें मँगा लीं और वह बाजाब्ता अध्ययन केंद्र चलाने लगे। दूसरों को समाजवाद का ज्ञान कराया ही, स्वयं उन्होंने समाजवाद के सिद्धांतों का अध्ययन वहीं किया। वहीं उन्होंने 'कम्युनिस्ट मैनिफेस्टो' का अनुवाद किया। इस सब काम में उन्हें जेल के कुछ कर्मचारियों ने बहुत मदद की। वस्तुतः जेल अधिकारियों व कर्मचारियों ने मिलकर अध्ययन केंद्र के बनाने में रामवृक्ष की मदद की और वहाँ राजबंदी विद्यालय चलने लगा, जिसमें लगभग पाँच सौ विद्यार्थी बाकायदा अध्ययन करने लगे। उस विद्यालय का आचार्य बने रामवृक्ष।

जेल के युवा कैदियों में समाजवादी विचारधारा ने बहुत असर किया। उस विद्यालय के कारण समाजवादी विचारधारा का प्रचार हुआ और जल्द ही (1931 में) 'बिहार सोशलिस्ट पार्टी' की स्थापना हुई। प्रो. अब्दुल बारी इस पार्टी के अध्यक्ष चुने गए और तीन मंत्री बने—फूलन प्रसाद वर्मा, राहुल सांकृत्यायन और गंगाशरण सिंह। फूलन बाबू ने तुरंत वकालत शुरू की थी और पटना के युवकों पर उनका प्रभाव था। राहुलजी पटना में होते, तो 'युवक-आश्रम' में ही और 'युवक' के सारे कामों में हाथ बँटाते थे। गंगाशरण अनन्य सहकर्मी थे ही। जब पार्टी बनी तो कार्यसमिति में अंबिकाकांत सिंह, मणींद्रनाथ राय, शिवकली बोस आदि आए।

1931-32 के उसी दौर में युवक रामवृक्ष ने जो देखा-सुना और पढ़ा, उससे उनको यह अनुभव हो गया कि देश में गरीबों के राज्य की स्थापना की बात तो दूर रही, अंग्रेजी राज को भी तब तक दूर नहीं भगाया जा सकता, जब तक आजादी के आंदोलन में किसान नहीं आते। दूसरी ओर, जेल में ही कुछ सरकारी रिपोर्टें पढ़ीं, तो लगा कि बिहार की उन्नति तब तक हो नहीं सकती, जब तक जमींदारी-प्रथा उठा नहीं दी जाती।

इसलिए जेल से निकलते ही (1933) उन्होंने जमींदारी-प्रथा के खिलाफ लेख लिखना शुरू किया। उनका एक लेख 'जमींदारी क्यों उठा दी जाए?' 'प्रताप' में छपा।

वह लेख कई अन्य पत्र-पत्रिकाओं में उद्धृत हुआ। उसके बाद 'विश्वमित्र' में उनके कई लेख छपे। उन्होंने 'बिहार के किसान' शीर्षक से एक बड़ा खोजपूर्ण लेख लिखा। उसे पं. बनारसीदास चतुर्वेदी ने 'विशाल भारत' में छापा। उसी समय दरभंगा महाराज की चेष्टा से काश्तकारी कानून संबंधी एक बिल बिहार कौंसिल में पेश हुआ, जिसके कारण किसानों में बड़ी हलचल मची। 'किसान सभा' के सभापति स्वामी सहजानंद सरस्वती ने आग्रह किया कि किसानों की हितरक्षा के लिए उनका 'लोकसंग्रह' फिर निकलने जा रहा है, रामवृक्ष उसके संपादन का जिम्मा लें। तब तक 'बिहार सोशलिस्ट पार्टी' और 'किसान सभा' के बीच समझौता हो चुका था और किसान सभा में पार्टी का बहुमत भी हो चला था। इसलिए रामवृक्ष ने उनके आग्रह को कबूल कर लिया, लेकिन उन्होंने अपना नाम संपादक की जगह पर देना मुनासिब नहीं समझा।

भूकंप से पहले झटका

मुजफ्फरपुर में रहकर वह 'लोकसंग्रह' का संपादन कार्य सँभाल ही रहे थे कि प्रलयंकर भूकंप मचा। 'लोकसंग्रह' उस भूकंप के मलबे के नीचे दब गया। हालाँकि उसके पहले ही रामवृक्ष को किसान-राजनीति का ऐसा झटका मिला कि उनका मन फट गया था। फलत: उन्हें 'लोकसंग्रह' से विरक्ति हो गई थी। हुआ यह कि जब 'लोकसंग्रह' में काम शुरू किया, तभी स्वामी सहजानंदजी से रामवृक्ष की घनिष्ठता बढ़ी। रामवृक्ष ने देखा—सहजानंदजी अद्‌भुत तेजस्वी पुरुष हैं। किसानों के काम को हाथ में लिया है और उसमें जी-जान से लगे हैं। उन्होंने बिहार में किसान आंदोलन की ठोस नींव डाल दी है। संयोग से उसी दौरान सकरा, मुजफ्फरपुर में किसान सम्मेलन हुआ। अवधेश्वर के साथ रामवृक्ष वहाँ पहुँचे और जमींदारी प्रथा उठा देने एवं किसानों के कर्ज को मंसूख कर देने का प्रस्ताव पेश करना चाहा, लेकिन उनके आश्चर्य की सीमा न रही, जब देखा कि सम्मेलन के सभापति स्वामी सहजानंद सरस्वती ने उनके प्रस्ताव को नापसंद ही नहीं किया, बल्कि उन पर नाराज हो गए। उनका मत था कि अभी ऐसा प्रस्ताव नहीं आना चाहिए। सम्मेलन में दो हजार किसान थे। किसानों के अलावा जिले के कांग्रेस कमेटी के लोगों की भी वहाँ भरमार थी। ये कांग्रेसकर्मी दावत खा रहे थे। वहाँ के सुप्रसिद्ध जमींदार मनियारी महंत की और सम्मेलन में माननीय प्रतिनिधि बने थे किसानों के। इन लोगों ने प्रस्ताव की सख्त मुखालिफत की। उनमें से एक ने यहाँ तक कह डाला कि यदि यह प्रस्ताव पास हुआ तो यहाँ खून की धारा बह जाएगी। सम्मेलन में जहाँ-तहाँ महंत के लठैत भी खड़े थे। स्वामीजी ने घोषणा कर दी कि वह प्रस्ताव से तटस्थ हैं। प्रस्ताव पर काफी बहस हुई। संयोग से वहाँ रामनंदन मिश्र भी पहुँचे हुए थे। उन्होंने रामवृक्ष के प्रस्ताव का जबरदस्त समर्थन किया। बहस होते-होते शाम हो गई। फिर भी दूर-दूर से

आए किसान डटे रहे। काफी रात बीतने के बाद वोट लिये गए। प्रस्ताव बहुत बड़े बहुमत से पास हो गया। कांग्रेस नेताओं की लंतरानियों और महंतजी के लठैतों की लाठियों की ओर किसानों का न ध्यान था, न परवाह थी। प्रस्ताव ने उनकी आँखों में चमक ला दी। प्रस्ताव पास हुआ तो उनके चेहरे पर नवजीवन-सा खेलने लगा! लेकिन स्वामीजी ने किसान सभा छोड़ देने की धमकी दी! रामवृक्ष को पास हुआ प्रस्ताव वापस लेने को मजबूर किया। तब से रामवृक्ष का मन 'लोकसंग्रह' से विरत हो गया। फिर भूकंप मचा, तो 'लोकसंग्रह' ही मलबा हो गया!

15 जनवरी, 1934 की सुबह रामवृक्ष 'लोकसंग्रह' के कार्यालय में ही थे कि एक सज्जन एक काम से बुलाकर उन्हें कचहरी ले गए। कचहरी में वह एक पेड़ के नीचे खड़े थे और एक सज्जन की तोंद पर उँगली रखकर उनको समझा रहे थे—'समाजवाद का उद्देश्य है, ऐसी तोंदों से थोड़ी चरबी निकालना⋯।' तभी अचानक पेड़ के पत्ते लड़खड़ा उठे। चौंककर ऊपर देखा तो पैर तलमलाने लगे। नीचे देखा—अरे, पृथ्वी काँप रही है! जिस तरह समुद्र की तरंगें एक पर एक आती हैं, लगा, पृथ्वी की सतह उसी प्रकार तरल बन गई है और उस पर ढेहू-पर-ढेहू उठ रहे हैं। अब खड़ा नहीं रहा गया। दोनों तलमलाकर लुढ़क गए। चारों ओर 'भूकंप-भूकंप' का शोर मच गया!

पल में प्रलय हो गई! कबीर ने कहा था—पल में परलय होयगी, बहुरि करोगे कब! किंतु पल में प्रलय कैसे होती है, कबीर ने किसी से सुना होगा—पढ़े-लिखे तो थे नहीं कि पुराण में पढ़ा हो, लेकिन उस दिन रामवृक्ष ने जो देखा, उन्हें इत्मीनान हो गया, पल में प्रलय हो सकती है और वह यों ही होगी!

दोपहर का एक पल। धड़ाम-धड़ाम! देखते-देखते ऊँची इमारतें धरती में समा गईं। बसी हुई बस्तियाँ पाँच मिनट में श्मशान बन गईं। कहीं धरती फटी, पानी फूट पड़ा। कुओं में बालू भर गया। कितने ही लोग—स्त्री-पुरुष, बाल-बच्चे धरती के पेट में समा गए। हजारों लोग मलबे में दब गए। धन-जन की अपार क्षति हुई।[3]

कचहरी की इमारतें इधर-उधर गिरीं। जमीन में चौड़ी दरारें फटने लगीं। जमीन फोड़कर पानी के फव्वारे ऊपर आने लगे। सड़कों पर घुटने भर पानी आ गया। भागते लोग चिल्लाने लगे—पानी, पानी, बाढ़-बाढ़। सारे के सारे मकान गिरे-अधगिरे! जैसे बमबारी से सारा शहर ध्वस्त-पस्त कर दिया गया हो। चारों ओर कुहराम।

जाड़े का मौसम, आसमान बादलों से घिरा, कभी-कभी टप-टप बूँदें गिर जातीं। तेजी से हवा बहती हुई कलेजे को नहीं, पसली-पसली को कँपा जाती। तिस पर रह-रहकर पृथ्वी हिल उठती! जरा भी हिली कि खलबली—चीख-पुकार, हाहाकार, त्राहि-त्राहि। मुल्ले अजान देने लगे, पंडित घड़ी-घंटे बजाने और शंख फूँकने लगे। शाम से रात और फिर रात ढलने तक यही आलम। जो भगवान् दिन में सो, गया था, क्या वह रात में

जग सकता था? धार्मिकता की आँधी ही ऐसी!

कई युवा कार्यकर्ताओं के साथ रामवृक्ष दूसरे दिन सवेरे से ही जहाँ-तहाँ पड़ी लाशों को उठा-उठाकर घाट पहुँचाने में लगे। तब तक वहाँ शहर का कोई नेता नहीं आया। जब बाहर से सहायता में रुपए-पैसे बरसने लगे, एक-एक नेता बिलों से निकलने लगे और उन स्वर्णकलशों को लपेटकर फन फुफकारने लगे![4]

सरकार का सारा शासन ठप पड़ गया। जेल की दीवारें गिर गईं, सिपाही भाग चले। कैदियों ने अपने घर की राह ली। कचहरी के मकान गिर गए। हाकिम अदालत कहाँ लगाएँ? यह हालत देख कई दोस्त बड़े खुश हुए कि भूकंप आया, बरबादी हुई तो क्या! अंग्रेजी राज तो गया! लेकिन तीसरे दिन उनके सिर पर एक वायुयान ने चक्कर काटा और उसने पर्चे गिराए कि गवर्नर की ओर से सहायता भेजी जा रही है। तब उन्हें लगा, यथार्थ में भूकंप अब हुआ। उनके पैर के नीचे की जमीन ही जैसे खिसक गई।

भूकंप की सूचना पाते ही गांधीजी सहायता के लिए दौड़े आए। राजेंद्र बाबू, आचार्य नरेंद्रदेव, आचार्य कृपलानी, जमनालाल बजाज, पुरुषोत्तम दास टंडन, पार्लियामेंट के मेंबर मि. हेल्स, स्विट्जरलैंड के डॉ. सैरेसोल आदि-आदि आए; सहायता कार्य में तेजी आ गई। सहरसा में गांधी जी ने घोषणा की—बिहार में सत्याग्रह आंदोलन बिल्कुल बंद![5]

कुछ दिन बाद रामवृक्ष शहर छोड़कर देहात आ गए। अपने गाँव के निकट बेदौल में ही कामगातामारू के बाबा गुरदत्त सिंह[6], कलकत्ता के डॉ. सोफ्ट और पत्रकार सत्यदेव विद्यालंकार के साथ सहायता कार्य में जुट गए।

राजनीति का असली हीरो मिला

भूकंप पीड़ितों की सेवा-सहायता के दौरान ही डॉ. जयप्रकाश नारायण से परिचय हुआ और पेशेवर पत्रकार रामवृक्ष को अपनी राजनीति का असली 'हीरो' मिल गया। ऐसा खाँटी हीरो, जिसने उनको समाजवाद की पेशेवर राजनीति के खतरों में घिरने से बचाया—प्रोफेशनल जनर्लिज्म की कीमत पर मौलिक साहित्य सृजन की मति-गति मंद पड़ने के खतरे से उबारा।

यूँ उन्होंने पहले पहल जेपी का नाम तब ही सुना था जब वह अमेरिका से लौटे। अमेरिका से लौटने के बाद उनके कुछ लेख 'सर्चलाइट' में छपे थे। रामवृक्ष ने उन लेखों को ध्यान से पढ़ा और उनके विचारों के कायल हुए। वह जेपी नामक युवक—बाबू ब्रजकिशोर प्रसाद के दामाद—के कई अन्य कारनामों से जेल में तब अखबारों के जरिए अवगत हुए, जब रामवृक्ष 'पतितों के देश में' और 'चिता की धूल' लिखते हुए अपने जख्मों को सहला रहे थे। उन्होंने यह भी सुना कि 1929 में अमेरिका से ऊँची पढ़ाई की डिग्री के साथ 'पक्के मार्क्सवादी' का तमगा लिये भारत लौटे युवा जेपी मुंगेर के प्रादेशिक

कांग्रेस सम्मेलन आए थे और वहाँ देश की आजादी के संघर्ष में शामिल पुराने नेताओं और नौजवानों की भिड़ंत को चुपचाप देखा था!

रामवृक्ष जिस समय बिहार सोशलिस्ट पार्टी का घोषणा-पत्र—मैनिफेस्टो—तैयार करने में लगे हुए थे, उस वक्त जेपी अखिल भारतीय कांग्रेस कमेटी के मजदूर विभाग के संचालक थे; प्रयाग में 'आनंद भवन' में रहते थे। वही जेपी नासिक जेल से निकलकर पटना आए और अपने साथ 'अखिल भारतीय कांग्रेस सोशलिस्ट पार्टी' के संगठन का खाका—उद्देश्य और विधान—लेकर आए थे। रामवृक्ष और उनके अन्य समाजवादी साथियों ने उसे पढ़कर जाना कि उसमें भी मूल बातें वहीं हैं, जो 'बिहार सोशलिस्ट पार्टी' के उद्देश्य और विधान में हैं।

भूकंप-पीड़ितों की मदद के लिए जारी दौड़-धूप के बीच उसी प्रारूप के आलोक में (17-18 मई, 1934 को) पटना के अंजुमन इस्लामिया हॉल में हिंदुस्तान में पहली बार समाजवादियों का वृहद् सम्मेलन हुआ। देश के तमाम हिस्सों से लगभाग 100 समाजवादी नेता आए। डॉ. राममनोहर लोहिया, अच्युत पटवर्धन, डॉ. संपूर्णानंद, यूसुफ मेहर अली, अशोक मेहता, मीनू मसानी, कमला देवी चट्टोपाध्याय, अरुणा आसफ अली, पूर्णिमा बनर्जी, नवकृष्ण चौधरी, मालती चौधरी, फरीदुल हक अंसारी, एस.एम. जोशी, एन.जी. गोरे, शिवनाथ बनर्जी, सुरेंद्रनाथ द्विवेदी, गंगाशरण सिंह, मुंशी अहमद दीन, दामोदरस्वरूप सेठ, रामनंदन मिश्र... । आचार्य नरेंद्रदेव के सभापतित्व में सम्मेलन हुआ। इसमें बहुमत से यह तय किया गया कि चूँकि सोशलिस्ट पार्टी के नाम से देश में कुछ और संस्थाएँ, जैसे, सोशलिस्ट रिपब्लिकन आर्मी, पंजाब सोशलिस्ट पार्टी (जिसकी सूचनाएँ लाला लाजपत राय की पत्रिका 'पीपुल' में छपा करती थीं) एवं अन्य छोटी-मोटी सोशलिस्ट पार्टियाँ बन गई हैं, इसलिए उन सबसे खुद को अलग करने के लिए और यह बतलाने के लिए कि हम राष्ट्रीय आंदोलन और एक राष्ट्रीय संगठन—कांग्रेस—का हिस्सा हैं, 'अखिल भारतीय पार्टी' का नाम 'कांग्रेस सोशलिस्ट पार्टी' होगा।

सम्मेलन में रामवृक्ष बेनीपुरी सहित बिहार सोशलिस्ट पार्टी के तमाम सदस्य शामिल हुए। उन्होंने इस शर्त के साथ कांग्रेस सोशलिस्ट पार्टी में विलय करना स्वीकार किया कि बिहार में पार्टी का नाम बिहार सोशलिस्ट पार्टी रहेगा। अगर यह शर्त मंजूर नहीं होगी तो उनकी पार्टी एफीलिएटेड बॉडी बनकर कांग्रेस सोशलिस्ट पार्टी की शाखा बनकर रहेगी। सम्मेलन में यह शर्त मंजूर की गई।

दरअसल, इस शर्त का ठोस कारण था। दो साल पहले ही जब बिहार सोशलिस्ट पार्टी की स्थापना की खबर अखबारों में छपी, तो तुरंत बिहार प्रांतीय कांग्रेस कमेटी की एक बैठक हुई थी। उसमें पदाधिकारियों का चुनाव करना था। किसी नौजवान ने 'युवक' के संपादक रामवृक्ष बेनीपुरी का नाम मंत्रिपद के लिए प्रस्तावित कर दिया। उन दिनों

बिहार कांग्रेस के सर्वेसर्वा थे श्री ब्रजकिशोर प्रसाद। उन्होंने तुरंत प्रश्न उठाया—''जो लोग व्यक्तिगत संपत्ति के उच्छेद की घोषणा कर चुके हैं, उनके लिए क्या कांग्रेस में स्थान हो सकता है? क्योंकि कांग्रेस के जो प्रस्ताव आदि आज तक हुए हैं, वे इसके विरुद्ध हैं।'' बैठक के सभापति पद पर राजेंद्र बाबू थे। उनके लिए निर्णय देना मुश्किल हो गया, क्योंकि तब तक कई बार जवाहरलाल नेहरू ने भी समाजवाद के पक्ष में मत व्यक्त किया था, लेकिन ब्रजकिशोर बाबू की शक्ति से वह परिचित थे। अतः उन्होंने यह कहकर प्रश्न टाल दिया कि इसका निर्णय अखिल भारतीय आधार पर ही किया जाना चाहिए। बस, इतने से ब्रजकिशोर बाबू का काम चल गया, क्योंकि उनके द्वारा यह प्रश्न उठाना ही लोगों को रामवृक्ष बेनीपुरी के खिलाफ कर देने के लिए काफी था!

पहली बार बिहार से बाहर

सम्मेलन में जेपी 'कांग्रेस समाजवादी पार्टी' के प्रधानमंत्री बनाए गए। सम्मेलन में उनकी और रामवृक्ष के बीच दोस्ती का पक्की गाँठ बँधी। वह पार्टी के प्रधानमंत्री की हैसियत से देश का दौरा करने निकल पड़े।

रामवृक्ष ने भूकंप पीड़ितों की मदद में गाँव-गाँव दौड़ना जारी रखा, लेकिन उसी बीच घर गए तो देखा, उसकी हालत भूकंप पीड़ित जैसी ही बुरी है। सिर से पैर तक समाजवाद में पगे रामवृक्ष को अपने घर को उबारने के लिए 'राहत की राजनीति' कैसे मंजूर होती? सो, फिर पत्रकार बनकर पैसे कमाने की खब्त सवार हुई। भूकंप-पीड़ित बिहार में अपने लिए कोई गुंजाइश नहीं देख उन्होंने जयप्रकाशजी से बात की कि वह उन्हें किसी ऐसे समाचार-पत्र में लगवा दें, जिसका विचार समाजवाद के अनुकूल हो।

बहुत दिनों तक उनको कोई पत्र नहीं मिला, तो वह अपने गाँव से चल पड़े कलकत्ता के लिए। सोचा, उस महानगरी में कहीं कोई जगह मिल ही जाएगी। वहाँ कई मित्र हैं। हिंदी पत्रकारिता का वह एक प्रमुख क्षेत्र बना ही हुआ है, लेकिन गाँव से ज्यों ही मुजफ्फरपुर पहुँचे, वहीं के पते से भेजा जयप्रकाशजी का पत्र मिला। उसमें लिखा था—''मैं खंडवा गया था, तो पं. माखनलाल चतुर्वेदीजी ने 'कर्मवीर' के लिए स्वयं एक अच्छे सहकारी की आवश्यकता बताई और यह भी कहा कि यदि वह बिहार के हों, तो और अच्छा। मैंने आपका नाम लिया, तो वह बहुत प्रसन्न हुए और कहा, आप यहाँ रहें या नहीं, एक बार खंडवा आकर उनसे मिल अवश्य लीजिए—आने-जाने का खर्च वह आपको दे देंगे।''

सो, रामवृक्ष की गाड़ी पूरब रुख नहीं जाकर पश्चिम-दक्षिण की ओर मुड़ गई। एक झोला लिये वह पहुँच गए खंडवा। झोले में भरी दो धोतियाँ, दो हाफ कमीज, सवा रुपए वाली दरी, खादी की एक चादर, जो वक्त जरूरत पर ओढ़ने का भी काम दे; झोले

के एक कोने में हाथ-मुँह धोने के कुछ सामान। बस।

ट्रेन में झोला को तकिया बनाकर लेटे तो दिल-दिमाग 'प्रभा', 'प्रताप' और 'कर्मवीर' से जुड़ी यादों में खो गए—'हमारे लिए पं. माखनलाल चतुर्वेदीजी तो 'भारतीय आत्मा' हैं—साहित्यिकता और राष्ट्रीयता के प्रतीक! अब उसी आत्मा के प्रत्यक्ष दर्शन होंगे। मैं भारतीय आत्मा की सेवा करूँगा! कर सकूँगा?...जब खंडवा से भारतीय आत्मा ने 'प्रभा' निकाली थी, तभी से मैं उनका अनुरक्त और भक्त हो चुका था। उन दिनों मैं मिडिल में पढ़ रहा था, तो भी 'प्रभा' को पढ़ने और समझने की चेष्टा करता था। जब जबलपुर से 'कर्मवीर' निकला, मैं उसका नियमित पाठक था।

'हाँ, याद आया...जब मैं कविता लिखने लगा, तो 'प्रताप' के साथ अपनी कविता 'कर्मवीर' में भी भेजा करता था।...1921 के आंदोलन में जब मेरे श्वसुरजी जेल गए, तब उन्होंने एक कविता लिखी थी—'जेल गए, हाँ, जेल गए' वह 'कर्मवीर' में ही तो छपी...!...जब 'बालक' का प्रकाशन हुआ, तो माखनलालजी ही ने 'बालक' की प्रशंसा कर उसको अखिल भारतीय स्तर पर प्रतिष्ठा दिला दी और मैं आसमान में उड़ने लगा था...।

'...गणेशशंकरजी जब जेल गए थे, तब 'प्रताप' का संपादन भार चतुर्वेदीजी ने ही तो उठाया था! गणेशजी की लेखनी से उस बलिपंथी राष्ट्रीयता को पुष्टि मिलती थी, जिसका मैं हामी था। उसी संपादक ने 'प्रताप' के संपादन के लिए भारतीय आत्मा को चुना! 1929 की तो बात है। गणेशशंकर विद्यार्थीजी 'अखिल भारतीय हिंदी साहित्य सम्मेलन' के सभापति थे और तब मैं उसका प्रचार मंत्री बना था। तभी से शायद माखनलालजी को यह मालूम हो गया होगा कि मैं गणेशजी के बलिपंथी संपादन कला का हिमायती हूँ... कि वही रास्ता मैंने अपने लिए भी चुना है। शायद इसीलिए माखनलालजी ने 'कर्मवीर' के लिए मुझे बुलाया है...!'

पूरा दिन और पूरी रात चलकर ट्रेन कब खंडवा पहुँची, होश ही न रहा। खंडवा स्टेशन पर उतरे तो होश हुआ, लेकिन वहाँ से चतुर्वेदीजी के घर आसानी से पहुँच गए—ढूँढ़ने में कोई परेशानी नहीं हुई। जिससे पूछते, वही खुश होकर उनको घर तक पहुँचाने की पेशकश कर देता।

उनके यहाँ दरवाजे पर कोई सज्जन बैठे मिले। उनसे कहा—'मैं बेनीपुरी हूँ।' सज्जन ने शायद सोचा कि वह भी कोई अनाहूत अतिथि हैं। सो, बैठने को कहा। बैठिए माने इंतजार कीजिए। चतुर्वेदीजी भीतर थे। रामवृक्ष खड़े-खड़े इंतजार करने लगे। दिल में तरह-तरह की बातें उमड़-घुमड़ करने लगीं—'जिंदगी में पहली बार बिहार से बाहर निकला हूँ! न जाने क्या होगा, कैसे लोग मिलेंगे? ...यूँ सुना है कि 'कर्मवीर' का प्रबंध विभाग भुवनेश्वरजी चला रहे हैं। वे अपने बिहार के शाहाबाद जिले के हैं। सुनते हैं कि

वे सरलता, भद्रता और कर्मठता की मूर्ति हैं। फिर काहे का डर! हो सकता है कि खंडवा का यह घर मेरे लिए अपना ही दूसरा घर साबित हो!'

कुछ ही समय बाद माखनलालजी बाहर आए। रामवृक्ष ने अपना नाम बताया और झट जयप्रकाशजी के पत्र की चर्चा की। बस, दो-तीन मिनट में ही सारा 'बिहारी' डर गायब! माखनलालजी ने ऐसे स्नेह और आदर का गरम स्पर्श दिया कि रामवृक्ष की सारी चिंताएँ बादल बनकर उड़ गईं।

तीन-चार दिनों तक तो आवभगत ही चली। फिर उन्हें 'कर्मवीर' में जोत दिया गया। संपादन की सारी जिम्मेवारी रामवृक्ष पर सौंपकर माखनलालजी जैसे निश्चिंत हो गए। रामवृक्ष को मन से, लगन से, धुन से, काम करने की आदत थी ही। इसलिए उन्होंने भी खुशी-खुशी सारी जिम्मेदारी अपने ऊपर ली और तय कर लिया कि वह अपने काम से भारतीय आत्मा को खुश करके ही दम लेंगे।

वह 'कर्मवीर' में सिर्फ वैतनिक संपादक नहीं रहे, बल्कि माखनलालजी के परिवार में शामिल हो गए। 'कर्मवीर' के संपादक की जगह बदस्तूर चतुर्वेदीजी का नाम छपता रहा। हालाँकि उन्होंने संपादन की जिम्मेवारी पूरी की पूरी रामवृक्ष पर छोड़ दी। संपादकीय लिखते समय रामवृक्ष ने हमेशा अपने को माखनलालजी का प्रतिनिधि समझा और उस प्रतिनिधित्व को सही-सही निभाने की कोशिश की। माखनलालजी का गांधीवाद क्रांतिकारी गांधीवाद था—रैडिकल गांधी-इज्म! अतः रामवृक्ष को उस स्थिति में अपने को रखने में ज्यादा दिमागी परेशानी नहीं हुई।

चतुर्वेदीजी थे अपने प्रांत के राजनीतिक नेता, सुप्रसिद्ध संपादक और इससे बढ़कर सरस हृदय कवि! अपनी कविसुलभ उदारता-अपनापे से उन्होंने रामवृक्ष को अपना अनुचर बना लिया। यहाँ तक कि वह आग्रह करने लगे कि रामवृक्ष परिवार सहित खंडवा आ जाएँ और बस जाएँ। कहने लगे—'तुम यहीं रह जाओ, परिवार भी ले आओ। यहाँ साहित्य में ही नहीं, राजनीति में भी तुम्हारे लिए गुंजाइश होगी।'

उन्होंने ही बताया कि सीपी (सेंट्रल प्रॉविंस—संयुक्त प्रांत) के प्रायः सभी नेता बाहर के हैं। राघवेंद्र राव मद्रासी हैं। पं. द्वारका प्रसाद मिश्र यू.पी. के हैं, सेठ गोविंददास राजस्थानी हैं। इसी तरह शुक्लजी, मेहताजी, गुप्ताजी, वर्माजी सब कहीं-न-कहीं से आए हैं। चतुर्वेदीजी का परिवार भी बाहर से ही आकर यहाँ बसा। यही दो-चार पुश्त का फर्क, नहीं तो सब के सब बाहरी आदमी।

रामवृक्ष के मन को वहाँ के कई दृश्यों ने भी काफी आकृष्ट किया, लेकिन वह ठहरे बिहारी! उनका हृदय जब-तब बिहार के लिए हाहाकार करता रहता। खंडवा की बलिपंथी राजनीति, यहाँ का घराऊ वातावरण भी जैसे बिहार के प्रति उनकी बेचैनी के लिए आग में घी जैसा काम करता—उन्हें चैन ही नहीं लेने देता।

माखनलालजी ने बताया कि सी.पी. की राजनीति में अधिसंख्य बाहरी आदमी हैं, ताकि रामवृक्ष खंडवा में बसने के प्रति आकृष्ट हों, लेकिन इसका बिहारी रामवृक्ष पर उल्टा असर हुआ। उनके दिमाग में यह बात नाचने लगी कि सब बाहर के आदमी हैं, इसीलिए यहाँ की राजनीति में अस्थिरता है। सो, वह खंडवा में बसने की बजाय जल्द-से-जल्द छुट्टी लेकर घर-गाँव देख आने की सोचने लगते!

अपनी गँवई आदत के मारे वह प्राय: रविवार को भाड़े पर साइकिल लेकर देहात निकल जाते—खंडवा को देखते—उसे अपनी बिहारी दृष्टि से पहचानने की कोशिश करते। बड़े-बड़े सींगोंवाली भैंसें, गाड़ी में जोतकर दौड़ाए जानेवाले हृष्ट-पुष्ट सुंदर बैल, घांवरे और चुस्त चोलीवाली ग्रामीण बधूटियाँ, रास्ता पूछने पर सिर हिलाकर 'हो···हो···' कहनेवाले छोटे-छोटे बच्चे, ऊबड़-खाबड़ जमीन में बाजरे, ज्वार, मूँगफली, तिल से लहलहाते छोटे-बड़े खेत और जगह-जगह टीले और टेकड़ियाँ, 'हर-हर' करके बहने वाले पहाड़ी नाले···। यह सब देखकर वह अघाते न थे, लेकिन गाँव-देहात के चक्कर लगाते-लगाते वह समझ गए कि 'यहाँ के देहातों में राजनीतिक जागरण प्राय: नहीं है। शहरी नेतृत्व है—देहात के लोग कांग्रेस और गांधीजी के नाम पर वोट डाल दिया करते हैं। इस मायने में बिहार की जनता सी.पी. की जनता से अलग है और राजनीति भी। बिहार की जनता में खूब राजनीतिक चेतना है। हालाँकि वहाँ का राजनीतिक नेतृत्व सी.पी. से भी बदतर है···!'

पूर्ण आस्तिक माखनलालजी के साथ रहते-रहते नास्तिक रामवृक्ष लोकजीवन में ऐसे घुल-मिल गए कि कभी-कभी जी ललचता कि 'क्या बुरा है, यहीं आकर रहूँ, काम करूँ···।' लेकिन दूसरे ही पल बिहारी मन घर लौटने की बात सोचने लगता! हाँ, उन्हें एक कष्ट था, लेकिन 'दादा' (माखनलालजी को वह 'दादा' कहने लगे थे) ने उसका भी समाधान कर दिया। खंडवा के ब्राह्मण मांस-मछली नहीं खाते। मांस का रामवृक्ष को कोई शौक नहीं, किंतु मछली के बिना तो वह पानी से बाहर की गई मछली की तरह तड़पते। दो-एक बार स्टेशन के रेस्तराँ में जाकर छुपकर खा आए, किंतु बाद में घर में ही बनवाने लगे। गंध उड़ी तो कानाफूसी चली—यह कैसा ब्राह्मण है? बिहारी के माने यही होता है क्या? तब 'दादा' ने विनोद से उनकी रक्षा कर ली—'अरे, यह बंगाली ब्राह्मण है न!'

खैर, छह महीने बाद उन्होंने दादा से घर जाने के लिए छुट्टी माँगी। 'छुट्टी' मिल गई। वह घर रवाना हुए, स्टेशन तक पहुँचाने दादा खुद आए। कहा—"पहुँचकर कुशल का तार देना और बाल-बच्चों के साथ लौटना।" रामवृक्ष भी इसी सोच के साथ रवाना हुए कि छुट्टी बिताकर खंडवा ही आएँगे, लेकिन कोई वादा नहीं किया।

कर्मवीर बना योगी

गाँव आकर तार दिया, लेकिन रामवृक्ष खंडवा लौट नहीं सके। गाँव से बोरिया-बिस्तरा लिये पटना स्टेशन पहुँचे, तो वहीं भेंट हो गई 'योगी' के संचालक नारायण बाबू से। उन्होंने टोका। सो, खंडवा का टिकट कटाने की कतार में खड़े होने की बजाय आ गए नारायण बाबू के साथ 'योगी' कार्यालय।

दादा से प्राप्त अग्रिम को तार से भेजवा दिया। 'योगी' से जुड़े और 'कर्मवीर' से खुद 'योगी' बन गए! दादा ने कई पत्र लिखे। सब में लिखा—'खंडवा नहीं आए, इसका दु:ख है।' वह खुद भी कई दिनों तक खोए-खोए रहे। कभी यह सोचते कि दादा को कितना दु:ख हुआ होगा? कितने नाराज हुए होंगे? और, कभी सोचते—जिंदगी में अचानक ऐसा क्यों हो जाता है कि हम चलते हैं कहीं के लिए और पहुँच जाते हैं कहीं और? जीवन के इस चक्र का क्या रहस्य है?

'योगी' होकर भी कई महीनों तक यह रहस्य समझ में नहीं आया। जीवन-चक्र के रहस्य के प्रति तब कुछ समझ बनी जब स्वेन हेउन का 'ट्रांस हिमालयाज' नामक ग्रंथ हाथ आया। उसे वह पढ़ गए। लेखक ने उसमें लिखा—'ब्रह्मपुत्र और सिंधु नदियाँ तिब्बत में जहाँ से निकली हैं, वे इतने निकट से चलती दिखाई पड़ती हैं कि लगता है, ये दो नाले अब मिले, तब मिले। किंतु अचानक एक पहाड़ी टीला बीच में आ जाता है। दोनों दूर पड़ जाती हैं, दोनों की प्रवाह दिशाएँ बदल जाती हैं और अंतत: एक बंगोपसागर में और एक अरब सागर में जा गिरती है!'

सच! जीवन भी कुछ ऐसा ही है। उस दिन नारायण बाबू से भेंट नहीं हुई रहती, तो वह आज कहाँ होते? खंडवा में?—जीवन में जो ज्ञात है, वह सिरा पकड़ो तो जवाब मिलता है—'हाँ।' और, जीवन में जो अज्ञात है, वह सिरा खोजने-पकड़ने की कोशिश करो तो जवाब मिलता—'नहीं। कुछ और भी हो सकता था!'

उनका यह अनुभव गहरा चुका था कि मांटेग्यू-चेम्सफोर्ड सुधार के अनुसार चुनाव का सिलसिला शुरू होगा, तो किसानों के नाम पर वोट माँगना सुलभ समझकर कई लोग—जमींदार भी—अपने को किसानों का नेता घोषित करना शुरू कर देंगे। दरअसल, ऐसा होना शुरू हो चुका था। यही वह 'पहाड़ी टीला' था, जिसके कारण उन्होंने 'योगी' में रहने के लिए 'कर्मवीर' को त्यागने का फैसला किया। बिहार में किसान आंदोलन की धूम मची हुई थी। सो, वह भी उसमें शामिल हो गए और 'योगी' को किसान आंदोलन का मुखपत्र बनाने में भिड़ गए। किसान सभाओं में जमींदारी प्रथा के खिलाफ बोलना, जमींदारी प्रथा उठा देने का प्रस्ताव रखना और पास कराना—इसे उन्होंने पेशा ही बना लिया। आखिर युवा रामवृक्ष ऐसा नहीं करते तो क्या करते?

इधर 'योगी' के संपादक की जगह नारायण बाबू का नाम छपता था। रामवृक्ष भी

चाहते थे कि उन्हीं का नाम रहे, क्योंकि अपना नाम वह सिर्फ अपने द्वारा निकाले हुए पत्र के लिए ही अब रिजर्व रखना चाहते थे, लेकिन कुछ दिनों के लगातार आग्रह के बाद, खासकर जब वह प्रथम बिहार प्रांतीय संपादक सम्मेलन के सभापति चुने गए, उन्होंने लाचार होकर अपना नाम उसके संपादक की जगह दिया। उनके नाम से 'योगी' को फायदा हुआ। उसके ग्राहक बढ़े, प्रचार बढ़ा, लेकिन रामवृक्ष का नाम आते ही ब्रिटिश हुकूमत चौकन्नी हो गई! उसकी खुफिया टीम 'योगी' कार्यालय के इर्द-गिर्द चक्कर काटने लगी। 'कांग्रेस समाजवादी पार्टी' का अखिल भारतीय रूप प्रकट हो चुका था। पार्टी, सभा और जब जेपी पटना में रहते तो उनका भी 'योगी ऑफिस' सदर मुकाम-सा बन गया था। बसावन सिंह सात वर्ष की सजा काटकर आए और उन्हें भी रामवृक्ष अपने साथ रखने लगे। 'योगी' ऑफिस किसान आंदोलन और समाजवादी आंदोलन का अड्डा हो गया। सब लोगों के साथ उनके अखिल भारतीय नेता जेपी चटाई पर, खुरदरे कंबल पर बैठकर बातें करते। शाम को भूँजा-मूढ़ी का जलपान करते, एक पैसे में एक प्यालीवाली चाय तृप्ति से पीते! भूँजा फाँकते हुए सब एक ऐसे समतामूलक समाज की कल्पना करते, जिसमें घी-दूध की नदियाँ बहेंगी! ऐसे समाज के निर्माण के लिए अपने को उत्सर्ग कर देना है।

वहीं रामवृक्ष के कलाकार हृदय ने जेपी को पहचाना—लंबा छरहरा बदन, गौर कांतिपूर्ण मुखमंडल, पहनावे में सादगी के साथ अद्भुत सौंदर्य, वाणी में मधुरता, मुसकान में मोहकता! ज्ञान, धुन और कर्मठता के अतिरिक्त भाईचारे की अपूर्व भावना—न ज्ञान का अभिमान, न अपनी बात लादने की टान, साथियों के विचारों का सम्मान और सही विचार तुरंत स्वीकार। उसी दौरान 'कांग्रेस सोशलिस्ट' नामक अंग्रेजी पत्र का प्रकाशन शुरू हुआ। उसमें यूसुफ मेहरअली का जेपी पर एक शब्दचित्र निकला। उसमें उन्होंने लिखा—"लोग पूछते हैं, सोशलिस्ट पार्टी में जयप्रकाश का क्या स्थान है? इसके जवाब में मैं एक फिल्म आलोचक का जवाब पेश करूँगा। जब आलोचक से पूछा गया कि चार्ली चैप्लिन का अभिनय कला में क्या स्थान है, तो उसने कहा—चार्ली एंड द रेस्ट! सभी अभिनेता एक तरफ और चार्ली एक तरफ!" रामवृक्ष ने यूसुफ मेहरअली के उस शब्दचित्र का अनुवाद छापा—पार्टी में सारे समाजवादी एक तरफ और जेपी एक तरफ!

सरकार भला यह सब कब तक बरदाश्त करती? उसे जल्द ही मौका मिल गया। कांग्रेस की स्वर्ण जयंती के अवसर पर रामवृक्ष ने 'योगी' का 'शहीदांक' निकाला। कांग्रेस के सभापति थे—राजेंद्र बाबू। रामवृक्ष ने उनसे संदेश भेजने का आग्रह किया। दूसरे पत्रों में प्रकाशनार्थ भेजे एक लेख ('बे-ठिकाना उनका मजार है') की कॉपी भी अपने व्यक्तिगत पत्र के साथ राजेंद्र बाबू के पास भेज दी। राजेंद्र बाबू ने शहीदों के प्रति श्रद्धांजलि का संदेश भेजा और एक वक्तव्य देकर स्वर्ण जयंती कार्यक्रम में शहीदों के

प्रति श्रद्धांजलि अर्पित करने का आदेश दिया। साथ ही, 'योगी' के शहीदांक के लिए लेख लिख भेजा।

'शहीदांक' नाम से ही सरकार काँपने लगी! उसने वह अंक जब्त कर लिया और 'योगी' से पाँच सौ रुपए की जमानत माँगी। जब्ती और जमानत में भी धाँधली हुई। उसमें अंबिकाकांत का 'जिंदा शहीद' नामक लेख छपा था। सरकार ने इसे आपत्तिजनक माना, वह भी लेख के इस वाक्य पर कि 'सिर कटाने के लिए उतावला होने की जरूरत नहीं, देशभक्त को जिंदा रहकर अपना हर क्षण देश के काम में लगाना है।' 'योगी' की आर्थिक स्थिति ऐसी नहीं थी कि जमानत दी जा सके। जेपी आर्थिक मदद जुटाने को तैयार हुए, बशर्ते 'योगी' को किसान सभा का मुखपत्र बना दिया जाए। किंतु उसके संचालकों ने दूसरा ही प्रबंध किया! रामवृक्ष क्या करते? वह 'योगी' से हट गए।

संदर्भ

1. 1928 में सुभाषचंद्र बोस कलकत्ता कांग्रेस में स्वयंसेवकों के जनरल ऑफिसर कमांडिंग थे।
2. 'हिंदुस्तान समाजवादी प्रजातांत्रिक सेना'

   'बहरों को सुनाने के लिए बहुत ऊँची आवाज की आवश्यकता होती है', प्रसिद्ध फ्रांसीसी अराजकतावादी शहीद वैले के यह अमर शब्द हमारे काम के औचित्य के साक्षी हैं।

   पिछले दस वर्षों में ब्रिटिश सरकार ने शासन-सुधार के नाम पर इस देश का जो अपमान किया है, उसकी कहानी दोहराने की आवश्यकता नहीं और न ही हिंदुस्तानी पार्लियामेंट पुकारी जानेवाली इस सभा ने भारतीय राष्ट्र के सिर पर पत्थर फेंकर उसका जो अपमान किया है, उसके उदाहरणों को याद दिलाने की आवश्यकता है। यह सब सर्वविदित और स्पष्ट है। आज फिर जब लोग 'साइमन कमीशन' से कुछ सुधारों के टुकड़ों की आशा में आँखें फैलाए हैं और इन टुकड़ों के लोभ में आपस में झगड़ रहे हैं, विदेशी सरकार 'सार्वजनिक सुरक्षा विधेयक' (पब्लिक सेफ्टी बिल) और औद्योगिक विवाद विधेयक' (ट्रेडर्स डिस्प्यूट्स) के रूप में अपने दमन को और भी कड़ा कर लेने का यत्न कर ही है। इसके साथ ही आनेवाले अधिवेशन में 'अखबारों द्वारा राजद्रोह रोकने का कानून' (प्रेस सैडिशन एक्ट) जनता पर कसने की भी धमकी दी जा रही है। सार्वजनिक काम करनेवाले मजदूर नेताओं की अंधाधुंध गिरफ्तारियाँ यह स्पष्ट कर देती हैं कि सरकार किस रवैए पर चल रही है।

   राष्ट्रीय दमन और अपमान की इस उत्तेजनापूर्ण परिस्थिति में अपने उत्तरदायित्व की गंभीरता को महसूस कर 'हिंदुस्तान समाजवादी प्रजातंत्र संघ' ने अपनी सेना को यह कदम उठाने की आज्ञा दी है। इस कार्य का प्रयोजन है कि कानून का यह अपमानजनक प्रहसन समाप्त कर दिया जाए। विदेशी शोषक नौकरशाही जो चाहे करे, परंतु उसकी वैधानिकता की नकाब फाड़ देना आवश्यक है।

   जनता के प्रतिनिधियों से हमारा आग्रह है कि वे इस पार्लियामेंट के पाखंड को छोड़कर अपने-अपने निर्वाचन क्षेत्रों को लौट जाएँ और जनता को विदेशी दमन और शोषण के विरुद्ध क्रांति के लिए तैयार करें। हम विदेशी सरकार को यह बतला देना चाहते हैं कि हम 'सार्वजनिक

सुरक्षा' और 'औद्योगिक विवाद' के दमनकारी कानूनों और लाला लाजपत राय की हत्या के विरोध में देश की जनता की ओर से यह कदम उठा रहे हैं।

हम मनुष्य के जीवन को पवित्र समझते हैं। हम ऐसे उज्ज्वल भविष्य में विश्वास रखते हैं, जिसमें प्रत्येक व्यक्ति को पूर्ण शांति और स्वतंत्रता का अवसर मिल सके। हम इनसान का खून बहाने की अपनी विवशता पर दु:खी है, परंतु क्रांति द्वारा सबको समान स्वतंत्रता देने और मनुष्य द्वारा मनुष्य के शोषण को समाप्त कर देने के लिए क्रांति में कुछ-न-कुछ रक्तपात अनिवार्य है।

इनकलाब जिंदाबाद!

ह. बलराज
कमांडर इन चीफ

3. 1914-18 के प्रथम विश्वयुद्ध के समय पंजाब और बंगाल की क्रांतिकारी पार्टियों ने अवसर का लाभ उठाकर गदर करने की चेष्टा की। लाहौर से कलकत्ता तक उन्होंने जाल बिछाया था। बहुत से क्रांतिकारी अस्त्र-शस्त्र के लिए बाहर गए। बहुत विदेशों से इसी काम के लिए लौटे, लेकिन भंडा फूटा, धर-पकड़ का दौर चला, गोलियाँ चलीं, बम फूटे, कितने मारे गए। जो पकड़े गए उनपर विद्रोह के मुकदमे चले। कितनों को फाँसी हुई। जिन्हें सजाएँ हुईं, उन्हें कहाँ रखा जाए, यह प्रश्न उठा। काला पानी खतरे से खाली न था—'एडमन' नामक पनडुब्बी जहाज ने बंगोपसागर को चंचल कर रखा था! तब अंग्रेज सरकार ने हजारीबाग को सबसे सुरक्षित समझा। विशाल जेल की रचना की—रेलवे स्टेशन से 50-60 मील की दूरी पर घनघोर जंगल में।
4. 15 जनवरी, 1934, दोपहर के बाद बिहार से दिल्ली तक सभी ने महसूस किया कि धरती हिल रही है। सारा बिहार त्राहि-त्राहि कर उठा। मुजफ्फरपुर और मुंगेर में भूकंप का विकराल रूप प्रकट हुआ। इस दुर्घटना में 18,557 लोगों की जान गई; 10 लाख 12 हजार मकान ध्वस्त हुए; 66 हजार तालाब और कुएँ सूख गए। 8 लाख 80 हजार बीघे जमीन पर बालू छा गई। संपत्ति के नाश का तो कोई हिसाब ही नहीं था।
5. 3 अगस्त तक देश-विदेश से 27 लाख 60 हजार रुपए, 191 पौंड, 3,000 फ्रांक, 4,204 येन और अपार सामग्री सहायता में आई।
6. जिस समय रामवृक्ष होश सँभाल रहे थे, प्रथम विश्वयुद्ध युद्ध हो रहा था—देश की सीमाएँ टूट रही थीं, अट्टालिकाएँ भहरा रही थीं, ताज गिर रहे थे। देश के भी कुछ दीवाने नौजवान मातृभूमि को आजाद करने के लिए जमीन-आसमान के कुलाबे मिला रहे थे। तब रामवृक्ष देहात में थे। वहीं देर से आए अखबार में पढ़ा—कामगातामारू! कुछ सिख अमेरिका से भारत आए। कलकत्ता में जहाज से उतरे और पुलिस से जमकर मोरचा लिया। गोलियाँ चलाईं। बहुत लोग मारे गए। कुछ भाग निकले। उनके नायक गुरुदत्त सिंह फरार। सब सिख—'कामगातामारू' के! उन्हीं गुरुदत्त सिंह को करीब 20 साल बाद युवक रामवृक्ष ने भूकंप-पीड़ितों की सेवा में मगन देखा! उनके नेतृत्व में पत्रकार रामवृक्ष भूकंप के मोरचे पर सिपाही की तरह डट गए

□

कलम का जादू

तब नाम गुम न होगा

उसने कागज पर कुछ लिखा। लगा—कविता जैसी थी। उसने उसे एक साफ कागज पर उतारा और नीचे अपना नाम लिखा। सिर्फ 'रामवृक्ष' नहीं, सिर्फ 'रामवृक्ष शर्मा' भी नहीं। रामवृक्ष शर्मा 'बेनीपुरी'।

पंद्रह वर्ष की आयु में अपने नाम और टाइटिल के साथ 'बेनीपुरी' शब्द उसने जोड़ा, लेकिन लगा जोड़ा नहीं, अनायास जुड़ गया! जिस बेनीपुर की नस-नस में मौजी बाढ़ है, उसी में वह पैदा हुआ। उसकी नस-नस में भी तो वही मौज समाई हुई है। तभी तो वह मनमौजी हो गया! यानी बाढ़ का बेटा। शायद उसी का असर हो! सो, पहली ही रचना में नाम के साथ अपने गाँव 'बेनीपुर' का नाम जुड़ना न 'रामवृक्ष' को आकस्मिक लगा और न 'शर्मा' को औपचारिक।

उसकी कृति ने 'रामवृक्ष शर्मा बेनीपुरी' नाम की पहचान लिये 'बालक' की सीमा पार कर 'युवक' की यात्रा शुरू की। बालक की सीमा पर पहुँचने तक रामवृक्ष की श्री-वृद्धि होने लगी थी। सो, उसने खुद रामवृक्ष के पहले 'श्री' लगा लिया। उसने अपना नाम किया—श्रीरामवृक्ष शर्मा बेनीपुरी।

लेकिन युवक की पत्रकारिता-यात्रा राजनीति के गलियों में पहुँची, तो उसने 'बेनीपुरी' को 'शर्मा' के बोझ से कराहता पाया। आश्चर्य! जिस बेनीपुरी के खून से शर्मा बेहिसाब मुटा रहा है, वही बेनीपुरी की इस कराह से गाफिल है! ऊपर से 'शर्मा' ने 'श्रीरामवृक्ष' को ऐसे महीन जाल से बाँध रखा है कि वह इसे ही अपने अस्तित्व-रक्षा का सर्वोत्तम सहारा माने बैठा था, मानो शर्मा के संबल बिना श्रीरामवृक्ष का कोई अस्तित्व नहीं! उसका नाम रामवृक्ष रखा घरवालों ने। इसके पीछे कोई-न-कोई सोच-विचार होगा, किसी-न-किसी की इच्छा-प्रेरणा होगी? फिर नाम के साथ 'शर्मा' जुड़ गया। क्यों? उसने सुना था उसके अन्य जाति के लोगों से ऊँचा होने और अपनी ही जाति में अलग पाँत में होने की पहचान है—शर्मा। उसकी कृति अकसर बौखलाकर उससे

पूछती—यह क्या! ये कैसा सहारा, कैसा संबल?

राजनीति के रास्ते पर उसका सामना जिन लोगों से हुआ, उनकी पहचान भी उसके जैसी ही थी। तो प्रतिद्वंद्वियों के हाथ में पहचान की जैसी तलवारें हैं, वैसी ही तलवार अपने हाथ में लिये उनसे मुकाबला करने निकला है। तब भी जीत का सपना देख रहा है!

उसने 'शर्मा' को जड़ से साफ करने का संकल्प किया। सायास प्रयास किया। बचपन का चंदन-फाटाका, किशोरावस्था की ब्राह्मणता और गायत्री का प्रतिदिन जाप त्याग दिया। चुटिया काट डाली, जनेऊ उतार फेंका, अपने नाम से 'शर्मा' की उपाधि हटा दी। यही नहीं, उसने युवा दृष्टि से यह देखा कि मजहब, जाति-पाँति का नारा सरकारी पदों के लिए या कौंसिलों और बोर्डों की सीटों के लिए ही बुलंद किया जाता है, तो युवा जोश में संकल्प किया—'इनसे दूर-दूर रहने की कोशिश करूँगा।'

तब 'शर्मा' ने दोतरफा वार किया। एक तरफ बेनीपुरी पर और दूसरी तरफ रामवृक्ष पर। उसने अपनी कलम से हर प्रहार का मुकाबला किया। शर्मा की राजनीति को परास्त किया। वह 'श्रीरामवृक्ष बेनीपुरी' हो गया। जल्द ही अकसर वह महसूस करने लगा कि 'श्रीरामवृक्ष बेनीपुरी' के सहारे के बिना अपाहिज की तरह चलता है, लेकिन 'बेनीपुरी' के लिए 'श्रीरामवृक्ष' के सहारे की कतई जरूरत नहीं और, दिल-दिमाग में यह एहसास भर जाता कि वह अपने गाँव के सारे सुख-दुःख, उत्साह-उमंग, व्यथा-कथा का सजीव प्रतीक हो गया। वह गाँव ही उसका 'देस' है, जिससे उसे 'देश' से परिचिति संभव होती है और वही देश को उससे परिचित करवाता है। तब से उसके लिए अपनी कृति में अपनी पहचान के लिए 'रामवृक्ष' लिखना अनावश्यक लगने लगा। सो, उसकी कृति में सिर्फ 'बेनीपुरी' अंकित होने लगा। अनायास। तब उसने नई चुनौती स्वीकार किया, वह 'चुनाव' लड़ेगा, लेकिन इस संघर्ष में कभी किसी भी स्तर पर समाज में कायम 'शर्मा' की जन्मगत अवधारणा की सुविधा का सहारा नहीं लेगा। उसके लोभ-लाभ को कभी पास फटकने नहीं देगा। उसकी कलम न इसका सहारा लेगी और न किसी तरह का सहारा देगी। इस तरह उम्र बढ़ने के साथ 'बेनीपुरी' ने 'शर्मा' को जड़ से साफ कर दिया और फिर 'रामवृक्ष' को भी नीचे दबा दिया—उसके अस्तित्व को गौण कर दिया! उसमें रंचमात्र भी संदेह की गुंजाइश नहीं रही कि जीवन के अंत तक जो बचेगा, वह 'रामवृक्ष' नहीं, 'बेनीपुरी' ही होगा।

पहली रचना छपी—कविता। पत्रिका के संपादक ने 'कविता' हू-ब-हू वही छापी, जो उसने लिख भेजी थी, लेकिन नाम का संपादन कर दिया—रामवृक्ष में 'वृक्ष' को 'कृष्ण' कर दिया।

तभी से वह अपने नाम के प्रति सचेत हुआ। वह राम का वृक्ष ही रहेगा। 'राम' के साथ 'कृष्ण' जोड़ने का क्या तुक! पुरुषोत्तम की मर्यादा के ज्ञान की साधना किए बिना गोपियों के संग रासलीला रचानेवाला, राधा का प्रेमी, कृष्णा (द्रौपदी) का सखा, अर्जुन का

सारथी महाभारत का 'कृष्ण' कैसे बने? उसके युवा मन-मस्तिष्क ने काफी मंथन किया अपने 'नाम' के बारे में। उसमें जरूरी तौर पर शामिल अक्षर-अक्षर और शब्द के बारे में। वह सिर्फ रामवृक्ष लिखे तो? नहीं। बेनीपुर की जमीन के बिना राम वृक्ष कैसे बनेगा?

उसने नाम छोटा किया—रा. बेनीपुरी। न, यह भी नहीं चलेगा। पुरखों का दिया नाम है। नाम सिर्फ उसके व्यक्ति की पहचान नहीं, परिवार की पहचान है। वह परिवार का अंश है। अंश अपने आपमें पूर्ण नहीं, लेकिन वस्तुजगत् में 'अंश' वास्तविक है और पूर्ण भी है। वास्तविक अंश अक्षर रूप में पूर्ण कैसे हो सकता है, शब्द रूप में ही पूर्ण हो सकता है। शब्द का अर्थ ही यह बता सकता है कि वह व्यक्ति रूप में किस पूर्ण का अंश है? इसलिए वह रामवृक्ष भी रहेगा और बेनीपुरी भी।

लेकिन? फिर लेकिन। वह सिर्फ बेनीपुरी रह सकता है, लेकिन सिर्फ रामवृक्ष नहीं। बेनीपुरी नाम की पूर्णता की पहचान करनेवाला अंश है, जो अपने आपमें भी पूर्णता का बोध कराता है।

पत्र-उद्योग बनाम स्वाधीन पत्रकारिता

वह 'युवक' निकालने के लिए मुकम्मल स्कीम के साथ मैदान में उतरा था। मित्र गंगाशरण उम्र में छोटे होने पर भी दुनियादारी को उससे ज्यादा समझते थे। वह संपन्न परिवार में पले-बढ़े थे। उनमें साहित्य वृत्ति के साथ पैसा और राजनीति की समझ ज्यादा थी। उन्होंने कई तरह की शंकाएँ और सवाल उठाए, लेकिन वह भी आखिर युवक थे, उसकी तरह जोशीले और कुछ नया कर गुजरने को बेताब! दोनों में खुलकर बहस हुई।

गंगाशरण को यह समझ में आ गया था कि रामवृक्ष भावुक हैं, कलम ही उनके लिए सबकुछ है; अब वह पत्रकारिता को आजीविका का माध्यम बनाने के लिए न 'तरुण भारत' जैसे की 'चाकरी' करना चाहते हैं और न ही 'बालक' जैसी 'नौकरी' में फँसना चाहते हैं। वह स्वतंत्र पत्रकारिता के लिए उद्यम खड़ा करना चाहते हैं।

"कैसा उद्यम?"

"ऐसा उद्यम, जिसमें न स्वयं और न किसी अन्य के लिए 'बालक' जैसे स्वामी बनने की गुंजाइश हो।"

"लेकिन यहीं और यही तो असली पेंच है।"

"असली चुनौती भी तो यही है।"

गंगाशरण के पास इसका कोई तर्कसिद्ध हल नहीं! उन्होंने भी गणेशशंकर विद्यार्थी के 'प्रताप' और माखनलाल चतुर्वेदी के 'कर्मवीर' के बारे में कुछ-कुछ सुन रखा है कि वे पत्र-पत्रिका के व्यक्तिगत उद्यम को सार्वजनिक उद्योग के रूप में चलाने का प्रयास कर रहे हैं¨!

"···लेकिन यह भी तो सुना है कि वे आज भी लड़खड़ा रहे हैं?"

"हाँ, लेकिन इसका मुख्य कारण पत्रकारिता पर 'पूँजी' की 'डिक्टेटरी' नहीं, ब्रिटिश हुकूमत के 'प्रेस कानून' हैं। देश को गुलाम बनाकर रखनेवाली अंग्रेजी सरकार प्रेस की आजादी कैसे बरदाश्त कर सकती है?"

"अरे भाई, कोई कानून हो या न हो, पूँजी तो चाहिए! पूँजी न हो तो पत्रिका खड़ी होकर भी चलने के पहले मर जाएगी।"

"जो हो, गुलाम देश में गुलामी के कानूनों के बीच भी 'प्रताप' और अन्य कई पत्रिकाएँ चल रही हैं, आजादी की लड़ाई में उनका डंका बज रहा है। प्रयोग के स्तर पर ही सही, पत्रकारिता की स्वाधीनता के प्रति प्रतिबद्ध रहकर उसे उद्यम के स्तर पर चलाने की उनकी कोशिशें कई बड़ी-बड़ी स्थापित पत्रिकाओं के कान काट रही हैं—साहित्य के क्षेत्र में भी और राजनीति के क्षेत्र में भी…।"

"ऐसी पत्रिकाएँ भी मरती हैं…।"

"ऐसी पत्रिकाएँ थोड़े न मरती हैं? शहीद होती हैं, अमर होती हैं!"

इसी तरह के तर्क-वितर्क और विचार-विमर्श के बाद दोनों मित्रों ने प्रयोग के तौर पर 'युवक' के स्कीम को मंजूर किया।

कलम बनाम पिस्तौल

'युवक' का प्रकाशन होते-होते यह तय हो गया कि छाती पर पिस्तौल रखकर भी कोई पूछेगा तो वह उग्रवादी-आतंकवादी राजनीतिक दल में सम्मिलित होने से इनकार करेगा; अहिंसा के पथ का कोई दावेदार रोकेगा तो भी उग्रपंथी दल के अनुयायियों के बलिदान के 'गीत' गाएगा। इसी दौरान एक रात एक रोमांचक घटना हो भी गई—मस्ती में जिनके गीत गा रहा था, वही 'गोली' का डर दिखाने पहुँच गए!

उस दिन वह एक मित्र के घर उसकी छत पर सोये हुए था। गरमी के दिन—चाँदनी खिली थी। किसी चीज के स्पर्श से नींद टूटी। देखा, उसकी बगल में एक सज्जन बैठे हैं। उन्हें पहचानते देर नहीं लगी। उन्होंने कहा—"देखो, तुम्हारी छाती पर यह क्या है?"

छाती से सटे पिस्तौल को देख वह काँप गया। आगंतुक सज्जन बोले—"तुम्हें पार्टी में शामिल होना पड़ेगा। या तो हमारे साथ आओ या वहाँ जाओ।"

वह सज्जन तारों की ओर देखकर मुसकराए। उसने उस पतली लकीर को देखा, जो मृत्यु और जीवन के बीच खिंच रही थी। फिर भी, साहस कर अपनी पतली कलाई की ओर इशारा करते हुए सज्जन से कहा—"क्या यह हाथ पिस्तौल पकड़ने के लिए बनाया गया है? इससे तो कलम ही सध सकती है।"

सज्जन ने कहा—"तो यही काम करो, किंतु पार्टी का सदस्य होकर।"

उसने कहा—"क्षमा कीजिए, आपके ऐसा शेर का दिल मैंने नहीं पाया। हो सकता

है, कभी कमजोरी आ जाए। तब जो कुत्ते की जिंदगी भुगतनी पड़ेगी, उससे तो यह मृत्यु अच्छी जो आपके हाथ से मिले।''

सज्जन गंभीर हो उठे, फिर मुसकरा पड़े, और उस पर कुछ जिम्मेदारी सौंपकर चलते बने। पत्रकार रामवृक्ष मान गया। उग्रपंथियों के संघर्ष से खतरा है तो क्या! उनकी ओर से दी गई जिम्मेदारी का खतरा उठाने से कतई इनकार नहीं।

कुछ ही दिनों में ऐसा वाकया भी पेश आया। 'युवक' सर्चलाइट प्रेस में छपा करता था। एक दिन वह वहीं बैठे प्रूफ देख रहा था कि एक किशोर आया और उसने कहा—''बाहर एक सज्जन आपको बुला रहे हैं।''

बाहर आए तो देखा, एक किसी रियासत के राजकुमार सरीखे सज्जन खड़े हैं—रेशमी कोट, चुन्नटदार धोती, पंप शू, हाथ में नफीस छड़ी, कलाई पर सोने की घड़ी। घुँघराले बाल, माँग को दो हिस्सों में बाँटकर सजाए हुए। बाल के गुच्छे आधी ललाट तक को ढके हुए। मूँछ-दाढ़ी सफाचट।

नजदीक पहुँचे—''कहिए? आप...।''

बीच में ही सज्जन ने मुसकराते हुए तपाक से कहा—''क्यों साले, तुम...?'' तब गौर से देखा और पहचाना—'अरे! ये तो वही हैं—छाती पर पिस्तौल सटानेवाले सज्जन—योगेंद्र शुक्ल!'

शुक्लजी पर कई वारंट थे। सरकार ने उनकी हुलिया के पर्चे जगह-जगह टँगवाए थे, किंतु कहाँ वह हुलिया, कहाँ यह शुक्लजी!

उन्होंने हाथ थामा और कहा—''चलो।'' रामवृक्ष चुपचाप साथ हो लिया। यह तो वह पहले ही जान चुका था कि न कभी यह पूछना है कि कहाँ से आए, न कभी यह जानने की उत्सुकता होनी चाहिए कि कहाँ चले।

'सर्चलाइट' प्रेस की बगल में ही थाना था। ज्यों ही सड़क पर आए तो देखा, पुलिस के कुछ जवान वरदी में चले आ रहे हैं। रामवृक्ष घबराया। शुक्लजी ने कहा—''कोई बात नहीं, ये कहीं ड्यूटी से आ रहे हैं, मुझे पकड़ने के लिए इस तरह नहीं आते।''

फिर उनकी कलाई पकड़कर जेब में ले गए—''समझ गए न? दोनों जेब में दो हैं, जिनमें एक दर्जन गोलियाँ भरी हैं। जब तक मैं जगा हूँ, कोई पकड़ नहीं सकता।''

आगे बढ़ने पर बोले—''स्टेशन चलो।''

रामवृक्ष ने कहा—''स्टेशन पर आपके हुलिये के पर्चे टँगे हैं।''

''चलो, उसे भी देख लें।'' उन्हें कौन समझाए कि स्वयं शेर की माँद में घुसना बुद्धिमानी नहीं। दोनों स्टेशन पर गए। शुक्लजी हुलिया पढ़ते रहे, हँसते रहे। लिखा था—'उसके सिर पर चुटिया है, वह घुटनों तक धोती पहनता है, देखने में पहलवान लगता है, आदि-आदि।' फिर एक होटल में जाकर खाना खाया और चलते बने।

आत्महीनता पर अंकुश

'औपचारिक शिक्षा का त्याग आत्महीनता पैदा करता है कि उसके बिना वह योग्य नहीं बन सकता। उसे इस आत्महीनता पर विजय पाने की क्षमता अर्जित करनी ही होगी अन्यथा यह आत्महीनता उसकी अयोग्यता बनकर उसको खत्म कर देगी।' जब भी दिमाग का कोई हिस्सा इस एहसास को उसके सामने रखता, वह और ज्यादा कठिन और कठोर श्रम में लग जाता है—तन और मन के साथ—आत्महीनता के हाथों हार नहीं मानेगा—श्रम के कोड़ों से आत्महीनता के एहसास को पीट-पीटकर उस पर अंकुश लगाता। तब वही एहसास आँख ढके घोड़े की तरह उसके कोड़ों की फटकार की आवाज से आगे बढ़ता। जहाँ कदम पड़े उसे ही रास्ता मानकर!

अकसर ऐसा भी क्षण भी आता। वह लिखने बैठता—अक्षर की खेती करनेवाले नए किसान की तरह—कार्य कठिन लगता, वह कठिनाई को पार करने की योग्यता नहीं पा सकता। शायद औपचारिक शिक्षा से यह योग्यता प्राप्त होती, लेकिन नहीं। उसे परेशान नहीं होना है। वह चालाक, महीन, संभ्रांत लेखक नहीं बनना चाहता। वह ऐसी फसल जरूर पैदा करेगा, जिससे वह अपना पेट भर सके, लेकिन सिर्फ इतने के लिए तो उसने यह कठिन-कठोर कार्य नहीं चुना। पशु अपना पेट भरने के लिए क्या करते हैं—भीख या छीनकर पेट भरने के सिवा! औपचारिक शिक्षा क्या सिखाती है—सिर्फ चालाकी? क्या समझदारी भी चालाकी के रास्ते से ही मिलती है?

वह ईमानदारी से कोशिश करता, दिन में बीस-बीस घंटे काम करने की। थककर चूर होता, तो अंदर से संतोष फूटता—हाँ, वह पढ़ाई के जीवन के लिए अयोग्य हुआ, लेकिन जीवन की पढ़ाई में योग्य साबित हो रहा हूँ—युवावस्था में ही उसके लिखे शब्द किताब बनकर बाजार और समाज में हलचल मचाने लगे हैं। लोग उसके लिखे को उसकी किताब में छपे उनके नाम से इस कदर पहचानने लगे कि जिस किताब में अन्य किसी का नाम होता, उसे पढ़कर पाठक दावे के साथ बोलने लगते—यह या तो नाम बदलकर लिखी आपकी चीज है या फिर आपने उसका संपादन कर अपना ऐसा 'टंच' दिया कि वह हाथोहाथ बिक गई। कहीं पुनर्लेखन तो नहीं कर दिया!

वह जिस पत्र-पत्रिका में काम करता, उसमें संपादक के निर्देश पर दूसरों के लिखे का संशोधन-संपादन करता, लेकिन जो खुद लिखता, उसका सहयोगी अग्रज या संपादक सुधारते, उसका संपादन करते। संपादन के बाद उसे छापने का निर्देश दे देते, लेकिन वह तय करता है कि संपादक द्वारा संपादन के बाद वह उसके नाम पर छपे या नहीं। छपेगा वही जो उसका लेखन रहेगा! संपादक ने अगर उसके लेखन को सँवारने के नाम पर कथ्य को बदलने की कोशिश की तो वह फट कहता—उसके नाम से वह नहीं जाए। छपे भी तो उसके नाम से नहीं।

कोई संपादक कहे कि जैसा मैं कहूँगा तुम वैसा करो, तो वह बेचैन हो उठता। पेशे के पद में ऊपर या बड़े होने के नाते उनको वह मुँह पर नहीं कहता कि उनको ऐसा करने का अधिकार नहीं, लेकिन उसकी भूख-प्यास खत्म हो जाती। वह मन-ही-मन उनको कहता—आपको यह कहने की पूरा अधिकार हो सकता है कि आप जैसा कहें वैसा मैं करूँ, लेकिन मैं 'न' कहने का अधिकार नहीं खो सकता। भले इसके लिए मुझे आजीविका खोने तक की कीमत चुकानी पड़े।

वैसे, दुनिया क्या सोचती है, इससे क्या फर्क पड़नेवाला है? वह लिखता था—अच्छा या खराब, इससे भी क्या फर्क पड़नेवाला है? लेखकी उसे एक 'इनसान' बनाए रखेगी—क्या कला का सबसे बड़ा मूल्य यही उपलब्धि नहीं है, जो वह कलाकार को प्रदान करती है!

उसका लेखक वही काम करेगा, जिसे वह अपने जीवन का उद्देश्य समझता है। लेखन उसके जीवन को न्यायोचित बना रहा है? हाँ। इसलिए उसका कार्य बेकार भी होगा तो भी उससे हजार गुणा अधिक सफल है, जो उसकी अपनी इच्छा को मारकर अनाज की खेती करानेवाला किसान या पैसा पीटनेवाला वकील बनने से होता।

वह समझने लगा कि आप किसी भी चीज के बारे में हर समय सही नहीं हो सकते। आप केवल साहस और शक्ति जुटा सकते हैं, वह करने के लिए जिसे आप सही समझते हैं। वह गलत भी हो सकता है, लेकिन आपने वह काम कर दिया, कर चुके, यही महत्त्वपूर्ण होता है। हमें अपनी बुद्धि से श्रेय के चयन का काम करना है और अंतिम परिणाम का निर्णय 'ऊपर वाले' पर छोड़ देना चाहिए। तुम इस वक्त जो करना चाहते हो, वह करोगे तो भविष्य के लिए वही तुम्हारा सबसे जरूरी निर्देश हो जाएगा, अगर उस पर विश्वास करने से न डरो तब।

वह किसी से भी मिलता, खूब बातें करता, खूब सुनता और सबकी बातों में उन बातों को गुनता जो उसे स्वयं अपना निर्णय लेने की दिशा में ले जाने की प्रेरणा देने जैसी लगतीं।

'हर व्यक्ति के भीतर एक अंदरूनी दृढ़ता होती है, एक चारित्रिक गुणवत्ता। अगर तुम इस दृढ़ता के बल पर एक लेखक, पत्रकार, साहित्यकार या कलाकार बने रहोगे तो जरूर बनोगे। एक दिन तुम अपने आपको पूरी तरह अभिव्यक्त कर पाओगे, चाहे तुम कोई भी माध्यम चुनो।'

वह पत्रकार बनकर बाहर की आँधी और अपने अंदर के तूफान, दोनों को पहचानने की कोशिश कर रहा है। दोनों की सीमा और संभावना को शब्दों में व्यक्त करने में कई बार लगता है कि वह हार रहा है, लेकिन उसे खुद को अभिव्यक्त करते चलना है और देखते जाना है कि जो हुआ और जैसा किया, इस अभिव्यक्ति ने उसके जीवन को मायने दिया। इसे जीत मानो या न मानो, ऐसी सफलता अवश्य है, जो जीत से बड़ी और ज्यादा जरूरी है।

वह कलम थामे धुर देहात में अनाज की खेती करनेवालों की आजादी के लिए संघर्ष कर रहा है। वह अक्षर की खेती करनेवाला संकल्पबद्ध पत्रकार-लेखक बनने का जतन कर रहा है। इसका सीधा मायने यह है कि देश की आजादी के अर्थ के साथ-साथ उसे अपने लेखन के जरिए लेखन की आजादी को परिभाषित करना होगा।

वह अपने कमरे में पहुँचा।...की किताब निकाली और पन्ना खोला। कुछ पंक्तियों को फिर-फिर पढ़ा और उनमें डूब गया। 'दुनिया में काम करने के लिए आदमी को अपने ही भीतर मरना पड़ता है। आदमी इस दुनिया में सिर्फ खुश होने के लिए नहीं आया है। वह ऐसे ही ईमानदार बनने को भी नहीं आया है। वह पूरी मानवता के लिए महान् चीजें बनाने को आया है। वह उदारता प्राप्त करने को आया है, वह उस बेहूदगी को पार करने आया है, जिसमें तकरीबन हर आदमी का अस्तित्व घिसटता रहता है।

वह लिखता है। वह सौंदर्य के वास्तविक मूल तक पहुँचने की कोशिश करता है, हार और पीड़ा से कटे-फटे चेहरों के शब्द-चित्र बनाते हुए भी।

उसे जीवन की साधारण चीजों के बारे में बात करना अच्छा लगता है। वह लिखने का काम करते-करते लिखने के लिए ही गाँवों की तरफ चलने का कोई-न-कोई बहाना ढूँढ़ लेता है। बाढ़ का इलाका!...किसान, कामगार और छोटे-छोटे शिल्पी—कुम्हार, बढ़ई, लोहार...बुनकर...। इनको कठिन जिंदगी बितानी होती है। आनेवाले कल का खाना आज की मेहनत से आता है और बहुत बड़ी मेहनत से। अकसर मामला उलझ जाता है। आज की मेहनत के लिए ताकत जुटानेवाले को खाने के लिए बीते कल की मेहनत का दाम भी नहीं मिलता—कर्ज लेना पड़ता है। कर्ज की रकम आगे कभी मिल सकनेवाली मेहनत-मजूरी से ज्यादा होती है।

पत्रकारिता और राजनीति

उसने दृढ़ निश्चय और योजनाबद्ध होकर पत्रकारिता के वास्तविक जीवन का वरण किया। यूँ वह 'बालक' से 'युवक' की ओर के प्रस्थान बिंदु से ही जान चुका था कि सरस्वती की उस पर कृपा है। लक्ष्मी को सरस्वती खींचकर उसके पास लाने को तत्पर भी है। 'बालक' में रहते समय से ही उसे इतने पैसे मिलने लगे थे कि यदि उसका संग्रह करता, तो वह लखपतियों में अदीम की गिनती पाता। किंतु उसने 'युवक-साधना' शुरू करते ही लक्ष्मी पर यह शर्त रख दी कि 'आप इस हथेली पर पैर रखकर आया-जाया कीजिए, कभी ठहरिए मत। क्योंकि मैं सरस्वती का वाहन हंस हूँ, आपका वाहन उल्लू बनने को किसी शर्त पर तैयार नहीं।' इसलिए 'युवक' से स्वाधीन पत्रकारिता का उद्यम शुरू करने का मतलब ही इस मकसद का संकेत बन गया कि उसे 'गरीबी' को अपनाना है! 'न-न, गरीबी नहीं, 'फकीरी'। अपने उद्यम के लिए पूँजी की गुलामी का

नहीं, 'फकीरी का शास्त्र' (अर्थशास्त्र!) रचना है!'

पत्रकारिता के लिए पूँजी के पीछे चलो या फकीरी की बाँह गहो, 'राजनीति' की पथ-पंगडंडियों पर से गुजरना ही है! सो, उसकी 'युवक-दृष्टि' ने अपने बिहारी समाज और बिहार की राजनीति को प्रोफेशनल पत्रकार के नजरिए से देखना शुरू किया। देखा—राजनीति में शामिल अग्रणी 'महान्' पुरुष अंग्रेजों से लड़ने में बड़ा-से-बड़ा बलिदान करने को प्रस्तुत हैं, लेकिन उनके दिमाग जात-पाँत की विचारधारा से कलुषित हैं। वे सभाओं में राष्ट्रीयता का गुणगान करते हैं और घरों में जात-पाँत के दाँव-पेच खेलते हैं!

सो, उसका युवा दिल-दिमाग चीखने लगा—'इससे बढ़कर गंदा क्या है?' ऊपर से मजहब का तनाव। हिंदू-मुसलिम दंगे! एक तरफ देश की आजादी के लिए राजनीतिक संघर्ष जारी है और दूसरी तरफ सत्ता की राजनीति को मजहब और जाति-पाँति भ्रष्ट किए जा रहे हैं!

ऐसे में कोई युवक हाथ पर हाथ धरे कैसे बैठा रहे? 'युवक' को शक्ति और साहस के साथ साधना का प्रतीक बनाने के क्रम में अपने अंदर के पत्रकार सहित पत्रकारिता के लिए समाजवादी शैली की खोज में उसके कदम चालू राजनीति के अंदर के भूल-भुलैया पथों की ओर मुड़े। इस निश्चय के साथ कि अब अपने राम को चालू राजनीति के खिलाफ वैकल्पिक राजनीति की भट्ठी में भी झोंक देना है!

राजनीति की भट्ठी में झोंकने का अर्थ? सबसे पहले धर्म और जात-पाँत से अपने को दूर कर लेने का निर्णय। इस निर्णय पर अमल को आसान कर दिया उसके कुछ मित्रों ने। उन्होंने उसकी लंबी चुटिया काट डाली और जनेऊ का अंतिम संस्कार कर दिया। तब उसने अपने नाम से 'शर्मा' की उपाधि हटा दी। धर्म का आधार है भगवान्—इसलिए भगवान् से भी द्रोह कर बैठा! वह जोरों से अपने संगी-साथियों से भी कहने लगा—भगवान् से बचो, सबसे बड़ा भूत वही है। जब तक तुम्हारे सिर पर यह भूत है, तब तक कोई अच्छा काम कर नहीं सकते।

उसने देखा कि मजहब और जात-पाँत का नारा मुख्यत: सरकारी पदों के लिए या कौंसिलों और बोर्डों की सीटों के लिए बुलंद किया जा रहा है। अत: मन-ही-मन यह तय कर लिया कि वह इनसे दूर-दूर ही रहने की कोशिश करेगा। 'राजनीति' की ओर बढ़ते कदमों को अपने बलबूते अपने काबू में चलाएगा और कोई करे न करे, वह राजनीति को भी साधना के क्षेत्र के रूप में ग्रहण करेगा। तय किया, उसे त्याग-तपस्या द्वारा जन-सेवा करने का माध्यम बनाने की कोशिश करनी है, गांधीजी की तरह। राजनीति को बरतने के मामले में वही सर्वोत्कृष्ट मिसाल हैं। हालाँकि गांधीजी के धार्मिक सिद्धातों से बँधे कई राजनीतिक विचारों से मतभेद है और वह उनका विरोध खुलकर करेगा अन्यथा गांधीजी के चेलों पर हावी चालू राजनीति उसके सिर पर भी

उसी रूप में सवार होकर रहेगी, जिसमें वह 'बदमाशों का आखिरी करिश्मा' है!

पत्रकार रामवृक्ष ने ठान लिया कि 'युवक' में वह गांधीजी के तपस्या-मार्ग पर चल रहे बलिपंथी राजनीतिज्ञों की प्रशंसा करेगा, लेकिन इनके साथ उन लोगों से भी संपर्क रखेगा—उनका भी 'पत्रकारिता-गान' करेगा—जो चालू राजनीति के सुगम मार्ग को छोड़कर अपनी जान हथेली पर लिये घूम रहे हैं। यूँ पत्रकारिता करने के पहले ही वह गांधीजी का पूजक हो गया था। एक छटाँक सूत भी नहीं काता था, लेकिन गांधी की आँधी में उड़ते हुए खादी धारण कर लिया था। (जीवन के अंतिम क्षण तक खादी ही पहना)। 'युवक' के प्रकाशन की तैयारी के वक्त से ही वह 'पटना युवक संघ' के नौजवानों को लेकर हर रविवार खादी का फेरी करने लगा था। कंधे पर खादी का थान और हाथ में गज लेकर चलते हुए उसको लगता था कि देश के विजय अभियान में निकला है। खादी आजादी के सैनिकों की वरदी—एक व्यक्ति को खादी पहना देने का मतलब—देश की सेना में एक नया सैनिक भरती करना!

शैली का स्रोत

संपादन के क्षेत्र में उतरे 10-12 वर्ष नहीं हुए कि उसने अपने सहयोगी-मित्रों को कहते सुना—यार, इसकी तो अपनी अलग ही शैली है औरों से अलग और जोरदार भी।

एक दिन सुना, मैथिलीशरण गुप्त कह रहे थे—गणेशजी (गणेशशंकर विद्यार्थी) के बाद आप ही की भाषा में मैंने जोर पाया।

वह सोचने लगा—गणेशजी की भाषा में वह जोर कहाँ से आया? यह समझ में आए, तभी समझ सकूँगा कि वह मेरी भाषा में कहाँ से आ गया?

उसने गणेशशंकर का 'प्रताप' फिर-फिर पढ़ा—पुराने अंक भी। साथ में 'प्रभा' और अन्य अंग्रेजी पत्र-पत्रिकाएँ।

गणेशजी की शैली का स्रोत क्या है? उनका बलिदानी जीवन। तब तो वह कह सकता है अपनी शैली का स्रोत—'तूफानी जीवन'। लेखनी की शैली जीवन से अलग कोई वस्तु नहीं होती। शैली में वही प्रवाह, गति और जोर आता है, जो जिंदगी में होता है। निजी जिंदगी में।

हाँ, वर्तमान जीवन-यात्रा के बारे में इतना तो कह ही सकता है कि वह अपना यौवन तूफानों में बिता रहा है। इसलिए लोग उसकी शैली में हवा के झोंके पाते हैं, जो बड़े-बड़े वृक्षों को उखाड़ दे; बिजली की वह चमक देखते हैं, जो आँखों को चकाचौंध में डाल दे! हाँ, उसमें गर्द-गुबार भी है, वहाँ बूढ़ा व्याकरण पनाह माँगता है, लँगड़े मुहावरे लुढ़कते दिखते हैं—इसमें उसका क्या कसूर? पत्रकारिता के पेशे में उतरकर उसने तो यही पाया है कि इसमें गति और गर्द साथ चलते हैं!

और वह दोनों के साथ चलता है। तूफानी जीवन जीते-जीते उसके अंदर तूफान सा उठता है। न जाने कितनी-कितनी बार महसूस किया कि वह अपने भीतर के तूफान को कागज पर सही-सही उतार नहीं पा रहा। अकसर आँधी हवा का झोंका बनकर रह गई, बिजली चिनगारी में समा गई। आह, अब तक उसके सीखे-जाने शब्दों में कितनी हीनता है, कितना अभार है! वे अब तक न विचारों को सही रूप में प्रकट कर पाते हैं, न भावनाओं को। मस्तिष्क का कमल जिह्वा पर आते-आते कनेर बन जाता है।

बोलने के समय कुछ काम चल जाता है—शब्दों की हीनता हम चेहरे की भाव-भंगिमा से, हाथों के इशारे से, स्वर के उतार-चढ़ाव से कुछ-कुछ ढकने की कोशिश करते हैं। कुछ सफलता भी मिलती है, लेकिन कागज पर स्याही से उतारते ही विचार, भावनाएँ सारी आग, सारी रंगीनी खो देती हैं। उजले तुनुक कागज पर ज्वालामुखी का विस्फोट प्रकट कर, काली स्याही से इंद्रधनुष की रंगीनियाँ चित्रित करना! कितना कठिन!

कठिन है तो क्या, ऐसा किए बिना उसके पत्रकार-लेखक-संपादक 'होने' का कोई मतलब नहीं? कठिनाइयाँ हल करो। हल यही है कि इसे चुनौती के रूप में स्वीकार करो। पुराने रास्तों पर चलते-चलते अगले किसी कदम पर उन पर चलने से इनकार करने का साहस पैदा करो। पाओगे कि यह इनकार नए रास्ते बनाने को प्रेरित कर रहा है। जब तुम चलोगे, तो कदम जहाँ पड़ेंगे वहीं से नया रास्ता फूटेगा—मकसद स्पष्ट होगा तो मंजिल साफ नजर आने लगेगी।

पत्रकारिता और साहित्यकारिता

वह शिवजी के साथ काशी पहुँचा, 'बालक' के संपादन और छपाई के सिलसिले में। कंपनीबाग के निकट का चौराहा। एक साधारण-सा व्यक्ति खड़ा था। कद, पोशाक, खड़े होने का ढंग—सभी साधारण। सिर खाली। अस्त-व्यस्त बाल, हवा के झोंके से उड़ रहे। जिंदगी की कितनी ही धूप-छाँहों के चिह्न लिये गोरा चेहरा! ललाट में कितनी सीधी रेखाएँ—गालों पर कितनी सिकुड़नें! बेतरतीब-सी मूँछें। दाढ़ी मानो कई दिनों से नाई की प्रतीक्षा में। शरीर में कमीज, जिसके ऊपर के दो बटन खुले हुए। एक हाथ में छाता। एक हाथ में वह उड़-उड़कर ललाट से छेड़खानी करनेवाले बालों को सँभाले या बिगड़ैल मूँछों को। साफ-सी दिखनेवाली धोती। साधारण-सा ही जूता। भाई शिवजी ने बताया—यही हैं हिंदी के उपन्यास सम्राट प्रेमचंद। वह आश्चर्यचकित रह गया।

इसके बाद लगभग दो वर्षों तक वह काशी आता-जाता रहा। वह ज्यादातर काशी ही रहता। प्रेमचंदजी से प्राय: भेंट होती! प्रेमचंदजी वहीं अपनी सरस्वती प्रेस चला रहे थे। प्रेस की हालत अच्छी नहीं थी। प्रेमचंदजी उसे ठिकाने पर लाने के लिए काफी मेहनत करते थे। 10:00 बजे दिन से शाम तक जुटे रहते।

वह अकसर सोचता, प्रेमचंद जैसे कलाकार और तंगदस्ती और झंझटों से लड़ाइयाँ! तब अपने राम का क्या होगा? लगता है, अपने लिए दिल्ली दूर है!

दूसरे ही पल उसका दिमाग उसको फटकार लगाता—क्यों बच्चू, अभी साहित्य-क्षेत्र में प्रवेश ही न किया है और अभी से इसे सोने और शहद से भरा-पूरा समझ लिया?

उसने देखा, साधारण-सी सूरत-शक्ल के अंदर छिपी एक महान् आत्मा। सब कहते गुदड़ी में लाल। उसे दिखा—राख से ढकी चिनगारी सा व्यक्तित्व! सभी महान् पुरुष ऐसे ही होते हैं। सीधे-सादे, इसीलिए झंझटों में फँसे। लोग उनसे फायदे उठाए जा रहे हैं और उन्हें धोखे दिए जा रहे हैं; वरना वह भी एक ठाठ की जिंदगी बसर करते, दुनिया की नजरें उनकी चकाचौंध का लोहा मानतीं।

किंतु हाँ, उनके सीधेपन में एक बाँकपन है। शायद यही बाँकपन उन्हें समाज, सरकार और पूँजीवाद से मोरचे पर मोरचे लेने को प्रेरित करता है। उनके हाथ में कलम है तो क्या हुआ? वह योद्धा हैं। जब उन्होंने देखा, समाज उनके प्रेम-संबंध में बाधक हो रहा है, उन्होंने उसे जमकर ठोकर लगाई। जब देखा, सरकार अनीति की राह पर बेधड़क बढ़ती जा रही है, उन्होंने उससे संबंध-विच्छेद कर लिया। जब देखा शुद्ध साहित्य के क्षेत्र में भी पूँजीवाद अपना विषैला प्रभाव जमाए जा रहा है, उन्होंने उसके खिलाफ युद्ध छेड़ दिया।

काशी में जब मिलते, खूब बातें होतीं। खासकर एक सपने पर—अपना प्रेस, अपना प्रकाशन। किसलिए? पैसा बटोरकर मालामाल होने के लिए? अगर यह कामना होती तो उनके प्रेस, पत्रिका का रूप ही दूसरा होता। ऐसे तो कई लोग हैं, जो रद्दी चीजों का प्रकाशन करके लखपति बन रहे हैं, लेकिन प्रेमचंद का क्या कहना? वही उनका बाँकपन—टूट गए पर मुड़े नहीं। एक अड़, एक टेक!

हिंदी साहित्य का जन्म उस समय हुआ, जब भारत सामंतशाही युग से गुजर रहा था। संयोगवश देशी सामंतशाही बहुत बिखरी, ढीली-ढाली थी। कुछ विदेशी कबीले इस पर टूटे। दोनों लड़े। विदेशियों की विजय हुई। किंतु जहाँ उनकी तलवार जीती, वहाँ हारे हुए लोगों के तहजीब ने उन पर विजय प्राप्त की। तहजीब—सामंतशाही तहजीब। कुछ दिनों तक लोगों में खूब घुटी, पर फिर कशमकश शुरू हुई। इतने में एक तीसरी शक्ति कूद पड़ी। वह इन दोनों से मजबूत थी। क्योंकि वह उनके युग से गुजरकर आगे के युग में पैर रख चुकी थी; यानी यह तीसरी, सामंतशाही के बाद के वर्ग, पूँजीशाही, का प्रतिनिधित्व करती थी। पूँजीशाही जीती, सामंतशाही हारी। पूँजीशाही के दौर-दौरे शुरू हुए। उसने सामंतशाही की ठठरी कहीं-कहीं भले ही रख छोड़ी हो, किंतु उसने उसका सत्त जरा भी नहीं छोड़ा। यही नहीं, इस पूँजीशाही का पेट केवल इतने ही से नहीं भर सकता था। उसने प्रत्यक्ष शोषण शुरू किया, जिसका फल हुआ—देश में ऐसे वर्गों का उदय, जो थे तो अनादिकाल से, किंतु जिनकी ओर हमारा ध्यान ही नहीं गया

था। पूँजीशाही जिस प्रकार सामंतशाही की ही पितृ-भक्त औलाद है, उसी तरह मजदूर-किसान वर्ग पूँजीशाही की पितृ-घाती संतान है।

अब अपने साहित्य को देखिए। वह आज तक सामंतशाही को ही केंद्र-बिंदु मानकर अपना क्रीड़ा-कौतुक दिखा रहा है। चाहे हम किसी दशरथ राजा के बेटे की गाथा गाएँ या किसी शाहजी के पुत्र शिवाजी की, शिवसिंह हो या पृथ्वीराज, थे तो एक ही वर्ग के। जयपुर नरेश हों या कोई अन्य नरेश-महेश; यदि कोई नहीं मिला तो स्वयं बेचारे श्रीकृष्ण तो हैं ही, उन्हीं के सिर पर खेल लीजिए। पर इन सबके बीच एक ही वर्ग का सिलसिला है—स्थान, काल, पात्र से थोड़े विभेद के अनुसार।

किंतु यह तो मानना पड़ेगा सामंतशाही के खात्मे का दौर है, युग पूँजीशाही का आ गया। अब आप चाहें तो पूँजीशाही का यश गाइए या उसकी विद्रोही संतान किसान-मजूर का। प्रेमचंदजी क्या कर रहे हैं? उन्होंने तो जैसे ठान लिया कि पूँजीशाही को आईना दिखाते रहेंगे और किसान-मजूर को ही अपना पात्र बनाएँगे। यही तो उनकी कला की सबसे बड़ी खूबी है। इस दृष्टि से भई, प्रेमचंदजी असाधारण हैं! साहित्यिक नवयुग के अग्रदूत। किसान-मजूर वर्ग के इस प्रथम कलाकार ने अपनी कला को कितना मोहक, आकर्षक और रंगीन बनाया है? जिन्हें हम गूँगा-मूक समझते थे उन्हें जुबान दी, जिन्हें हम अंधा-सूर समझते थे उनकी आँखों को नूर दिया। झोंपड़ियों की कौन बात, खेत की मेंड़ पर बनी मड़ैयों तक को उन्होंने बोलना, हँसना, प्यार करना, रोना सिखला दिया!

हाँ, उनकी कुछ रचनाएँ मामूली हैं। उसे कभी-कभी इस बात पर झिझक होती, लेकिन वह यह सोचकर अपने मन को मनाता कि आखिर यह याद रखना होगा न कि वह किस परिस्थिति में रहकर रचना कर रहे हैं। एक तरफ जीवन-संग्राम की झकझोर, दूसरी ओर आवश्यकताओं की चाबुकबाजी और तीसरी तरफ मानो जले पर नमक, हमारे जैसे लोग, जो अपनी पत्र-पत्रिकाओं के नाम और गरिमा को ऊपर उठाए रखने के लिए, मुफ्त लिखने को, तकाजे के मारे उनका नाकों दम किए रहते हैं! वे बेचारे मुफ्त में महान् बनने की मजबूरी न ढोएँ तो क्या करें! स्वभावत: और मुख्यत: प्रेमचंदजी जन-साहित्य के निर्माता हैं, लेकिन उनकी रचनाओं में सामंतशाही युग की कुछ अस्फुट झलक मिलती है। इस गड़बड़झाले में वह खुद भी तो शामिल है! आखिर कोई क्या करे?

अब तक जनता की चेतना उतनी प्रस्फुटित नहीं हुई है। हम जनसेवियों का आदर्शवाद भी उतना निखर नहीं पाया है कि इसके पूर्व युग के अवशिष्टांश की कोई छाया हम पर न पड़े। सो, हमारी रचनाओं में कुछ ऐसा गड़बड़झाला होना कोई गैर-मामूली बात नहीं।

हमारा समाज, हमारा देश एक बड़े संक्रांति-काल से गुजर रहा है। बड़ी-छोटी शक्तियाँ आपस में टकरा रही हैं, जिनकी टक्कर वायुमंडल को बेतरह विक्षुब्ध किए हुए

है। कभी एक खास जगह में एक महाभारत हुआ था। आज तो ऐसे महाभारत, संसार को छोड़िए, हमारे देश के कोने-कोने में हो रहे हैं। इन महाभारतों के सजीव चित्रण के लिए हमें एक वेदव्यास चाहिए। प्रेमचंद हमारे युग के वेदव्यास ही तो हैं! उनकी कृतियों को पढ़ना, हमारे युग के इतिहास को पढ़ना है—वैसा इतिहास, जो तारीखों और व्यक्तियों पर निर्भर करके उस अंतर्धारा का सजीव चित्रण करता है, जो समाज की रीढ़ है। हाँ, वह 'कला कला के लिए' वाले बेसिर-पैर के जीव नहीं, वे आदर्शवादी लेखक हैं, अत: साधारण कमजोरियों से अपने पात्रों को ऊपर उठाए रखते हैं।

इस तरह अपने दिल-दिमाग को मनाते-समझाते हुए भी रहा नहीं गया तो एक दिन उसने सीधे प्रेमचंदजी से इसकी चर्चा की। उन्होंने कहा—'गोदान' तक प्रतीक्षा करो। उसने प्रतीक्षा की। 'गोदान' छपा। उसने पढ़ा और, तब लिखा—'गोदान' निस्संदेह उनकी पूर्व रचनाओं पर तरजीह पाने योग्य है, किंतु वहाँ भी वह 'निखार' नहीं, लेकिन एक बात है। आपने हमें केवल जनता का साहित्य नहीं दिया, वरन् वह साहित्य कैसी भाषा में लिखा जाना चाहिए, उसका भी पथ-निर्देश किया। जनता द्वारा बोले जानेवाले कितने ही शब्दों को, उनकी कुटिया-मड़ैया से घसीटकर आप सरस्वती मंदिर में लाए और इसी प्रकार कितने ही अनधिकारी शब्दों को, जो केवल बड़प्पन का बोझ लिये हमारे सिर पर सवार थे, इस मंदिर से निकाल बाहर किया। हमें इसी पथ पर आगे बढ़ना है।

पहला उपन्यास : पतितों के देश में

पहली बार हजारीबाग जेल पहुँचा, तो अपना पहला उपन्यास लिखा। एक सत्य घटना के आधार पर कैदी की कहानी। अठारह कथा-सूत्र। नायिका पिअरिया, एक ग्रामीण युवती। औपन्यासिक कृति, लेकिन शिल्प-संरचना के स्तर पर नया प्रयोग कि कथा-विधान अलग-अलग शीर्षकों में हो; जिसकी हर घटना अपने में एक स्वतंत्र कहानी लगे, किंतु सबको एक साथ मिला देने पर जेल-जीवन का यह जीवंत दस्तावेज उपन्यास का रूप बन जाए।

उसने लेखन शुरू करते हुए उपन्यास को 'बाहरी झाँकी' और 'भीतरी झाँकी' नाम से दो भागों में बाँटा दिया। फिर इनके भीतर अलग-अलग शीर्षकों से कथा-विन्यास शुरू किया। बाहरी झाँकी के अंतर्गत 'जवानी के दिन', 'फागुन का महीना', 'वाह मनोहर भैया', 'बरसात आई', 'स्वप्न-लोक', 'संसार की नजर', 'आँखों में नींद कहाँ', 'ठनकर रही' और 'पिअरिया-पिअरिया' शीर्षक के कुल नौ कथा-सूत्र पिरोए। भीतरी झाँकी में 'यह पाषाणपुरी', 'कोल्हू का बैल', 'गीदड़ कुटान', 'जेल कल्लुओं का है', 'कामदेव कहाँ नहीं है', 'तिकठी और बेंत', 'पगली घंटी', 'फाँसियाँ भी देखीं' और 'पत्थर

का फूल'—इसमें भी कुल नौ कथा-सूत्र। इस तरह अठारह कथा-सूत्रों को मिलाकर उपन्यास पूरा हुआ, तो नामकरण किया—'पतितों के देश में'।

गाँव के परिवेश में प्रेम-कथा का विकास हुआ—'वह मचान पर आ बैठती। कभी गीली मिट्टी लेकर कमठे के लिये गोलियाँ बनाती, कभी मकई के सूखे पत्तों से गदरा बुनने की कोशिश करती। कभी मस्ती में गीत टेरती। मेरा खेत उसके खेत के निकट ही था। उसमें कौनी थी। कौनी की देखभाल और घास छीलना—दोनों काम साथ ही करने के खयाल से मैं वहाँ प्राय: होता। शायद पिअरिया का आकर्षण भी आस-पास रहने को बाध्य करता। अत: इन तमाशों को हजार आँखों से देखता, इन गीतों को लाख कानों से सुनता। बदनामी के डर से इधर मैं उससे कुछ दूर ही रहने की कोशिश करता। उसे भी यह बात अच्छी तरह समझा दी थी, किंतु जब कभी झींसी-फुही होने लगती या धूप कड़ी हो जाती, मैं उसके मचान पर पहुँच जाता। मुसकराहटों का आदान-प्रदान होता, व्यंग्य-विनोदों की लेन-देन होती।'

ग्रामीण परिवेश में प्रेम-भावना के सहज विकास में विषम परिस्थितियों ने व्यवधान पैदा किया और समाज के षड्यंत्र के कारण प्रेमी मनोहर जेल में पहुँच गया। पिअरिया की जगह एक दूसरी औरत को गवाही के लिए खड़ा कर दिया गया। उसने पिअरिया बनकर मनोहर पर बलात्कार का अभियोग लगाया है। बाहर की झाँकी संपन्न!

बाद की घटनाएँ 'भीतर की झाँकी'—जेल-जीवन की व्यथा-कथा से जुड़ीं। प्रेमी युवक मनोहर की पीड़ा के वर्णन के साथ जेल के भीतर की एक जिंदगी के यथार्थ की प्रस्तुति!

आत्मकथा के विरुद्ध

जेल में वह कई दिनों तक सोचता रहा कि उसे अपने आज तक के जीवन पर एक दृष्टि डालने की कोशिश करनी चाहिए। अपने अनुभवों को 'डायरी' में लिपिबद्ध कर लेना चाहिए, ताकि आगे के लेखनकर्म का क्रम ठीक करने में सहूलियत हो।

लेकिन वह कई तरह के सवालों में उलझ गया। कभी विचार आता कि 'आत्मकथा' लिखने से क्या फायदा? कहीं कोई इन पंक्तियों को पढ़े और पढ़कर उसकी कमजोरियों को जान जाए तो?—'संभव है, मेरे प्रति उसके मन में कुछ कुभावना आ जाए। फिर भले उसको कोई फायदा नहीं होगा, मुझे लाभ के बदले हानि ही होगी न!'

कभी यह मनमौजीपन बहा ले जाता—'अरे छोड़ो! कौन पीछे की ओर देखे? जो हुआ सो हुआ। आगे बढ़ते चलो-बढ़ते चलो, कहीं किनारा लग ही जाएगा और न भी लगे तो क्या परवाह, सभी का तो जीवन सफल होता नहीं!'

ये दोनों खयाल उसे लिखने से रोकते रहे, किंतु जेल का एकांत उसे शांत बैठने न देता था। वह लिखने लगा—बीते कल के कुछ संस्मरण, लेकिन कुछ संस्मरण उसके

आत्म की पूरी कथा कैसे हो सकते हैं?

वह तब तक इतिहास या वर्तमान में चर्चित, विवादास्पद और पसंदीदा व्यक्तित्वों के बारे में पढ़ रहा था और उनसे संबंधित तमाम तरह की जानकारियाँ जमा कर रहा था, ताकि वह अपनी मौलिक कृति के रूप में उनकी 'जीवनी' हिंदी के पाठकों तक पहुँचा सके। कुछ की जीवनी छप चुकी थीं। उस वक्त अकसर उसे महसूस हुआ था कि वह दूसरों की जीवनी लिखने के लिए तभी प्रेरित हुआ, जब वह सिर्फ पाठक नहीं रहा। वह पात्र को जीने लगा और फिर पाठक एवं पात्र के बीच के तमाम फासले तय करते हुए अचानक उसे लगा कि वह उन फासलों को लाँघ गया! वही क्षण किसी अन्य की जीवनी को अपने शब्दों में लिखने का प्रस्थान बिंदु बना। यानी किसी का जीवन-चरित लिखना, तभी संभव हुआ और वह इसमें सफल हुआ, जब वह लेखक से सिर्फ 'दर्शक' बन गया! तभी कलम चलने लगी, लेकिन आत्मकथा के लिए? खुद को पढ़ते हुए पात्र-पाठक के रिश्ते की दूरियाँ लाँघना और फिर उसका निरा दर्शक बनना! यह तो लेखन के लिए सर्वथा अलग और नई तरह की साधना की माँग करता है!

सामान्य आदमी कितनी आसानी से दूसरे की जिंदगी में झाँकने में मजा लेता है और उसे पहचान लेने का दावा भी करता है, लेकिन खुद अपनी जिंदगी में झाँकना और खुद को पहचानना उसके लिए कठिन होता है। किसी लेखक के लिए दूसरे के जीवन में झाँकने-पहचानने के साथ अपने जीवन की कुछ खास घटनाओं के बारे में लिखना, संस्मरण लिखना आसान हो सकता है, लेकिन आत्मकथा लिखने के लिए आत्म की खोज और उसका उद्घाटन करना! यह कतई आसान नहीं। यह तो असंभव की तलाश की यात्रा जैसी है। यह तो जानते हुए भी कि वह इक आग का दरिया है, डूब के जाने की मजबूरी या मूर्खता के बिना संभव नहीं। उसके लिए जो भी रास्ता चुनो, वह बेहद कठिन होगा ही। अगर यह लेखन मजबूरी या मूर्खता नहीं है, तो आत्मकथा-लेखन के लिए कोई भी लेखक पहले इस सवाल पर सौ बार सोचेगा कि आखिर वह क्यों इतना कठिन रास्ता चुने? उससे उसको या किसी और को क्या हासिल होगा?

उसने उसी दौरान एक आलेख पढ़ा था (शायद किसी प्रसिद्ध लेखक के उपन्यास या जीवनी की समीक्षा थी)। उसकी कुछ पंक्तियों को उसने अपनी नोटबुक में उतार लिया था कि 'दुनिया में काम करने के लिए आदमी को अपने ही भीतर मरना पड़ता है।···वह (पात्र या लेखक) इस दुनिया में सिर्फ खुश होने के लिए नहीं आया है, लेकिन वह ऐसे ही ईमानदार बनने को भी नहीं आया है। वह पूरी मानवता के लिए महान् चीजें बनाने को आया है। वह उदारता प्राप्त करने को आया है और उस बेहूदगी को पार करने आया है, जिसमें तकरीबन हर आदमी का अस्तित्व घिसटता रहता है।'

वह जीवनी लेखन की ओर प्रवृत्त होते वक्त ही यह समझ चुका था कि इतिहास,

काव्य, उपन्यास, नाटक—इन सबसे परे चरित-लेखन एक खास कला है; जिसमें इन चारों का पुट न पड़े, तो चीज सूनी-सूनी, बासी-बासी मालूम होगी। इतिहास की सच्चाई, काव्य की मनोहारिता, उपन्यास और नाटक की भंगिमा यदि चरित में नहीं आई—तो समझ जाइए, आप असफल हुए! सिर्फ मस्तिष्क का ऊहापोह अच्छा जीवन-चरित नहीं दे सकता। हृदय का स्पंदन और आलोड़न उसका प्रमुख उपादान है।

जीवनी लेखन के दौरान उसने संबद्ध व्यक्तित्व के जीवन का वर्णन उसकी गति में ही किया—उसी की धारा में। उसने अपने नायक-नायिका को वहीं खड़ा करके उसका फोटो खींचने की चेष्टा की—जब वह खेल रहा है/रही है, पढ़ रहा है/रही है, रो रहा है/रही है, हँस रहा है/रही है—जब वह किसी महानतम कार्य को संपन्न करने में लीन है, या जब वह अदना से अदना काम में अपने को बहला रहा है/रही है—उसकी कलम के कैमरे ने उन्हीं अवसरों पर उसे पकड़ने की कोशिश की। जनमत और आत्मतुष्टि और खींच-तान में भी उसका कलाकार निर्बंध और निर्विकार रह सके, यही उसकी आकांक्षा रही।

लेकिन दूसरों की जीवनी लिखने के साथ अपने जीवन के कुछ संस्मरण डायरी में नोट करते-करते अपनी आत्मकथा लिखने की बात पर दिमाग जहाँ अटका, वहीं अटका रह गया (आगे करीब बीस वर्ष तक अटका रहा)।

बर्नार्ड शॉ उसका सबसे प्रिय लेखक है। वह तो कहता है—'सभी आत्मकथाएँ झूठी हैं।' किंतु आश्चर्य! उसको विरोधियों ने उत्तेजित किया, मित्रों ने बार-बार आग्रह किया, तो अपने बारे में वह इतना कह गया कि यदि उन सबको एकत्र कर दिया जाए, तो एक उच्च श्रेणी की आत्मकथा बन जाए! उसने 'सोलह आत्मचित्र' के नाम से एक पुस्तक प्रकाशित कराई और फिर बतलाया कि उसने अपनी आत्मकथा क्यों नहीं लिखी—"मैंने न किसी की हत्या की, न कोई अघट मेरे जीवन में घटा! फिर आत्मकथा में लिखा क्या जाए? और आत्मकथा को पठनीय होने के लिए कलात्मक तो होना ही चाहिए।"

वह मानता है कि सर्वोत्तम आत्मकथा वही है, जिसमें आत्म-निवेदन हो, अपने पापों की स्वीकृति हो। किंतु क्या यह सबके लिए संभव है? कोई रूसो, कोई गांधी ही ऐसा कर सकता है। साधारणतया आत्म-निवेदन के नाम पर लोग अपने पापों पर परदा ही डालते हैं। अतः कोई सिलसिलेवार आत्मकथा लिखने से उसने अपने को सदा बचाया। 'आत्मचित्र' में उसने उन बातों पर ही प्रकाश डाला जो या तो छोड़ दी गई थीं या जिनके बारे में गलतफहमियाँ पैदा हो गई थीं। शॉ यह भी समझाता है कि कलाकार आत्मगोपन भी नहीं कर सकता। मानव और प्रकृति के गहन रहस्यों का उद्‍घाटन ही जिसका पेशा है, वह अपने बारे में चुप रहे, यह असंभव है! सो, वह अपने को प्रकट करता है—प्रतिदिन, प्रतिक्षण प्रकट करता है, किंतु आत्मकथा के रूप में नहीं, अपनी कृतियों के रूप में! वह पूछता भी है कि अगर शेक्सपियर से उसका 'हैमलेट' छीन लो

और उसके बदले उसके जन्म की घड़ी से मृत्युपर्यंत की एक रंगीन तसवीर बना लो, तो क्या यह पिछला शेक्सपियर पहले शेक्सपियर से ज्यादा आकर्षक और दिलचस्प होगा?

किंतु एक विशाल वट-वृक्ष की हरी-हरी पत्तियों, लंबी-लंबी जटाओं और मोटी-मोटी डालों को ही देखकर मानव का मन तृप्त नहीं हो जाता। उसमें उत्कंठा जगती है उसकी जड़ें देखने को—जो इन सबकी आधार हैं। कुदाल चलाना कठिन काम है, वृक्ष को क्षमा मिल जाती है। किंतु महापुरुष—वह बेचारा! प्रश्नों की बौछार, फिर झूठी-सही अटकलबाजियाँ! चुप वह रहे तो कैसे? शॉ ने लिखा—"अपने जीवन के विस्तृत विवेचन के लिए मुझे कम-से-कम बीस मोटे-मोटे ग्रंथ लिखने पड़ जाएँगे। इससे कम में कुछ भी कहना असंभव है।...लेकिन अगर तुम पूछो, तो कहूँगा—लिखने का प्रयास मैंने कभी नहीं किया, उसी तरह जिस तरह साँस लेने का प्रयास कभी नहीं करता हूँ, और न कभी यही अनुभव किया कि मुझमें असाधारण साहित्यिक प्रवृत्ति है। यदि किसी में सहज एवं स्वाभाविक साहित्यिक प्रवृत्ति हो तो इसमें आश्चर्य की क्या बात? कला के विशेषज्ञों, संग्रहकर्ताओं और उत्साही लेखकों में ही सृजन-शक्ति की कमी रहती है। मछली उड़ना चाहती है, पंछी तैरना—जिसमें जिस वस्तु का अभाव रहता है, वह उसी वस्तु को प्राप्त करने की चेष्टा करता है। मैंने कभी लिखने की चेष्टा की ही नहीं। यह सत्य है कि मैं उस साहित्यिक प्रवृत्ति का अभाव अपने में पाता हूँ। फिर भी मैं उसकी पूर्ति के लिए लालायित नहीं हूँ। किसी वस्तु की इच्छा करना और उसे प्राप्त किए बिना रहना—दोनों बातें कैसे हो सकती हैं?"

रामवृक्ष ने इमर्सन को भी पढ़ा। वह कहता है—"अरे, लिखो वह, जो तुम हो। अच्छा लेखक सदा अपने बारे में लिखता है। हाँ, उसका ध्यान उस सूत्र पर रहता है, जो संसार को उससे जोड़ता है। लेखक की शैली उसके दिमाग की आवाज है। काठ के दिमाग से काठ की आवाज आएगी। सत्य वंशी की तरह सुरीला और वीणा की तरह झनकारवाला होता है। सदा विजय की ही बात क्यों करो? कुछ सत्य की, आराम की, आनंद की बात भी तो करो। ...पूरी ईमानदारी की कमी ही असफलता की जननी है। ...सबसे विचित्र बात यह है कि आदमी यह कभी कहना नहीं चाहता कि मैं यह नहीं जानता।"

रामवृक्ष आत्मकथा लिखने से परहेज करता रहा, लेकिन दूसरों की जीवनी लिखते वक्त यह सवाल, यह जिज्ञासा कलम की नोक पर रहती कि आखिर वे चरित-नायक वैसे ही क्यों हैं?

□

'जनता' रामवृक्ष

जनता के बीच : जनता के साथ

'योगी' पत्रिका से हटते ही राजनीतिज्ञ पत्रकार रामवृक्ष बेनीपुरी ने ठान लिया कि वह 'जनता' के बीच जाएँगे—'जनता' के साथ। प्रयत्न शुरू हुआ।

वह कांग्रेस सोशलिस्ट पार्टी के काम में पूरा समय (1935-36) देने लगे। शहर और देहात के नौजवानों और किसान-मजदूरों के बीच पार्टी संगठन का काम बढ़ने लगा, लेकिन देखा, साथ में योग्य साहित्य नहीं। रामवृक्ष ने एक स्कीम तैयार की और समाजवादी मित्रों के सामने रखी कि 'जन साहित्य संघ' नाम की एक संस्था स्थापित की जाए। संस्था की रजिस्ट्री हो। उसके तहत एक साप्ताहिक निकाला जाए। एक मासिक भी निकाला जाए। बाद में इसके द्वारा हिंदी-उर्दू की अन्य पुस्तकें प्रकाशित करने का यत्न हो। जेपी से विचार-विमर्श हुआ तो तय हुआ कि इस संस्था को सिर्फ बिहार की संस्था न बनाकर हिंदी-संसार की संस्था बनाई जाए। इसके लिए अपील निकाली जाए और इसके तहत पहले 'जनता' नाम से साप्ताहिक निकाला जाए।

जन साहित्य संघ को एक रजिस्टर्ड संस्था बनाने के लिए जेपी बंबई से विधान बनवा लाए। देश भर के मित्रों से संपर्क किया गया और तब संस्था के संस्थापकों के रूप में आचार्य नरेंद्रदेव (यू.पी.), फरीदुलहक अंसारी (दिल्ली), माखनलाल चतुर्वेदी (एम.पी.), सीताराम सेकसरिया (कलकत्ता), जयप्रकाश नारायण और रामवृक्ष बेनीपुरी (बिहार) के नाम से एक अपील निकाली गई।

अपील का अच्छा स्वागत हुआ। सबसे पहले काशी के हिंदी-सेवी शिवप्रसाद गुप्त[1] ने तीन सौ रुपए का एक चेक जयप्रकाशजी को भेजा और लिखा, 'आवश्यकता पड़ने पर फिर याद कीजिएगा।' देश भर से हितैषियों और मित्रों ने भी इसमें सब तरह की मदद देने के पत्र भेजे। संघ की बाजाब्ता कार्रवाई शुरू कर दी गई। संघ की सदस्यता दो किस्म की रखी गई—एक दस वर्ष के लिए; दूसरी जिंदगी भर के लिए। दस वर्षवालों को पच्चीस रुपए एकमुश्त देना था और सौ रुपए या उससे अधिक देनेवाले उसके आजीवन

सदस्य होते। इन्हीं सदस्यों के वोट से कार्य समिति का चुनाव हुआ। संघ की पहली कार्य समिति के मंत्री गंगाशरण चुने गए।

इसी बीच नए शासन विधान (गवर्नमेंट ऑफ इंडिया एक्ट-1935[2]) के अनुसार चुनाव हुआ। बिहार असेंबली में कांग्रेस को पूर्ण बहुमत प्राप्त हुआ। 24 मार्च, 1937 को बिहार के राज्यपाल ने कांग्रेस विधायक दल के नेता श्रीकृष्ण सिंह को अपना मंत्रिमंडल गठित करने के लिए आमंत्रित किया, लेकिन ब्रिटिश हुकूमत ने गवर्नर के 'मंत्रिमंडल में हस्तक्षेप' के विशेषाधिकार को हटाने से इनकार किया। इसलिए कांग्रेस ने मंत्रित्व स्वीकार नहीं किया। ब्रिटिश शासन ने 'अंतरिम मंत्रिमंडल' बनवाने की कोशिश की। राज्यपाल ने तब मोहम्मद यूनुस, जो मुसलमानों की 'इंडिपेंडेंट पार्टी' के नेता थे, को मंत्रिमंडल बनाने के लिए आमंत्रित किया। 3 अप्रैल, 1937 को बिहार में मोहम्म्द यूनुस ने अपनी मंत्रिमंडल बनाया। इससे कांग्रेस जनों में काफी गुस्सा था, लेकिन उनका ध्यान मंत्रित्व की ओर कुछ इस तरह बँधा था कि 'मंत्रिमंडल की शपथ के दिन' हड़ताल करने की सुध न रही। हालाँकि पहली अप्रैल 1937 में हिंदुस्तान भर में प्रदर्शन हुए। इसमें कांग्रेस सोशलिस्ट पार्टी ने जमकर भाग लिया। पटना में भी प्रदर्शन हुआ। उसमें जेपी के साथ रामवृक्ष बेनीपुरी गिरफ्तार हो गए। तीन महीने की सजा मिली। पहले सिटी जेल, फिर पटना जेल और उसके बाद हजारीबाग जेल।

देश भर में विरोध-प्रदर्शन के चलते ब्रिटिश हुकूमत ने मंत्रिमंडल में हस्तक्षेप करने के गवर्नर के विशेषाधिकार पर रोक लगाई। तब श्रीकृष्ण सिंह के नेतृत्व में कांग्रेस ने बिहार में मंत्रिमंडल बनाने का अपना दावा (20 जुलाई, 1937) पेश किया। जिस दिन श्रीकृष्ण सिंह गवर्नर से मिलकर मंत्रिमंडल स्वीकार करने राँची गए, ठीक उसी दिन रामवृक्ष हजारीबाग जेल से छूटे। दिलचस्प संयोग यह हुआ कि रास्ते में दोनों की भेंट हुई। बातों-बातों में रामवृक्ष ने हँसते हुए कहा—"तीन महीने की यूनुस सरकार ने भी हमें अछूता न छोड़ा। देखना है, आपकी मंत्रिमंडल में··· !"

अलबत्ता, इस गिरफ्तारी के बाद 'जन साहित्य संघ' का काम लगभग रुक गया। यूँ जेपी और रामवृक्ष ने जेल से भी इस काम के लिए संसाधन इकट्ठा करने का जतन जारी रखा—जब भी कोई नया मुलाकाती आता, वे 'जन साहित्य संघ' के लिए साथियों को ताकीद भेजा करते, लेकिन जेल में अंतिम दिन बहुत बुरे गुजरे। रामवृक्ष के मझले लड़के की मृत्यु की खबर मिली, फिर जेपी के पिता की मृत्यु की।

'जनता' के प्रकाशन के पहले ही बिहार में कांग्रेस मंत्रिमंडल का राज आ गया। श्रीकृष्ण सिंह ने अपना मंत्रिमंडल बनाया, जिसमें श्रीकृष्ण सिंह प्रधानमंत्री, अनुग्रह नारायण सिन्हा वित्त मंत्री तथा डॉ. सैयद महमूद एवं जगलाल चौधरी मंत्री बने। जेल से बाहर निकल रामवृक्ष और जेपी पटना में मिले, तो तय किया कि जन साहित्य संघ

का काम चलता रहे, लेकिन शीघ्र ही 'जनता' निकाली जाए। हालाँकि पहले की तरह सबसे जटिल प्रश्न था—पैसा। इसके लिए उन्होंने एक अलग योजना बनाई—'यदि सौ आदमी ऐसे मिल जाएँ, जो 50/- दे दें, तो पाँच हजार रुपए में एक अच्छा साप्ताहिक हम निकाल सकेंगे।' प्रारंभिक खर्च के लिए पैसे एकत्र करने रामवृक्ष बेनीपुरी को लेकर जेपी कलकता गए। वे दोनों गांधीवादी और प्रगतिशील विचारों के पोषक, सादगी और सज्जनता की मूर्ति, सीताराम सेकसरिया के घर पर ठहरे। उनके सहयोग से दो-तीन दिनों के अंदर दो हजार रुपए एकत्र हो गए। उन रुपयों से टाइप और कागज का प्रबंध कर पटना लौटते ही 'जनता' के प्रकाशन की सूचना पत्रों में दे दी गई। टाइप आते ही अपने यहाँ मैटर कंपोज कराकर और दूसरे प्रेस में छपवाकर 1937 की विजयादशमी को 'जनता' निकाली गई। इस तरह 'जनता' का प्रारंभ बिहार के बाहर के पैसे से हुआ। 'जनता' के लिए पं. जवाहरलाल नेहरू ने संदेश भेजा, जो हिंदी में था। उसे उन्हीं की लिपि में मुखपृष्ठ पर उनकी तसवीर के साथ छापा गया (उन दिनों जवाहरलालजी जेपी के निकट थे)।

1937 के विजयादशमी के दिन से शुरू 'जनता' के संघर्ष में रामवृक्ष ने अपनी भूमिका निश्चित कर ली—समाजवादी व्यवस्था कायम करने के लिए 'जनता' में लेखन-संपादन और इसके साथ आधार-क्षेत्रों में जाकर किसानों-मजदूरों का संगठन। जहाँ टिकें, वहाँ किताबें पढ़ना और किताब लिखना! बीच में जेल हुई तो समझो किताब को फाइनल टच देकर प्रकाशन के लिए तैयार करने का मौका आया! यही पेशा, यही युद्ध, यही रूटीन।

'जनता' के पहले अंक में दो हजार प्रतियाँ छपीं। वे दो दिनों के अंदर हाथोहाथ बिक गईं और जगह-जगह से कॉपियों के लिए तार पर तार आने लगे। लाचार होकर पहले अंक का दूसरा संस्करण कराना पड़ा। यह संस्करण तीन हजार का हुआ। साप्ताहिक पत्रों के लिए यह नई बात थी। एक ही हफ्ते के अंदर किसी अखबार के पहले अंक का यों दो संस्करण होना हिंदी संपादन कला के लिए अभूतपूर्व घटना थी। दूसरे अंक से जनता पाँच हजार की तादाद में छपने लगी। इधर समाजवादी आंदोलन अपना व्यापक रूप ग्रहण करने लगा था—वह भी कांग्रेस से अलग पहचान लिये। राष्ट्रीय स्तर पर आचार्य नरेंद्रदेव, जयप्रकाश नारायण, जे.बी. कृपलानी, राममनोहर लोहिया, अशोक मेहता, यूसुफ मेहरअली, अच्युत पटवर्धन आदि नाम समाजवाद के प्रखर-मुखर आलोक-स्तंभ बन गए थे। बिहार तो जैसे समाजवाद का असली गढ़ बन गया।

जल्द ही 'जनता' के लिए एक अच्छा-सा मकान भाड़े पर ले लिया गया। उसका ऑफिस भी 'अपटूडेट' किया गया। मैटर कंपोज वहीं होता, लेकिन छपाई दूसरे प्रेस में। प्रबंधन के लिए पहले एक वैतनिक आदमी रखने का सोचा गया, लेकिन खर्च का बोझ

न बढ़ जाए, इसके लिए अवधेश्वर प्रसाद सिंह ने अपने कंधे पर यह बोझ ले लिया; 'जनता' के हिसाब-किताब की जिम्मेवारी राजवंशी सिंह को दी गई।

छह महीने के अंदर-अंदर 'जनता' की साढ़े सात हजार प्रतियाँ छपने लगीं। पत्रिका तूफान की तरह आनन-फानन में बिहार के कोने-कोने में छा गई और उसने हर जगह हलचल मचा दी। उसके हर अंक के लिए एक उत्सुकता-सी बनी रहती और जहाँ प्रकाशित हुई, हाथोहाथ बिक जाती। वह कांग्रेस सोशलिस्टों और किसान सभा के नेतृत्व में चलाए जा रहे संघर्ष का मुख्य संवाहक हो गई। समाजवादी विचारधारा को गाँव-गाँव, गली-गली में पहुँचाने लगी। इसके साथ किसान आंदोलन का संदेश! नए विचार के युवक उसे अपना प्रतिनिधि साप्ताहिक मानने लगे और किसानों के लिए वह 'ढाल और तलवार', दोनों हो गई। इधर कांग्रेसी मंत्रिमंडल के सदस्य भी हर सप्ताह के अंत में उत्सुकता से प्रतीक्षा करते कि देखें, इस सप्ताह 'जनता' क्या कहती है?

किसानों की लाठी

1937 के चुनाव में बिहार में कांग्रेस की विजय मुख्यत: किसानों के कारण हुई थी। वैसे, सर गणेशदत्त सिंह ने जमींदारों का एक ऐसा मोरचा बनाया था कि उन्हें अपनी विजय अवश्यंभावी मालूम होती थी। जमींदारों ने रुपए पानी की तरह बहाए, जोर-जबरदस्ती में भी कोई कसर नहीं रखी। तो भी कांग्रेस जीती और शान से जीती। सभी प्रमुख जमींदार हारे, बुरी तरह हारे।

मंत्रिमंडल कायम होने के बाद पहली बार प्रांतीय असेंबली की बैठक होने जा रही थी। 'जनता' ऑफिस में ही 'प्रांतीय किसान सभा' और 'बिहार सोशलिस्ट पार्टी' के दफ्तर थे। सो, सबने तय किया कि उस दिन किसानों का पटना में प्रदर्शन होना चाहिए। निश्चित तारीख पर भोर से ही हजारों-हजार किसान पटना पहुँचने लगे। पटना लॉन में किसानों की सभा हुई। उन्हें प्रदर्शन का उद्देश्य समझाया गया, फिर असेंबली की ओर चले। असेंबली भवन के सामने किसानों ने अपने नारे लगाए। कुछ किसान उत्साह में आकर असेंबली भवन पर चढ़ गए, वहाँ झंडे उड़ाए। हो-हल्ला मचा। अव्यवस्था के बीच कोई किसी की सुन नहीं पा रहा था। तब रामवृक्ष और उनके साथियों ने स्थिति को नियंत्रित किया। सभी किसानों को निकट के बगीचे में चलने को कहा। दूर-दूर से आए किसान तुरंत सँभले और बगीचे में चले गए। वहाँ श्रीकृष्ण सिंह को बुलाया गया। वह आए। किसानों ने उनका अभिनंदन किया। फिर अपनी माँगें उनके सामने रखीं। श्री बाबू ने असेंबली चुनाव में कांग्रेस को जिताने का सारा श्रेय किसानों को देते हुए, उनकी माँगों पर तुरंत ध्यान देने का वचन दिया। किसान खुशी-खुशी अपने घरों को गए। किसानों ने सोचा, अब उनके दु:खों का अंत होगा। उनके उत्साह और आनंद का क्या कहना!

मंत्रिमंडल ने किसानों के हित के लिए एक बिल तैयार करवाया। उसमें कई अच्छी दफाएँ शामिल की गईं, लेकिन नया साल आते-आते बिहार में कांग्रेस की राजनीति का मौसम मंत्रिमंडल की नीति बदलती नजर आने लगी। जमींदारों ने सोचा, हमारे बुरे दिन आए। उन्होंने पटना के सबसे बड़े होटल 'रिजवाँ' में एक बड़ा जलसा किया। उसमें भाषण देते हुए एक बड़े जमींदार ने कांग्रेस मंत्रिमंडल को धमकाते हुए यहाँ तक कह डाला कि 'यदि मंत्रिमंडल ने हमारे अधिकारों में हस्तक्षेप किया, तो हम प्रधानमंत्री (उस समय प्रांतों के मुख्यमंत्री को 'प्रधानमंत्री' कहा जाता था) के खादी के कुरते को खून से रँग देंगे!' एक ओर यह धमकी दी गई और दूसरी ओर एक जहाज किराया करके गंगा में विचरण करते हुए इन जमींदारों ने मंत्रिमंडल के सदस्यों को शानदार दावत दी। थोड़े ही दिनों में 'कांग्रेस-जमींदार' समझौता हुआ, जिसके औचित्य को समझाने के लिए मौलाना आजाद साहब तक पटना तशरीफ लाए गए! किसानों के लिए जो बिल पेश था, उसकी कितनी ही दफाओं को एक-एक कर वापस ले लिया गया।

इधर 'जनता' ने किसानों का पक्ष जोरदार शब्दों में रखना प्रारंभ किया। जमींदारों की करतूतों का भंडाफोड़ किया। कांग्रेसी नेताओं को चेतावनी दी। रामवृक्ष बेनीपुरी ने अपने सहयोगियों के साथ पटना में पुन: किसानों की जबरदस्त रैली की। यह प्रदर्शन पहले प्रदर्शन से भी ज्यादा शानदार रहा। सौ-सौ मील से पैदल चलकर किसान पटना पहुँचे। अन्य अखबारों ने उनकी तादाद एक लाख बताई! किसानों ने फिर अपनी माँग दुहराई, लेकिन अब गंगा उल्टी बहने लगी थी। प्रदर्शन में कांग्रेसी मंत्रियों को भी आमंत्रित किया गया। सिर्फ एक मंत्री आए, जिनका मंत्रिमंडल पर कोई खास प्रभाव न था।

उसके बाद से किसानों की समस्या कांग्रेस और किसान सभा के बीच के झगड़े के रूप में प्रकट होने लगी।[3] 'जनता' ने इस आंदोलन को चरम पर पहुँचाया। सरकारी पदाधिकारी थर्रा उठे। 'जनता' ने किसानों के हितों के लिए आंदोलन तेज किया। 'किसान अंक' निकाला। किसानों के झोंपड़ों तक में उसकी पैठ हुई। 'जनता' बिहार के दुर्बल किसानों को कमर सीधी करके खड़ा होने में मदद देनेवाली उनकी प्यारी लाठी बन गई।

रिलीज ऑर रिजाइन

उसी दौरान बिहार में 'राजबंदी छोड़ दो' नारे पर आंदोलन छिड़ा। कांग्रेस की चुनावी घोषणा में इसकी चर्चा थी कि शासन सँभालते ही वह राजबंदियों को रिहा करेगी, लेकिन रिहाई में देर होने लगी। यूँ राजबंदियों को काले पानी से बुला लिया गया था। थोड़े दिनों बाद ही खबर आई कि उन्हीं राजबंदियों ने हजारीबाग जेल में अनशन शुरू कर दिया है। यह सुनते ही बिहार सोशलिस्ट पार्टी ने 'राजबंदी छोड़ दो' के नारे पर आंदोलन शुरू किया। इस आंदोलन का केंद्र पटना था। सुबह-शाम साइकिल पर और

पैदल जुलूस निकलने लगे। पटना की हर गली और कूचा 'राजबंदी छोड़ दो' के नारे से गूँजने लगा। एक दिन जयप्रकाश नारायण के नेतृत्व में एक डेपुटेशन लेकर रामवृक्ष और उनके साथी प्रधानमंत्री श्रीकृष्ण सिंह के पास गए। डेपुटेशन ने अपने वक्तव्य में कहा—या तो चुनाव घोषणा के अनुसार राजबंदियों को छोड़ दीजिए या अगर गवर्नर इस बारे में हस्तक्षेप करते हैं, तो इस्तीफा देकर चले आइए। इसी समय 'जनता' का विशेषांक निकाला—'राजबंदी अंक'! और पूरे बिहार में नारा गूँजने लगा—राजबंदी छोड़ दो, नहीं तो इस्तीफा दो। उस अंक में राजबंदियों की सूची और उनका विस्तृत परिचय भी दिया गया। उसके साथ खबर छपी—'रिलीज ऑर रिजाइन'। इस नारे का व्यापक प्रचार हुआ। 'जनता' ने इतना जबरदस्त जनमत तैयार किया कि आखिर इस सवाल को लेकर बिहार और यू.पी. मंत्रिमंडल ने इस्तीफे दे दिए। तब गवर्नर को झुकना पड़ा। कांग्रेस का संकट टला। राजबंदियों की रिहाई हुई।

रामवृक्ष बेनीपुरी को यह मालूम था कि कुछ राजबंदियों को लेकर, और उनमें भी योगेंद्र शुक्ल को लेकर कांग्रेसी सरकार और गवर्नर के बीच खींचा-तानी चल रही है। दूसरी तरफ, सरकार के पास यह सूचना नहीं थी कि कितने राजबंदी हैं और वे कहाँ हैं? और इस बहाने राजबंदियों की रिहाई के मामले में वह 'ना-हाँ' के बीच की मुद्रा में थी। 'जनता' के 'राजबंदी अंक' ने पूरे मामले का समाधान कर दिया।

कांग्रेसी सरकार के लिए कोई चारा नहीं रह गया। बिहार के सभी राजबंदी रिहा किए गए। 'जनता' ऑफिस उनके लिए तीर्थस्थान बन गया। सभी छूटते ही वहाँ पहुँचते। बिहार के कमलानाथ तिवारी लाहौर-षड्यंत्र केस में गिरफ्तार किए गए थे। वह पंजाब जेल में थे। उनके लिए भी आंदोलन किया गया। बिहार सरकार ने पंजाब सरकार से उनकी बदली कराकर उन्हें भी छोड़ा। उन्हीं से पता चला कि बटुकेश्वर दत्त के भाई बिहार में कहीं काम करते हैं। इसी आधार पर बटुकेश्वर दत्त की रिहाई के लिए भी आंदोलन किया गया और अंततः उन्हें भी रिहा किया गया। इस तरह राजबंदियों की रिहाई के मामले में सफलता का सारा श्रेय 'जनता' की झोली में आया।

मजदूरों की साथी

उसी समय बिहार के औद्योगिक क्षेत्रों सहित पटना में मजदूर आंदोलन भी प्रारंभ हुआ। पटना कोई औद्योगिक शहर था नहीं। पटना सिटी में तीन छोटी-छोटी मिलें चल रही थीं। उनमें लगभग एक हजार मजदूर काम कर रहे थे। 'जनता' के संपादक रामवृक्ष ने उन्हीं मजदूरों के बीच काम शुरू किया। थोड़े ही दिनों में 'पटना सिटी मजदूर यूनियन' नाम से एक अच्छी-खासी यूनियन कायम हो गई। जहाँ यूनियन बनी, पूँजीपति उसे तोड़ने की फिक्र में लग गए। वे अच्छे यूनियन कार्यकर्ता को मिल से निकालने की तरकीबें

सोचने लगे। इधर ज्यों ही संगठन हुआ, मजदूरों में अपने बल का अनुभव हुआ, अपने पर किए गए अन्यायों को दूर करने के लिए वे उतावले हो उठे। दोनों ओर की खिंचाव से हड़ताल अनिवार्य! पार्टी-राजनीति में शिक्षित और बुद्धिजीवी समझे जानेवाले तमाम लोगों की आम समझ यही है कि एक बार की सफल हड़ताल के बाद मालिक और मजदूर का एक स्वाभाविक संबंध स्थापित हो सकता है, लेकिन यह तब संभव हो जब पूँजीपति को मजदूर की उपयोगिता समझ में आए!

बहरहाल, पटना सिटी मजदूर यूनियन का गठन उसके ऑफिस की स्थापना के साथ शुरू हुआ। वहाँ मजदूरों को अक्षरारंभ से लेकर मजदूर संगठन की बुनियादी सिद्धांतों की शिक्षा दी जाने लगी। मजदूरों का एक वरदीधारी स्वयंसेवक जत्था भी तैयार किया गया। वरदी पहनते ही नौजवान मजदूरों में जैसे नई जान आ गई। एक वाचनालय भी खोल दिया गया। रामवृक्ष प्राय: वहाँ जाते, कामों की निगरानी करते। मजदूरों में आत्मविश्वास भरने की कोशिश करते। यूनियन ने माँगों की एक सूची बनाई और मालिकों से उसकी पूर्ति के लिए अनुरोध किया। सूची देखते ही वे आगबबूला हो गए। बार-बार याद दिलाने पर भी उन्होंने उस पर विचार करना उचित नहीं समझा। तब मजदूरों ने जुलूस निकाले। मजदूरों के नारों से शहर गूँजने लगा। जुलूसों में लाल वरदीधारी मजदूर स्वयंसेवकों की उपस्थिति और भी शान बढ़ा देती थी। कई सभाएँ हुईं। इन सभाओं ने शहर के नागरिकों की सहानुभूति मजदूरों के पक्ष में कर दी। पूँजीपतियों की बेरुखी देखकर अंतत: हड़ताल के लिए अल्टीमेटम भेज दिया गया और, एक दिन हड़ताल होकर रही। पहले एक ही मिल में हड़ताल की गई। बाकी दो मिल के मजदूर अपने हड़ताली भाइयों की आर्थिक मदद करते रहे। हड़ताल मुकम्मल रही, लेकिन कुछ बाबू लोग दफ्तर में जाते रहे। इंजीनियरिंग स्टाफ के लोग भी हिचक में पड़े रहे। उन्हें रोकने के लिए पिकेटिंग शुरू की गई।

सत्ता में कांग्रेसी मंत्रिमंडल था। सो, आम धारणा यही थी कि इस जायज हड़ताल की ओर उसकी स्वाभाविक सहानुभूति होगी। किंतु यह क्या! एक दिन पुलिस ने जबरदस्त लाठीचार्ज कर दिया। घटना स्थल पर योगेंद्र शुक्ल थे। उनके साथ बदतमीजी की गई। शुक्लजी तुरंत जेल से छूटकर आए थे; उन्हीं को लेकर मंत्रिमंडल ने इस्तीफा दिया था। जब उनके साथ ऐसा सुलूक, तो फिर दूसरों की क्या बात? लाठीचार्ज के बाद हड़ताली मजदूरों में से बहुतों को बस में चढ़ाकर शाम को शहर से बहुत दूर सुनसान जगह पर छोड़ दिया। हड़तालियों में बहुत सी मजदूरिनें भी थीं। न कोई नैतिकता और न मानवता। सारा शहर खलबला उठा।

रामवृक्ष और उनके साथी डेपुटेशन लेकर मुख्यमंत्री से मिलने गए। दोपहर से प्रतीक्षा करते-करते अंत में शाम को बुलाहट हुई। संयोगवश पुलिस सुपरिंटेंडेंट मंत्रिमंडल के प्यारे लोगों में थे। इन्हीं सज्जन ने शुक्लजी के मुकदमे में एक प्रमुख अभियुक्त को

मुखबिर बनाने का यश लूटा था। न जाने उन्होंने क्या-क्या कह रखा था, मुख्यमंत्री भरे हुए थे। बातों ने ऐसा रुख लिया कि डेपुटेशन बैरंग वापस आया। अब सबकुछ मजदूरों की ताकत पर निर्भर था। हड़ताल जारी रहे, पूर्ण शांति का पालन किया जाए, लेकिन ऐसी स्थिति ला दी जाए कि मिल की चिमनी बंद हो जाए। यह तभी संभव था, जब इंजीनियरिंग विभाग के लोग साथ दें। सो, दूसरे दिन रामवृक्ष सिटी गए। उन्हें मिल से दूर एक सज्जन के घर बुलाया। सब के सब आए। बातें प्राय: तय हो गया कि ये भी हड़ताल में शामिल हो जाएँगे। रामवृक्ष वहाँ से निकलनेवाले ही थे कि पुलिस ने घर को घेर लिया और उन्हें गिरफ्तार कर लिया। उन्हें गिरफ्तार कर मजिस्ट्रेट के बँगले में ले जाया गया। मजिस्ट्रेट सज्जन पुरुष थे। उन्होंने रामवृक्ष से कहा—इस समय जेल में भोजन का कोई प्रबंध नहीं हो सकेगा। इसलिए यदि आपको उज्र न हो तो यहीं खाइए और आराम कीजिए। शाम को आपको जेल पहुँचवा दूँगा। उन्होंने पुलिस को वहाँ से रवाना कर दिया। रामवृक्ष को मेहमान की तरह रखा। बड़ी आवभगत हुई। रह-रहकर उनका टेलीफोन बज उठता। कुछ बातें होतीं। उन्होंने जेल रवाना करते-करते सूचना दी कि अभी-अभी एक बड़ी सभा हुई। उसमें जेपी बोले। बहुत गरम भाषण था उनका। ऐसा तेज भाषण उनके मुँह से कभी किसी ने नहीं सुना। उन्होंने सरकार को चुनौती देते हुए कहा—हम ईंट से ईंट बजा देंगे।

जब धुँधलका हुआ, मजिस्ट्रेट साहब ने अपनी मोटर पर बेनीपुरी को पटना जेल पहुँचा दिया। कहा—सिटी जेल में आपको तकलीफ होगी। भोजन उनके घर पर हो ही चुका था, सो, जेल के एक वॉर्ड में उनका डेरा डाला गया। सोने के समय उनका खाट बाहर रख दिया गया। रात को जेलर साहब बेले की एक माला दे गए।

सुबह शौच-स्नान से निवृत्त हो जलपान कर रहे थे कि गेट पर बुलाहट हुई। वहाँ गए, तो देखा वही सुपरिचित सुपरिंटेंडेंट साहब खड़े थे। मुसकराते हुए बोले—''मेरे साथ चलिए।'' रामवृक्ष ने कहा—''कहाँ?'' ''जहाँ मैं ले चलता हूँ।''—कहकर उन्होंने हाथ पकड़ लिया और अपनी मोटर पर बिठलाकर उसे स्टार्ट किया। मोटर स्टेशन की ओर मुड़ी, लेकिन स्टेशन से मोटर सेक्रेटेरियट की ओर मुड़ी। सेक्रेटेरियट के निकट पहुँचकर गाड़ी उसके बाएँ बाजू से चल रही और बाबू अनुग्रह नारायण सिंह के बँगले पर रुकी। अनुग्रह बाबू—नए वित्त मंत्री और श्रम एवं उद्योग मंत्री। सुपरिचित मुसकान से मिले। उनके कमरे में एक ओर मिल मालिक बैठे हुए थे, एक ओर सिटी मजिस्ट्रेट। सरकारी लेबर अफसर भी वहाँ थे। बाजाब्ता एक राउंड टेबल कांफ्रेंस बैठी। अनुग्रह बाबू ने कहा—"अच्छा बताइए। आप लोगों की माँग क्या है?"

रामवृक्ष ने कहा—"पहले मैं जान लेना चाहता हूँ, मैं कैद हूँ या आजाद?"

उन्होंने उसी मुसकान में कहा—"क्या मेरे घर को भी आपने जेल समझ रखा है?"

बातें शुरू हुईं। तय हुआ, मिल मालिक यूनियन के सभापति और लेबर अफसर की एक पंचायत बोर्ड बना दी जाए। ये लोग जो निर्णय देंगे, यूनियन और मिल, दोनों को मान्य होगा। लेबर अफसर पुराने क्रांतिकारी थे। अतः रामवृक्ष ने यह स्वीकार कर लिया। मिल मालिक और रामवृक्ष ने दस्तखत किए। अनुग्रह बाबू ने श्रम मंत्री की हैसियत से उस पर स्वीकृति के हस्ताक्षर कर दिए। फिर उन्होंने सिटी मजिस्ट्रेट को कहा—अब इन्हें जयप्रकाशजी के पास पहुँचा दीजिए, जिससे ईंट-से-ईंट बजाने की नौबत नहीं आए।

अनुग्रह बाबू का व्यंग्य स्पष्ट था। रामवृक्ष की रिहाई की खबर से जेपी के घर पर साथियों की भीड़ लग गई। इस तरह शानदार हड़ताल समाप्त हुई। सरकार ने समझौते के मुताबिक सभी कैद लोगों को छोड़ दिया। पंचायत में जो फैसला हुआ, मजदूरों के लिए बड़े फायदे का था, लेकिन थोड़े दिनों में यह जाहिर हो गया कि पूँजीपति अपने दस्तखत की क्या कीमत समझते हैं। वे तरह-तरह से पंचायत को तोड़ने में लग गए। उन्होंने एक-एक कार्यशील यूनियन कार्यकर्ता को मिल से एक-न-एक बहाना करके निकाल बाहर किया। इधर, कांग्रेस और मंत्रिमंडल की सत्ता-राजनीति ने पलटा खाया—हरिपुरा कांग्रेस को लेकर पटना समाजवादियों और गांधीवादियों की चुनावी-युद्ध का क्षेत्र बन गया। उधर, मिल के मजदूर पुनः हड़ताल और गिरफ्तारियों के जाल में फँसते-निकलते रहे।

हालाँकि इसके पूर्व ही बिहार में समाजवादी पार्टी के संस्थापकों में से एक बसावन सिंह के नेतृत्व में डालमिया नगर में जबरदस्त हड़ताल हुई। मजदूरों की वही पहली शानदार हड़ताल थी। सैकड़ों मजदूर और कार्यकर्ताओं के साथ बसावन जेल गए, लेकिन अंततः उन्हें विजय मिली। डेहरी के बाद महदौड़ा, सकरी, हरिनगर, बिहटा, जमशेदपुर, गया और पटना सिटी में हड़तालें हुईं। हरिनगर हड़ताल में स्थानीय कांग्रेस ने मिल मालिकों का साथ दिया। मजदूरों को सफलता नहीं मिली। वहाँ योगेंद्र शुक्ल के नेतृत्व में सैकड़ों मजदूर और कार्यकर्ता जेल गए। हड़ताल टूट रही थी। तब रामवृक्ष चंपारन गए और किसी तरह समझौता कराया। जमशेदपुर की तार कंपनी की हड़ताल भी शानदार रही। स्वयं जेपी ने हड़ताल का नेतृत्व किया। कांग्रेस सोशलिस्ट पार्टी के एक साथी सरदार हजारा सिंह कंपनी की मोटर के नीचे आकर शहीद हो गए, लेकिन वहाँ भी कांग्रेस के नेताओं ने हड़ताल को सफल नहीं होने दिया।

कुल मिलाकर जनता के बीच जनता के साथ रहते हुए रामवृक्ष बेनीपुरी ने 'जनता' को किसानों के सबसे बड़े सहारे के साथ मजदूरों का सबसे बड़ा साथी बना दिया। फलतः जमींदारों के साथ पूँजीपतियों के लिए भी 'जनता' एक हौआ बन गई।

कांग्रेसियों का देवासुर संग्राम

'जनता' में जब इन सब गतिविधियों की मुकम्मल खबरें देने के साथ-साथ

संपादकीय पेज पर तात्कालिक सफलता-विफलता के दूरगामी असर को निष्पक्षता के पक्ष के रूप में रेखांकित किया जा रहा था, तभी 1938 हरिपुरा कांग्रेस की तैयारियाँ शुरू हुईं और मंत्रिमंडल कायम होने बाद की इस कांग्रेस के प्रतिनिधियों के चुनाव को लेकर समाजवादियों और गांधीवादियों में गुत्थमगुत्था हो गई। पटना शहर में उम्मीदवार बने समाजवादी प्रतिनिधियों के चुनाव-युद्ध का सारा बोझ रामवृक्ष बेनीपुरी पर था और वह स्वयं भी एक चुनाव-क्षेत्र से खड़े थे। प्रदेश कांग्रेस ने समाजवादी उम्मीदवारों के खिलाफ गांधीवादियों को खड़ा कर अपनी इस रणनीति का संकेत दे दिया कि जिस मंत्रिमंडल को बनाने के लिए असेंबली चुनाव के दिनों में रामवृक्ष और उनके साथियों ने दिन-रात एक कर दिया था, जिस पर आँच आते देख बड़ा प्रदर्शन कराया और जेल की सजा काटी, वही मंत्रिमंडल उन्हीं समाजवादियों को किसी भी कीमत पर कांग्रेस में न रहने देने की ठान चुका है।

तब दीघाघाट से फतहपुर तक बारह मील तक फैले शहर में अजीब चुनाव-युद्ध शुरू हुआ। एक तरफ प्रचार के लिए पैदल या साइकिल पर समाजवादी निकलते और दूसरी तरफ उनके खिलाफ मंत्रिमंडल की गाड़ियाँ दौड़तीं। 'जनता' के रामवृक्ष पर कांग्रेस की खास नजर थी। उनके खिलाफ पहले एडवोकेट जनरल बाबू बलदेव सहाय को खड़ा किया गया। उन्होंने नाम वापस ले लिया। तब एक दूसरे सज्जन को खड़ा किया गया। चुनाव क्षेत्र में रामवृक्ष के खिलाफ मिनिस्टर और पार्लियामेंटरी सेक्रेटरी के व्याख्यान होते। सदाकत आश्रम के सामने 'लाल झंडे का नाश हो' के नारे लगते। जात-पाँत का सवाल उठाया जाता। चुनाव के दिन बोगस वोटों की भरमार की गई। रामवृक्ष हार गए। और तो और, मुफस्सल में राजधानी से भी बढ़कर वीभत्स दृश्य हुए। समाजवादियों को हराने के लिए हर तरह के कुकर्म का सहारा लिया गया। नामजदगी के पर्चे रद्द किए गए, बोगस वोट दिलाए गए। वोट के बक्से तोड़ डाले गए या बदल दिए गए। वोटों की गलत गिनती की गई। जहाँ बात नहीं बनी, वहाँ लाठियाँ चलाई गईं। रोड़े फेंके गए, सर तोड़े गए, हाथी हुलकाए गए! कांग्रेस के जिम्मेदार नेता वोटरों से कहते—यह देवासुर संग्राम है! एक ओर राक्षसी वृत्ति के लोग हैं, दूसरी ओर देवता वृत्ति के! आप देवताओं को छोड़कर राक्षसों को कैसे वोट देंगे? इन चुनावों के खिलाफ रामवृक्ष बेनीपुरी ने जनता के बीच आंदोलन शुरू किया, तो प्रांतीय कांग्रेस कमेटी ने धाँधलियों की जाँच के लिए एक कमेटी बनाई। कमेटी की रिपोर्ट को प्रांतीय कांग्रेस कमेटी ने प्रकाशित ही नहीं किया। उस पर कार्रवाई की बात तो दूर रही। बहरहाल, हरिपुरा में भारतीय राष्ट्रीय कांग्रेस के अध्यक्ष पद के लिए सर्वसम्मति अथवा सर्वानुमति की कांग्रेसी परंपरा ताक पर रख दी गई। सुभाषचंद्र बोस और डॉ. पट्टाभि सीतारामैया के बीच वोट हुआ। सुभाषचंद्र बोस जीते। सुभाष बाबू बनाम पट्टाभि सीतारामैया के संघर्ष में कांग्रेस सोशलिस्ट पार्टी

ने सुभाष बाबू की जीत के लिए अपनी पूरी ताकत लगा दी। जेपी ने वक्तव्य निकालकर पार्टी-सदस्यों को हिदायत दी कि पार्टी का एक-एक वोट सुभाष बाबू को मिले, लेकिन गांधीजी ने पट्टाभि सीतारामैया की हार को अपनी हार मानी और राजेंद्र बाबू, सरदार पटेल आदि ने कांग्रेस कार्य समिति से इस्तीफे दे दिए।

कामयाबी के ख्वाबों की कीमत

इस बीच 'जनता' की प्रसिद्धि बढ़ी, प्रचार बढ़ा। साथ ही, घाटा भी बढ़ता गया क्योंकि 'जनता' के जितने पृष्ठ जितने पैसे में दिए जाते थे, उनसे कागज और छपाई का खर्च भी मुश्किल से चल पाता था। 'जन साहित्य संघ' के स्थायी सदस्य भी काफी बन रहे थे, ग्राहकों की कमी थी नहीं, लेकिन तीन रुपए सालाना में रामवृक्ष और उनके सहयोगी जो मैटर दे रहे थे, उसकी छपाई, कागज आदि के खर्च के लिए ग्राहकों के रुपए पूरे नहीं पड़ते थे। इसलिए ग्राहक बढ़ने का मतलब था, घाटे का कुछ और बढ़ना। इस कमी को चंदे से पूरा किया जा सकता था या विज्ञापन से, लेकिन 'जनता' के नाम से बिहार के जमींदार काँपने लगे। मजदूर हड़तालों में जनता का जबरदस्त समर्थन मिलने से पूँजीपति भी उससे डरने लगे। काश्तकारी बिल में संशोधन कराने की 'जनता' की माँग के कारण कांग्रेस मंत्रिमंडल भी उससे आगबबूला हो रही थी और उसके इशारे पर नाचनेवाले कांग्रेस कार्यकर्ता 'जनता' को खत्म कर देने के लिए कमर कसने लगे। 'जनता' किसानों और मजदूरों का पत्र था—लेकिन उनके पास सालाना तीन रुपए देने के लिए अतिरिक्त पैसे नहीं थे।

रामवृक्ष बेनीपुरी को इस सच्चाई का तीखा एहसास हुआ कि छोटी पूँजी से पत्र-पत्रिकाओं का चलना असंभव है। बड़ी पूँजीवाले पत्र, आगे के मुनाफे का ध्यान रखकर कम पैसे में भी अधिक पृष्ठ देते चले जाते हैं। इससे छोटी पूँजी के पत्रों की असामयिक मृत्यु हो जाती है। फिर उनका पंथ निष्कंटक हो जाता है। बाद में विज्ञापन अधिक मात्रा में एकत्र कर वे अपने घाटे को पूरा कर लेते हैं और आगे चाँदी काटते हैं।

'जनता' को हर कदम पर इस स्थिति का सामना करना पड़ा। चंदे का दरवाजा बंद ही था। हाँ, कुछ आदर्शवादी सज्जन जब-तब कुछ सहायता कर देते थे, लेकिन उससे काम सँभलता नहीं था। उसने पूँजीपतियों के खिलाफ लिखना शुरू किया, तो उन्होंने उसे विज्ञापन देना बंद कर दिया। उस वक्त बिहार में कई बड़े पूँजीपतियों के कारखाने चल रहे थे। उन लोगों ने मिलकर ऐसी स्थिति ला दी कि 'जनता' को विज्ञापन ही न मिल सकें! तब भी 'जनता' ने हार नहीं मानी। दौड़-धूप कर कुछ विज्ञापन इकट्ठे किए गए, जो नाकाफी होने पर भी गाड़ी को निरंतर चलाए रख रहे थे। यह देख पूँजीपति और बौखलाए। तब उन्होंने 'जनता' के रास्ते पर विज्ञापन के अधखुले गेट को पूरी तरह से

और सदा के लिए बंद करवाने का पक्का इंतजाम किया।

बिहार असेंबली में एक सवाल पुछवाया गया कि बिहार के कौन-कौन से पत्र-पत्रिका कितना-कितना छपते हैं? इसके जवाब में कांग्रेस मंत्रिमंडल की ओर से सबकी मनमानी तादाद बताई गई, लेकिन 'जनता' के बारे में चुप्पी साध ली गई—जैसे 'जनता' नामक कोई पत्रिका बिहार से निकल ही नहीं रही हो! विडंबना यह कि जिन्होंने सरकार की ओर से यह जवाब दिया, वह कांग्रेसी नेता 'जनता' ऑफिस के सामने ही रहते थे और रामवृक्ष बेनीपुरी से व्यक्तिगत मित्रता भी रखते थे।

सत्ता के लाड़ले अखबारों ने तत्काल असेंबली के प्रश्न और कांग्रेस मंत्रिमंडल के उत्तर को छपवाकर विज्ञापनदाताओं के पास भिजवाया, जिसमें 'जनता' का नाम तक नहीं था; विज्ञापनदाताओं को चकमे में डाल उन्होंने खूब विज्ञापन बटोरे और 'जनता' बेचारी को कहीं का नहीं छोड़ा।

इस गर्हित उपाय से भी 'जनता' में विज्ञापन नहीं रोका जा सका। उसे विज्ञापन मिले, लेकिन उसमें देर लगी। अवधेश्वर ने प्रबंधन विभाग एक दूसरे मित्र को देकर सिर्फ विज्ञापन जुटाने का काम अपने जिम्मे लिया, जिसमें उन्होंने कमाल दिखाया। उन्होंने कलकता जाकर विज्ञापन के लिए कोशिशें कीं, उसमें वह सफल हुए, लेकिन पटना लौटकर तमाम समाजवादी साथियों के साथ मिलकर नजीर के इस गीत का लुत्फ उठाते—'हे बहारे-बाग दुनिया चंद रोज, देख ले इसका तमाशा चंद रोज़''' !'

श्यामनंदन बाबा और शिवधरी भाई, दोनों बिहार असेंबली के मेंबर थे। इस मेंबरी से भत्ते या मुशाहरे के रूप में जो कुछ मिलता, वे 'जनता' को दे देते। शिवधारी भाई 'जनता' के ही ऑफिस में रहते। एक शाम सस्ते होटल में खाते और एक शाम चना-मकई के भुँजे पर रहते, लेकिन ज्यों ही बिल भुनता, नोटों के बंडल 'जनता' के संचालकों के हाथों में सुपुर्द कर देते। श्यामनंदन बाबा का रहन-सहन भी वैसा ही था—हाँ, उन्हें सिनेमा देखने का शौक था, जो चार आनेवाली सीट में पूरा करते। बाकी पैसे 'जनता' को दे देते। जरूरत पर उसके लिए बेझिझक कर्ज तक करते। हालाँकि फकीरी की इसी अर्थव्यवस्था में हौसला इतना बढ़ा कि 'जनता' के लिए प्रेस भी खरीद लिया गया। इस प्रेस के लिए जेपी और श्यामनंदन बाबा ने एक बैंक से कर्ज लिया। यों 'जनता' की जिम्मेदारी सभी पर थी, लेकिन उसकी आर्थिक जिम्मेदारी मुख्यत: जेपी पर लादी गई थी और उन्होंने इसे चुपचाप स्वीकार कर लिया था। जब-जब पैसे की कमी होती, वह बिहार या बाहर से चंदा और कभी-कभी कर्ज लेकर पूरी करते। 'जनता' के लिए संपादक रामवृक्ष बेनीपुरी 'रीढ़' थे। इस तरह आर्थिक जिम्मेदारी के बावजूद 'जनता' न जेपी की और न ही किसी अन्य की व्यक्तिगत चीज बनी—सबका 'जनता' में बराबरी का अधिकार और उत्तरदायित्व रहा।

महासमर की आहट

1938 की गरमियों में जेपी अस्वस्थ हो गए सो, वह डॉक्टरों की सलाह पर स्वास्थ्य-सुधार के लिए मालाबार जाने की तैयारी कर रहे थे। उसी दौरान एक दिन एक जगह साथ चलने के लिए पटना में जेपी और बेनीपुरी मिले। जेपी के हाथ में एड्गर स्नो की 'रेड स्टार ओवर चाइना' नाम की पुस्तक थी। प्रसंगवश जेपी ने किताब की तारीफ शुरू की और कहा—"इसे मालाबार लिये जा रहा हूँ और इसे हिंदी रूप देने की कोशिश करूँगा।"

बेनीपुरी ने कहा—"यह काम मैं अच्छा करूँगा। आप वहाँ से 'साम्यवाद' नाम की अपनी अधूरी हिंदी मौलिक पुस्तक को पूरा कर लाएँ।"

जेपी ने एड्गर स्नो की पुस्तक रामवृक्ष को थमा दी। वह फटाफट पढ़ गए और गैर-पेशेवर लेखक की तरह 'लालचीन' लिखने लगे! पुस्तक लिखने का भरपूर आनंद लिया। खूब रस लेकर लिखा। दिन में लिखते समय मानो 'लालचीन' की लाल सेना के साथ मार्च करते और रात में प्राय: उसका सपना देखते। आँखें खुलने पर सोचते—'क्या मेरे चर्म-चक्षु भी ये दृश्य कभी देख सकेंगे?' आँखें बंद कर नींद में जगते तो सपने कहते—'देखोगे; हाँ, देश-काल के अनुसार उसमें थोड़ा अंतर तो होगा ही!'

लेकिन 'लालचीन' किताब का लेखन खत्म होते न होते साल बीत गया। होली (1939) के रंग और वसंत की खुमारी पूरी तरह से उतरी भी नहीं कि नए साल में गरम हवाएँ मौसम के बदलने का संकेत देने लगीं। रामवृक्ष बेनीपुरी को भीषण युद्ध की आहट सुनाई देने लगी।

वह मई दिवस के आयोजन की तैयारी के सिलसिले में मुजफ्फरपुर से पटना पहुँचे। देश के 'राष्ट्रीय' समाचार-पत्रों को देखा तो माथा ठनक गया। वह सेंसर घर से होकर आनेवाले दर्जनों विदेशी समाचार-पत्रों को खँगालने लगे और 'जनता' में 'दुनिया के परदे पर' स्तंभ में विश्व राजनीति की विभिन्न चलती-बोलती तसवीरें पेश करने लगे—युद्ध के अंतरराष्ट्रीय रिपोर्टर की तरह। वह मई (1939) में ही उन तसवीरों के जरिए महासमर की आहट और अंतरराष्ट्रीय परिस्थिति से हिंदी जन-समाज को अवगत कराने लगे—

'अधीर यूरोप। उसकी अधीरता बता रही है कि जल्द ही महासमर छिड़ेगा और वह वर्तमान सभ्यता को बरबाद कर जाएगा। वर्तमान पूँजीवादी सभ्यता की स्वाभाविक परिणति यही है। यूरोप अपनी ही खोदी खाई में डूब मर रहा है। यूरोप के रण-दानव हिटलर और मुसोलिनी छोटे निरीह राष्ट्रों का शिकार करने लगे। फासिस्ट मनोवृत्ति लिये ब्रिटेन, फ्रांस आराम से उन्हें धोखा दिए, लेकिन जब उपनिवेश के नाम पर हिटलर ने और ट्यूनिस कोर्सिका के नाम पर मुसोलिनी ने इनकी ही गरदनों पर अपनी पिस्तौल साध दी, तो दोनों राष्ट्र घबरा रहे हैं। फ्रैंको की स्पेन विजय से भी इन दोनों को खतरा है। ब्रिटेन

को जिब्राल्टर खाली करने की धमकी मिल चुकी है।

इसलिए ब्रिटेन और फ्रांस, दोनों रूस तथा अन्य जनतंत्र राष्ट्रों के साथ शांति मोरचा (Peace front) बनाने को विकल हैं। ब्रिटेन और टर्की में मेडिटेरेनियन की दृष्टि से जो संधि हुई है, वह कुछ काम नहीं आएगी। जब जिब्राल्टर पर हमला होगा, टर्की वहाँ क्या कर सकेगा ? चेकोस्लोवाकिया को इन दोनों देशों ने धोखा दिया था, अत: बाल्कान के राष्ट्र इन गड़रिए 'लड़ाकों' पर विश्वास करने की हिम्मत नहीं कर रहे। तब बचा सोवियत रूस। हिटलर जो डैनजिंग लेना चाहता है, उसके भीतर एक षड्यंत्र है। वह चाहता है, पोलैंड को शामिल कर उसी आधार से रूस पर आक्रमण करना। अत: पोलैंड को हिटलर धमका रहा था। पोलैंड यह खतरा नहीं ले सकता। इसी स्थिति से फायदा उठाकर चेंबरलेन ने रूस से प्रस्ताव किया है कि वह ब्रिटेन और फ्रांस से एक मोरचा बना पोलैंड की रक्षा करे, किंतु यह मोरचा निरर्थक होगा। भौगोलिक दृष्टि से फ्रांस पोलैंड में कुछ नहीं कर सकता। वहाँ रूस को अकेले ही जूझना पड़ेगा। अत: रूस ने प्रस्ताव किया है कि ब्रिटेन, फ्रांस और रूस के बीच एक सैनिक मोरचा बने, जो जर्मनी से लोहा लेने को तैयार रहे, यदि जर्मनी ने रूस पर आक्रमण किया, लेकिन ब्रिटेन की फासिस्ट मनोवृत्ति उसे ऐसा करने से रोक रही है। इंग्लैंड इसी भूल-भुलैया में पड़ा था। उसे कहीं राह नहीं दिखती। कभी ब्रिटेन की जर्मनी के साथ संधि की भी बात हवा में उड़ती है। ऐसा कर रूस को धमकाया जा रहा है। तब क्या ब्रिटेन की जान बच जाती है ?

रूस को लेकर तानाशाही को अपनी यूरोप विजय के सपने को सच करने में क्या देर लगेगी ? रामवृक्ष ने लिखा—कुल यही परिस्थिति है, जो महायुद्ध का भयावह संकेत दे रही है।

'जनता' पहुँची नेपाल

इसी दौरान एक दिन रामवृक्ष अपने गाँव गए। वहाँ एक सज्जन से भेंट हुई, जो अभी-अभी नेपाल से लौटे थे। उन्होंने वहाँ की राजनीतिक स्थिति बताई और कुछ कागज-पत्र भी दिए। उन्हीं के आधार पर राणाशाही के खिलाफ रामवृक्ष बेनीपुरी ने 'जनता' में एक लेखमाला लिखी। पटना-काठमांडो से लेकर दिल्ली तक खलबली मच गई। फिर तो नेपाल से युवकों की टोलियाँ आने लगीं और रामवृक्ष नेपाल के संबंध में डटकर लिखते गए। नेपाल की प्रजा के कष्टों एवं वहाँ की राज्य-पद्धति की बुराइयों के बारे में लोगों का ध्यान आकृष्ट किया। उन लेखों के चलते नेपाली प्रजा में बड़ी सनसनी फैली—बिहार की सीमा पर के शहरों में दूर-दूर से नेपाली आते और 'जनता' की प्रतियाँ मुँहमाँगे दाम में खरीद ले जाते। नेपाल की सरहद के स्टेशनों पर 'जनता' की बिक्री बेहद बढ़ गई। लोग दस-दस पंद्रह-पंद्रह रुपए तक में 'जनता' की कॉपियाँ खरीदते और उसे

बाँस की चोंगियों में रखकर नेपाल के कोने-कोने में ले जाते।

नेपाल सरकार ने 'जनता' का पढ़ना या रखना जुर्म करार दे दिया। 'जनता' से संपर्क रखने के लिए कितनों को संदेह में ही दस-दस बरस तक की सजा हुई। 'जनता' के एक लेख की प्रतिलिपि रखने के कारण एक युवक गंगालाल को दिनभर कोड़े लगाए गए और फिर उसे गोलियों से उड़ा दिया गया। दूसरे युवक दशरथचंद्र, जो 'जनता' में शिवानंद के नाम से समाचार आदि भेजते थे, को भी गोलियों से उड़ा दिया गया।

नेपाल संबंधी लेखमाला 'जनता' में छप ही रही थी, और रामवृक्ष पर गिरफ्तारी का वारंट निकला हुआ था। सो, उसी वक्त नेपाल के कुछ युवकों ने रामवृक्ष की राय पर तय किया था कि अन्य देशी राज्यों की तरह नेपाल में भी प्रजा परिषद् की स्थापना के लिए रामगढ़ में बैठक करेंगे; रामगढ़ कांग्रेस में भारत के नेताओं से मिलकर नेपाल की यथार्थ स्थिति पर बात करेंगे। रामवृक्ष रामगढ़ में यह काम करके ही गिरफ्तार होंगे।

लेकिन कुछ ही दिनों में नेपाल में स्थिति इतनी गंभीर हो गई कि वहाँ के लोग 'रामगढ़' नहीं आए। उन लोगों ने नेपाल में ही मिल-जुलकर प्रजा परिषद् की स्थापना की। परिषद् के लोगों को जेल हुई। कितनों ने लंबी-लंबी सजाएँ भुगतीं।

नेपाल की राणाशाही की ओर से 'जनता' को प्रलोभन और धमकियाँ साथ-साथ आने लगीं। 'जनता' पर कोई असर नहीं। तब राणाशाही ने सीधे अंग्रेजी राज की शरण ली।

एक दिन सी.आई.डी. के अफसर से रामवृक्ष की बुलाहट हुई। उसके बड़े अंग्रेज अफसर ने कहा—लेख छापना बंद कर दीजिए। नेपाल हमारा मित्र राज्य है, नेपाली सेना पर ही युद्ध की विजय निर्भर है। गोरखों को फौज में भरती किए बिना युद्ध में जीतना मुश्किल है।

इसके साथ उन्होंने मित्र राष्ट्र संबंधी कुछ कानून दिखलाए, जिसके अनुसार ऐसे लेख छापना कानून की दृष्टि में जुर्म है। रामवृक्ष ने कहा—"यह कांग्रेसी राज्य है। जो कुछ कहना होगा, मुझसे हमारे मुख्यमंत्री कहेंगे। आप कौन होते हैं हस्तक्षेप करनेवाले?"

रामवृक्ष अपनी अड़ पर कायम रहे—'जनता' ने अपनी आवाज बुलंद रखी। लेखमाला जारी रही। तब नेपाल संबंधी लेखों को जब्त किया गया। 'जनता' और जनता प्रेस से 5 हजार की जमानत माँगी गई। उसी के साथ जनता प्रेस में छपे एक नोटिस के कारण रामवृक्ष पर गिरफ्तारी का वारंट निकला। रामवृक्ष को वारंट की खबर मिल गई।

सुभाषचंद्र बोस का आगमन

वैसे, रामवृक्ष पर वारंट से पहले सुभाष बाबू का कांग्रेस से विद्रोह खुलकर सामने आ गया। हरिपुरा कांग्रेस (1938) में अध्यक्ष के चुनाव में बिहार के समाजवादियों ने सुभाष बाबू का पक्ष लिया था। उसमें राष्ट्रीय कांग्रेस के अध्यक्ष बनने के बाद सुभाषचंद्र

बोस ने कांग्रेस सोशलिस्ट पार्टी की खुलकर प्रशंसा की थी। पार्टी की ओर से समाजवादी साहित्य के प्रकाशन का एक आयोजन किया गया, तो उसके संपादक-मंडल में उन्होंने अपना नाम भी दिया। वह पटना आए, तो रामवृक्ष बेनीपुरी ने उनका शानदार स्वागत कराया। वह 'जनता' ऑफिस पहुँचे, बेनीपुरी के साथ अपना फोटो भी खिंचवाया। 'जनता' के प्रेस के लिए मदद भी की।

हरिपुरा के बाद त्रिपुरी में कांग्रेस होने जा रही थी। पार्टी चाहती थी कि मौलाना अबुल कलाम आजाद को अध्यक्ष बनाया जाए, लेकिन उन्होंने खड़ा होने से इनकार किया। तब राष्ट्रीय अध्यक्ष पद के लिए दो ही उम्मीदवार रह गए—सुभाष बाबू और डॉ. पट्टाभि सीतारामैया। जयप्रकाश नारायण ने वक्तव्य निकालकर पार्टी सदस्यों को हिदायत दी कि पार्टी का एक-एक वोट सुभाष बाबू को ही मिले। चुनाव में सुभाष बाबू पुनः जीत गए, किंतु गांधीजी ने डॉ. पट्टाभि की हार को अपनी हार मान ली और सरदार पटेल, राजेंद्र बाबू आदि ने कार्यसमिति से इस्तीफा दे दिया। ऐसा मालूम होता था कि कांग्रेस के दो टुकड़े होने जा रहे हैं। अंतरराष्ट्रीय परिस्थिति के मद्देनजर जेपी की समझ यह थी कि ऐसे समय में कांग्रेस में फूट देश के लिए घातक होगी। अतः वह कभी दौड़कर गांधीजी के पास जाते रहे और कभी सुभाष बाबू के पास, लेकिन दोनों अपनी-अपनी जगह पर अटल रहे। सो, त्रिपुरी कांग्रेस में गांधीजी आए तक नहीं। इधर सुभाष बाबू बीमार पड़ गए। अधिवेशन में भाग लेने के लिए बीमार सुभाष बाबू 'स्ट्रेचर' पर आए। गोविंदवल्लभ पंत ने मुख्य प्रस्ताव पेश किया। उसमें पुरानी कार्यकारिणी समिति के प्रति पूर्ण निष्ठा की घोषणा की गई और गांधीजी की इच्छा के अनुसार नई कार्यकारिणी समिति नियुक्त करने के लिए अध्यक्ष से अनुरोध किया गया। इस पर तूफानी बहस हुई। भारी बहुमत से प्रस्ताव पारित हुआ। सुभाषचंद्र बोस ने इस प्रस्ताव को मानने से इनकार किया। कांग्रेस सोशलिस्ट पार्टी ने अपने को इस झगड़े से तटस्थ रखने का फैसला किया। रामवृक्ष बेनीपुरी त्रिपुरी नहीं गए थे। अधिवेशन की उस तूफानी बहस और फैसले में कांग्रेस सोशलिस्ट पार्टी के तटस्थ रहने और नेताजी का साथ नहीं देने की खबर पर रामवृक्ष को बहुत गुस्सा आया। उन्होंने पत्र-पत्रिकाओं में छपी खबरों के आधार पर 'जनता' में एक जबरदस्त टिप्पणी लिख मारी।

अधिवेशन के तुरंत बाद कलकत्ता में अखिल भारतीय कांग्रेस कमेटी की बैठक हुई, तो त्रिपुरी कांग्रेस में पारित प्रस्ताव के वास्तविक अर्थ का तूफानी दृश्य प्रकट हुआ। सुभाष बाबू ने कांग्रेस के राष्ट्रीय अध्यक्ष पद से इस्तीफा दे दिया। राजेंद्र बाबू कांग्रेस के नए अध्यक्ष बनाए गए। पुरानी कार्यकारिणी समिति पुनः नियुक्त हुई। जेपी ने दोनों गुटों में समझौता कराने की चेष्टा की। उन्होंने सुलह के लिए प्रस्ताव किया कि सुभाष बाबू कांग्रेस के राष्ट्रपति (अध्यक्ष) रहें, पं. जवाहरलाल प्रधानमंत्री रहें और पाँच वामपक्षी

कार्यसमिति में लिये जाएँ। गांधीवादी यह मान गए, लेकिन सुभाष बाबू के पक्ष ने इसे स्वीकार नहीं किया। इसके बाद 21 मई को सुभाष बाबू ने अलग पार्टी 'फॉरवर्ड ब्लॉक' कायम किया और देश में दौरे शुरू किए। सो, कांग्रेस तो नहीं टूटी, लेकिन कांग्रेस गृहयुद्ध का अखाड़ा बन गई। तब रामवृक्ष ने सुभाष बाबू की इस राजनीति का विरोध किया। हालाँकि जब नेताजी सुभाष पटना आए, तब कांग्रेसियों ने उन पर जूते चलवाए और उनकी प्रतिष्ठा की रक्षा के लिए रामवृक्ष बेनीपुरी और उनके बिहारी समाजवादी मित्रों ने अपने को खतरे में डाला।

जो हो, बिहार में सुभाष बाबू को लेकर वामपंथियों में फूट पड़ गई। फिर क्या था! सुभाषचंद्र बोस के 'भक्तों' ने कांग्रेस सोशलिस्ट पार्टी के कार्यों में ही अड़ंगा डालना शुरू कर दिया। कांग्रेसी दिग्गज पहले से समाजवादियों से कुढ़े हुए थे। सो, जमींदारों और पूँजीपतियों की पौ बारह हुई! उन्होंने प्रहार-पर-प्रहार शुरू किया। मंत्रिमंडल के कुछ सदस्यों ने इसमें अपने-अपने तरीके से खूब मदद की।

कुल मिलाकर 'जनता' खींचा-तानी में पड़ गई! तभी रामवृक्ष समझ गए कि 'जनता' के लिए बुरे दिन आ गए। डेढ़ साल में 'जनता' सफलता के पहाड़ पर चढ़ती गई, लेकिन वहाँ से आर्थिक परेशानियों की खाई और गहरी दिखने लगी। यूँ 'सफलता' के सोपान चढ़ते हुए 'जनता' की टीम उत्साह से उठती थी। यह उत्साह आर्थिक परेशानियों को भूलकर नई स्टोरी की तलाश में निकल पड़ने को प्रेरित भी करता था, लेकिन राजनीतिक तनाव ने परेशानियों को और लहका दिया। कहीं से कागज का जुगाड़ किया, कहीं से रोशनाई का; किसी तरह 'जनता' निकली, तो डाक खर्च के लिए पैसे नहीं! फिर मित्रों की जेब टटोलते फिरे। समय पर कंपोजीटरों और मशीनमैनों का मुशाहरा नहीं देने के कारण संपादक-संचालक प्रायः लज्जित और दुखित होते। वे लोग भी उनकी कठिनाई जानते थे और समझते थे कि सब उनका ही, गरीब सर्वहारा का ही काम कर रहे हैं, किंतु बेचारे पेट पर ईंट कब तक बाँधते—कई बार हड़ताल करने के लिए भी उन्होंने सोचा, किंतु कभी इसकी नौबत नहीं आई क्योंकि चारों ओर विश्वयुद्ध की घनघोर तैयारी चलने लगी थी। इटली, जर्मनी, इंग्लैंड में सामूहिक सैनिक कवायद शुरू हो गए। ब्रिटेन के आसमान पर एक दिन कृत्रिम लड़ाई भी लड़ी गई। हिंदुस्तान में भी ब्रिटिश सरकार की बहुमुखी तैयारी उसी पैमाने पर चलने लगी। भारतीय सेना की टुकड़ियाँ बाहर भेजी जाने लगीं। किसान और मजदूरों के बच्चे साम्राज्यशाही के लिए भेड़-बकरियों की तरह जा कटने को तैयार किए जाने लगे, लेकिन कांग्रेस थी कि इस दिशा में कतई सजग नहीं थी। उसे वजारतों से फुरसत नहीं! उसके यहाँ अलग ही गृहयुद्ध छिड़ा था। उसके नेता नेताजी सुभाषचंद्र बोस से अंतिम समय तक निपटने की चालें गढ़ रहे थे।

संपादक रामवृक्ष बेनीपुरी 'जनता' की सफलता के पहाड़ पर से परेशानियों की

निचली घाटियों को निहारते हुए गांधी, नेहरू, सुभाष की हर गतिविधि, हर बयान पर नजर रखने लगे। जेपी से बहस, कांग्रेसी नेताओं, समाजवादी मित्रों से लेकर साम्यवादी विरोधियों से नोक-झोंक आदि पर भी...। 'जनता' में एक तरफ छापा—'आज की यह भूल कल के लिए हमारी फाँसी होगी।' और दूसरी तरफ पूरे विश्व के नजारे को कलमबद्ध करते-करते भविष्यवाणी के स्वर में 'जनता' को पाँच महीने पहले ही चेतावनी दे दी—'दूसरा महायुद्ध होके ही रहेगा।'

येई रणबाजा बाजे घननन्

सितंबर में युद्ध का मारू बाजा बज उठा। नगाड़े की चोट ने यूरोप के आकाश-मंडल को ही प्रकंपित नहीं किया, सात समंदर पार भारत देश के कोने-कोने को भी गुँजा डाला। खेतों पर मरते-खपते किसान और गलियों में टख-टख करते एक्केवान, सबकी जबान पर एक ही वाक्य—लड़ाई शुरू हो गई! रामवृक्ष 'जनता' के लिए महायुद्ध का 'आँखों देखा हाल' लिखने लगे—"यह लड़ाई तो शुरू होनी ही थी। पिछली लड़ाई (प्रथम विश्वयुद्ध) के तुरंत बाद से ही नरसंहार के जो व्यापक आयोजन सभी राष्ट्रों द्वारा किए जाने लगे थे, उसका एक यही नतीजा होना था। 'को बड़ छोट कहत अपराधू'—न किसी एक पर इसका अपराध लगाया जा सकता है और न आज यह सवाल है कि किसने, किस परिस्थिति में लड़ाई छेड़ी?"

हालाँकि उन्होंने अगस्त में ही (1939) यह खबर दी कि अगस्त की तेईसवीं तारीख की रात को नाजी जर्मनी और साम्यवादी रूस में अगले दस वर्षों के लिए एक-दूसरे पर आक्रमण नहीं करने के लिए संधि पत्र पर हस्ताक्षर हुए। इस चीज ने दुनिया के समस्त प्राणों में कंप पैदा कर दिया। लोगों को ताज्जुब हो रहा है—भला साम्यवादी रूस ने अपनी प्रतिकूलता के देश नाजी जर्मनी से कैसे मैत्री की?

रूस का जितना बड़ा दुश्मन जर्मनी है, इंग्लैंड और फ्रांस के पूँजीवादी जनतंत्र उससे रत्ती भर भी कम नहीं। यह किसे भूला होगा कि म्यूनिख के समझौते में चेंबरलेन ने रूस का नाम तक लेना पाप समझा था, जबकि रूस चेकोस्लोवेकिया की रक्षा के लिए ब्रिटेन से कंधे भिड़ाकर लोहा बनाने को तैयार था। अभी ही एक ओर ब्रिटेन अपने मुल्क के जनमत को शांत करने के लिए रूस से संधि की बातें करता था और दूसरी ओर जर्मनी द्वारा रूस के विनाश की कल्पना भी कर रहा था; वह तो जर्मनी से सुलह की गुप्त चर्चा करता था!

और अनगिनत विश्वासघातों के स्रष्टा ब्रिटेन पर कौन यकीन करने जाए? अत: यह चाल चलकर रूस ने अपना भला सोचा है। जर्मनी, जो कल तक यूक्रेन लेने के सपने देख रहा था, आज समझ गया कि वह रूस से लोहा लेकर कुछ पा नहीं सकता।

उसे तो अपने उपनिवेशों के लिए ब्रिटेन और फ्रांस से निपटना है। यदि ब्रिटेन की रूस से संधि हुई रहती तो हिटलर के हाथ-पैर बँध जाते, लेकिन अब तो हिटलर के विजयी रथ के लिए एक प्रशस्त मार्ग है। डैनजिंग की समस्या खत्म हुई कि पोलैंड उसके चरणों पर होगा। स्पेन, इटली और जर्मनी के रहते जिब्राल्टर और मेडिट्रेनियन कभी ब्रिटेन के हाथों नहीं रह सकेंगे।

ब्रिटेन के प्राण सबसे अधिक संकट में हैं। खबर है, इटली भी रूस के पास अनाक्रमण संधि के लिए जा रहा है। कानों में कोई यह भी कहता है कि जर्मनी कुछ ले-देकर फ्रांस से सुलह कर लेगा! फिर बेचारा ब्रिटेन अकेले बचा रहेगा, जिसके साथ हिटलर अपनी 'मेन केंफ' के कार्यक्रम के अनुसार आसानी से आखिर में निपट लेगा।

और जिस तरह पिछले महासमर के समय तटस्थ अमेरिका समृद्धिशाली बन गया, आज उसके ऋण के बोझ से दुनिया के सभी देशों की गरदनें झुकी हुई हैं। अगला जो महासमर छिड़ेगा, उसमें रूस भी इन पूँजीवादी देशों का घर फूँक तमाशा देखता अलग खड़ा-खड़ा अपने उद्योगों का अशेष विकास कर लेगा। दूसरी ओर, ये पूँजीवादी देश या तो आपस में लड़कर मिट जाएँगे या बेहद कमजोर पड़ जाएँगे। फिर रूस को कौन छू सकेगा? आज यदि रूस, ब्रिटेन और फ्रांस की संधि हुई रहती तो ब्रिटेन दुनिया की राजनीति का नेता होता, पर आज हम देखते हैं—दुनिया की राजनीति का सूत्र स्टालिन के हाथों में हैं। किंतु यह भी नहीं समझा जाए कि रूस निरापद हो गया, अत: उसे पग-पग की राह फूँक रखनी होगी, पर खूँरेजी जापान की अब खैर नहीं।

1 सितंबर, 1939 को पोलैंड पर हिटलर के आक्रमण के साथ द्वितीय विश्वयुद्ध शुरू हुआ। 3 सितंबर को जर्मनी ने उसे जीत लिया। पोलैंड का अस्तित्व स्वतंत्र देश की तरह नहीं रहा। उसी दिन इंग्लैंड ने युद्ध की घोषणा की।

जिस दिन अखबारों में खबर छपी कि जर्मनी ने पोलैंड पर चढ़ाई कर दी, ठीक उसी दिन प्रांतीय कांग्रेस कार्य समिति ने अपने ही वामपक्ष पर धावा बोल दिया। अपने पैरों का 'राइट-लेफ्ट' शुरू कर केंद्रीय नेतृत्व से 'तेज कदम' के मार्चिंग ऑर्डर के आग्रह की बजाय 'राइट-लेफ्ट' के झगड़े को तूल दिया। कलम के एक सर्राटे में स्वामी सहजानंद को कांग्रेस के सभी चुनाववाले पदों से वंचित कर दिया। बिहार साम्यवादी पार्टी के प्रधानमंत्री किशोरी प्रसन्न सिंह भी अनुशासन-चक्र से न बचे और गुस्ताखी की यह तो हद हो गई कि जेपी से कैफियत माँगी गई। जो व्यक्ति कांग्रेस के दक्षिणपक्ष और वामपक्ष में पुल का-सा काम करता रहा, जिसे अखिल भारतीय कांग्रेस कार्य समिति में शामिल होने का निमंत्रण मिला, उसी से कैफियत?

तीन दिनों तक प्रांतीय कार्य समिति की बैठक होती रही। विश्वयुद्ध का धुआँ

घना हो रहा था, किंतु इस पर विचार करने की किसी को फिक्र नहीं। चिंता थी, प्रांत के वामपक्षी कांग्रेस नेताओं को अनुशासन के चक्र में डालकर अपने लिए नेतृत्व की निशृंचितता प्राप्त करना। साथ-ही-साथ डिस्ट्रिक्ट बोर्डों और म्यूनिसिपैलिटियों की चेयरमैनी, वाइस चेयरमैनी का तिकड़म भिड़ाना!

कांग्रेस सोशलिस्ट पार्टी (बिहार) ने इस अविवेक पर क्रोध व्यक्त न करते हुए यह तय रखा कि 'हम कांग्रेस के हैं, कांग्रेस के रहेंगे।'

14 सितंबर, 1939 को कांग्रेस कार्यसमिति की बैठक हुई। पं. जवाहरलाल नेहरू के सभापतित्व में तीन आदमियों की युद्ध समिति बनी—पं. जवाहरलाल नेहरू, मौलाना आजाद और सरदार पटेल की। कार्यसमिति ने इस युद्ध समिति के निर्माण के साथ विज्ञप्ति निकाली—"बिना हिंदुस्तान की राय लिये ही ब्रिटिश हुकूमत की ओर से युद्ध की घोषणा कर दी गई। जर्मन भारत से सात समुद्र तेरह नदी पार है, किंतु ऑर्डिनेंसों की एक लंबी फौज दरवाजे खड़ी कर दी गई। खुद हिंदुस्तान डेढ़ शताब्दी तक लोकतंत्रवाद से वंचित रहा है, जिसे पोलैंड के लिए सुरक्षित रखने के लिए इंग्लैंड लड़ रहा है! ब्रिटिश सरकार अपनी नीति स्पष्ट करे। वह प्रजातंत्र की रक्षा तथा विस्तार के लिए लड़ रही है या अपना साम्राज्य बरकरार रखने के लिए? अगर उसकी लड़ाई साम्राज्य रक्षा के लिए है तो भारत उसका साथ नहीं देगा। भारत साम्राज्यवादी लड़ाई लड़ना नहीं चाहता। वह साम्राज्य का जुआ उतार फेंकने के लिए प्राणपण से कोशिश कर रहा है। फिर ऐसी लड़ाई में शामिल होना उसके लिए अपने पैरों आप कुल्हाड़ी मारना है।"

22 अक्तूबर, 1939 को कांग्रेस कार्यसमिति की वर्धा में तीसरी बैठक हुई। उसमें एक प्रस्ताव पास करके उसने कांग्रेसी मंत्रिमंडलों को इस्तीफा देने का आदेश दिया। अखिल भारतीय कांग्रेस की कार्यसमिति ने केंद्रीय असेंबली के कांग्रेसी सदस्यों को भी तत्कालीन अधिवेशन में शामिल होने से रोक दिया, लेकिन ब्रिटिश सरकार के कानों पर जूँ न रेंगी। वह अपनी चाल चलती गई। उसने भारत को युद्धलिप्त राष्ट्र घोषित किया।

रामगढ़ कांग्रेस : राम-राम

महायुद्ध के घने कुहासे के बीच नया साल (1940) आया और हुकूमत का फरमान आया कि स्वतंत्रता दिवस (26 जनवरी) पर कोई जुलूस नहीं निकले। सो, पटना शहर कांग्रेस कमेटी ने घुटने टेक लिये, लेकिन रामवृक्ष के नेतृत्व में पटना के युवा एवं समाजवादी साथियों ने जुलूस निकाला, शानदार ढंग से। जुलूस से कोई छेड़छाड़ नहीं की गई। बाद में रामवृक्ष पर वारंट निकला। मुकदमे की अपील चली तो जवाब मिला—इतना जुरमाना दो, नहीं तो इतने दिन जेल भुगतो।

ठीक रामगढ़ कांग्रेस के पहले ब्रिटिश हुकूमत ने जेपी के जमशेदपुर में किए गए युद्धविरोधी भाषण के जुर्म में वारंट निकाला। वह वारंट पटना से जमशेदपुर गया और वहाँ से तीसरे दिन वापस आकर जेपी (जो पटना में थे!) को चाइबासा जेल में डालकर शांत हुआ। 1939 के अंतिम जाड़े के दिनों में इस गिरफ्तारी की सूचना पाकर जवाहरलालजी तमतमा उठे और इसे सरकार की चुनौती मानते हुए कहा कि इसका जवाब रामगढ़ देगा। आचार्य नरेंद्रदेव उस वक्त पटना में थे। गांधीजी को भी सूचना मिली, तो उन्होंने सरकार की कार्रवाई पर क्षोभ प्रकट किया और इसके साथ लेख लिखकर जयप्रकाश को 'भारतीय समाजवाद का आचार्य' बताया। उधर, जेल में बंदी जेपी ने रामगढ़ कांग्रेस के अवसर के बहाने लेख लिखकर कांग्रेस के अंदर की गुत्थी सुलझाने की कोशिश की, लेकिन रामवृक्ष रामगढ़ पहुँचने तक जान गए कि 'जनता' की उल्टी गिनती शुरू हो चुकी है।

19 एवं 20 मार्च, 1940 को रामगढ़ में भारतीय राष्ट्रीय कांग्रेस का महाधिवेशन हुआ। उसमें दूसरी ही धूम मची। मौलाना अबुल कलाम आजाद प्रायः एकमत से सभापति चुने गए, प्रायः एकमत से क्योंकि मानवेंद्रनाथ राय (एम.एन. राय) भी उम्मीदवार थे। उनको थोड़े वोट मिले। बहुत बड़ा बहुमत मौलाना के पक्ष में था। यहीं सुभाषचंद्र बोस के नेतृत्व में कांग्रेस के अंदर वाम विचारधारावाले नेताओं एवं कार्यकर्ताओं द्वारा गठित फॉरवर्ड ब्लॉक नाम के अलग दल का कांग्रेस के समानांतर महाधिवेशन हुआ। उसका नाम था—समझौता-विरोधी सभा (anti-compromise conference)। उसके मुखिया बने सुभाषचंद्र बोस। बिहार सूबे के प्रबंधकों में मुख्य थे—स्वामी सहजानंद सरस्वती और धनराज शर्मा। वे लोग कांग्रेस कार्यकारिणी समिति के विरुद्ध प्रचार करने लगे कि वह ब्रिटिश गवर्नमेंट के साथ समझौता करने पर तुली हुई थी और देश का अहित करके भी समझौता कर लेगी। इस दल में बहुत प्रकार के लोग शरीक थे, जिनमें कुछ ऐसे लोग भी थे, जो सुभाष बाबू के मत और विचारों से कोई संबंध नहीं रखते थे, पर जो कार्यकारिणी से रुष्ट थे और यह अच्छा मौका देखकर उसके विरोध में लग गए थे, उसमें और कांग्रेस के अधिवेशन में यह अंतर रहा कि उसका अधिवेशन, कांग्रेस के पहले होने के कारण, वर्षा शुरू होने के पहले ही समाप्त हो गया।

रामगढ़ कांग्रेस ने फिर भारत की माँग को दुहराया। उसने घोषणा की कि ब्रिटिश साम्राज्य से उसका कोई ताल्लुक नहीं रह सकता। भारत की आजादी साम्राज्यवाद की परिधि के भीतर सार्थक हो ही नहीं सकती। इसलिए औपनिवेशिक स्वराज्य या इस ढंग के किसी राज्य को, जो साम्राज्यवादी ढाँचे से मेल खाए, भारत पर लादा नहीं जा सकता। उसे पूर्ण स्वतंत्रता चाहिए, प्रजातंत्र की राष्ट्रीय एकता से संपन्न। मत-मतांतर का झगड़ा उठाना फजूल है, क्योंकि इसका स्थायी निपटारा विधानपरिषद् समिति ही कर सकती है,

जहाँ सभी दल वाले समझौता करके अपने हकों की रक्षा कर लेंगे और जहाँ आपस में समझौता नहीं कर सके, वहाँ किसी पंचायत का फैसला मान लेंगे। उसी महीने (मार्च 1940) मुसलिम लीग का सालाना जलसा लाहौर में हुआ। इसमें 'पाकिस्तान' का प्रस्ताव पारित हुआ।

जेपी जेल में थे और इधर रामगढ़ कांग्रेस के अवसर पर कांग्रेस सोशलिस्ट पार्टी की कार्यसमिति बैठी और उसमें कम्युनिस्टों को निकाल बाहर करने का प्रस्ताव सर्वसम्मति से स्वीकार कर लिया गया।

रामगढ़ कांग्रेस के बाद उधर कांग्रेसी मंत्रिमंडल गई, और इधर ब्रिटिश हुकूमत ने 'जनता' पर धावा बोल दिया। एक दिन 'जनता' का कार्यालय घेर लिया, कोने-कोने में सर्च किया, उन प्रतियों को उठा ले जाया गया, जिनमें नेपाल संबंधी लेख थे, किंतु रामवृक्ष कहाँ रुकनेवाले थे? सो, हुकूमत ने ब्रह्मास्त्र छोड़ दिया। पाँच हजार की जमानत माँगी और एक लेख के कारण बेनीपुरी को गिरफ्तार कर जेल भेज दिया। 1940 की मई में 'जनता' स्थगित हो गई।

रामवृक्ष पटना में गिरफ्तार हुए। मुकदमा चला। एक साल की सख्त सजा हुई। पटना जेल, फिर मई (1940) में ही हजारीबाग जेल। स्वामी सहजानंद भी वहीं पहुँच गए। नौ महीने की सजा लेकर जेपी भी चाइबासा से फरवरी महीने में ही हजारीबाग जेल पहुँच चुके थे।

जेल में वामपक्ष के भी कई लोग थे। तीन स्पष्ट दल। कुछ लोग कम्युनिस्ट। स्वामीजी सुभाष बाबू के साथ। रामवृक्ष और जेपी सोशलिस्ट पार्टी के। सबमें बड़ा तनाव। स्वामी जी सोशलिस्टों से बोलना-चालना भी नहीं चाहते थे। जेपी चाहते थे कि सैद्धांतिक मतभेद भले हों, जेल में एकजुट रहना चाहिए। कम्युनिस्टों से उनकी वितृष्णा हो चली थी, तो भी सामाजिक व्यवहार में उस भाव को नहीं आने देते थे। बड़ी समस्या थी स्वामीजी की। स्वामीजी एक सुरिया आदमी थे, लेकिन यह जेपी का धैर्य था कि इस नारियल का ऊपरी छिलका छेद सके। स्वामीजी 'मीमांसा' के बड़े पंडित थे। जेपी ने उनसे मीमांसा पढ़ाने का आग्रह किया। वह राजी हो गए। अध्ययन-अध्यापन ने कटुता दूर की, किंतु कम्युनिस्टों को यह पसंद नहीं था। वे इस प्रपंच में सदा लगे रहे कि स्वामीजी को सोशलिस्टों से दूर ही रखा जाए। उसके एक सदस्य ने तो हद कर दी; वह दिन-रात स्वामीजी की सेवा में इस तरह लग गया, जैसे उसने कोई देवता पा लिया हो। कम्युनिस्टों ने एक विचित्र प्रचार भी शुरू किया—'स्वामीजी का चित्र स्टालिन के कमरे में टँगा रहता है!'

बहरहाल, कम्युनिस्ट और फॉरवर्ड ब्लॉक के नए साथियों ने जेपी से बोलना तक बंद कर दिया। उनके रोष का मुख्य कारण एक ही था कि वह मार्क्सवादी होकर भी उनकी तरह कांग्रेस को गालियाँ नहीं देते, गांधीजी को क्रांति विरोधी नहीं समझते और

उन लोगों के सुर में सुर मिलाकर राष्ट्रीय संग्राम के नाम पर डेढ़ चावल की अलग खिचड़ी नहीं पकाते। सो, उन्हें क्रांति विरोधी मान लिया गया और उनके साथ हर तरह की बदसलूकी करने लगे, लेकिन जेपी न ऊबे और न घबराए। उन्होंने अपना वही शांत, सौम्य स्वभाव और व्यवहार रखा। धीरे-धीरे उनके साथी भी वहाँ पहुँचने लगे। जयप्रकाश ने राजनीति, अर्थशास्त्र और विज्ञान के क्लास खोल दिए। थोड़े ही दिनों में वे सब भी उनके निकट आने और शिष्यत्व स्वीकार करने लगे, जो उन्हें खरी-खोटी सुनाने का कोई मौका नहीं चूकते थे। जेपी की 'प्रोफेसरी' चल निकली। जेपी ने बाहर से संपर्क रखने का गुप्त आयोजन किया और थोड़े दिनों में उनके खत बाहर के साथियों को मिलने लगे। उनके लेख भी अखबारों में छपने लगे। 'एक कांग्रेस सोशलिस्ट' के नाम से 'सर्चलाइट', 'नेशनल हेरॉल्ड', 'बॉम्बे क्रॉनिकल' आदि पत्र-पत्रिकाओं में छपे—यह बात जेल में रामवृक्ष और बाहर के वे साथी ही जान पाते थे, जिन्हें जानना चाहिए।

उसी दौरान रामवृक्ष बेनीपुरी को जेल में ही एक वारंट मिला कि उन्हें एक केस में सीवान जाना होगा। वह सरकारी मुकदमा नहीं था। वह बकाश्त सत्याग्रह पर 'जनता' में प्रकाशित समाचार के विरुद्ध एक जमींदार द्वारा उन पर किए गए मानहानि का मुकदमा था।[4] मानहानि के इस मुकदमे के सिलसिले में बेनीपुरी को बार-बार हजारीबाग से सीवान जाना पड़ता था। इससे परेशानी और कष्ट तो हुआ, लेकिन बेनीपुरी का लाभ भी बहुत हुआ। रास्ते में दोस्तों से भेंट होती, बातें होतीं। बाहर के आंदोलन की गतिविधियों का पता चलता और जेल के भीतर 'कैदी' क्या सोच रहे हैं, क्या चाहते हैं, बाहर के किस साथी को क्या करना चाहिए, आदि-आदि सूचनाएँ उन्हें देते जाते। जेपी जेल से नेहरू, नरेंद्रदेव, सुभाषचंद्र बोस के नाम पत्र भेजे। कई लेख लिखे। आगे की योजनाएँ सूत्रबद्ध कीं। उन्हें यथास्थान पहुँचाने में बेनीपुरी की हजारीबाग से सीवान की यात्राएँ बड़ी मददगार साबित हुईं।[5]

हजारीबाग से सीधे सीवान, फिर हजारीबाग से छपरा जेल और फिर सीवान जेल तक की इन यात्राओं के दौरान बेनीपुरी को 'पतितों के देश में' के दूसरे हिस्से के लिए वह पूरी सामग्री मिल गई, जिसकी उन्हें तलाश थी। मुकदमे के दौर में बेनीपुरी कभी-कभी अपने परिवार को भेंट करने के लिए बुला लेते। प्रायः स्टेशनों पर ही भेंट कर लेते। एक बार उनकी पत्नी उनसे मिलने सीवान पहुँच गईं, लेकिन उनसे भेंट न हो सकी। बेनीपुरी में कुछ ऐसी भावना उमड़ी कि वह 'कैदी की पत्नी' नाम से एक उपन्यास ही लिखने लगे। इधर मानहानि के केस का वारंट आने के पहले से उन्होंने 'लाल रूस' पर लिखने की तैयारी कर रखी थी। उन्होंने कैंटरबरी के डीन की 'सोशलिस्ट सिक्स्थ ऑफ द वर्ल्ड' पढ़ ली थी। वेब दंपती की 'सोवियत कम्युनिज्म' से नोट्स लिये और अंततः 7 नवंबर (1940), रूसी क्रांति दिवस से जमकर 'लाल रूस' लिखना शुरू किया और

31 दिसंबर को समाप्त किया।

इसके दो महीने पहले (अक्तूबर 1940) जेपी जेल से रिहा हुए। बेनीपुरी को करीब 6 महीने और जेल में रहना था। सो, रिहाई के पहले ही जेपी ने राष्ट्रीय और अंतरराष्ट्रीय घटनाक्रम[6] के मद्देनजर अपनी भावी योजना को रामवृक्ष से शेयर किया कि निकलने के बाद अबकी वह अपने को गिरफ्तार नहीं होने देंगे—ज्यों ही ऐसा मौका देखेंगे, झट रूपोश हो जाएँगे। जेल में बेनीपुरी को किसी-न-किसी माध्यम से जब-तब गुप्त सूचना मिलती रही कि जेपी जेल से निकलते ही गांधीजी से मिले। पत्नी प्रभावती देवी से भी मिले, लेकिन अपनी योजना पर मुँह नहीं खोला। फिर सुभाष बाबू से मिले। वह सुभाष बाबू को फिर कांग्रेस में लाकर अंग्रेजी साम्राज्यवाद को संयुक्त मोरचा देना चाहते थे। सो, कलकत्ता से लौटकर बिहार और संयुक्त प्रांत होते हुए गुजरात गए, वहाँ से बंबई पहुँचे। रास्ते-रास्ते वह गुप्त संगठन की तैयारियाँ भी करते गए और बंबई पहुँचकर गुप्त वेशों में घूमने-फिरने के सामान भी एकत्र करने का प्रबंध किया।[7]

गांधीजी ने कांग्रेस के नेतृत्व का सूत्र हाथ में आते ही 1940 के अक्तूबर से व्यक्तिगत सत्याग्रह का आंदोलन छेड़ दिया। आंदोलन का रूप पूर्णतः प्रचारात्मक था। गांधीजी द्वारा चुने-चुनाए सत्याग्रही सरे बाजार नारा लगाते कि ब्रिटिश सरकार साम्राज्यवादी लड़ाई लड़ रही है, जिसमें शामिल होना हराम है। आंदोलन में शांति थी, शिष्टता थी और विरोध भी था। उन्होंने अपना सरकार-विरोधी अभियान राजनीतिक आधार पर नहीं, शांतिवादी और युद्ध-विरोधी आधार पर संगठित किया। 17 अक्तूबर (1940) से व्यक्तिगत सत्याग्रह-संग्राम शुरू हुआ था। उस दिन प्रथम सत्याग्रही विनोबा भावे ने यह प्रतिज्ञा दोहराते हुए सत्याग्रह किया—'जन या धन से ब्रिटेन के युद्ध-प्रयत्न में सहायता देना गलत है। युद्ध का एकमात्र उपचार युद्ध का अहिंसात्मक प्रतिरोध के द्वारा मुकाबला करना है।' इस सत्याग्रह के दूसरे सत्याग्रही पं. जवाहरलाल नेहरू थे। वह 7 नवंबर से सत्याग्रह करनेवाले थे, लेकिन इससे पूर्व वह गिरफ्तार कर लिये गए। फिर सरदार पटेल और अन्य प्रमुख कांग्रेसी, खासकर केंद्रीय तथा प्रांतीय कौंसिलों के सदस्य सत्याग्रही बनकर जेल गए। साल खत्म होते-होते देश में 400 कांग्रेस विधायक जेलों में थे।

देश में युद्ध-विरोधी वातावरण गरम होता गया, तब भी महात्मा गांधी ने एक-एक कदम करके आगे बढ़ने की रणनीति के तहत 'साम्राज्यवादी युद्ध' के विरुद्ध प्रतीकात्मक प्रतिरोध प्रकट करने के लिए व्यक्तिगत सत्याग्रह जारी रखा। इस सत्याग्रह के नियमों के अनुसार प्रत्येक व्यक्तिगत सत्याग्रही से अपेक्षा की गई कि वह खुलेआम जनता से यह अपील करेगा कि वह युद्ध में किसी भी प्रकार से सहायता न करे, क्योंकि हमें उसमें हमारी सहमति के बिना ही घसीट लिया गया। कांग्रेस समाजवादी नेता व्यक्तिगत सत्याग्रह से संतुष्ट नहीं थे। वे उसे जनसंघर्ष का विकल्प नहीं मानते थे। तथापि व्यक्तिगत

सत्याग्रह में उन्हें यह संभावना दिखलाई पड़ती थी कि व्यक्तिगत क्रिया को जन संघर्ष का रूप दिया जा सकता है तथा उसके द्वारा समझौते की राजनीति से पृथक् एक स्वतंत्र मार्ग तैयार किया जा सकता है। अत: वे व्यक्तिगत सत्याग्रह से अलग-थलग नहीं रहे। उन्होंने बिहार में इस व्यक्तिगत सत्याग्रह के कार्यक्रम में पूरे देश का समर्थन व्यक्त करनेवाला यह नारा गुँजा दिया—'न देंगे एक पाई, न देंगे एक भाई'।[8]

भ्राम्यमान विविधान लोकान

एक वर्ष की सजा काटकर रामवृक्ष 1941 के मध्य में (मई में) बाहर आए। सारे भारत में 'भारत रक्षा कानून' की धूम थी। सो, यह संभव नहीं था कि नए सिरे से अखबार निकाला जाए। 'जनता' का प्रेस पुराने कर्जे में बिक चुका था। कोई भी प्रेस यह हिम्मत नहीं कर सकता था कि रामवृक्ष की युद्ध-विरोधी भावनाओं को छापकर अपने ऊपर संकट मोल ले।

तभी जून, 1941 में नात्सी जर्मनी की दुर्द्धर्ष सेना सोवियत संघ पर टूट पड़ी। लोग कहने लगे कि अब लाल रूस गया। लाल रूस के हिमायती लोगों के कलेजे बैठने लगे और उनके दुश्मनों की बाँछें खिलने लगीं। जेल से छूटकर रामवृक्ष बेनीपुरी घर पहुँचे कि घर की बिगड़ी आर्थिक अवस्था को ठीक-ठाक करने के लिए कुछ कर-धर लें, लेकिन कहाँ क्रांति, कहाँ घर? बहुत से दोस्त-यारों ने कहा—"श्रीमान बेनीपुरी, आप जिंदगी भर सपने ही देखते रहेंगे! आपका लाल रूस तो गया। हिटलर ने कहा है, छह हफ्ते में उसका नामोनिशान नहीं रहेगा।"

एक दिन अवधेश्वर और रजी पहुँचे। उन्होंने सूचना दी कि प्रांतीय किसान सभा में फूट पड़ गई है। स्वामी सहजानंद समाजवादियों से अलग हो गए हैं। कम्युनिस्टों के प्रपंच में पड़कर वह भी विश्वयुद्ध को 'जनयुद्ध'[9] समझने लगे हैं। वह इस युद्ध में ब्रिटिश सरकार को मदद करने का वचन देकर समय से पहले छूटे हैं और प्रांत के किसानों को बरगला रहे हैं। सो, समाजवादियों ने मिलकर रामवृक्ष बेनीपुरी को प्रांतीय किसान सभा का अध्यक्ष बनाया है।

अब रामवृक्ष क्या करें? वह तो यह सोचते हुए घर पर टिके थे कि उन्हें कांग्रेस में होने के नाते कांग्रेस के आदेश पर यूसुफ मेहर अली और अन्य समाजवादियों की तरह व्यक्तिगत सत्याग्रह में जल्द-से-जल्द शामिल होने की तैयारी करनी है, लेकिन अब? उन्होंने बिहार प्रांतीय किसान सभा के अध्यक्ष के नाते प्रांत के कांग्रेस अध्यक्ष राजेंद्र बाबू को पत्र लिखा कि उन्हें व्यक्तिगत सत्याग्रह से बरी किया जाए और किसान सभा के अध्यक्ष की हैसियत से काम करने की इजाजत दी जाए। उन्होंने यह भी लिखा कि 'सहजानंद सरस्वती का प्रांत के किसानों पर प्रभाव है। मुझे उनके प्रभाव-जाल को

तोड़ने का अवसर दिया जाए।' जवाब में राजेंद्र बाबू का लंबा पत्र आया। उन्होंने रामवृक्ष बेनीपुरी को सत्याग्रह से मुक्त कर दिया और किसान सभा में काम करने की इजाजत दी, लेकिन यह हिदायत दी कि 'स्वामीजी के व्यक्तित्व के खिलाफ कुछ नहीं किया जाए—न जाने देश को कब किसकी आवश्यकता पड़ जाए?'

पत्र पाते ही बेनीपुरी घर से रवाना हुए और उनका तूफानी दौरा शुरू हुआ। वह किसानों को आगामी क्रांति के लिए संगठित करने लगे—कभी पटना, कभी गया, कभी मुंगेर, कभी भागलपुर, कभी सारन, कभी चंपारन। फिर तो एक साथ कई जगहों से वारंट निकले, कई सजाएँ दी गईं। फिर तो जैसे जेल जाने की स्थायी दावत मिल गई। सिटी सब-जेल, पटना जिला जेल, हजारीबाग सेंट्रल जेल, हाजीपुर सब-जेल, मुजफ्फरपुर जेल, सीतामढ़ी सब-जेल, मधुबनी सब-जेल, दरभंगा जिला जेल, सेंट्रल जेल''' 'भ्राम्यमान विविधान लोकान'! जिधर जाते, वारंट पीछे लग जाता।[10]

जेल, जमानत, अपील और सुनवाई के चक्कर के बीच जब-जब रामवृक्ष बाहर रहते, उनका सुनियोजित तूफानी दौरा चालू हो जाता। उसी बीच वह नई अखिल भारतीय किसान सभा की लखनऊ बैठक में शामिल हो आए। पहले के अखिल भारतीय किसान सभा के संगठन में फूट के कारण उसके अध्यक्ष नरेंद्रदेव ने अपनी अध्यक्षता में नया संगठन बनाया था और उसके उपाध्यक्षों में रामवृक्ष का नाम रखा था। उस बैठक में तय हुआ कि बिहार में किसान सभा का अखिल भारतीय सम्मेलन बेनीपुर के निकट बेदौल में किया जाए। उसकी तैयारी में धूप-लू की परवाह किए बगैर रामवृक्ष बेनीपुरी गाँव-गाँव घूमते हुए सीतामढ़ी जेल पहुँचे, फिर वहाँ से मधुबनी जेल।

उसी दौरान, दरभंगा जेल में अखबारों के जरिए उन्हें सूचना मिली कि जेपी गिरफ्तार होकर देवली कैंप जेल (बंबई) पहुँचे। 18 अक्तूबर को हर भाषा के अखबार के मुखपृष्ठ पर मोटे-मोटे शीर्षकों में एक ही खबर छपी थी—'जयप्रकाश हिंदुस्तान का षड्यंत्री नं. 1 है। वे बाहर से संपर्क स्थापित हिंदुस्तान में सशस्त्र विद्रोह की तैयारियाँ कर रहे हैं'''।' यह खबर ब्रिटिश भारत सरकार ने भेजी थी। प्रामाणिकता के लिए जेपी के खतों के कुछ अंशों के फोटो भी भेजे थे। हिंदुस्तान के तीन अखबारों को छोड़कर सभी अखबारों ने सरकार द्वारा भेजे गए प्रमाणों के आधार पर अपनी-अपनी व्याख्या के साथ जेपी की गिरफ्तारी की खबर छापी। मद्रास के 'हिंदू', दिल्ली के 'हिंदुस्तान टाइम्स' और बंबई के 'फ्री प्रेस' ने जयप्रकाश की गिरफ्तारी की खबर दी, लेकिन सरकार की ओर से भेजे गए प्रमाणों के आधार पर सरकार के सुर में सुर मिलानेवाली व्याख्या नहीं पेश की, जबकि कुछ अखबारों ने जयप्रकाश को खूब गालियाँ सुनाईं। अखबारों में खबर देकर सरकार को संतोष नहीं हुआ। वह रेडियो द्वारा हिंदुस्तान के कोने-कोने में ही नहीं, संसार के कोने-कोने तक यह खबर फैलाती रही। ब्रिटिश सरकार का उद्देश्य था—जेपी को बदनाम करना, लेकिन

गांधीजी ने जेपी का पक्ष लिया। सरकार का उद्देश्य निष्फल हुआ। उल्टे, ब्रिटिश हुकूमत की रणनीति से कांग्रेस सोशलिस्ट पार्टी के साधारण से साधारण कार्यकर्ता को भी मालूम हो गया कि सरकार को उलटने के लिए वे सबकुछ कर सकते हैं।

मधुबनी जेल में रहते सुना कि बदौल में सम्मेलन ऐसा सफल हुआ, जैसी कल्पना भी नहीं की गई थी। उसका उद्घाटन बाबू श्रीकृष्ण सिंह ने किया। आचार्य नरेंद्रदेव बेतरह दमे की चपेट में थे। उनकी अनुपस्थिति में यूसुफ मेहर अली ने बंबई से आकर सम्मेलन की अध्यक्षता की।[11]

इस जेल से उस जेल की यात्रा में आठ महीने बीत गए, हिटलर की सेना के सामने लाल रूस खड़ा रहा। हिटलर की जो सेना समूचे यूरोप में कहीं रुकी तक नहीं, जिसने तीन सप्ताह के अंदर-अंदर फ्रांस को पराजित कर दिया, उसी सेना के पैर अब पीछे भागने से रुक नहीं रहे। क्यों? इस 'क्यों' के जवाब में रामवृक्ष ने पिछले साल हजारीबाग जेल में लिखे 'लाल रूस' (करीब ढाई सौ पेज) में नया अध्याय 'रूस की क्रांति' लिखना शुरू किया। उसमें यह स्थापना केंद्र में रखी—'रूस अजेय है।'[12]

मुकदमे के सिलसिले में दरभंगा जेल से मधुबनी जेल लाने-ले जाने के लंबे सिलसिले के दौरान ही बेनीपुरी को यह खबर मिल गई कि 11 मार्च, 1942 को कॉमन सभा में प्रधानमंत्री चर्चिल ने भारत को पूर्ण औपनिवेशिक स्वराज्य देने के लिए क्रिप्स मिशन भेजने की घोषणा की।[13] और दस दिन में ही, यूरोप और दक्षिण-पूर्व एशिया में हो रहे घमासान युद्ध का सामना करने में बुरी तरह व्यस्त-पस्त ब्रिटिश सरकार ने ब्रिटेन की युद्ध परिषद् के समाजवादी नेता सर स्टैफोर्ड क्रिप्स को भारत भेज दिया। वह 23 मार्च को दिल्ली पहुँच भी गए। क्रिप्स प्रस्ताव में ब्रिटिश सरकार के इस इरादे को दोहराया गया कि युद्ध समाप्त होने के बाद यथाशीघ्र भारतीय संघ स्थापित कर दिया जाएगा। गांधीजी ने क्रिप्स प्रस्ताव को यह कहकर ठुकरा दिया कि 'यह डूबते हुए बैंक का आगे की तारीख का चेक है।' कांग्रेस कार्य समिति ने भी उसे नामंजूर किया। कांग्रेस की स्पष्ट माँग उभरी—पहले आजादी, फिर लड़ाई। क्रिप्स साहब 12 अप्रैल को बैरंग इंग्लैंड लौट गए, और उसी महीने से गांधीजी के लेख पर लेख, वक्तव्य पर वक्तव्य सभी समाचार-पत्रों में प्रमुखता से छपने लगे, जिनसे देश के आम जन के बीच यह संदेश फैलने लगा कि गांधीजी की अंत:प्रेरणा में 'अंग्रेजो, भारत छोड़ो' की बात आ चुकी है। अब आगे देश की आजादी के लिए कोई आंदोलन नहीं होगा, खुला विद्रोह होगा। 'करो या मरो' इसका नारा होगा।

तभी बेनीपुरी को यह सूचना भी मिली कि जेपी को लंबे अनशन के बाद देवली से हजारीबाग जेल भेज दिया गया। सो, उन्होंने सुनवाई के लिए मधुबनी जेल से मजिस्ट्रेट के समक्ष उपस्थित होते ही कहा—'मुझे हजारीबाग जेल भेज दीजिए, क्योंकि दरभंगा जेल में भी अपर डिवीजन का कोई इंतजाम नहीं है। इससे मुझे कष्ट होता है।' मजिस्ट्रेट

ने इसे तुरंत स्वीकार कर लिया। बेनीपुरी की योजना थी कि वह मुकदमे के सिलसिले में मधुबनी से दरभंगा जेल की बजाय हजारीबाग जेल पहुँचकर जेपी से सारी बातें कर लें और लौटकर उनके आदेश के मुताबिक आगे की काररवाइयाँ की जाएँ; वह मुकदमे की सुनवाई के सिलसिले में लौटते हुए जेपी की रणनीति और आदेश बाहर सक्रिय मित्रों और पार्टी कार्यकर्ताओं तक पहुँचा देंगे। दो साल पहले इस तरह की रणनीति बहुत फायदेमंद और सफल रही थी।

लेकिन बेनीपुरी हजारीबाग जेल पहुँचे ही थे कि देश में गांधीजी के 'अंग्रेजो, भारत छोड़ो' की धमक गूँजने लगी। बेनीपुरी को हजारीबाग जेल के 'बाबू वॉर्ड' में रखा गया। जेपी 'छोकरा किता' में थे। जेल के एक जमादार ने दोनों को तुरंत मिलाने का इंतजाम किया। बेनीपुरी ने जेपी को सारी बातें बताईं—जनता का रुख, कार्यकर्ताओं का रुख, पुलिस का रुख, सैनिकों का रुख। यदि योग्य नेतृत्व नहीं मिला, तो आंदोलन बिखर सकता है या गलत दिशा में जा सकता है आदि-आदि सब बातें।

नई योजनाएँ पकने लगीं, लेकिन उनके बाहर निकलने का रास्ता बंद! बेनीपुरी को मुकदमे की सुनवाई के सिलसिले में मधुबनी के लिए निकलने की कोई सूचना नहीं आई। उल्टे, अगस्त में जेल में बेनीपुरी के पास यह सूचना पहुँच गई कि वह जमानत पर रिहा नहीं किए जा सकते। पटना से जिन लोगों को जहाँ भी हों, गिरफ्तार करके जेल में नजरबंद कर देने की जो पहली लिस्ट निकली है, उसमें एक नाम उनका भी है, जबकि देश ने अपने को क्रांति के हवनकुंड में झोंक दिया है!

सजाएँ चल ही रही थीं, अब नजरबंदी का हुक्म भी। बस, निश्चिंत होकर जेल में पड़े रहो!

तूफान

इस दौरान प्रेसों में पूरी तरह यांत्रिकता का राज्य स्थापित हो गया। बिजली ने छपाई की गति में क्रांति ला दी थी। न छोटे प्रेसों की कोई पूछ रह गई, न छोटे अखबारों की। पत्रकारिता पर बड़ी पूँजी का प्रभाव तेजी से बढ़ा। अब कोई अच्छा अखबार निकालने और चलाने के लिए किसी बड़े पूँजीपति की शरण में जाना या कोई बड़ी कंपनी खड़ी करना लाजिमी हो गया। विज्ञापनों ने पत्रकारिता को अपने काबू में कर लिया। विज्ञापनों के कारण पूँजीपतियों की शरण में जाने की लाचारी पत्रकारिता की बुनियादी शर्त के रूप में प्रकट होने लगी।

गांधीजी ने 'भारत छोड़ो आंदोलन' (9 अगस्त, 1942) प्रारंभ करते समय राष्ट्रीयता के पोषक पत्रों से अपने-अपने अखबार बंद कर देने की प्रार्थना की थी। कुछेक अखबारों ने यह शर्त निबाही, किंतु थोड़े दिनों के बाद ही सबकी कलई खुलने लगी। उसका प्रधान

कारण बना, सरकारी विज्ञापन। विज्ञापन के रूप में सरकार हर अखबार को थैलियाँ पर थैलियाँ पहुँचाने लगी। उन अखबारों के लिए इस लोभ को संवरण करना कठिन था। बिड़ला ने 'सर्चलाइट' खरीद लिया। बिहार की राष्ट्रीयता का शान समझे जानेवाले 'सर्चलाइट' के संपादक श्री मुरलीमनोहर प्रसाद इधर रामवृक्ष के साथ जेल में नजरबंद हुए और उधर 'सर्चलाइट' में 1942 के विद्रोही देशभक्तों को 'गुंडों' के रूप में चित्रित लंबे-लंबे सचित्र विज्ञापन निकलने लगे। यह विधि-विधान प्राय: सभी पत्रों पर लागू हो गया।

सरकारी विज्ञापनों के अलावा कागज के कोटे ने भी अखबारों की नैतिक रीढ़ तोड़ दी। कई अखबार अधिक ग्राहक संख्या बताकर अखबारों के मासिक कागज का बड़ा-बड़ा कोटा अफसरों से करा लेते और बचे हुए कागज की चोर बाजारी करते। जनता चोर बाजारी से परेशान थी; उसकी रक्षा कौन करे—जो स्वयं अपना मुँह काला कर चुका था? वह किस प्रकार दूसरे के कुकर्म की ओर उँगली उठाए! सो, चोरी और सीना जोरी का नजारा दिखने लगा।

जेलबंद रामवृक्ष यह सब देखते-सुनते और मन-ही-मन कुढ़ते। वहीं उनको यह सूचना भी मिली कि जिस प्रेस से वह 'जनता' निकालते थे, उसी प्रेस से छपकर एक ऐसा साप्ताहिक निकल रहा है, जो देशभक्तों को खुलेआम गालियाँ देता है!

'करो या मरो' आंदोलन के प्रारंभ होते ही हजारीबाग में प्रांत के कोने-कोने से राजबंदी आकर भर गए, तब रामवृक्ष बेनीपुरी में फिर जेल से ही पत्रकारिता करने की भावना जगी। 1930 में यहीं से हस्तलिखित 'कैदी' निकालते थे, अब 1942 में 'तूफान' निकालने लगे। 'तूफान' के अंक 'कैदी' से भी अधिक शानदार निकलने लगे। जेल में न लेखकों की कमी, न कवियों की। सुंदर अक्षर लिखनेवाले भी कई मिल गए—ओंकार शरद भी, जो पलामू से गिरफ्तार होकर आए थे।

फरारी का जश्न

1942 के 9 अगस्त से ही बिहार में जन-ज्वालामुखी फूट गया। देश भर में 'करेंगे या मरेंगे' का नारा गूँजने लगा। हुकूमत ने कांग्रेस के तमाम दिग्गज नेताओं को नारा लगाने तक का मौका दिए बिना पहले ही गिरफ्तार कर लिया था। जेल के अंदर पहुँचे नेताओं और जेल के बाहर के कार्यकर्ताओं में यह निराशा घर करने लगी कि अगस्त आंदोलन विफल होगा। नेतृत्व के अभाव में जनता भ्रम का शिकार होगी। ब्रिटिश हुकूमत को भी लगने लगा कि आंदोलन को दबाने की उसकी रणनीति कामयाब होगी—बस कुछ दिन में 'डू ऑर डाई' का गुब्बारा फूट जाएगा!

ऐसे समय में अपने आपको हजारीबाग जेल (जो कि बिहार का वह इलाका था, जो अपने घने जंगलों और आदिवासियों के चलते आंदोलन के असर से काफी दूर

था) की 17 फीट ऊँची जेल की दीवारों के बीच बंद पाना, समाजवादियों के लिए एक निराशाजनक बात थी। यूँ देवली में की गई गतिविधियों को ध्यान में रखते हुए जेपी पर हुकूमत की पैनी नजर थी, और वह आंदोलन के केंद्र से काफी दूर और शाइटिका बीमारी से ग्रसित थे। इसके बावजूद आंदोलन शुरू होने के तीन महीने में ही डॉ. जयप्रकाश नारायण की जेल से भागने और आंदोलन में भागीदारी लेने की चाहत अपने चरम पर पहुँच गई। उनका एक ही तर्क था—"नारा लगाते हुए जेल जाना नहीं, जान हथेली पर रख जेल से निकल भागना 'करेंगे या मरेंगे' की सर्वोत्तम मिसाल होगी!"

सो, एक योजना का प्रारूप तैयार किया गया। हजारीबाग जेल में लगभग एक सौ आंदोलनकारी बंदी थे, किंतु इनमें केवल बारह लोगों को ही पलायन की योजना बनाने में शामिल किया गया। छह भागनेवाले और छह उनको भगानेवाले। फरारी की गुप्त योजना को कार्यरूप देने की जिम्मेदारी भगानेवाले छह लोगों को सौंपी गई। उनमें मुख्य भूमिका सौंपी गई रामवृक्ष बेनीपुरी को। उन्होंने दीवाली की रात का पूरा नाटक रचा। वह तो स्वभाव से ही मस्तमौला, हरदिल अजीज और उत्सव-प्रेमी हैं ही। दीवाली जैसे-जैसे नजदीक आने लगी, उसे जेल में धूमधाम से मनाने की तैयारियों में वह जुट गए। खाने-पीने की चीजों से लेकर दीयों और फुलझड़ियों तक की सूची बनने लगी। दीवाली की रात में मनोरंजन के लिए सांस्कृतिक कार्यक्रम की भी जोरदार तैयारी शुरू हो गई।

9 नवंबर, 1942, दीवाली की रात। जेल के भीतर दीवाली के दीये जले। फुलझड़ियाँ छूटने लगीं। मिठाइयाँ बँटी। अलग-अलग वॉर्डों में घूम-घूमकर लोग उत्सव मनाने लगे। गाने-बजाने का कार्यक्रम शुरू हुआ। बेनीपुरी के लतीफे और ठहाके गूँजने लगे। वॉर्डर और जमादार सभी मस्ती में झूम रहे थे। हँसने-हँसाने और गाने-बजाने का ऐसा समां बँधा कि 1:00 बजे रात तक सभी उत्सव के नशे में डूबे रहे।

उधर जेपी अपने पाँच साथियों के साथ पूर्व-निर्धारित योजना के अनुसार जेल की दीवार के पास पहुँचे। कोई 17 फीट ऊँची दीवार थी। पहरे पर तैनात संतरी हर आठवें मिनट पर राउंड लगाता हुआ वहाँ पहुँचता था। अत: आठ मिनट के भीतर ही योजना को कार्यरूप देना था। सभी अँधेरे में दीवार के पास सटकर खड़े हो गए, संतरी ज्यों ही आगे बढ़ा गुलाबचंद (गुलाली सोनार) के कंधे पर योगेंद्र शुक्ल और उनके कंधे पर सूरज नारायण सिंह चढ़कर धोती की रस्सी के सहारे दीवार से बाहर उतर गए। फिर योगेंद्र शुक्ल के कंधे पर चढ़कर जेपी उतरे। बेनीपुरी ने एक साथी को भेजकर जेपी के कमरे में मच्छरदानी लगवा दी, ताकि देखनेवाले को पता चले कि वह सो, रहे हैं। दूसरे भागनेवाले साथियों के कमरों में भी इसी तरह इंतजाम कर दिया गया कि किसी को शक नहीं हो।

2:00 बजे रात में सभी सोने चले गए। दूसरे दिन सबेरे 8:00 बजे कुछ लोग जेपी के कमरे के पास आए। उन दिनों जेल में वे समाजवाद और मार्क्सवाद पर कक्षाएँ लेते

थे। कैदी साथियों को यह कहकर लौटाया गया कि देर रात तक जागने के कारण जेपी की नींद पूरी नहीं हुई है और तबीयत खराब हो गई है। वे अभी सो रहे हैं, किंतु जेल-अधीक्षक की ओर से 10:00 बजे जेपी को बुलावा आया। नए अधीक्षक ने दो दिन पहले कार्यभार ग्रहण किया था। वह जेपी से कुछ विचार-विमर्श करना चाहते थे। जो आदमी बुलाने गया, उससे कह दिया गया कि अभी वे दूसरे वॉर्ड में गए हैं। उन्हें ढूँढ़ने में कुछ और समय व्यतीत हुआ। यह खबर फैलने लगी कि जेपी नहीं मिल रहे हैं। एक जमादार ने आकर कहा कि योगेंद्र शुक्ल भी नहीं मिल रहे हैं। सूरज नारायण सिंह के वॉर्ड के संतरी ने भी कहा कि सूरज बाबू वहाँ नहीं हैं। जेल की पगली घंटी बजी और सबकी खोज शुरू हुई। जेल का कोना-कोना छान डाला गया। शौचालयों और स्नानघरों में देखा गया, किंतु कहीं कुछ पता नहीं चला। सरकार की तरफ से छह लोगों के भाग जाने की आधिकारिक घोषणा हो गई। साथ ही, यह भी घोषित हुआ कि जयप्रकाश नारायण, योगेंद्र शुक्ल और रामनंदन मिश्र को पकड़वाने वाले को पाँच-पाँच हजार रुपए तथा अन्य तीन लोगों सूरज नारायण सिंह, गुलाली सोनार और शालिग्राम सिंह के लिए दो-दो हजार रुपए इनाम दिए जाएँगे।

जब जेपी और उनके साथी जेल से भाग निकले, तब जेल अधिकारियों का ध्यान 'तूफान' की ओर गया। उनकी त्योरियाँ और चढ़ीं। 'तूफान' के अंकों के लिए तलाशियाँ होने लगीं। फिर अचानक एक दिन रामवृक्ष को हजारीबाग जेल से ट्रांसफर कर दिया गया! 'तूफान थम गया'।

जेपी के फरार होने के बाद जेल में 26 जनवरी, 1943 को स्वाधीनता दिवस मनाने की तैयारी की गई थी। बोर्ड बनाए गए थे, प्रतिज्ञा-पत्र की कॉपियाँ तैयार कर सब लोगों को बाँट दी गई थीं, लेकिन नए आई.जी. ने तय किया कि स्वाधीनता दिवस नहीं मनाने देंगे। 25 जनवरी की रात में कमरे-कमरे की तलाशी शुरू हुई। कुछ झंडे मिले, तो वह खुशी-खुशी चले गए जैसे-तैसे रात कटी, लेकिन भोर में कमरों के दरवाजे नहीं खुले। राजबंदियों को दिनभर कमरों में ही बंद रखा गया, पर 8:00 बजते-बजते आई.जी. साहब का सारा इंतजाम फिजूल गया। 8:00 बजे कमरे-कमरे से मसहरी के डंडों में लगाकर झंडे बाहर लहराए जाने लगे और एक स्वर में गाने लगे—'झंडा ऊँचा रहे हमारा…!' शाम के 5:00 बजे कमरों में ही स्वतंत्रता की प्रतिज्ञा एक स्वर में दोहराई गई। इनाम में सब लोग रातभर और बंद रहे। भोर में सीखचों से बाहर किए गए, तो सबकी हालत भूखे शेर की थी! सो, आई.जी. साहब अपने कोट के छेद में गुलाब का एक फूल लगाए, शान से मुआइना में आए तो लोग फाटक की ओर दौड़ गए और सरेआम झंडा उठाकर गीत गाने और नारे लगाने लगे। आई.जी. साहब की हेकड़ी भूल गई, लेकिन वह इसे क्षमा कैसे कर सकते थे? उन्होंने रामवृक्ष का डिवीजन तोड़ा और गया जेल भेज दिया। गया जेल में ज्यादातर दामुली कैदी रखे जाते थे। लंबी सजा वाले तमाम राजबंदी वहीं थे। वहीं मजदूर

नेता बसावन सिंह थे और पुलिस नेता रामानंद तिवारी भी। वहीं खबर मिली कि जेपी नेपाल चले आए हैं और मित्रों की राय है कि रामवृक्ष बेनीपुरी को चाहे जिस तरह हो सके, जेल से भाग आना चाहिए। भाग जाने का एक प्रोग्राम भी बाहर के साथियों ने बनाकर भेजा।

गरमियों में गया सेंट्रल जेल 'रौरव नरक' हो जाता है! प्रेतशिला का नंगा पहाड़ बगल में! वह जेल को जलता हुआ 'आँवाँ' बना देता है! वहाँ रात में 8-10 बजे तक लू चलती है। जेल की जो दीवार प्रेतशिला की ओर थी, उससे सटे हुए सेल थे। एक रात रामवृक्ष वहाँ बेहोश हो गए! उसके बाद लगातार उनका स्वास्थ्य गिरता गया। इधर न जाने क्या बात हुई, जेल के अंदर पहरे सख्त पड़ने लगे और बाहर जेल की दीवारों पर पहरे डाल दिए गए। उसी समय एक अफवाह उठी कि जयप्रकाश का आजाद दस्ता हर जेल पर चढ़ाई करके अपने साथियों का छुड़ाएगा, किंतु बसावन सिंह का खयाल था कि भीतर के किसी कांग्रेसी नेता ने यह प्रपंच किया, इस डर से कि कहीं ये लोग भाग गए तो यहाँ जो औज-फौज मिल रहा है, उसमें खलल पड़ जाएगा। हजारीबाग जेल में भी जेपी की फरारी को लेकर कई कांग्रेसी नेताओं की शिकायत यही थी। खैर, इस बीच रामानंद तिवारी जेल से छूट गए। उनसे बात हुई कि बेनीपुरी और कुछ अन्य साथियों के जेल से फरार होने की योजना को कैसे और कब अंजाम तक पहुँचाएँगे, लेकिन जेल की कल्पना और बाहर की परिस्थिति में बहुत अंतर था। जेल में प्रतीक्षा चलती रही। बेनीपुरी का तीन महीने का गया-प्रवास समाप्त हो गया। वह पुनः हजारीबाग जेल भेज दिए गए।

अबकी हजारीबाग जेल में महापलायन तनाव कम था। गोरे सुपरिंटेंडेंट ने कुछ ऐसी व्यवस्था स्थापित कर दी थी कि अंग्रेज जाति की शासनपटुता की डोंडी पिट रही थी। उसने लोगों को मिलने-जुलने, खेलने-कूदने की सारी सुविधाएँ मुहैया करा दी थी। बेनीपुरी ने अपना साहित्यिक कार्यक्रम शुरू किया।

दब गई 'जनता'

1945 की जुलाई में रामवृक्ष पेरोल पर रिहा किए गए। उधर लड़ाई जारी थी।[14] पत्र-पत्रिकाएँ अपनी स्वाभाविक गति से प्रकाशित हो रही थीं।

इस बार की लंबी जेल-यात्रा ने रामवृक्ष की पत्रकारिता में दबी साहित्यिक प्रवृत्ति को नीचे से उभारकर ऊपर ला दिया था। सो, उन्होंने जेल में ही एक नए ढंग की साहित्यिक पत्रिका का खाका अपने दिमाग में बनाया था। उसका नामकरण भी कर लिया था। किंतु बाहर आने पर देखा, उस नाम से एक पत्रिका निकल रही थी। खैर, नाम की क्या कमी? लेकिन यह यक्ष-प्रश्न था कि उसे प्रकाशित कौन करे? जेल से निकलते ही वह 'पुस्तक भंडार' की पटना शाखा के संचालक श्री जयनाथ मिश्र से मिले। वह उनकी पुस्तकों को छापने तथा इस पत्रिका को भी प्रकाशित करने को उत्सुक दिखे। शिवपूजन सहायजी का

संबंध 'पुस्तक भंडार' से फिर दृढ़ हो गया था। उनसे भी बातें हुईं। दिनकर जी उन दिनों सरकारी प्रचार विभाग में थे। अप्रत्यक्ष रूप में उनका भी पूर्ण सहयोग प्राप्त हुआ और अंततः शिवजी तथा बेनीपुरी के साझे संपादकत्व में 'हिमालय' का प्रकाशन प्रारंभ हुआ।

'हिमालय' भी हिंदी मासिक साहित्य में अनोखा प्रयोग साबित हुआ। सौ पृष्ठ, बढ़िया कागज, सुंदर छपाई, पक्की जिल्द, एक-एक अंक एक स्वतंत्र पुस्तक-सा लगता। भीतर जो सामग्री प्रस्तुत की जाती, वह भी अनूठी। हिंदी-संसार ने उसे दिल खोलकर अपनाया। पहला अंक तीन हजार प्रतियों का छपवाया गया, लेकिन तुरंत ही उसका दूसरा संस्करण करवाना पड़ा। बेनीपुरी, शिवजी और दिनकर 'हिमालय' को साहित्य का हिमालय बनाने का सपना देखने लगे, लेकिन फिर भद्रा आ पड़ी। 'पुस्तक भंडार' के अध्यक्ष ने पहले तो दिल खोलकर इस प्रयास को अपनाया, किंतु थोड़े ही दिनों में उनका रुख कुछ ऐसा हुआ कि जयनाथ मिश्र, रामवृक्ष और शिवजी एक-एक करके 'पुस्तक भंडार' से संबंध विच्छेद करने को विवश हुए। 'बालक' का इतिहास दुहरकर रहा। यूँ उनके अभाव में भी 'हिमालय' को कुछ दिन चलाया गया, किंतु जो होना था वही हुआ। 'हिमालय' ढह हो गया।

जब लड़ाई समाप्त हुई, जयप्रकाशजी रिहा हुए।[15] उन्होंने घोषणा की, हम एक बार और लड़ेंगे। सो, रामवृक्ष फिर एक बार अग्निकुंड में कूदने की तैयारी करने लगे, लेकिन तभी विश्वयुद्ध की समाप्ति के बाद इंग्लैंड की लेबर सरकार ने घोषणा की—हम भारत छोड़ देंगे। इधर बिहार हिंदी साहित्य सम्मेलन के सभापति रामधारी प्रसाद ने बेनीपुरी को सम्मेलन का 'प्रधानमंत्री' बना दिया। इस पद के जुए में जुतते ही बेनीपुरी पर साहित्य का और गाढ़ा रंग चढ़ता गया। उधर 2 दिसंबर, 1946 को केंद्र में कांग्रेस की अंतरिम सरकार बनी, जिसके प्रधानमंत्री बने जवाहरलाल नेहरू।

जेपी के पटना आगमन के समय 'जयप्रकाश फंड' की शुरुआत की गई। फंड में काफी पैसे आए। तब फिर 'जनता' का प्रकाशन प्रारंभ हुआ। 'जनता' के लिए प्रेस खरीदा गया, मकान खरीदा गया। फिर से 'जनता' निकलने लगी। कभी संपादक के रूप में रामवृक्ष बेनीपुरी का नाम रहता, कभी नहीं भी रहता, लेकिन गड़बड़ बात यह हुई कि 'जनता' में पुराना ओज और तेज नहीं रहा। सभी साधनों से संपन्न होने पर भी 'जनता' में वह जोर नहीं आ सका, उसे वह लोकप्रियता नहीं प्राप्त हो सकी, जो 1937 से 1940 तक उसे प्राप्त थी।

क्यों? क्योंकि 'जनता' पूरी तरह से पार्टी की पत्रिका हो गई। पार्टी मुखपत्र बन 'जनता' साझेदारी की ऐसी खेती बन गई कि कोई अच्छी फसल नहीं की जा सकती थी। कोई कहता, गेहूँ बोओ तो कोई चने के बीज लिये खड़ा हो जाता और ज्यों ही अंकुर उगे नहीं कि फसल काटने के लिए मारा-मारी मच जाती।

रामवृक्ष के अंदर का पत्रकार अकसर ताना कसने लगा—'क्यों बरखुरदार, यही साहित्य है? यही पत्रकारिता है? यह तो पर्चाबाजी है। इसी के लिए तुम बचपन से संपादक बनने का ख्वाब पालते थे?'

राजनीति में गहरे उतरे होकर भी रामवृक्ष ने अपने अंदर के पत्रकार की यह चेतावनी अनसुनी नहीं की। वह नहीं जानते कि इसमें उनका कितना दोष है, लेकिन वह यह भी नहीं कह सकते कि इसमें उनका कुछ हाथ नहीं है। सो, वह 'जनता' से हटने का रास्ता तलाशने लगे।

इसके बाद आजाद देश में रामवृक्ष स्वतंत्र 'पत्रकार' हो गए! करीब ढाई साल बाद 1950 में फिर एक संयोग घटित हुआ। रामवृक्ष एक साथ दो अलग-अलग पत्रिकाओं के संपादक बन गए। पं. जयनाथ मिश्र ने 'पुस्तक भंडार' से हटकर 'अजंता प्रेस' कायम किया। उस प्रेस से रामवृक्ष के संपादकत्व में 'चुन्नू-मुन्नू' का प्रकाशन प्रारंभ हुआ। उधर चर्चित उपन्यासकार और कहानीकार राजा राधिका रमण प्रसाद सिंह के पुत्र उदयराजसिंह ने अपने 'अशोक' प्रेस से एक मासिक पत्र निकालने का निर्णय किया और रामवृक्ष से बातें शुरू कीं। फलतः 'नई धारा' का जन्म हुआ। 1950 की रामनवमी के दिन 'नई धारा' और 'चुन्नू-मुन्नू' रामवृक्ष बेनीपुरी के संपादकत्व में निकले। 'नई धारा' और 'चुन्नू-मुन्नू', दोनों का प्रकाशन एक साथ शुरू हुआ। दोनों मासिक पत्र। दोनों के संपादक रामवृक्ष बेनीपुरी। 27 मार्च, 1950 को 'नई धारा' का उद्घाटन किया मुख्यमंत्री श्रीकृष्ण सिंह ने। उसी दिन से 'चुन्नू-मुन्नू' का प्रकाशन भी शुरू हुआ। उद्घाटन नहीं हुआ, एक साहित्यिक गोष्ठी हुई। रामवृक्ष ने माना—जीवन की अंतिम साधना। कामना की कि जब मरें, उनकी चिता पर दोनों मासिकों के ताजा अंक रख दिए जाएँ। उनकी आत्मा के लिए सबसे बड़ा संतोष यही होगा!

1951 में इंग्लैंड में 'फेस्टिवल ऑफ ब्रिटेन' नामक एक महामेला लगा। उस मेले को देखने के लिए भारतीय भाषाओं के छह पत्रकारों की बुलाहट हुई। उसमें रामवृक्षजी का नाम भी आया। वह पत्रकार की हैसियत से इंग्लैंड, फ्रांस और स्विट्जरलैंड की यात्रा कर आए। लौटे तो उसके पहले ही 'चुन्नू-मुन्नू' का पूरा भार जयनाथ मिश्र ने ले लिया था, किंतु 'नई धरा' अपनी पुरानी गति से जारी रही।

द्वितीय महायुद्ध के बाद पत्रकारिता ने एक नया रूप ले लिया था। वह बिल्कुल व्यावसायिक वस्तु बन गई। बड़े-बड़े पूँजीपतियों ने अखबारों की लंबी कड़ियाँ जोड़ लीं। कौन उनसे मुकाबला कर सके? साप्ताहिक पत्रों की पूछ नहीं रह गई, जब तक वे चित्रों से जगमग नहीं हों। मासिक पत्रों का स्टैंडर्ड भी दिन-प्रतिदिन गिरता ही गया। परिमाण बढ़ा, गुण घटता गया। सरस्वती को लक्ष्मी ने ऐसे दबोच लिया कि बेचारी का दम घुटने लगा। द्विवेदी-विद्यार्थी युग समाप्त हुआ, डालमिया-बिड़ला युग सिर पर नाचने लगा।

फिर भी बेनीपुरी का अनुभव यही कहता कि आदर्श की यज्ञाग्नि कभी बुझाई नहीं जा सकती, कभी बुझाई नहीं जा सकी। यह बुझती रही है, बलती रही है, धधकती रही है—नई समिधा, नई वायु और नया होता और नया मंत्र पाकर!

चुनाव के चक्कर में

साहित्य का 'हिमालय' तिरोहित हुआ, तो बेनीपुरी 'नई धारा' से जुड़े। वह प्राय: यह भी तय कर चुके थे कि अगले साल से अपना प्रकाशन शुरू करेंगे। सबसे पहले अपनी पुस्तकों को सस्ता 'ग्रंथावली' के रूप में निकालेंगे। किसी धनी मित्र को इसमें शामिल करेंगे। फिर देखा जाएगा, लेकिन नवंबर आते-आते (1951) राजनीति ने उन्हें अपनी ओर पूरे जोर से खींच लिया। चुनाव की धूम उठी और, वह ऊपर से नीचे आनेवाली साहित्य की गंग-धारा के संग राजनीति के हिमालय पर चढ़ने की तैयारी करने लगे!

वैसे, मई में ही उसकी भूमिका बनने लगी थी। जयप्रकाशजी उनके जिले में पहुँच गए, वहाँ भूमि-सेना के कार्यों का निरीक्षण किया। उनके साथ कई देशी-विदेशी पत्रकार आए। रामवृक्ष के ही आग्रह पर यह सब हुआ। अत: उनकी जिम्मेदारी भी बढ़ गई। वह जयप्रकाशजी के दौरे के सिलसिले में तीन दिन मुजफ्फरपुर में रहे। कई अनुभव हुए—पार्टी का संगठन बहुत ढीला है। क्या इस संगठन को लेकर हम अगले चुनाव में विजयी हो सकेंगे?

हवा में समाजवाद है। लोग उत्सुकता से पूछताछ करते हैं; नए लोग इसमें आना भी चाहते हैं, किंतु लोगों के पैर थरथरा रहे हैं जैसे। संसार सत्ता को पूजता है। समाजवाद के हाथ में सत्ता आ सकेगी, क्या हर आदमी का चेहरा यही पूछता है?

इन्हें विश्वास दिला दीजिए—फिर विजय आपकी! जेपी के साथ लौटने के दिन बड़ी कड़ी धूप थी। हवा गुमसुम। अचानक हवा का एक झोंका उठा—धूल से आसमान भर गया; पेड़-पौधे, घर-छप्पर सब हिल उठे। क्या राजनीति में भी ऐसे अचानक तूफान नहीं उठा करते? रामवृक्ष को लगा कि राजनीति उन्हें फिर अपनी ओर खींच रही है। एक राजनीतिक भूकंप होने जा रहा है।

सन् 1952 भारत के लंबे से लंबे इतिहास में यह सबसे पहला अवसर था—जब उसकी सारी बालिग जनता वोट देने जा रही थी। अठारह करोड़ मतदाता अपने झोंपड़ों से, अपने दड़बों से निकलकर संसार को यह बताने जा रहे थे कि उन्हें कैसा राज पसंद है! वह देहातों में जाकर देख आए, लोगों में काफी हलचल थी। कांग्रेस की सरकार से उनमें विकर्षण पैदा हो गया है, उसके प्रदर्शन के लिए वे बेचैन हैं। चुनाव के नतीजे पर देश के भावी जीवन का दारोमदार है। कांग्रेस की गाड़ी लड़खड़ा रही है। उसका स्थान सोशलिस्ट पार्टी ही ले सकती है। किंतु वहाँ भी फूट है, प्रतिभा की कमी है। कुछ

अनपेक्षित लोग बरसाती घास की तरह उसमें घुस आए हैं। उनसे रामवृक्ष को घृणा है। किंतु उस पार्टी से घृणा कैसे करे, जिसके जन्म में उनका भी हाथ है। फिर उनके कुछ अभिन्न मित्र भी तो वहीं हैं और, सबसे बढ़कर, उनके एक मित्र के कथनानुसार, वह 'सती स्त्री' ठहरे—तलाक की गुंजाइश कहाँ? अत: इच्छा होती ही है कि सोशलिस्ट पार्टी अगले चुनाव में विजयी बने और यह इच्छा प्रेरित करती है कि उसके लिए वह कुछ करें।

कुछ दिन हुए, एक हस्तरेखा-विशेषज्ञ ने कहा—तुम्हारे हाथ में दो शिरो रेखाएँ हैं—डबल हेडलाइन। तुम्हारी जिंदगी की गाड़ी सदा दो पटरियों पर चला करेगी! वह भी विधानसभा क्षेत्र से पार्टी उम्मीदवार बनकर खड़े हो गए।

हालाँकि कुछ ऐसी बातें थीं, जिनसे उन्हें निराशा ही निराशा हो रही थी। एक तो कांग्रेसवाले! वे नहीं चाहते थे कि जनता की दिलचस्पी चुनाव में हो। वे चाहते थे कि जनता चुपचाप बैठी रहे और हर गाँव में उनके जो दो-चार एजेंट हैं, उन्हीं को लेकर वे चुनाव को जीत लें! गांधीजी की मृत्यु के बाद जनता में जो अकर्मण्यता आई थी, जड़ता आई थी, वे नहीं चाहते कि वह दूर हो। उनका फायदा इसी में था कि जनता बैठी रहे, वे राज करते रहें। वामपक्ष इस जड़ता को दूर कर सकता था, लेकिन उसमें फूट थी। इन्हें आपस में गाली-गलौज करने से फुर्सत नहीं थी। कम्युनिस्टों का तो सबसे बुरा रोल था। रामवृक्ष को समझ में नहीं आता था कि ये पढ़े-लिखे लोग किस प्रकार ऐसी दिमागी दासता में जकड़े हैं? सोशलिस्ट पार्टी से लोगों की आशा थी, किंतु इसके ऊपर के लोगों में भी अजीब वैमनस्य था। वे एक-दूसरे पर शक करते थे, एक-दूसरे के पैर खींचते थे। रामवृक्ष ने चुनाव में कुछ विशेष दिलचस्पी दिखलाई, तो साथियों ने उड़ाया—बेनीपुरी तो बिहार का प्राइम मिनिस्टर होना चाहते हैं! 'पानी में मछरी नौ-नौ कुटिया बखरा' देहाती कहावत इन पर चरितार्थ हो रही है।' इसी प्रकार सभी साथियों पर कुछ-न-कुछ तोहमत।

जयप्रकाशजी चिंतित थे, किंतु करें तो क्या? तीन महीने से बातें चल रही थीं, आज तक उम्मीदवारों का चयन खत्म नहीं हुआ! फिर काम क्या हो?

हाँ, पार्टी के नीचे के कार्यकर्ताओं में काफी जोश था, उमंग थी। वे गाँव-गाँव में दौड़ रहे थे। रामवृक्ष के चुनाव-क्षेत्र में भी छह-सात आदमी ऐसे धुनी थे। उनका उत्साह देखकर रामवृक्ष शरमा जाते। सोचते—यदि यही उत्साह पार्टी के नेताओं में हो तो न-जाने क्या-से-क्या हो जाए?

एक महीने के भीतर अपने चुनाव-क्षेत्र में तीन दिनों तक पैदल दौरा किया। तीन दिनों तक फिर जीप पर दौड़ते फिरे। परेशानी में पड़े! थकावट के मारे चूर-चूर हुए। प्राय: भोर से आधी रात तक दौड़ते रहे। कहीं विश्राम नहीं, कहीं चैन नहीं।

जहाँ जाते, कांग्रेस के खिलाफ अजीब वायुमंडल में घिर जाते। लोग भला-बुरा कहते, गालियाँ तक देते औरतें अपने फटे-चिरे वस्त्र दिखातीं, मर्दों के मुर्दनीवाले चेहरे

चिल्ला-चिल्लाकर कहते, किन मुसीबतों में उनके दिन कटे। सबसे बुरी बात यह कि कांग्रेस ने लोगों के मन में किसी भी संस्था पर विश्वास नहीं रहने दिया। कहीं-कहीं कांग्रेस उम्मीदवारों के प्रति लोग अशिष्टता का व्यवहार भी कर बैठते। रामवृक्ष अपने चुनाव-क्षेत्र में इस कोशिश में लगे कि ऐसा नहीं होने पावे, किंतु लोगों में ऐसी उत्तेजना कि वे कुछ सुनने को तैयार नहीं।

पार्टी में रुपए का अभाव। सब जगह एक जैसा। सवारी का कोई प्रबंध नहीं। सोशलिस्ट पार्टी की शान इसी में है, गरीब खड़े किए जाएँ, किंतु यह जनतंत्र तो है नहीं, यह तो धनतंत्र है! चुनाव लड़ने के लिए पैसे चाहिए। स्वयं दो-ढाई हजार रुपया खर्च कर चुके। अभी इतना और लगेगा। फिर उन बेचारों की कैसी दुर्गति, जिनके पास नामजदगी के पर्चे दाखिल करने के लिए भी पैसे नहीं थे। उस दिन ढाई हजार रुपए माहेश्वर बाबू ने दिए, तो साथियों के पर्चे दाखिल हो सके।

रामवृक्ष ने जयप्रकाश से कहा—दो लाख रुपए लाइए, बिहार में पार्टी की हुकूमत बनकर रहेगी, किंतु वह लाएँ कहाँ से? लोगों ने शोर मचा दिया, सोशलिस्ट पार्टी को चुनाव लड़ने के लिए अमेरिका से पैसे मिले हैं! पैसे की कमी से बड़ी मुसीबत यह घिनौनी राजनीति! ऊपर से आपस में वैमनस्य। गजब ढाता जात-पाँत।

रामवृक्ष ने प्रांत के कई हिस्सों में दौरे किए। 'जनता' में एक अग्रलेख लिखा—'1942 और 1952', लेकिन अपने क्षेत्र (कटरा) में जो दृश्य दिखाई पड़े, उसी सिलसिले में दूसरा लेख लिखा—'चुनाव या इनकलाब'।

यह सिर्फ चुनाव नहीं; यह तो इनकलाब है, जो सड़े-गले गाँवों को भी झकझोर रहा है! जहाँ जाता हूँ, मोटर के लाल झंडे देखते ही बच्चे चिल्ला उठते हैं—'इनकलाब जिंदाबाद!' गाँव में मोटर रुकी नहीं कि लोगों का झुंड इकट्ठा हुआ। गाँवों में मालाओं की भरमार हो जाती है। हर जगह स्वागत, हर जगह सम्मान। प्रायः हर गाँव में लाल झंडे लहरा रहे हैं। हर गाँव में लाल झंडे लिये, लाल टोपियाँ पहने नौजवान और बच्चे प्रभात फेरियाँ करते और कहीं-कहीं शाम को मशाल जुलूस भी निकालते हैं।

लोगों ने तरह-तरह के नारे गढ़ लिये हैं। पार्टी के नारे तो लगाए जाते ही हैं—इनकलाब जिंदाबाद, सोशलिस्ट पार्टी जिंदाबाद; माँग रहा हिंदुस्तान, रोटी, कपड़ा और मकान; कमानेवाला खाएगा, इसके चलते जो कुछ हो; जमीन को फिर से बाँटेंगे, सब मिल करके जोतेंगे; आदि-आदि! किंतु नए नारे तो सीधा चोट करनेवाले हैं—नेहरू राज की क्या पहचान, नंगा-भूखा हिंदुस्तान; बिना कफन के मुर्दे जलते, इस कांग्रेसी राज में; अन्न बिना रह-रहकर मरते, इस कांग्रेसी राज में; दवा बिना तड़प कर मरते, इस कांग्रेसी राज में; कांग्रेसी राज हटाएँगे, सोशलिस्ट राज बनाएँगे; कांग्रेसी हुकूमत पर चोट दो, पेड़वाले बक्से में वोट दो; जिस पर बड़ के पेड़ का नक्शा, वहीं वोट का अपना बक्सा;

बच्चे-बच्चे की ललकार : बदलो-बदलो यह सरकार! नया बनेगा खतियान और नक्शा, सोशलिस्ट पार्टी का पेड़वाला बक्सा; आदि। कुछ व्यक्तिगत आक्षेप वाले नारे भी बने हैं; किंतु वह उन्हें लिखकर अमर नहीं करना चाहते!

चुनावी यात्रा में देखा—लोगों में कितनी गरीबी है? औरतों के बदन पर चीथड़े हैं—गंदे, काले, मुश्किल से लाज ढकनेवाले; क्या इन्हें कपड़ा भी कह सकते हैं? फिर बच्चे—चेहरे पर मुर्दनी, बदन पर वस्त्र नहीं, शरीर में लहू और मांस नहीं; और बेचारे बूढ़े—उफ्! कितनी गरीबी!

कटरा क्षेत्र उपजाऊ है। जब गांधीजी मेरे गाँव में गए थे, मेरे गाँव की मिट्टी को देखकर कहा था—इस मिट्टी में सोना उपज सकता है! किंतु कहीं बाढ़ से तबाही, कहीं सूखे से बरबादी! भूकंप के चलते नदियों के प्रवाह में फर्क आ गए, जमीन की सतह में भी परिवर्तन हुआ। यदि चार-पाँच लाख रुपए खर्च किए जाते, तो यह चमनिस्तान बन जा सकता था, किंतु हमारे पं. नेहरू और उनके चेले! नेहरू के दिमाग में दामोदर और कोसी की योजना ही समाती है, तो उनके चेलों को लूट-खसोट से ही मुक्ति नहीं। छोटी सिंचाई नाम से लाखों रुपए खर्च किए जाते हैं, तो वे ज्यादातर कांग्रेस कमेटी के मंत्रियों और उनके दलालों की जेब में ही जाते हैं। क्षेत्र की हालत दिन-दिन खराब ही होती गई है।

उस पर यह कंट्रोल! कंट्रोल वहीं सफल हो सकता है, जहाँ लोगों में ईमानदारी हो और शासकों में दृढ़ता हो। यहाँ दोनों का अभाव। लोग रो-रोकर बताते हैं कि किस तरह कपड़े, चीनी, अन्न, सबमें बेईमानियाँ होती हैं। एक गाँव में लोगों ने बताया—लोग कपड़े के अभाव में टाट ओढ़ते हैं। एक बूढ़े सज्जन कह रहे थे—किस तरह उनके पोते के जनेऊ में न चीनी मिली, न कपड़ा! चंपारन से ब्लैक मार्केट से चीनी मँगवाई और नेपाल से कपड़ा। एक हलके के लोगों ने बताया कि जब अमेरिका से गेहूँ आया, तो उनके गाँव में एक छटाँक भी नहीं आने दिया गया, क्योंकि उन लोगों से थाने के कांग्रेस नेता नाराज थे। ऐसे गाँव भी बताए गए, जहाँ कई वर्षों से न एक गज कपड़ा गया, न एक छटाँक चीनी! लोगों को सदा ब्लैक की ही शरण लेनी पड़ी।

कांग्रेस से ऐसी नाराजगी है कि लोग उन्हें गालियाँ देते हैं। कई जगह उनसे बदसलूकियाँ भी की गई हैं। एक तरफ उनकी वह दशा, दूसरी ओर हमारा स्वागत-सम्मान। बार-बार सोचता हूँ, यदि इनकी आशाएँ हमसे भी नहीं पूरी हुईं, तो क्या होगा? जब उस दिन की कल्पना करता हूँ, काँप उठता हूँ! उफ्! कितनी बड़ी जिम्मेदारी आ गई है हम लोगों पर?

मुसलमान तो बिल्कुल डरे हुए हैं, सहमे हुए हैं। कांग्रेसवालों ने उनमें प्रचार किया है कि वे या तो कांग्रेस को वोट दें, नहीं तो उन्हें पाकिस्तान जाना पड़ेगा। पाकिस्तान उन्हें कौन भेजेगा? सोशलिस्ट पार्टी? हाँ, यही कहा गया है। कैसा तमाशा है, पाकिस्तान

बनवाया कांग्रेसियों ने (सोशलिस्ट पार्टी ने देश के विभाजन का विरोध किया) और उसे आबाद कराएँगे सोशलिस्ट! झूठ की हद है।

रामवृक्ष मुसलमानों से मिले। वे बोलते एक बात हैं, किंतु उनकी आँखें कहती हैं, करेंगे कुछ दूसरा ही। उस दिन मेहसौल में एक मुसलमान से मिले। शरीफ आदमी अलग ले जाकर बोला—"मैं भी आपकी पार्टी का मेंबर था तीन साल पहले से। किंतु क्या करूँ, यहाँ जितने बड़े-बड़े जमींदार हैं, सबने आकर डराया और जबरदस्ती मेरा नाम अपने पोलिंग एजेंटों में रख दिया है। हजूर, ये बड़े जालिम हैं!" कहते-कहते उसकी आँखें डबडबा गईं और बताया कि किस तरह पिछले साल एक बड़ा बलवा होते-होते रुका, जिसमें कितने मुसलमान अब भी मुजरिम हैं। यदि मुसलमान भाई बोलते हैं, तो उन्हें लूटा जाएगा और तुरंत ही मुकदमे में जेल की हवा खानी पड़ेगी! एक कसूर सोशलिस्ट पार्टी का भी रहा। पार्टी कार्यकर्ताओं ने भी मुसलमानों से संपर्क नहीं रखा। उनका व्यवहार भी कांग्रेसवालों ही की तरह रहा, जो मुसलमानों से संपर्क की बात तो कहते रहे, किंतु कभी उनसे घुले-मिले नहीं। फिर, मुसलमानों को योग्य नेतृत्व भी नहीं मिला। जो कल मुसलिम लीग में थे, वही अब कांग्रेस के हामी हैं—कैसा तमाशा!

दूसरा तबका पिछड़ी जातियों का। रामवृक्ष को मालूम ही न था कि उनके क्षेत्र (थाने) में भी यह जहर कितना फैल चुका है! जहाँ-जहाँ वह जाते, पिछड़ी जातिवाले शंका की दृष्टि से ही देखते और दानीलालजी के कहने पर वोट देने को भी तैयार हो जाते हैं, किंतु उनका पार्लियामेंट का वोट भी पार्टी को ही मिलेगा, इसमें शक है। एक व्यक्ति पार्लियामेंट के लिए खड़ा है, जो पिछड़ी जाति का है। वह देख रहे हैं, पिछड़ी जाति के जो लोग उनके साथ हैं, उनमें से भी अधिकांश पार्लियामेंट चुनाव के लिए उसी वकील के हामी हैं! यद्यपि वह वकील है, साहूकार है और निश्चय ही शोषक वर्ग का है।

ये दो बुरी बातें। किंतु आनंद की बात यह है कि इस चुनाव ने वर्ग-भावना को बहुत जाग्रत् कर दिया है। धनी एक तरफ हो गए हैं, गरीब एक तरफ और गरीबों ने सोशलिस्ट पार्टी को अपनी पार्टी की हैसियत से स्वीकार कर लिया है। जमीन के बँटवारेवाली बात देहातों में खूब पसंद की गई है—'नया बनाएगा खतियान और नक्शा : सोशलिस्ट पार्टी का गाछ वाला बक्सा' या 'जमीन को फिर से बाँटेंगे—हिल-मिलकर हम जोतेंगे।'—ये दो नारे सुनते ही गरीबों की आँखें चमक उठती हैं।

'रामवृक्ष बेनीपुरी जिंदाबाद!' कटरा क्षेत्र में यह नारा गूँजने लगा और रामवृक्ष बेनीपुरी को लगने लगा—इस जिंदाबाद में उनके राजनीतिक जीवन की अभ्यर्थना मात्र नहीं है, उनकी साहित्यिक साधना के प्रति भी इसमें स्वीकृति है! जहाँ-जहाँ चुनाव के दौरे में गए, लोगों ने अभिनंदन पत्र दिए। उन अभिनंदन पत्रों में अधिक जोर दिया गया, उनकी साहित्यिक कृतियों पर। बच्चे स्कूलों में उनकी पुस्तकें पढ़ना शुरू करते हैं। उन रचनाओं

को पढ़ते हैं, जिनसे कॉलेज जीवन तक उनका संबंध रहेगा।

रामवृक्ष मन-ही-मन कामना करते—'मुझमें इतना बल हो कि उनके सपनों को मूर्त बनाने में अपना शेष जीवन अर्पण कर सकूँ। माँ भारती, वरदान दो। तुम्हारी आराधना से कभी विमुख नहीं हो पाऊँ।''

धीरे-धीरे कुछ और अनुभव हुए। कांग्रेस का कितना पतन हो चुका है—क्या इसी संस्था को लेकर पं. नेहरू देश का नव-निर्माण करना चाहते हैं? यह तो असंभव है!

कांग्रेस का समर्थन दो ही तबके कर रहे हैं—हिंदुओं में वे लोग, जो बड़े जमींदार हैं और अंग्रेजी राज में जो अमन-सभा में थे। इसी जजुआर को देखिए। यहाँ के जुल्मी जमींदार के तहसीलदार और अमले कांग्रेस के कार्यकर्ता बने हुए हैं और वे लाठी से हाँककर कांग्रेस को वोट दिलाना चाहते हैं। यहाँ जाकर 1921 की हर घटना ताजा हो गई। उस समय चुंबक पाठक नामक एक युवक पर यहाँ के जमींदार रायसाहब के चमचों ने लाठियों का भीषण प्रहार किया था! संयोगवश चुंबक पाठक जीवित हैं और वह लठियल भी, जिसने उनके शरीर को लाठियों से चूर-चूर किया था। आज चुंबक पाठक सोशलिस्ट पार्टी के कार्यकर्ता हैं और वह लठियल आज भी लाठी के जोर से कांग्रेस के लिए वोट माँग रहा है, सिर पर गांधी-टोपी पहनकर! उसके सिर पर गांधी-टोपी देखकर क्या गांधीजी की स्वर्गीय आत्मा नहीं काँप उठती होगी?

जो मुसलमान कल तक लीग में थे, वे आज कांग्रेस के लिए जी-जान लड़ाए हुए हैं। उनके सिरों पर वे ही लीगी टोपियाँ हैं! उन्हीं टोपियों के बल पर उन्होंने देश को टुकड़े-टुकड़े करवाया, उन्हीं टोपियों को लेकर वे देश की प्रगति को रोकना चाह रहे हैं। कई सच्चे कांग्रेसियों को यह बात खटकी है। एक ने कहा—अब तो कांग्रेस लीग बन गई! ये लीगी कुरान की कसमें मुसलमानों से खिलाते फिर रहे हैं और सोशलिस्ट पार्टी के बारे में गंदी और भोंडी से भोंडी बातों का प्रचार करते फिर रहे हैं।

शुरू में उन्होंने अपने चुनाव-क्षेत्र पर उतना ध्यान नहीं दिया। बाहर-बाहर घूमते रहे। वह समझते थे, उन्हें तो सारे के सारे वोट मिलेंगे ही; क्योंकि उनके खिलाफ जो कांग्रेस के उम्मीदवार थे, उनकी अजहद बदनामी थी और एक प्रोफेसर खड़ा था, जो बिल्कुल नया था। किंतु थोड़े दिनों के बाद पता चला, यह उनकी भूल थी। कांग्रेस मरी नहीं है, वह भ्रष्ट हो गई है! भ्रष्ट हुई चीज और अधिक संहारक होती है। हमने नारा दिया, जमीन को फिर से बाँटेंगे। इस नारे के चलते हर आदमी, जिनके पास थोड़ी भी जमीन है, हमारे खिलाफ हो गया। वह कांग्रेस से जा चिपका, जो हर दकियानूस को लेने को अब तैयार है। फिर कांग्रेस के चलते जिनकी रोजी चल रही है और उनकी संख्या भी थोड़ी नहीं—गाँव-गाँव दुकानदार हैं, कंट्रोल के चलते वे कांग्रेस की मुट्ठी में हैं—फिर ठेकेदार हैं, परमिट के सौदे भरनेवाले हैं, इनकी तादाद छोटी नहीं। इन लोगों ने देखा कि

मेरी जीविका जाने पर है, अत: वे बुरी तरह कांग्रेस से जा चिपके और कांग्रेस को जिताने के लिए एक भी कल-बल-छल उठा नहीं रखा! फिर गाँव-गाँव में ऐसे लोग हैं, जो सोचते हैं कि डिस्ट्रिक्ट बोर्ड या ग्राम पंचायत में उनके लिए कांग्रेस जगह देगी। वे भी तुल पड़े कांग्रेस को जिताने में, क्योंकि यदि कांग्रेस हारी तो उनका सारा भविष्य अंधकारमय हो जाएगा! यों, जब मैं अपने चुनाव-क्षेत्र में घूमने लगा तो देखा मामला आसान नहीं और तब बाहर से ध्यान हटाकर अपने क्षेत्र में पिल पड़ा।

और जब पिला तो फिर न जाने मुझमें कहाँ से शक्ति आ गई! चुनाव-क्षेत्र में एक सौ नब्बे गाँव हैं; शायद ही दो-चार गाँव छूट गए हों, जहाँ मैं नहीं गया।

फलाफल जो भी हो, मुझे खुशी इस बात की है कि मैंने पूरी शक्ति लगाकर चुनाव का यह मोरचा लिया ओर मुझे चारों ओर से सहायता भी खूब मिली। इस चुनाव के बहाने अपनी जनता के मैं निकटतम आया और इसका अनुभव पीछे बड़े काम का सिद्ध होगा।

नेता-पछाड़ चुनाव

दो दिनों तक पोलिंग हुई—नौ बूथों पर! जिसकी कल्पना भी नहीं थी, वही हुआ। चुनाव का नतीजा (7 फरवरी, 1952) निकला और वह हार गए। अवधेश्वर ने भी कहा था कि वह तीन हजार वोटों से जीत रहे हैं। खुद भी हिसाब जोड़कर देख लिया था। कहीं कोई ऐसी बात नहीं थी कि समझें, वह हार जाएँगे। किंतु कैसा तमाशा, जब वह पटना से मुजफ्फरपुर आए मत-गणना के लिए, उसके पहले ही शहर में शोर था कि वह चार हजार वोटों से हार रहे हैं और वही हुआ।

यह कैसा जादू? साथी कह रहे थे कि बेईमानियाँ हुईं। उन्हें विश्वास नहीं होता था। वह सोचते थे, इतनी और ऐसी-ऐसी बेईमानियाँ कैसे होंगी? किंतु यह अपने ही ऊपर आ पड़ी, तो सोचने को लाचार होना पड़ा। यदि ऐसी हालात रही, तो जनतंत्र कैसे चलेगा? अफसर बेईमान। जिनके हाथ में चुनाव का संचालन है, वे ही बेईमानियाँ करने पर तुले हों, तो फिर जनतंत्र का सफल संचालन कैसे संभव है? वह मुजफ्फरपुर खादी भंडार गए। चुनाव के लिए गए एक क्लर्क ने बताया कि किस प्रकार उसने प्रतिदिन पचास वोट अवधेश्वर और पचास वोट नितेश्वर के बक्से में डाल दिए। वह रामवृक्ष को नहीं पहचानता था। उसकी बात सुनकर रामवृक्ष का माथा ठनका। तब भी माना कि वह डींग हाँक रहा है। उनके साथ ऐसा नहीं किया गया होगा, किंतु उस दिन नितेश्वर से भेंट हुई। उसने उनकी हार पर जैसा जश्न मनाया, उससे प्रकट हो गया कि उनके हराने की साजिश में उसका भी हाथ था और दो प्रधान पात्र तो थे ही—महेश बाबू और सुलेमान एस.डी.ओ.। एस.डी.ओ. ने शुरू से ही ऐसा रुख लिया कि मालूम होता था, किसी गैर-कांग्रेसी आदमी को वह जीतने नहीं देगा। यही हुआ। सदर सब डिवीजन में एक भी सोशलिस्ट विजयी नहीं

हुआ। इसके विपरीत सीतामढ़ी के एस.डी.ओ. ने ईमानदारी से काम किया, तो वहाँ पाँच कांग्रेसी हारे। नतीजा, उसकी बदली कर दी गई। महेश बाबू ने तो सारे प्रपंच रचकर उन्हें हराया। चुनाव में एक विचित्र बात हुई है। यह नेता-पछाड़ चुनाव सिद्ध हुआ। आचार्य नरेंद्रदेव हारे, अशोक मेहता हारे, कमलाजी हारीं। आंबेडकर हारे, टी. प्रकाशम् हारे, पी.सी. घोष हारे। कितने चीफ मिनिस्टर हारे, कितने मिनिस्टर हारे! बंगाल, मद्रास और हैदराबाद में कम्युनिस्ट जीते। कम्युनिस्टों की यह विजय क्यों हुई? क्या जनता 'अति' के छोर पर ही रहना चाहती है? या तो कांग्रेस या कम्युनिस्ट? वाह!

अब रामवृक्ष स्वयं कौन-सी राह पकड़ें? दैनिक 'जनता' बंद होने जा रहा है। जयप्रकाशजी को उन्होंने सलाह दी कि उसे अर्द्ध-साप्ताहिक रूप में निकाला जाए। अब जनता को साप्ताहिक पत्रों से तुष्टि नहीं होती। देहात में सप्ताह में दो डाक का इंतजाम भी है। अर्द्ध-साप्ताहिक 'जनता' चलेगा और खूब चलेगा, किंतु उसका बोझ अपने ऊपर लेकर ही वह उसका उत्तरदायित्व ले सकते हैं। क्या यह बोझ बरदाश्त कर सकेंगे?

'नई धारा' में अधिक समय नहीं दे सके थे। अब उस ओर ध्यान देना चाहिए। उसे सांस्कृतिक पुनरुत्थान की पत्रिका बनाना होगा। कुछ नए शीर्षक, कुछ नई बातें। फिर अपनी कई साहित्यिक कृतियाँ अधूरी पड़ी हैं। उन्हें पूरा करना है और छपवा देना है। सोचते हैं, बच्चों के लिए भी कुछ और पुस्तकें लिख दें। उनसे पैसे आते हैं। बच्चों को अच्छा साहित्य भी मिल जाता है। कुल मिलाकर हार का सबसे बड़ी सबक यह कि वह खुद को अजेय न समझें। वह अजेय हो सकते हैं, किंतु यह कलियुग है—यहाँ असत्य ही अजेय है शायद!

आजाद देश के प्रथम चुनाव के समय 1951 में 'जनता' को दैनिक रूप दिया गया। उसके लिए जयप्रकाशजी के साथ रामवृक्ष कई बार कलकता गए, बड़ी-बड़ी मुश्किलों से पैसे इकट्ठे किए गए, किंतु आम चुनाव-1952 में पार्टी को ऐसा धक्का लगा कि उसके मलबे के नीचे दैनिक 'जनता' दब गई। पत्रकार बेनीपुरी ने मातमपुर्सी कर आगे की राह टटोली—'जब कोई पत्र-पत्रिका किसी पार्टी के साथ बिल्कुल नत्थी कर दी जाती है, संपादक पर बंधन डाल दिया जाता है, तब वह पार्टी का बुलेटिन मात्र बनकर रह जाती है, वह चलती-फिरती मूर्ति मात्र बन जाती है, जिसमें जीवन नहीं, जीवनजनित जोश और गरमी नहीं। ऐसी पत्र-पत्रिका ज्यादा दिनों तक जीवित भी नहीं रह सकतीं...।'

संदर्भ

1. 'आज' के संस्थापक
2. ब्रिटिश हुकूमत की तत्कालीन भारत सरकार ने 1935 में केंद्रीय द्वितंत्रीय शासन व्यवस्था को खत्म कर देश में शासन के लिए संघीय ढाँचा तैयार करने का फैसला किया। इसके तहत राज्यों को वित्तीय, प्रशासनिक और विधान से संबंधित स्वायत्तता के अधिकार देने का प्रस्ताव किया

गया। उसके लिए गवर्नमेंट ऑफ इंडिया एक्ट, 1935 लागू किया गया। इसके तहत जहाँ प्रांतों में स्वायत्त शासन और केंद्र में द्वैध शासन लागू हुआ, वहीं 1936 में बिहार से उड़ीसा को अलग कर उसे नए राज्य का दर्जा दिया गया। बिहार से उड़ीसा के अलग हो जाने के पश्चात् बिहार में गवर्नमेंट ऑफ इंडिया एक्ट, 1935 को 1 अप्रैल, 1937 से लागू किया गया। नए अधिनियम के तहत बिहार में 152 सदस्यीय विधानसभा और 30 सदस्यीय विधान परिषद् के गठन के लिए 22 से 29 जनवरी, 1937 के बीच विभिन्न जगहों पर चुनाव कराए गए। नए विधान के अनुसार सीटों का आवंटन हुआ। पूरे प्रांत को 129 निर्वाचन क्षेत्र में बाँटा गया। लेजिस्लेटिव असेंबली के लिए निश्चित 152 सीटों में सामान्य सीट 86, दलितों के लिए 15, आदिवासियों के लिए 7, मुसलमानों के लिए 40, एक सीट मुसलिम महिलाओं के लिए और 3 सीट हिंदू के लिए, एंग्लो इंडियन के लिए 1, यूरोपियन के लिए 2, भारतीय ईसाई के लिए 1, व्यापार उद्योग और माइनिंग से जुड़े प्रतिनिधियों के लिए 4, जमींदारों के लिए 4, मजदूर वर्ग के प्रतिनिधियों के लिए 3, तथा विश्वविद्यालय के लिए एक सीट आवंटित की गई।

कांग्रेस के तमाम बड़े नेताओं ने असेंबली चुनाव के लिए एक अपील जारी की। पर्चे की शक्ल में प्रकाशित उस अपील में कहा गया कि कांग्रेस बड़े-छोटे, अमीर-गरीब सभी जातियों, वर्गों और समाजों की संस्था है। पर्चा कांग्रेस के प्रत्याशियों के पक्ष में जारी किया गया था। अपील जारी करनेवाले नेताओं में राज्य के तमाम कांग्रेसी दिग्गज—डॉ. राजेंद्र प्रसाद, स्वामी सहजानंद, ब्रजकिशोर प्रसाद, श्रीकृष्ण सिंह, अनुग्रह नारायण सिंह, सैयद महमूद, रामनारायण सिंह, अब्दुल बारी, बलदेव सहाय, विपिन बिहारी वर्मा, बदरीनाथ वर्मा, दामदयालु सिन्हा, और मथुरा प्रसाद शामिल थे। इसके विरोध में जमींदारों ने एक पर्चा छपवाकर वितरित किया—'जमींदारों से सिर पर विपत्ति का पहाड़।' पर्चे में जमींदारों को संगठित होने की अपील की गई। पर्चे में यह चिंता व्यक्त की गई थी कि अब घर-घर को वोट देने का अधिकार मिल जाएगा। उसमें चिंता यह भी थी कि कांग्रेस सोशलिस्ट दल जोर पकड़ रहा है और जाहिर है कि जमींदारी प्रथा उठा देना ही उसका पहला ध्येय होगा।

चुनाव की घोषणा होते ही बिहार कांग्रेस में दो धाराओं का संघर्ष शुरू हो गया। गांधीवादी समाजवादी और गांधीवादी कांग्रेसी चुनाव में भाग लेने के सवाल पर दो छोर पर खड़े थे। 17 मार्च, 1937 को बिहार प्रदेश कांग्रेस कमेटी में डॉ.ब ब राजेंद्र प्रसाद ने जब चुनाव में भाग लेने से संबंधित प्रस्ताव पेश किया, तो वामपंथी रुझानवाले नेताओं के साथ उनकी गरमा-गरम बहस छिड़ गई। जयप्रकाश नारायण ने कहा कि यह चुनाव आजादी की लड़ाई को कमजोर करेगा, जबकि स्वामी सहजानंद ने प्रस्ताव को कांग्रेस की सुधारवादी मानसिकता से विश्वासघात करार देते हुए कहा कि कांग्रेस के लोग मंत्री बनने के बाद लिबरल से भी निकृष्ट साबित होंगे। बहुत गरमा-गरम बहस के बाद प्रस्ताव स्वीकृत हुआ। विरोध में अधिक भाग उन लोगों का था, जिन्होंने कांग्रेस सोशलिस्ट पार्टी बनाई।

उम्मीदवारों के चयन में गुटबाजी और टकराव बढ़ गया। कांग्रेस पहले ही राजपूत, कायस्थ, भूमिहार गुटों में बँट चुकी थी। स्वामी सहजानंद के खाँटी लोगों—धनराज शर्मा, किशोरी प्रसन्न सिंह और यमुना कार्यी को टिकट नहीं मिला। स्वामीजी ने क्षुब्ध होकर कांग्रेस कार्यकारिणी से इस्तीफा दे दिया। डॉ. राजेंद्र प्रसाद ने स्वामीजी को मनाया। यमुना कार्यी को तो टिकट मिल गया, पर किशोरी प्रसन्न सिंह ने लिखा—'हाजीपुर सब-डिवीजन में मैं और दीप बाबू स्वाभाविक

उम्मीदवार होते। पर उस समय तक कांग्रेस संगठन में वैचारिक फरकाव साफ हो चला था। मैं बिहार कांग्रेस सोशलिस्ट पार्टी का महामंत्री था। भू-व्यवस्था के प्रश्न पर स्वतंत्र रहने की प्रार्थना और माँग की थी। राजेंद्र बाबू की अध्यक्षता में बिहार कांग्रेस कमेटी ने इस प्रश्न पर हमसे सफाई सुनी, पर उनके लिए यह छूट देना संभव न हो सका। मैंने उम्मीदवार बनने से इनकार कर दिया। उस क्षेत्र से सत्येंद्र बाबू के श्वसुर रामेश्वर प्रसाद सिंह उम्मीदवार बनाए गए।'

कांग्रेस के अंदर जहाँ गुटों में टकराव जारी था। पहले कहा गया कि योग्य व्यक्तियों को लिया जाएगा। जब इन लोगों ने योग्य व्यक्तियों को ढूँढ़ना शुरू किया तो कहा गया कि खद्दरधारी होना चाहिए। जब खद्दरधारी सामने लाए गए, तो कहा गया जेल-यात्रा कर चुका हो। जब ऐसे भी आने लगे तो किसी को झिड़क दिया जाता था कि वहाँ साग-भंटा बोना है ? किसी को कहा जाता कि वहाँ भैंस दुहना है ? किसी को व्यंग्य मारा जाता कि वहाँ भेड़ें चरानी हैं ?'

उस चुनाव में कांग्रेस ने 152 सीटों में से 99 सीटें जीतीं। कोएलिशन पार्टी को 22, मुसलिम इंडिपेंडेंट पार्टी को 20, नो पार्टी (निर्दलीय) को 6, अहरार पार्टी को 3, मुसलिम लीग को 2 सीटें मिलीं। 21 प्रत्याशी निर्विरोध जीते। निर्विरोध जीतनेवालों में जगजीवन राम, सुखाड़ी पासी, रामबसावन रविदास, बालगोविंद भगत, शिवनंदन पासवान, केश्वर पासवान, राजेश्वर प्रसाद, नारायण सिन्हा, रघुनंदन प्रसाद, विनोदानंद झा, कारू दुसाध, मुहम्मद सफी, शेख फजलुर रहमान, शारदा कुमारी देवी, अनीस इमाम, ए.एम. हैमन, ई.सी. डायनबी, जे. रिचमंड, डब्ल्यू. एस. मिरिक, एस.ए. रॉबर्ट और हरेंद्र बहादुर चंद्र शामिल थे।

कांग्रेस के टिकट पर जीतनेवालों में 56 जमींदार, 14 वकील, 4 डॉक्टर, 6 व्यापारी, कर्मचारी थे। इनमें 31 ब्राह्मण थे और 39 गैर-ब्राह्मण उच्च जाति के हिंदू थे।

चुनाव के बाद कांग्रेस ने गवर्नर के सामने सरकार बनाने के लिए कुछ शर्तें रखी थीं कि गवर्नर इस बात का वायदा करें कि जो विशेष अधिकार उन्हें विधान द्वारा दिए गए हैं, उनका व्यवहार वह नहीं करेंगे, बल्कि सभी मामलों में मंत्रियों से सलाह करेंगे। गवर्नर ने कांग्रेस की शर्तें नहीं मानी। कांग्रेस ने सरकार बनाने से इनकार कर दिया। तब गवर्नर ने इंडिपेंडेंट पार्टी के नेता मो. यूनुस को आमंत्रित किया और बिहार में पहली अंतरिम सरकार 3 अप्रैल, 1937 को बनी। यह अंतरिम सरकार तीन महीना बीस दिन चली। मो. यूनुस ने 20 जुलाई, 1937 को इस्तीफा दे दिया। मो. यूनुस के इस्तीफे के बाद श्रीकृष्ण सिंह के नेतृत्व में 20 जुलाई, 1937 को ही नई सरकार बनी। यह सरकार 31 अक्तूबर, 1939 तक चली।

3. आगे चलकर इसकी परिणति 1938-39 में 'बकाश्त सत्याग्रह' के रूप में हुई। राहुल सांकृत्यायन इस आंदोलन में गिरफ्तार हुए और जेल में अनशन शुरू किया। राहुलजी रिहा किए गए, किंतु जमींदारों ने बेनीपुरी पर मानहानि का मुकदमा दायर कर दिया। उस मुकदमे के सिलसिले में उन्हें छपरा और सीवान जेल की सैर का मजा मिला। हालाँकि अंत में मजिस्ट्रेट ने उन्हें निरपराध कहकर छोड़ दिया। लेकिन इस बीच किसान-किसानी की दुर्गति जारी रही और पूरे देश पर विश्वयुद्ध के काले बादल मँडराने लगे।
4. 1937 के बाद बिहार में बड़े जोरों से बकाश्त सत्याग्रह चला। सारन जिले के अमवारी गाँव के जमींदार के खिलाफ भी बकाश्त सत्याग्रह हुआ, जिसका नेतृत्व राहुल सांकृत्यायन ने किया था। जमींदार के एक कारिंदे के डंडे से राहुलजी का सिर फूट गया था। बहुत खून बहा। फिर उनकी गिरफ्तारी हुई। उन्होंने जेल में अनशन किया। उन पर किए गए डंडा प्रहार और उनकी

गिरफ्तारी के खिलाफ 'जनता' ने अपने संपादकीय और समाचारों से जबरदस्त आंदोलन चलाया। जमींदार उस वक्त 'जनता' नाम से काँपते थे। सरकार की भी कड़ी नजर थी। राहुलजी रिहा किए गए, किंतु जमींदार ने बाद में बेनीपुरी पर मानहानि का मुकदमा दायर किया। मई 1940 में 'जनता' के स्थगित होने और अपनी गिरफ्तारी के पूर्व ही बेनीपुरी को यह मालूम हो चुका था कि उन पर यह केस है, लेकिन तब से उसकी कभी कोई चर्चा बाहर नहीं आई। सो, उन्होंने समझा था कि यह बात यों ही कहीं सड़-गल गई होगी, लेकिन कांग्रेस मंत्रिमंडल के इस्तीफे के बाद जमींदार ने केस को जिंदा कर दिया।

5. जेल से बाहर निकलते ही वह गया, पटना और छपरा के मित्रों को सूचना दे देते। वे लोग रास्ते में मिलते। बड़े-बड़े जंक्शनों पर गाड़ी बदलनी पड़ती। बहुत समय लग जाता; इसके दरम्यान भी मित्रों को बुला लेते। साथ लगे पुलिसवाले भी मदद करते। वे गरीबी के कारण गुलामी के जुए से जुते हुए थे, लेकिन उनका मन भी आजादी के साथ था। उन्हें कुछ आर्थिक लाभ भी हो जाता था।

6. 1940 की गरमी के पहले ही जर्मनी ने यूरोप के कई देशों पर कब्जा कर लिया। पोलैंड, बेल्जियम, हॉलैंड, डेनमार्क, नॉर्वे इत्यादि उसके कब्जे में आ गए। फ्रांस ने भी हथियार डाल दिए। डंकर्क से अंग्रेजों की सेना बहुत नुकसान उठाकर किसी प्रकार इंग्लैंड भाग सकी। जर्मनी से हारते हुए सेना के लौटने पर इंग्लैंड में वहाँ की जनता उबल पड़ी। लोगों में बहुत क्षोभ पैदा हुआ। चेंबरलेन की मिनिस्ट्री गिर गई। उनके स्थान पर सर्वदल मिनिस्ट्री कायम हुई, जिसके प्रधानमंत्री विंस्टन चर्चिल हुए और भारत मंत्री मि. एमरी। विंस्टन चर्चिल 10 मई, 1940 को इंग्लैंड के प्रधानमंत्री बने। 2 जुलाई, 1940 को सुभाषचंद्र बोस गिरफ्तार किए गए। वह प्रेसीडेंसी जेल, कलकत्ता भेज दिए गए। अगस्त, 1940 के अंत में उनकी रिहाई का आदेश हुआ, लेकिन इसके साथ भारत सुरक्षा कानून के सेक्शन 26 के तहत उनके स्थायी कारावास का आदेश जारी किया गया।

7 जुलाई, 1940 को डेहरी ऑन सोन में बिहार के समाजवादियों का सम्मेलन हुआ। उसकी अध्यक्षता यूसुफ मेहर अली ने की। उसमें स्पष्ट घोषणा हुई कि समाजवादी कार्यकर्ता और नेता कांग्रेस जनों को उग्र नीतियों और कार्यक्रमों के पक्ष में खड़ा करने के लिए अथक परिश्रम करेंगे। वे रामगढ़ के प्रस्तावों के प्रकाश में आगे बढ़ेंगे। जो लोग स्वतंत्रता प्राप्ति के लिए कार्य कर रही महान् संस्था (कांग्रेस) के प्रति निष्ठावान हैं, उनके देश को स्वतंत्रता की राह पर आगे बढ़ने की प्रक्रिया में सहायता पहुँचाने के कार्य में सहयोग करेंगे। इसके लिए प्रसन्नतापूर्वक प्रत्येक बलिदान के लिए तैयार रहेंगे।

अगस्त (4 अगस्त, 1940) में ही ब्रिटिश सरकार की ओर से वाइसरॉय ने एक घोषणा की, जिसमें भारतीयों के नया विधान बनाने के अधिकार को स्वीकार किया, लेकिन साथ ही उसमें यह जोड़ दिया कि जब तक इंग्लैंड युद्ध में फँसा है, तब तक विधान तैयार करने का काम शुरू नहीं किया जा सकता। 15 सितंबर, 1940 को कांग्रेस वर्किंग कमेटी की वर्धा में आपात बैठक बुलाई गई। कांग्रेस से निष्कासित सुभाष बाबू को उक्त बैठक में बुलाया गया (उस वक्त सुभाष बाबू जेल में थे)। सुभाष बाबू ने बैठक के लिए अपनी राय भेजी कि 'हमारी प्रतिबद्धता एवं वचनबद्धता अपने राष्ट्र के प्रति है, न कि ब्रिटिश साम्राज्य के। अपनी जनता से हमने कह रखा है कि इस साम्राज्यवादी युद्ध से हमारा कुछ भी लेना-देना नहीं। इसलिए हम ब्रिटिश सरकार

के साथ असहयोग करेंगे और आंदोलन तेज करेंगे।' सुभाषचंद्र बोस ने 29 नवंबर को अपनी गिरफ्तारी के खिलाफ आमरण अनशन शुरू किया। 7 दिन बाद 5 दिसंबर, 1940 को उन्हें गिरते स्वास्थ्य के नाम पर जेल से रिहा किया गया, लेकिन उनके घर के चारों तरफ खुफिया अधिकारियों का पहरा बिठाकर उन्हें नजरबंद कर दिया गया।

62 खुफिया अधिकारियों और पुलिस के तैनात रहते उन्होंने घर के अंदर ही रहने और किसी से नहीं मिलने की घोषणा कर दी। नेताजी सुभाषचंद्र बोस सरकार की सी.आई.डी. और पुलिस के घेरे को तोड़ विदेश निकल गए। वह 16 जनवरी, 1941 की आधी रात को घर से योजनाबद्ध तरीके से गायब हो गए। उनके रहस्यमय तरीके से गायब होने की सूचना देश में करीब दस दिन बाद 26 जनवरी को फैली। वह मोटरगाड़ी पर कलकत्ता से गोमो (तत्कालीन बिहार और 15 नवंबर, 2000 से झारखंड का हिस्सा) रेलवे स्टेशन पहुँचे। वहाँ से 18 जनवरी की सुबह रेल से पेशावर रवाना हुए। पेशावर से काबुल पहुँचे। काबुल में करीब 6 सप्ताह रुके। वहाँ उन्होंने सोवियत दूतावास से संपर्क साधने की कोशिश की। संपर्क नहीं हो सका। तब उन्होंने इटली के राजदूत की मदद से वीजा प्राप्त किया—ओलेंडो मजोटा के छद्म नाम से, और काबुल की सीमा पार रशिया में प्रवेश कर मॉस्को के लिए ट्रेन पकड़ी। वह 27 मार्च, 1941 को मॉस्को पहुँचे। वहाँ एक दिन रुके। रशिया में जर्मनी के राजदूत से भेंट की और जर्मन सरकार की मदद से हवाई जहाज से बर्लिन के लिए उड़ान भरी।

7. कांग्रेस समाजवादी दल के नेताओं ने (आचार्य नरेंद्रदेव, डॉ. राममनोहर लोहिया, अच्युत पटवर्धन, यूसुफ मेहर अली और एस.एम. जोशी) गांधीजी के साथ युद्ध के उलझावों की चर्चा की थी तथा उनसे आग्रह किया कि युद्ध की स्थिति का पूरा लाभ उठाकर भारत में साम्राज्यवाद विरोधी संघर्ष को प्रखर बनाया जाए। उनके चिंतन का प्राय: सर्वसम्मत सूत्र यह था—'इंग्लैंड की कठिनाई हमारे लिए उपयुक्त अवसर है।' उनके मन में प्रतीकात्मक आंदोलनों के प्रति अधिक आकर्षण न था, क्योंकि उनके द्वारा युद्धकाल में ब्रिटिश शासकों पर अधिक दबाब नहीं डाला जा सकता था। समाजवादी नेताओं के साथ गांधीजी की बातचीत के समय इतना तो स्पष्ट हो गया कि युद्ध में भारतीय जनता की भागीदारी के प्रश्न पर गांधीजी अंग्रेजों के साथ समझौते के लिए तैयार न थे, लेकिन समाजवादी नेता व्यक्तिगत सत्याग्रह की गांधीजी की योजना से सहमत न थे, जिसे 1940-41 में व्यावहारिक रूप दिया गया। कांग्रेस सोशलिस्ट पार्टी अंग्रेजों के विरुद्ध अधिक सघन जनसंघर्ष के प्रति दृढ़तापूर्वक प्रतिबद्ध थी। हालाँकि वह यह भी नहीं चाहती थी कि महात्मा गांधी के मार्गदर्शन में प्रारंभ होनेवाले व्यक्तिगत सत्याग्रह का समाजवादी लोग सक्रिय रूप से विरोध करें।
8. 16 दिसंबर, 1940 को मेहर अली ने सत्याग्रह करने की पूर्व सूचना दी। 17 दिसंबर, 1940 को 5 बजे सवेरे यूसुफ को गिरफ्तार किया गया। भारत प्रतिरक्षा नियमों के नियम संख्या 129(2) के अंतर्गत उन्हें भायखला रेलवे स्टेशन से रेलगाड़ी द्वारा नासिक रोड केंद्रीय कारागार भेज दिया गया। उन्हें भारत सुरक्षा अधिनियम 26(1) के अंतर्गत नजरबंद करने की सिफारिश की गई। 15 मई, 1941 तक पूरे देश में 25 हजार से अधिक सत्याग्रही जेल पहुँच गए थे।
9. हजारीबाग जेल से निकलने के पूर्व ही (नाजी जर्मनी और सोवियत संघ के बीच 1939 में हुई अनाक्रमण संधि पर विश्व में मचे हड़कंप के मद्देनजर सोवियत रूस के नेतृत्व की अलोचना के बीच) जेपी और रामवृक्ष में इस स्थापना के प्रति पूर्ण सहमति थी और जेपी बेनीपुरी के विश्वास

को ऐतिहासिक तथ्यों के आधार पर निकट भविष्य का सच साबित करने के लिए हरसंभव बौद्धिक सहयोग कर रहे थे कि लाल रूस सिर्फ लाल फौज पर नहीं टिका है। वहाँ एक नई सभ्यता ने 18 करोड़ मानवों को ऐसी जनता में बदल दिया है, जिसकी नस-नस में ताजा गरम लाल खून प्रवाहित है। उस जनता को कोई जीत नहीं सकता। फौजी चढ़ाव-उतार से लेनिनग्राद और मॉस्को का क्षणिक पतन संभव है, लेकिन लाल रूस को कोई जीत नहीं सकता।

10. जब तक सोवियत संघ युद्ध में सम्मिलित नहीं हुआ, तब तक भारत के कम्युनिस्ट साम्राज्यवादी युद्ध के विरोधी थे और साम्राज्यवाद विरोधी संघर्ष यानी ब्रिटेन के विरोध के संघर्ष को प्रखर बनाने के पक्ष में थे। कांग्रेस समाजवादी दल अपनी 1935 की नीति पर कायम था ही कि साम्राज्यवादी युद्ध, जिसमें भारत को उसकी सहमति के बिना ही घसीट लिया गया, के विरुद्ध एक विराट् संघर्ष छेड़ा जाना चाहिए, लेकिन सोवियत संघ जब मित्र राष्ट्रों के साथ युद्ध में कूद पड़ा तो कम्युनिस्टों ने द्वितीय विश्वयुद्ध को 'जनयुद्ध' घोषित कर दिया और अलगाववादी मार्ग पर लौटकर 'नए भारत के निर्माण में संलग्न भारतीय शक्तियों' के विरुद्ध कार्य करना आरंभ कर दिया। वे देश में ब्रिटिश हुकूमत की युद्ध संबंधी कारवाइयों का समर्थन करने लगे। सो, ब्रिटिश हुकूमत ने कम्युनिस्ट पार्टी पर से अपना प्रतिबंध हटा लिया। कांग्रेस समाजवादी दल विश्वयुद्ध युद्ध में भाग लेने और किसी तरह के सहयोग का घोर विरोधी था। उसने कम्युनिस्टों के इस तर्क का खंडन किया कि पाश्चात्य (मित्र राष्ट्रों की) शक्तियाँ नैतिक दृष्टि से हिटलर की अपेक्षा श्रेष्ठतर हैं।

11. वह दिन-रात प्रांत के कोने-कोने में घूमते और बड़ी-से-बड़ी सभाओं में बोलने जाते। उनके पीछे सी.आई.डी. रिपोर्टर लगे रहते। हर जगह वह आग उगलते, लेकिन इतनी सावधानी से कि कानून के शिकंजे में नहीं आते। पुलिस समझ गई कि कुछ बेईमानी किए बगैर उनको गिरफ्तार करना मुश्किल है। अंततः एक इंस्पेक्टर साहब ने बेईमानी की और हाजीपुर के एक गाँव में दिए गए एक भाषण पर उनको गिरफ्तार किया गया। उन्हें हाजीपुर जेल (जिले का सब-जेल) ले जाया गया, लेकिन कुछ ही घंटों के बाद जमानत पर रिहा कर दिया गया। बहुत दिनों तक मुकदमा चलता रहा। अंततः मजिस्ट्रेट ने बहस में सरकारी वकील की नरमी और रामवुक्ष बेनीपुरी के वकील की गरमी से खीजकर छह महीने की सजा कस दी। रामवृक्ष कचहरी से थाना लाए गए और वहाँ से सीधे मुजफ्फरपुर जेल भेज दिया गया। वहाँ कुछ दिन रहे, तो जज ने जमानत मंजूर की और बाद में अपील की सुनवाई पर उन्हें मुक्त कर दिया, लेकिन सुनवाई के बीच ही रामवृक्ष नई अखिल भारतीय किसान सभा की लखनऊ बैठक में शामिल हो आए (पहले के अखिल भारतीय किसान सभा के संगठन में फूट के कारण उसके अध्यक्ष नरेंद्रदेव ने अपनी अध्यक्षता में नया संगठन बनाया था और उसके उपाध्यक्षों में रामवृक्ष का नाम रखा था)। उस बैठक में तय हुआ कि बिहार में किसान सभा का अखिल भारतीय सम्मेलन बेनीपुर के निकट बेदौल में किया जाए। उसकी तैयारी में धूप-लू की परवाह किए बगैर रामवृक्ष बेनीपुरी बैदौल के गाँव-गाँव घूमते हुए एक दिन बस से सीतामढ़ी रवाना हुए कि अगली सीट पर वही इंस्पेक्टर बैठे हुए मिले, जिन्होंने उन्हें हाजीपुर में गिरफ्तार कराया था। रास्ते भर राम-राम जपते हुए इंस्पेक्टर साहब उनसे बतियाते रहे। वह सीतामढ़ी में थाने पर उतरे और रामवृक्ष अपने एम.एल.ए. मित्र डॉ. रामाशीष ठाकुर के दवाखाने की ओर बढ़े। वहाँ मुँह-हाथ भी नहीं धो सके कि पुलिस का एक दस्ता पहुँचा और गिरफ्तार कर ले गया। डॉ. साहब एस.डी.ओ. से

मिले कि जमानत पर छोड़ दिया जाए। बदले में हुआ यह कि उन्हें जेल में बंद कर दिया गया। जेल में 'सी' क्लास में रखा गया। जिस दिन मुकदमा खुला, उन्हें कचहरी के थूक-खखार भरे बदबूदार लॉक-अप में बंद रखा गया। जेल लौटे तो पता चला कि उन पर डकैती का केस चलने वाला है। वह शायद एस.डी.ओ. के दिमाग का फितूर था। डकैती का केस हवा में रह गया, लेकिन मुकदमा चला, तो मजिस्ट्रेट ने डेढ़ साल की सजा ठोंक दी। फिर अपील पर सुनवाई शुरू। उसमें अंततः उन्हें मुक्त कर दिया गया, लेकिन जब तक छूटते मधुबनी से वारंट आ गया। सो, उन्हें सीतामढ़ी जेल से सीधे मधुबनी जेल रवाना कर दिया गया!

12. 1941 के अंत में सरकार ने अधिकांश सत्याग्रहियों को जेल से मुक्त कर दिया, क्योंकि परिस्थिति ब्रिटिश सरकार के लिए और नाजुक हो गई। 30 हजार से अधिक लोगों के व्यक्तिगत सत्याग्रह, प्रांतों में कांग्रेसी मंत्रिमंडलों के त्यागपत्र तथा युद्ध के दौरान मंत्रियों सहित 'सैकड़ों विधानसभा सदस्यों' के जेल जाने से विश्व के सम्मुख यह बिंब स्पष्ट रूप से उभर आया कि कांग्रेस ने साम्राज्यवादी युद्ध से पूर्णतया संबंध विच्छेद कर लिया है।
13. जापान ने अमेरिका के पर्ल हार्बर पर धावा बोलकर (7 दिसंबर, 1941) अमेरिका की जलसेना को भारी क्षति पहुँचाई। उसने इंग्लैंड और हॉलैंड से भी लड़ाई ठान दी और जर्मनी एवं इटली के साथ दोस्ती गाँठ ली। थोड़े ही दिनों में दक्खिन-पूरब एशिया के बहुत बड़े हिस्से पर सिक्का जमा लिया। डच उपनिवेश—जैसे जावा, सुमात्रा, बोर्नियो और दूसरे टापू—उसकी धाक में आ गए। अंग्रेजों से सिंहपुर (सिंगापुर) उसने जल्दी ही जीत लिया। मलाया पर दखल जमाते हुए वह बर्मा की ओर आगे बढ़ा। शीघ्र ही मोलमीन, रंगून, मांडले प्रभृति बर्मी शहरों को हथियाकर प्रायः सारे बर्मा को हड़प लिया। सो, दिसंबर में ब्रिटेन की और अमेरिका की जापान से ठन गई। धुर राष्ट्रों के खिलाफ अब दोनों एक साथ लड़ने लगे। जापान की धमक हिंदुस्तान को कँपाने लगी। भारत में जापानी सेना उतर सकने का खतरा बढ़ते ही फौजी तैयारी तेज हो गई। यह नीति बरती जा रही थी कि जापानी सेना अगर पहुँच ही गई तो ऐसा कर दिया जाए कि उसे कोई चीज हाथ न लगने पावे। इसलिए नावों की जब्ती होने लगी। कहीं-कहीं उन्हें बरबाद करने का काम जारी था। जो धान या चावल गाँवों में था, उसे भी सरकार कब्जे में कर रही थी। जिसे अंग्रेजी में scorched earth policy—अर्थात् दुश्मन के हाथ में कोई चीज न पड़ने देने के लिए सभी चीजों को भस्मीभूत कर देने की नीति—कहते हैं, उसकी पूरी तैयारी की जा रही थी। इन सब चीजों को देखकर लोगों में घबराहट फैल गई। जनता कुछ ऐसा समझने लगी थी कि लड़ाई न करके यह सब तैयारियाँ भागने के लिए ही हो रही हैं।

दूसरी तरफ नेताजी सुभाषचंद्र बोस का प्रचार देश में जन-असंतोष को उग्र रूप देता जा रहा था। नेताजी ने प्रवासी भारतीयों से मिलकर आजाद भारत सरकार की स्थापना की थी, जिसे धुरी राष्ट्रों ने आजाद कौम की आजाद सरकार मान लिया था। टोकियो, रोम तथा बर्लिन रेडियो ने सुभाषचंद्र बोस के बर्लिन आ धमकने की सूचना दी। इटली के बंदी बने युद्धरत अफ्रीका में ब्रिटिश इंडियन आर्मी के जवानों एवं अधिकारियों को सुभाष बाबू ने बर्लिन बुलाकर इंडिपेंडेंट लीग की स्थापना की।...पूरे यूरोप में युद्धबंदी तथा आजादी-पसंद भारतीयों को लेकर फौज संगठित करने का प्रयास शुरू किया। मलेशिया में युद्धरत ब्रिटिश इंडियन आर्मी जापान के हाथों बंदी बनी। 15 फरवरी, 1942 को सिंगापुर के पतन के साथ एक लाख भारतीय सेना बंदी बना ली गई। उनमें से 40 हजार बंदी 'आजाद हिंद फौज' में शामिल हुए। 20 मार्च, 1942 को

रासबिहारी बोस के नेतृत्व में टोकियो में सम्मेलन हुआ। उसमें सुभाषचंद्र बोस को 'आजाद हिंद फौज' की कमान सौंपी गई।

उधर, युद्धग्रस्त चीन और युद्ध-लिप्त अमेरिका, दोनों बेचैन हो उठे थे। दोनों ने आग्रह किया कि ब्रिटेन भारत में कांग्रेस को संतुष्ट करे, जिससे देश के साधन बल को लेकर वह धुरी राष्ट्रों के विरोध में हमारे कंधे-से-कंधा भिड़ाकर खड़ा होवे। 1942 के आरंभ में जनरल च्यांगकाई शेक स्वयं व अपनी पत्नी सहित भारत आए, सरकार के मेहमान होकर। वे गांधीजी, पं. जवाहरलाल नेहरू तथा अन्यान्य नेताओं से मिले। उन्होंने बड़ी कोशिश की कांग्रेस और सरकार को मिलाने की और जब खुद कामयाब नहीं हुए, तब अमेरिका के राष्ट्रपति रूजवेल्ट को उन्होंने बार-बार कहा कि चर्चिल पर दबाव डालो, ताकि वह अपनी भारत विरोधी नीति से बाज आए और कांग्रेस को संतुष्ट करके मित्र राष्ट्रों के पक्ष में कर ले। अपने स्वार्थ और जनरल च्यांग के आग्रह—दोनों से प्रेरित होकर राष्ट्रपति रूजवेल्ट ने चर्चिल को लिखा कि हिंदुस्तान के मामले को निबटाओ।

रूस भी निश्चिंत न था। रूसी बड़ी धीरता से सब कष्ट सह रहे थे और बड़ी वीरता से जर्मनों के आक्रमणों का जवाब दे रहे थे। यूरोप को रौंदकर एक ओर हिटलर यूरोपीय रूस को हैरान कर रहा था और उसे अपने एशियाई भाग की सुविधा पर भरोसा करने के लिए विवश कर रहा था और दूसरी ओर एशिया पर भी अपना सिक्का जमाने की वह कोशिश कर रहा था। रूस को इसकी चिंता थी। वह जानता था कि भारत चाहेगा तो हिटलर की दाल उधर गलने न देगा। इसलिए चाहता था कि चर्चिल कांग्रेस से मेल करे। उसने भी चीन और अमेरिका के आग्रह के प्रति अपना समर्थन व्यक्त किया।

14. प्रधानमंत्री चर्चिल ने घोषणा की कि लड़ाई खत्म होने के बाद यथासंभव जल्दी-से-जल्दी भारत को पूर्ण औपनिवेशिक स्वराज्य दे दिया जाएगा और उसका दर्जा इस देश के तथा अन्य स्वाधीनता-प्राप्त उपनिवेशों के समान रहेगा। 2 मई, 1945 को हिटलर के शासन का अंत हुआ। 7 मई को जर्मनी ने बिना शर्त समर्पण किया। 18 मई की रात 12 बजे द्वितीय विश्वयुद्ध की समाप्ति की घोषणा हुई। जुलाई, 1945 में इंग्लैंड में चुनाव हुए। जुलाई के अंतिम सप्ताह में चर्चिल प्रधानमंत्री पद से अपदस्थ हुए। बहुमत प्राप्त कर सत्ता में आए लेबर दल के नेता क्लीमेंट एटली प्रधानमंत्री बने। 24 मार्च, 1946 को ब्रिटिश मंत्रिमंडल के तीन सदस्यों का 'कैबिनेट मिशन' भारत आया।
15. हजारीबाग जेल से फरार होने के बाद 18 सितंबर, 1943 को गिरफ्तार हुए। लाहौर किले में रखे गए तत्कालीन पंजाब सरकार ने उन्हें वहाँ से आगरा जेल भेज दिया। वहीं से 11 अप्रैल, 1946 को रिहा हुए। उनके साथ उसी दिन डॉ. लोहिया भी रिहा हुए।
16. 1939 में द्वितीय महायुद्ध शुरू हुआ तो, ब्रिटेन की नौसेना का इंचार्ज थे। 1940 में इंग्लैंड घोर संकट में पड़ा, चर्चिल प्रधानमंत्री बने। 1945 में युद्ध में ब्रिटेन विजयी हुआ। जिस दिन पार्लियामेंट में इसकी घोषणा चर्चिल ने की—लोग पागल-से तालियाँ पीट रहे थे। चर्चिल की आँखों से आनंदाश्रु झर-झर-झर रहे थे! इसके दो महीने बाद ही नए चुनाव में चर्चिल की पार्टी हार गई।

□

जादू है, जादूगरी नहीं

जादू की हकीकत

मुखपृष्ठ पर सबसे ऊपर बतौर संपादक उसका नाम—रामवृक्ष बेनीपुरी। उसके नीचे हथकड़ी पहने किसान और हँसिया-हथौड़ा लिये सैकड़ों मजदूरों के जुलूस का रेखाचित्र। उसके बाद 'जनता' का 'मास्क हैड'। साप्ताहिक पत्र कभी 24 और कभी 28 पन्नों का हर बृहस्पतिवार को निकलता। प्रकाशित होने के दूसरे वर्ष में साप्ताहिक का वार्षिक मूल्य तीन रुपए हुआ। एक प्रति एक आना।

आवरण पृष्ठ से ही सामग्री शुरू हो जाती थी। वह दूसरे विश्वयुद्ध का जमाना था। मुखपृष्ठ पर ज्यादातर महायुद्ध की खबरें होती थीं या किसान-संघर्ष अथवा मजदूर हड़ताल की। स्वाधीनता आंदोलन की राजनीतिक खबरें तो प्रमुखता से छपती ही थीं।

उसने पत्र के विभिन्न पन्ने विविध स्तंभों (कॉलमों) में बाँट रखे थे। कॉलमों के अंतर्गत जन-जीवन से संबंधित विविध सामग्री प्रकाशित होती थी। कॉलम के शीर्षक—'हँसिया और हथौड़ा'—किसान-मजदूरों के संघर्ष की खबरों के लिए। 'दुनिया के परदे पर'—विश्व राजनीति के विवेचन के लिए। 'मजदूरों की समस्या'—विभिन्न मिलों में मजदूरों की गतिविधियों के ब्योरे के लिए। 'जनता की पंचायत'—आम लोगों की रोजमर्रा शिकायतों के लिए। 'अन्नदाता की अँगड़ाइयाँ'—किसानों की गतिविधियों के प्रकाशन के लिए। 'तरुणाई का तकाजा'—युवा जगत् के लिए। 'जुल्म का चिराग' और 'महंती का नरककुंड'—दो अलग-अलग कॉलम, जमींदारों और महंतों के अत्याचारों का परदाफाश करने के लिए। 'संपादकीय'—पाँचवें पृष्ठ पर।

उसका पत्रकार व्यक्तित्व इस बात से अच्छी तरह अवगत है कि 'जनता' एक संपूर्ण राजनीतिक साप्ताहिक है। राजनीतिक पत्रों के वैचारिक रूप से बोझिल हो जाने की आशंका रहती है। इसलिए पत्र की सबसे बड़ी कसौटी और संपादक की सबसे बड़ी चुनौती यह होती है कि पत्रिका का हर पन्ना, हर कॉलम पठनीयता के गुण लिये रहे। समाचार और विचार, दोनों ही दृष्टियों से। जहाँ चूके, अखबार बैठ जाता है, पाठक उठ जाता है।

सच का जादू

'अतीत' और 'भविष्य' के बीच के जुड़ाव की गतिशील कड़ी है 'वर्तमान'। समय का ऐसा स्पेस जो स्थिर नहीं, सतत गतिशील है और इसकी गति इस कदर तेज है कि उससे होकर हमारे गुजरने का, हमसे होकर उसके गुजरने का बोध उसको एक आकार देता है, जो अगोचर और अगम्य होता है। शीशा जैसे पारदर्शी वर्तमान' को उसने 'आईना' बनाया—अतीत के 'इतिहास' को पहचानने और भविष्य की 'कल्पना' को परखने का। अतीत के वास्तविक ऐतिहासिक अनुभव के साथ भविष्य की कल्पना की सुनिश्चित संभाविता को जोड़ने के लिए वर्तमान को—अनिश्चित लेकिन अनिवार्य, बेहद पीड़ादायक लेकिन रोमांचक वर्तमान को—ईंट-पत्थर-गारे की तरह इस्तेमाल किया।

तभी वह साफ देखता—आगे क्या होगा? देश का, समाज का, मानव का? वह शब्दों में उनकी 'नियति' का लेखा बाँधता। खुद पढ़ता—काँप जाता। खुद पाठक बनकर अपने लेखक से पूछता—मैं तुम्हारी रचनाओं का पाठक हूँ। तुमसे ही पूछना चाहता हूँ—तुम्हारे लेखक होने का उद्देश्य? क्या तुम्हारे लेखन का मकसद यही है?

उसका लेखक चुपचाप फिर से लिखने बैठ जाता। लिखता—क्या होना चाहिए?

लिखते-लिखते उसका 'लेखक' अनिर्वचनीय पीड़ा के पहाड़ चढ़ता जाता, दर्द के दरिया में डूबता-उतराता, लेकिन उसका 'पाठक' उसको पढ़कर अवर्णनीय शांति और मुक्ति का आनंद प्राप्त करता।

मित्र पाठक कहते—यार, तूने तो जादू कर दिया!

वह यूँ मुसकराता कि मित्र समझें, अब रोब गाँठेगा और दूर की हाँकेगा, लेकिन वह अंदर उभरती पीड़ा को मुसकान का आवरण देता—जादू? माने 'धोखा'—चमत्कार? टोपी में डंडा घुमाकर अंदर से 'कबूतर' निकालने जैसा? जब तक दर्शक 'कबूतर' को उड़ते देखे, तब तक टोपी से सैकड़ों फालनुमा रंगीन कागज हवा में लहराने लगें''?

नहीं-नहीं, वह 'जादू' करना नहीं चाहता! करता भी नहीं। सिर्फ कठोर 'सत्य' को प्रकट करने, प्रत्यक्ष करने के लिए जतन करता है। सत्य कठोर है, कड़ुआ है, क्रूर है—उसे वह यूँ प्रस्तुत करने का प्रयास करता है कि उसके पाठक-दर्शक सत्य के 'संहारक' रूप को देखकर डरें नहीं। अपने अंदर के सनातन डर (प्राणी होने के नाते) पर काबू पाने का हौसला (चेतनशील मनुष्य हो सकने की संभावना के नाते) पा लें। 'सुंदर' कृति को देख 'सत्य' के 'संहारक' रूप को देखने का अपने में 'साहस' पैदा करें—'सत्य' के संहारक रूप में 'शिव' रूप की खोज की दृष्टि प्राप्त कर सकें।

मित्र-पाठक कहीं यह तो नहीं कह रहे कि 'आतंक' को देखने के लिए उसका 'आकर्षक' रूप प्रस्तुत करना जादू है? दृष्टि भ्रम पैदा करना है? नहीं, कतई नहीं। वह दृष्टि भ्रम पैदा नहीं करना चाहता!

'तो ? अपनी कला-क्षमता-लेखन—से वह किसी 'भ्रम' को तोड़ना चाहता है, क्या वह भी 'भ्रम' पैदा करने जैसा है ? जादू है ? यही उसकी सफलता है ?' वह ऐसे सवालों में भी उलझता। सिर्फ उलझता नहीं, वह इन सवालों से टकराता है। वह दबे-छिपे-दुबके और छापामारों की तरह हमला करते इन सवालों को चुनौती भी देता है—'अरे, निकलो, बाहर निकलो, सामने आओ। सामने आने से डरते हो, तो मैं तुमको अभय देता हूँ। तुमको प्रत्यारोप या गलतबयानी के डंडे से पीटूँगा-मारूँगा नहीं। मैं निहत्था हूँ, मेरे पास 'कलम' के सिवा कुछ नहीं। 'कलम' तुमको मारेगी नहीं, तुमको जीवन देगी और तुमको बताएगी कि जीवन जितना सच है, 'मौत' भी उतनी ही स्वाभाविक है—प्रकृति का नियम भर है! लेकिन उस प्रकृति को संस्कृति में ढालना हमारे हाथ में है, तुम्हारे हाथ में है, सबके हाथ में है। अमरत्व की चाह को आकार देना, उसे दिखाना क्षण का दर्शन भले है, क्षणिक नहीं। जादू है, लेकिन जादूगरी नहीं। प्रकृति को संस्कृति में ढालने के लिए प्रकृति के भ्रम तोड़ना जरूरी है, लेकिन इसके लिए मैं संस्कृति के नए भ्रम नहीं पैदा करता, क्योंकि मैं जानता हूँ कि भ्रम से भ्रम को नहीं तोड़ा जा सकता—जिस तरह किसी झूठ को किसी नए झूठ से नहीं काटा जा सकता; उसे सच से ही काटा जा सकता है।'

उसने 1940 से 1945 के बीच 'जेल' में करीब 11 'कृतियाँ' रचीं। सबमें 'आजादी' को रूपायित किया—व्यक्तियों में, पात्रों में, प्रतीकों में, बिंबों में। शब्दों को पढ़ो तो 'अर्थ' से पहले तुमको लगेगा कि तुम 'दृश्य' देख रहे हो—पात्रों को साकार देख रहे हो, घटनाओं को देख रहे हो, समय का साक्षात्कार कर रहे हो और खुद को स्वाधीन महसूस कर रहे हो—अपने से अलग की अन्यथा का ज्ञान अर्जित करो या अनन्यथा का बोध ग्रहण करो, जो चाहो, इसके लिए भी तुम स्वतंत्र हो।

पहला नाटक : सृजन की शर्त

वर्ष 1940, हजारीबाग सेंट्रल जेल। उसने अचानक फैसला किया—'अबकी मैं नाटक लिखूँगा! पहला नाटक—अंबपाली! प्रेम, सौंदर्य, पराक्रम और साधना की गाथा!

उसकी यह छठी बार की गिरफ्तारी थी। उसको अंदर कर जेल के विशाल फाटक को बंद किया जा रहा था। तभी अचानक महसूस हुआ कि खुली हवा का भटकता-सा एक सुगंधित झोंका अपने कोमल स्पर्श से उसके तन-मन को भिगोता हुआ फाटक से बाहर निकल गया है!

जेल में पहले से बंद मित्रों ने उनका अभिवादन किया—जेल के अंदर का परिसर 'इनकलाब जिंदाबाद' और 'जयहिंद' के नारों से गूँज उठा। मित्रों से हाथ मिलाते हुए, गले मिलते हुए क्षण भर की अपनी अद्भुत अनुभूति का जिक्र किया और कहा—"लगता है, देश की आजादी करीब है!" उसकी बात सुनकर कई मित्र चौंके। मुसकरा कर चुप रह गए।

हजारीबाग सेंट्रल जेल के चप्पे-चप्पे से वह परिचित है। ऊँची-ऊँची लाल दीवारों और लोहे की सीखचों की रोती-गाती-चीखती-बजती झनकारों तक से··· । जेल के वॉर्ड नंबर-1 और उसके सामने के परिसर से तो उनका रिश्ता पुराना है—गहरा और आत्मीय रिश्ता··· ! वॉर्ड के सामने सघन पत्तियोंवाला आम्र विटपी···फूलों से लदे मोतिए···गुलाब के झाड़ों से वह पहले भी कई-कई बार घंटों बतिया चुका है। वह पहले भी गिरफ्तार होकर तीन बार यहाँ आ चुका है। तीन बार में कुल दो साल यहीं गुजार चुका है। तभी उसने अपना पहला उपन्यास लिखा था—'पतितों के देश में!' उस वक्त कई लोग साथ थे—हस्तलिखित पत्रिका निकाली थी—'कैदी'। उस वक्त के कई युवा क्रांतिकारी मित्र अभी भी यहाँ हैं। अनन्य मित्र जेपी भी।

इस बार वह एक वर्ष की सजा पाकर आया है। एक दिन कुछ कैदी मित्रों के साथ फूलों की क्यारियों के बीच टहलते हुए हाल के घटनाक्रम से गुजरते हुए बारिश के मौसम में दूर आसमान में घने बादलों को चीरती बिजली की चमक की तरह उसका 'नाटक' लिखने का फैसला जेल में बंद तमाम मित्रों को चौंका गया! आम्र विटपी की मंजरियों की मीठी मुसकान छलक गई।

राजबंदी मित्र चौंके—कट्टर कांग्रेसी, कट्टर समाजवादी और कट्टर वामपंथी-दक्षिणपंथी कम्युनिस्ट, सभी! कुछ गरजे, कुछ बरसे। कुछ ने व्यंग्य किया, कुछ ने मजाक किया और कुछ ने मौन साधकर मजा लिया! लेकिन सबका सवाल एक—'नाटक लिखोगे? नाटक ही क्यों लिखोगे? वह भी 'अंबपाली' पर?' सवाल यह नहीं कि वह नाटक नहीं लिख सकता! सवाल यह है कि वह नाटक ही क्यों लिखेगा? वह भी ऐतिहासिक नाटक!

कुछ मित्रों ने टोका—'तुम जेल में हो, ब्रिटिश गुलामी से देश को आजाद कराने के लिए 'जनता' की पत्रकारिता करनेवाले राजनीतिक कैदी बनकर आए हो। फिर तुमको ऐतिहासिक नाटक लिखने की बात क्यों सूझ रही है?' उसका जवाब है—एक ठहाका और सोने के गहने गढ़ने वाले छेनी-मार्तूल के ठुक-ठुक, ठक-ठक की ध्वनि-सा एक वाक्य—'इसलिए कि मैं पत्रकार हूँ, लेकिन सिर्फ पत्रकार नहीं।'

जेलबंद कुछ आत्मीय साथियों ने मजाक-मजाक में टोका—'यार, तू पत्रकार कम, कलाकार ज्यादा लगता है! तू बच्चों के लिए दर्जनों 'कहानियाँ' लिख चुका है। सैकड़ों 'शब्दचित्र' और 'उपन्यास' भी और, अभी कुछ दिन पहले शब्दों में 'माटी की मूरतें' गढ़ चुका है। सबमें नाटकीयता के तत्त्व भरपूर मौजूद हैं। तुमने हाल में 'जनता' के लिए विश्वयुद्ध की रिपोर्टिंग की तो ऐसे जैसे कोई नाटक चल रहा है। तो फिर तुझे यह क्यों सूझ रहा है कि ठेठ नाटक लिखे?'

जवाब में उसके सिर्फ ठहाके सुन पार्टी लाइन की लकीर पीटनेवाले मित्रों का पारा चढ़ गया। यह देखकर तो उनका पारा चरम पर पहुँच गया कि पत्रकार महाशय वॉर्ड नंबर-1 के सामने के एक घने पत्तोंवाले आम के गाछ के तने से उठँगकर बैठ गया है। आम की डाल-डाल मंजरियों से लदीं-झुकीं। उन पर भौंरे गुंजार कर रहे हैं, बसंती हवा उनसे खिलवाड़ कर रही है। आम के पेड़ों के बीच की जमीन में सरसों की फूली हुई क्यारियाँ! उधर ऊपर असमय पर बादलों की घुड़दौड़ शुरू हुई, इधर उसकी नजर कागज पर टिक गई और लेखनी कागज पर घुड़दौड़ करने लगी!

एक विस्तृत सघन अमराई—सूरज की किरणों से अभी सोना नहीं गया है—मंजरियों, पत्तों, फलों पर ओस की बूँदें उसके स्पर्श से चमचम कर रहीं—चिड़ियों की चहचह में दूर से सुनाई पड़नेवाली कोयल की कुहू···। अमराई के मध्य—एक फैला हुआ आम का वृक्ष—उसकी एक मोटी डाल से एक झूला लटक रहा है···जहाँ-तहाँ कमचियों के बने पिंजड़े झूल रहे—पिंजड़ों में पंछी हैं—एक में श्यामा पंछी है···।

एक किशोरी—कमर में प्राचीन ढंग का हरा परिधान, जो मुश्किल से घुटनों के नीचे पहुँचता है—कमर के ऊपर के हिस्से में सिर्फ स्तनों को ढकनेवाली पतली कंचुकी हरे रंग की है—गले में फूलों की माला, जो कमर तक लटक रही—बालों के जूड़े में सरसों के फूल खोंसे—सुंदर सुडौल गोरी बाँहों में सिर्फ फूलों के कंगन—हाथ में आम की मंजरियों का गुच्छा···। किशोरी पेड़ के नजदीक पहुँचती है—झुकी डाली की मंजरियों को चूमती है—उसे देखते ही पिंजड़ों के पंछी चहचहा उठते हैं—मुँह से सीटी देती हुई एक श्यामा! श्याम के पिंजड़े को लेती किशोरी झूले के नजदीक जाती है—धीरे-धीरे झूलती, श्यामा की ओर देखती वह गुनगुनाने लगती है।

तभी उसी रंग-रूप वेशभूषा की दूसरी किशोरी बगल से आती है। आगे बढ़ती है—सहसा हँस पड़ती है और चिढ़ाने के स्वर में गाती है—

मेरी श्यामा ने वंशी फूँकी
कोइलिया क्यों कूकी?
कुहरे की झीनी चदरिया में सोई
धरती की ऊँघ रही सुधि खोई
किसने अचानक उसे गुदगुदाया
चारों तरफ छा गई जैसे माया
पुरवाई मस्ती में यों सनसनाई
कि भूली हुई बात फिर याद आई
    कलेजे में हूकी
    कोइलया कूकी

मेरी श्यामा ने वंशी फूँकी।
कोइलिया क्यों कूकी, मेरी श्यामा ने वंशी फूँकी…।

पार्टी लाइन में बँधे मित्रों से नहीं रहा गया! उन्होंने सवालों की झड़ी लगा दी—'भैये श्रीरामवृक्ष बेनीपुरी, दूसरा विश्वयुद्ध चरम पर है। सभ्यता-संस्कृति के चकाचक वस्त्रों से सुसज्जित कई देशों के सुंदर शरीर रक्त स्नान कर रहे हैं। दुनिया के कई-कई जनतंत्रों पर बर्बर फासिज्म के पंजे गड़े हुए हैं। आसमान से मृत्यु की वर्षा हो रही है। ऐसे वक्त तुम यह लिख रहे हो? इश्क-मोहब्बत के गीत…। क्या सत्याग्रही कलाकार का यही दायित्व है?

'इधर गुलाम भारत को साम्राज्यवादी ब्रिटिश हुकूमत ने महायुद्ध में झोंक दिया है। देश की जनता और जनता के नेताओं से पूछे बिना ही भारतीय सेना की टुकड़ियाँ बाहर भेजी जा रही हैं। जनता 'नहीं देंगे एक भाई, नहीं देंगे एक पाई' का नारा उछाल रही है, लेकिन उधर कांग्रेस गृहयुद्ध का अखाड़ा बनी हुई है। देश के नेताओं में घमासान मचा हुआ है! और तुम खुद भी तो रामगढ़ कांग्रेस में थे। वहाँ क्या न हुआ? प्रस्ताव पारित हुआ न कि भारत महायुद्ध में तानाशाही के खिलाफ है, लेकिन ब्रिटिश साम्राज्यवाद की गुलामी में बँधे रहकर वह महायुद्ध में शामिल नहीं होना चाहता। देश अपनी आजादी के लिए संघर्षरत है। औपनिवेशिक स्वराज्य वह स्वीकार नहीं कर सकता। उसे पूर्ण स्वतंत्रता चाहिए। प्रजातंत्र की राष्ट्रीय एकता से संपन्न! ऐसा प्रस्ताव पारित हुआ, लेकिन वहीं उसकी धज्जियाँ उड़ा दी गईं! वहीं सुभाषचंद्र बोस के नेतृत्व में कांग्रेस के अंदर के वाम विचारधारा वाले नेताओं और कार्यकर्ताओं का समानांतर अधिवेशन हुआ। उस समय तुमको ऐसा मालूम नहीं हो रहा था कि कांग्रेस के दो टुकड़े होने जा रहे हैं…? उस नाटक पर कुछ लिखो। उसकी बजाय पुराने राजतंत्र-गणतंत्र का नाटक लिखने बैठ गए! खुद को भुलावा देने के लिए?'

सबकी सुनी। पूरे धैर्य के साथ! और हँसते हुए लिखना जारी रखा। कहा सिर्फ इतना—'मैं इन सब बातों से अवगत हूँ। इसीलिए तो यह नाटक लिख रहा हूँ! आज देश-दुनिया में जो हो रहा है, उसको समझने के लिए। उसके समाधान के लिए। सवाल यही है न कि जब हमें महायुद्ध की मुखालिफत करते हुए अपनी आजादी का संघर्ष तेज करना है, तो बिखरा देश एक क्यों नहीं हो जाता? हमारी एकता किन विसंगतियों के कारण खंडित है? किन विसंगतियों के कारण नष्ट होती आ रही है? लेकिन दीगर सवाल यह है कि आखिर हमारा देश गुलाम क्यों हुआ? कैसे हुआ? 'अंबपाली' नाटक के जरिए मुझे बताना है कि वैशाली गणतंत्र को किस तरह की विसंगतियों ने कैसे नष्ट किया?' वह लिखता जाता और हर शाम साथियों के जमघट में पढ़कर सुनाता।

चार साल पहले जयशंकर प्रसादजी का निधन हुआ। वह 'बालक' के प्रकाशन के समय बनारस में महीनों रह जाता था। लगभग रोज उनसे मिलता था।…गंगा पर साथ

नौका-विहार करता था। उनके नाटकों पर अकसर होनेवाली नरम-गरम बातचीत में शामिल भी रहा। उस समय वे हिंदी-साहित्य की दुनिया में अपने ऐतिहासिक नाटकों की धूम मचा रहे थे। वे ऐतिहासिक चरित्रों और परिस्थितियों की यथातथ्यता के आग्रही थे, जबकि वह ऐतिहासिक चरित्रों को एक माध्यम भर मानता था। इस बाबत कई बार उनसे मिला, खूब बहस भी की। शायद इसीलिए जेल में बंद होते ही उसे नाटक लिखने की बात सूझी और उसने ऐतिहासिक चरित्रों को अपने अनुकूल बनाकर अपने समय की विसंगतियों से मुठभेड़ करने की ठान ली!...हाँ, हो सकता है कि ये यादें ही नाटक लिखने के लिए, वह भी ऐतिहासिक नाटक लिखने के लिए, चुपके से उसकी कलम में आग फूँक रही हों!

वह जेल में दिनभर जो लिखता-रचता, शाम को मित्रों को सोल्लास सुनाता। उस पाषाणपुरी (जेल) में उसकी कुसुमतनया (अंबपाली) की अलौकिक चरितावली सबके शुष्क हृदयों को हरा-भरा और रंगीन बना देती। वे उस पर और उसकी कृति पर प्रशंसा की पृष्पवृष्टि करने लगते।

जेल के साथियों की प्रशंसा पर वह फूले न समाता—बेचारे विधाता को ऐतिहासिक अंबपाली की सृष्टि करने में ऐसा सुंदर वातावरण और ऐसा प्रोत्साहन कहाँ प्राप्त हुआ होगा?

लेकिन गुलाब के फूलों-सी बरसती उस प्रशंसा से उसे छोटे-छोटे काँटों जैसे कुछ सवाल भी चुभते—'साथी जिसकी प्रशंसा कर रहे हैं, यह उसकी अंबपाली है न? कलाकार की अंबपाली?'

'कलाकार की अंबपाली' से तात्पर्य? उसने विधाता की कृति को ही तो चुना और उसे कलात्मक रूप देने की कोशिश की। इस प्रक्रिया में विधाता की कृति धीरे-धीरे विलीन होने लगी और उसने खुद आश्चर्य से देखा कि एक दूसरी ही नवीन आकृति उसके सामने खड़ी है!

वह उभ-चुभकर मजा देते कई-कई प्रश्नों से घिर गया—'यह क्या हुआ? कैसे हुआ? विधाता की सुंदर कृति को उसने चुना, लेकिन यह उसकी अनुकृति नहीं! और, जो कृति सामने है, उसे वह उसी रूप में ढालना चाहता था, ऐसा भी तो नहीं? अन्यथा वह अपनी कृति को देख खुद ही इतना आश्चर्यचकित क्यों होता? साथियों ने इतनी प्रशंसा क्यों की? इसलिए न कि उसकी कृति विधाता की कृति की अनुकृति नहीं, उससे कुछ अलग पड़ती दिखती है?'

सिर्फ अलग नहीं, अच्छी भी। वह भी यह सोच सकता है कि जो पचास या सौ साल जीकर धूल में मिल गई, विधाता की वह शकुंतला अच्छी या जो दो हजार साल बाद भी जीवित है कालिदास की वह शकुंतला अच्छी? निश्चय ही कालिदास की शकुंतला

को ही श्रेष्ठ माना जाएगा, क्योंकि कालिदास ने मानवीय संवेदना के अनेक नए आयामों को शकुंतला के व्यक्तित्व में समाहित करके उसे सार्वजनीन और कालजयी बनाया। कालिदास ने अपनी कला द्वारा शकुंतला के व्यक्तित्व का पुनः सृजन करके यह संभव किया है। इसी तरह उसने भी बौद्धयुग की अंबपाली के व्यक्तित्व का अपनी रचना में पुनः सृजन किया।

इसीलिए तो उसने पहले इसे 'कलाकार की अंबपाली' कहा। कलाकार माने?—मैं, तब शीर्षक को संशोधित कर 'मेरी अंबपाली' क्यों न कहूँ? लेकिन...लेकिन और भी तो कई सवाल हैं, जो पीछा नहीं छोड़ते?

उसने अंबपाली की अपनी एक छवि गढ़कर इतिहास और साहित्य के संबंध-सूत्रों को पहचानने की कोशिश की। यह तय है कि पुरातत्त्वज्ञ उसकी इस अंबपाली को इतिहास के पन्नों में अंकित अंबपाली से मिलावेंगे, घटनाओं के तारतम्य में कुछ त्रुटियाँ निकालेंगे और उसे गालियाँ देंगे। तब वह क्या कहेगा?

दें, गालियाँ दें। वह कह देगा कि उसे उसकी अंबपाली ही सच्ची प्रतीत हुई है। सच्ची और अच्छी भी; क्योंकि सत्य ही सुंदर और सुंदर ही सत्य होता है। तात्पर्य यह कि रचना में पुनःसृजित अंबपाली के नए अस्तित्व का सौंदर्य ही वह मुख्य बिंदु है, जो इतिहास की अंबपाली से उसे अलग कर देता है।

तो इसके मायने यह नहीं कि अंबपाली के इस नए अस्तित्व के निर्माण में उसकी विचारधारा ने महत्त्वपूर्ण भूमिका निभाई? तो क्या पुनःसृजन उसके अपने समय के सवालों और अपनी विचारधारा से निर्धारित होता है?

हाँ, इसीलिए उसकी अंबपाली इतिहास की अंबपाली के आधार पर खड़ी होकर भी उसकी यानी उसके 'कलाकार' की स्वतंत्र अंबपाली है। एक कलाकार की हैसियत से उसने अपने निजी कथ्य का संवाहक बनाने के लिए उसे रचा। अतः अंबपाली को और भी निजता प्रदान करते हुए 'मेरी अंबपाली' कहा। ऐतिहासिक पात्रों से उसके नाटककार का यह रचनात्मक रिश्ता है!

उसने 'अंबपाली' के कुछ दृश्यों को दोबारा लिखा। वैसे, इसके पहले वह एक बार लिख देने के बाद अधिक काँट-छाँट न करने का बहुत अभ्यास कर चुका है और इसके प्रति सजग रहना भी सीख चुका है, लेकिन यह अभ्यास पत्रकारिता के अभ्यास से अलग है। हाँ, यह सही है कि यह दोबारा लिखना पत्रकारिता के दौरान काटने-पीटने की पीड़ा झेलने के दीर्घ अभ्यास का ही परिणाम है। पत्रकार बनने के लिए उसने अपने लिखे को काटने-पीटने की मजबूरी ढोने और कटने-पिटने का दंश झेलने की तैयारी न जाने कितनी-कितनी बार की थी? लेकिन उसी दौरान संकल्प कर चुका था कि वह अपने दिमाग के पटल पर लिखने का ऐसा अभ्यास करेगा कि कागज पर लिख-लिखकर

काटने-छाँटने की नौबत न आए, सिर्फ उतारने भर का काम रहे। तब लिखे को सिर्फ सँवारने के लिए या कहो कि 'फाइनल टच' देने भर के लिए कुछ काँट-छाँट करनी पड़ेगी। दोबारा लिखने से वह हिचकिचाएगा नहीं, लेकिन तभी जब रचना का उद्‍देश्य ही बदल जाए।

कहानी हो या उपन्यास या शब्दचित्र, लिखने के पहले उसने खुद को ऐसे निर्मम सवाल से घेरने का योगाभ्यास किया था—क्या वह अपने चरित्रों (पात्रों) के स्वरूप, उनकी परिणति और अपनी रचना के उद्‍देश्य के मामले में स्पष्ट है? उसने शुरू से ही अपने अंदर के लेखक को स्पष्ट निर्देश दे रखा था—रचना के उद्‍देश्य की स्पष्टता सृजन-प्रक्रिया की पहली शर्त है। स्पष्ट लिखे को फिर-फिर काटने-छाँटने में होनेवाली मेहनत और समय को बचाती है।

नाटक लिखने के प्रथम क्षण से उसके अंदर का पत्रकार हर कदम पर उसके नाटककार को टोकता रहा था—'भाई साहब क्यों? मूलतः आप ठहरे पत्रकार। ऊपर से शौक पैदा किया पत्रिका के संपादन का। किसी समाचार-पत्र का संवाददाता होते तो पत्रकारिता के ककार में से सिर्फ क्या-कैसे-कब का हिसाब करते-करते 'स्टोरी' खतम कर लेते, लेकिन आलेख-संपादकीय या शब्दचित्र में हर कदम पर पहले 'क्यों' से टकराना पड़ता है कि नहीं? तो फिर नाटक में? क्या यह सोच लिया कि नाटक में 'डॉयलॉगबाजी' करते हुए क्यों को गटक जाओगे?'

उसका नाटककार समझाने की कोशिश करता—'नहीं यार, कतई नहीं। मैंने नाटक के लिए अंबपाली, चंद्रगुप्त, अशोक, बुद्ध आदि के इतिहास और चरित्र व उनसे जुड़ी घटनाओं पर सोचा। पिछले चार-पाँच साल में, अगर ठीक-ठीक कहूँ तो जयशंकर प्रसाद जैसे महान् कवि व नाटककार और उनकी कृतियों से टकाराने के बाद से भारत और इतिहास की कई किताबें ध्यान से पढ़ गया। पत्रकारिता की धुन में बिहार के कई ऐतिहासिक स्थलों से होकर गुजरना होता ही था। इस मायने में मेरे मित्र जो कहते हैं, वह मुझे भी सच जान पड़ता है कि बिहार के चप्पे-चप्पे में इतिहास बिखरा पड़ा है। भारत के प्राचीन इतिहास का तीन-चौथाई भाग का राजनीतिक मंच बिहार रहा। उसमें भी गंगा के इस पार और उस पार फैले पटना-पाटलिपुत्र, वैशाली, मिथिला, नालंदा, गया। यार लोग अकसर मजाक करते हैं कि बिहार में इतिहास के सिवा है ही क्या? वर्तमान है कहाँ? मैं भी उनकी बातों का मजा लेता था, लेकिन उनका मजाक अकसर मुझे डंक मारता रहा है। सो, अबकी ठान लिया कि इतिहास के उन पात्रों को अपने नाटक के नायक-नायिका बनाऊँगा, जिनकी व्यक्तित्व-भूमि बिहार रही। उनमें सबसे पहले 'अंबपाली' को क्यों चुना, पूछोगे तो कहूँगा, इसके कई कारण हैं। सबसे प्रमुख कारण यह जो मैंने हजारीबाग जेल में कदम रखते ही सबको बताया था कि इस बार अंदर आते ही न जाने कैसे और

क्यों मुझे देश की स्वतंत्रता करीब लगने लगी। सो, मैं इस सवाल के रू-ब-रू हुआ कि मुझे स्वतंत्रता से पूर्व ही स्वतंत्र देश के जिम्मेदार नागरिक तैयार करने की कोशिश को आकार देना है। साथियों से यह भी कहा कि मैं वर्तमान के हर क्षण को वह अतीत' और 'भविष्य' के बीच के जुड़ाव को देखने, पहचानने और परखने का 'आईना' बनाना चाहता हूँ। भविष्य की कल्पना को अतीत के ऐतिहासिक अनुभव के साथ जोड़ने के लिए ही मैं अनिश्चित लेकिन अनिवार्य—बेहद पीड़ादायक, लेकिन रोमांचक—वर्तमान को ईंट-पत्थर-गारे की तरह इस्तेमाल करना चाहता हूँ।

''अंबपाली के समय में वैशाली एक गणतंत्र था। हम अपने आजाद देश में गणतंत्र ही चाहते हैं न! तब नाटक के जरिए मुझे बताना तो होगा कि उस गणतंत्र को किस तरह की सामाजिक विसंगतियों ने नष्ट किया? हम सबकी निगाह देश को मिलनेवाली स्वतंत्रता पर है, लेकिन स्वतंत्र होने के बाद देश इन विसंगतियों से बचे, इसके लिए सावधान कौन करेगा? यह सिर्फ मेरा नहीं, हर लेखक-पत्रकार का दायित्व है।

''इसलिए मैं एक बैठकी में तीसरा अंक लिख गया—'बुद्ध से आनंद वृज्जिसंघ के बारे में कुछ सवाल करते हैं। मूल सवाल—वृज्जिसंघ कब तक कायम रहेगा? बुद्ध कहते हैं—वृज्जिसंघ जब तक हर स्तर पर लोकतांत्रिक मूल्यों की रक्षा करेगा, तब तक उसे कोई जीत नहीं सकेगा। इसी अंक के दूसरे दृश्य में अश्वसेन द्वारा वसुबंधु को घायल किए जाने के बाद चयनिका से अंबपाली कहती है—वैशाली के नागरिक अपनी ही तलवार अपने भाइयों के सिर पर चलाएँ, यह महान् आश्चर्य की बात है।"

''यानी नागरिकों के बीच की यह फूट वृज्जिसंघ के पराभव का कारण बनी?''

दरअसल, हुआ यह कि उसने भारत का प्राचीन इतिहास फिर-फिर पढ़ा। कई-कई बार। चंद्रगुप्त-चाणक्य, अशोक, सिकंदर···सबको पढ़ा, लेकिन उसकी कल्पना और सपनों में बार-बार आकर अंबपाली ने जो बताया, वह अन्य किसी ने नहीं कहा कि वैशाली के गणतंत्र को सामाजिक विसंगतियों ने नष्ट किया और इस सवाल से मुक्त हुए बिना वह उसके नाटक में भी जिंदा नहीं हो सकती! कि वह गाँव की शर्मीली किशोरी थी, राजनर्तकी बनी। उसने बुद्ध के रू-ब-रू खड़ी होकर उनसे संवाद किया। अंत में राष्ट्रीय संकट के समय उसने युद्धवेश भी धारण किया, लेकिन··· लेकिन···!

जेल में एक दिन वह टहल रहा था कि जनाना वॉर्ड से एक औरत की चीख सुनाई पड़ी। उसने उसके बारे में जेल 'मेट' से पूछताछ की। महिला कैदियों के बारे में उसने ऐसी-ऐसी बातें बताईं कि वह अंदर से हिल गया! उस रात उसे काफी देर तक नींद नहीं आई। भोर में तनिक आँख लगी तो अंबपाली सामने आ गई। कहा—'तुम मुझे जिंदा करना चाहते हो? मेरे बहाने दबी-कुचली भारतीय नारी को विराट् व्यक्तित्व प्रदान करना चाहते हो? तो सुनो आज भी जीती-जागती वैशाली मुर्दा लाश-सी पड़ी है। इसे

कोई बचा नहीं सका। मैंने उसी समय तय किया था इस लाश में जान फूँकूँगी या इसी के साथ जल मरूँगी···।'

उस दिन से वह लिखने लगा और अंबपाली को जिंदा करके ही दम लिया! और लिखते-लिखते एक दिन वह खुद विस्मय में पड़ गया। वह अंबपाली के चरित में रंग भर रहा था कि उसके सामने एक भोली लड़की आ गई—'मधूलिका!' वह मधूलिका का निर्माण करने लगा और एक जगह आकर वह खुद एक चरित बन गई।

अरुणध्वज की मृत्यु के बाद मधूलिका जाने लगी और अंबपाली से बोली—'मैं चली अंबे, मैंने इसकी जिंदगी ढोई, अब तू लाश ढो—जो जिंदगी नहीं ढोता, उसे लाश ढोनी पड़ती है अंबे!'

उसने यह लिखा और खुद विस्मय में पड़ गया! उसे लगा उसका सारा नाटक इस कथन पर चक्कर काटने लगा। तब उसकी कलम से अंबपाली की बोली फूटी—'मधु, आह, तू जान पाती कि मैंने जिंदगी भी लाश की तरह ढोई है!'

अरे, यह क्या! कलाकार क्या यंत्र मात्र होता है—उसकी कलाकृतियाँ उसे जैसा चाहे नचा सकती हैं? नट चला कठपुतलियाँ नचाने, कठपुतलियों ने उसे ही नचा छोड़ा! इस दौरान उसने हर कदम पर एक सवाल का सामना किया—आगे क्या होगा? देश का, समाज का, मानव का?

उसने शब्दों में 'नियति' का लेखा बाँधा। खुद पढ़ा—काँप गया। पाठक बनकर अपने लेखक से पूछा—'मैं, तुम्हारी रचनाओं का पाठक तुमसे पूछना चाहता हूँ—तुम्हारे लेखक होने का उद्देश्य? क्या तुम्हारे लेखन का मकसद यही है?'

उसका लेखक चुप्पी साधकर फिर-फिर लिखने बैठ गया। लिखा और लिखता गया—सिर्फ 'क्या हो रहा है' नहीं, 'क्या होना चाहिए' भी! तब से उसका 'लेखक' तो बेचैन रहा, लेकिन जेल के उसके 'श्रोता-पाठक' शांत रहे और उसे प्रोत्साहित करते रहे कि वह सिर्फ अंबपाली लिखकर चुप नहीं रहे और नाटक लिखता जाए···।

'अंबपाली' लिखते-लिखते उसने नाटक के उद्देश्य की अभिव्यक्ति के बारे में अपनी राय स्थिर कर ली। अनावश्यक रूप से सोद्देश्यता लाना कला की हत्या करना है, किंतु उसे आवश्यकता से अधिक उन्मुक्त विचरण करने देना मानव कर्तव्यों के प्रति उदासीनता दिखाना है। इसी तरह की कुछ अन्य बातें भी तय कीं, जैसे—नाटक का प्राण है उसका कथोपकथन, यदि वह जानदार और जोरदार नहीं रहा तो नाट्यकला संबंधी सावधानियों के बावजूद नाटक फीका रह जाएगा। खुरदरे वाक्य, बोझिल शैली और लंबे-लंबे संलाप कथोपकथन की हत्या कर डालते हैं। उसे सदा इन दुर्गुणों से बचने की कोशिश करनी है। एक उपाय तो यही है कि वह अपने कथोपकथनों में कुछ सूक्तियाँ जरूर डाले। जैसे—अंबपाली के लिए यह सूक्ति सटीक बैठी कि 'कभी-कभी सुंदरतम

वस्तु ही संसार के सर्वनाश का कारण बन जाती है', 'खँडहर बताता है कि इमारत बुलंद रही होगी'। ये सूक्तियाँ अगर कथोपकथन में आ जाएँ तो वे रत्नों की तरह आभूषण की शोभा को और भी चमका देती हैं।

उसके दिमाग में नाटक का एक दृश्य-क्षण उभरा। मगध सम्राट् अजातशत्रु अंबपाली के पास पहुँचा और उसे रिझाने की कोशिश की। तब स्वाभिमानी और आत्म-विश्वास से भरी अंबपाली क्या कहेगी? वह क्षण भर के लिए रुका। दर्शक बना तो देखा, अजातशत्रु से मुखातिब अंबपाली उसकी बोली-बानी में बोल रही है—'अंबपाली प्रशंसा की भूखी नहीं है, मगधपति! और वह प्रशंसा भी वैशाली विजेता के मुँह से? ऐसी प्रशंसा को वह लानत समझती है। घोंसले को उजाड़नेवाले बहेलिए से चिड़िया चुमकार सुनना पसंद नहीं करती।'

ओह! अंबपाली उसे अनायास बता गई, उसे अपनी भाषा की वह अलग शैली नाट्य लेखन में भी कायम रखना है, जिसको वह पत्रकारिता के पेशे से जुड़े अपने फीचर लेखन और शब्दचित्रों में प्रस्तुत कर प्रयोग-सिद्ध बना चुका है। वह शैली कैसी है? छोटे-छोटे वाक्य, चलते-फिरते मुहावरे, साफ-सुथरे शब्द, यहाँ तक कि छोटे-छोटे पैराग्राफ! यही तो उत्तम शैली का उपादान है।

उसने सायास प्रयास आरंभ किया कि अंबपाली की भाषा प्रसाद युग के ऐतिहासिक नाटकों से भिन्न हो। वह लिखते-लिखते अपने लिखे को सुनने की कोशिश करता और महसूस करता कि तत्सम शब्दों के घटाटोप से इतिहास की गूँज पैदा नहीं होती, वह चाहकर भी गूँज पैदा कर नहीं सकता। इसलिए उसने अपनी ऐतिहासिक नाट्य-रचना के लिए भी बोलचाल की तद्भव शब्दावली का धड़ल्ले से प्रयोग शुरू किया। वह पत्रकारिता की स्टोरी, शब्दचित्र, बालकथाओं और सामान्य औपचारिक गद्य तक में ऐंद्रिक भाषा लिखने का अभ्यास कर चुका है, ताकि पाठक की संवेदना को सीधे स्पर्श किया जा सके। अपनी इस 'भाषाभिव्यक्ति' के लिए अपने राजनीतिक व साहित्यिक प्रतिद्वंद्वियों से भी प्रशंसा पा चुका है। तो फिर नाटक के दर्शक के लिए भी ऐसा क्यों न करे?

हाँ, यह सही है कि जेल में वह सिर्फ पढ़ने के लिए लिख रहा है, लेकिन नाटक पढ़ने से ज्यादा देखने की चीज होती है। सो, उसे कोशिश करनी ही होगी कि मंचन को लक्ष्य रखकर नाटक लिखे।

'अंबपाली' नाटक का पहला ड्राफ्ट 1940 में तैयार हुआ, लेकिन उसकी भूमिका लिखी जा सकी 1941 में। भूमिका का शीर्षक 'कलाकार की अंबपाली' दिया। भूमिका के अंत में लिखने के समय और तारीख के लिए लिख दिया—उमड़ते सावन की एक बरसती रात, 1941''', लेकिन कई रातें बीत गईं, गहरी नींद न आई। तब एक दिन 'रात' को काटकर 'अधरतिया' कर दिया। लिखा—'उमड़ते सावन की एक बरसती

अधरतिया'। उस रात ऐसी गहरी नींद आई कि पता ही न चला कि वह जेल में जमीन पर बिछे कंबल पर पड़ा है और रातभर न जाने कितना खून खटमलों के पेट में गया!

इस बीच मुकदमे के सिलसिले में हजारीबाग से छपरा जेल और सीवान जेल होते हुए, जेल से छूटा। जेल से बाहर आया, लेकिन वारंट पर वारंट उसका पीछा करने लगे। जिधर गया, वारंट पीछे लगा। सो, हाजीपुर जेल, मुजफ्फरपुर जेल, सीतामढ़ी जेल से लेकर मधुबनी और दरभंगा जेल तक की यात्रा चली। अंदर-बाहर की इसी यात्रा में अगस्त-क्रांति का मोड़ आया। वह पुनः हजारीबाग सेंट्रल जेल पहुँच गया...। इस बीच जेलों के अंदर और बाहर आजादी के दीवानों के बीच 'अंबपाली' का पाठन-वाचन चलता रहा। कुछ दृश्यों को दुबारा लिखना, कुछ काटना-छाँटना, संशोधन-संपादन भी चलता रहा।

इसी दौरान हजारीबाग जेल में वह 'महापलायन' की उस रोमांचक घटना की पटकथा लिखनेवालों में शामिल हुआ और ऐसे सह-कलाकार की भूमिका भी निभाई, जिसके हीरो थे, उसके अभिन्न मित्र जयप्रकाश नारायण। पहले से तैयार स्क्रिप्ट के अनुरूप जेपी और उनके साथियों के फरार होने के लिए दीवाली की रात जश्न का माहौल रचा और पुलिस को चकमा दिया। जयप्रकाश और उनके साथी जेल से फरार होने में कामयाब हुए और वह इस पलायन में मददगार होने के नाते जेल में और कठोर सजा भुगतने के लिए रह गया! उसे हजारीबाग जेल से हटाकर गरमी में इस्पात कारखाने के 'ब्लास्ट फर्नेस' की तरह दहकती गया जेल में झोंक दिया गया। जब वहाँ देह के साथ दिल-दिमाग भी झुलसने लगा—वह मरणासन्न हुआ तो ब्रिटिश हुकूमत ने डर के मारे ट्रांसफर कर उसे पुनः हजारीबाग जेल भेज दिया। तीन साल की नजरबंदी के बाद जेल से छूटा तो भिक्षुणी बनकर बुद्ध के शरण में पहुँची 'अंबपाली' मुक्त होकर साथ निकली।

नाटक को पुस्तकाकार छापने की बात चली, लेकिन पुस्तक छपते-छपते देश में आजादी का जश्न मनाया जाने लगा। उसने भूमिका का शीर्षक बदलकर किया—'मेरी अंबपाली'। आजादी की नई यात्रा के लिए देश 14 अगस्त की आधी रात को जगा और उसने भाषा को और भी ऐंद्रिक बनाते हुए भूमिका के अंत में लिखने के समय और तारीख के लिए पहले जो लिखा था, वही रहने दिया—'उमड़ते सावन की एक बरसती अधरतिया'।

वैसे, जेल से छूटने के बाद 1946 में जयप्रकाश नारायण के साथ वह बंबई गया था और उनके कलाकार मित्र पृथ्वीराज कपूर से भेंट की! पृथ्वीराज के घर पर उसने 'अंबपाली' नाटक सुनाया! नाटक के प्रथम अंश से ही पृथ्वीराज ऐसे प्रभावित हुए कि लगातार तीन दिन में पूरा नाटक सुन गए। उसी समय उसने पहले-पहल पृथ्वीराज कपूर की 'दीवार' देखी—उसके बैठने के लिए पृथ्वीराजजी ने खास प्रबंध किया और नाटक के बाद उन्होंने रामवृक्ष बेनीपुरी की उपस्थिति का उल्लेख करते हुए दर्शकों से कहा—"हिंदी के नाटककार उत्तमोत्तम नाटक दें, तो और भी कमाल किया जा सकता

है।'' उन्होंने भविष्य में खेले जानेवाले नाटकों की सूची में अंबपाली को शामिल कर तय किया कि वह इसे भी अपने मंच पर उतारेंगे। बंबई से लौटने के बाद 'अंबपाली' पुस्तक छपी। उसने 'अंबपाली' को उन्हें समर्पित करते हुए पुस्तक के प्रथम पेज पर लिखा—भारतीय नटराज भाई पृथ्वीराज कपूर और उनकी अन्यतम कलाकृति 'पृथ्वी थिएटर्स' को सप्रेम!—श्रीरामवृक्ष बेनीपुरी।

आजादी के जश्न के माहौल में 'अंबपाली' पुस्तक की अंबपाली, गाँव की शर्मीली किशोरी से राजनर्तकी बनी अंबपाली, बुद्ध के रू-ब-रू खड़ी होकर उनसे संवाद करनेवाली अंबपाली और अंत में राष्ट्रीय संकट के समय युद्धवेश धारण करनेवाली अंबपाली का यह डायलॉग हजारों पाठकों की जुबानी पूरे देश में गूँज उठा—''आज जीती-जागती वैशाली मुर्दा लाश-सी पड़ी है। इसे कोई बचा नहीं सका। अंबपाली ने तय किया है कि वह इस लाश में जान फूँकेगी या इसी के साथ जल मरेगी।'' गणतंत्र की आदिभूमि के रूप में विख्यात वैशाली की नागरिक अंबपाली का यह डायलॉग स्वतंत्र भारत के जिम्मेदार नागरिक तैयार करने का सबसे मुखर 'मैसेज' बना।

सपने, कल्पना, यादें

वह नींद में सपने देखता है। कभी-कभी ऐसे सपने देखता है, जो उसने पहले भी देखे थे। महसूस होता है, वह पूरी तरह जगता है तो उन पुराने सपनों की सच्ची यादों की धुंध में लिपटे नए सपने उजाले में भी अच्छी तरह याद हैं। क्या अनुभव उन सपनों का आधार बनते हैं? अनुभवों की याद अस्पष्ट लेकिन सपने स्पष्ट? यह कैसा आश्चर्य! और कल्पना? क्या यादों और सपनों का संगम स्थल होती है कल्पना?

सपने स्पष्ट होते हैं, क्योंकि वे काल की सीमाओं से स्वतंत्र हैं। आपकी इच्छा या आदेश के बिना ही आते-जाते हैं—जैसे आपका कोई सेवक आपके कमरे में बिना आपकी इजाजत, दस्तक दिए बिना, आता है और चला जाता है, कभी भी, किसी भी वक्त। आपके कमरे में आकर चुपचाप अपना काम कर जाता है। आप खुद को कोई काम करते देखते होते हैं, उसे देखते हैं, उसे देखते-देखते अपना काम करते रहते हैं। आप गीत लिखते रहते हैं और सुनते हैं कि वह कुछ गुनगुनाता आ रहा है। जो आप लिख रहे हैं, उसको काटने-पीटने जैसा गीत गुनगुना रहा है, लेकिन आप डिस्टर्ब महसूस नहीं करते! वह आपकी मेज पर एक कप चाय रखकर—अपना कुछ और काम कर—आपको लिखने से रोके बिना चला जाता है! आप चाय की चुस्की लेते हुए उसे दरवाजे से बाहर निकलते-जाते हुए देखते हैं और लौटकर आपकी नजर कॉपी पर टिकती है—कॉपी में गीत दर्ज है—पूरा गीत! सही मात्राओं का छंदबद्ध गीत। अर्थ स्पष्ट है। निखार के लिए सिर्फ अंतिम स्पर्श देना है! आपको अच्छा लगता है, लेकिन आपकी नजर तो

कब से दरवाजे पर लगी थी—अनजाने में आप सेवक के आने का इंतजार कर रहे थे, मानो उसके हाथ की एक कप चाय पीए बिना आपका गीत निखरेगा नहीं!

वह लिखता है, पढ़ता है। वह अपने लेखन के लिए दूसरों की लेखनी पढ़ता है। वह दूसरों को पढ़े बिना भी लिखता है। वह उसी विषय पर लिखने की कोशिश करता है, जिसे दूसरों ने लिखा; लेकिन वही नहीं लिखता जो दूसरों ने लिखा। तथ्य वही लेकिन सत्य अलग! शब्द वही लेकिन अर्थ अलग! जैसे चित्रकार का चित्र—वही कूँची, वही रंग, लेकिन दृश्य उस तसवीर की अनुकृति नहीं, जो उसने देखा है या पढ़ा है! वह उसकी कृति है—उसकी अपनी कृति है!

कई पाठक और मित्र कहते हैं—कमाल है! यह तुम्हारी मौलिक कृति है। वह खुश होता है कि उसने नई रचना की। दूसरों की रचना से अलग! लेकिन वह इस वास्तविकता को जानता है कि समय के स्पेस को पहचानने के लिए काल-गणना के पल, क्षण, माह, वर्ष, संवत्सर के जो चौखट मनुष्य ने बनाए, उसमें इतिहास के नाम पर चलती-फिरती जो तसवीर दुनिया के रूप में नजर आती है, उसमें न फ्रेम स्थिर है और न तसवीर। इसलिए वह जो कुछ करता है, जो कुछ बनाता है—कोई भी काम, कोई भी चीज, उसी से शुरू और उसी से पूर्ण नहीं होता! वह जानता है, लेकिन उसके काम की परिणति-परिणाम को देख दूसरे कहते हैं—यह बिल्कुल नई चीज है।

हाँ, उसने जल्द ही जान लिया था कि पत्रकार बनने के लिए सिर्फ गति में रहने से काम नहीं चलने वाला। गति को जीना होगा। गति को जीने का मतलब है, हृदय और मस्तिष्क, दोनों का एक साथ एक गति में होना। हृदय और मस्तिष्क एक साथ समान गति में हों, तो लगेगा—दोनों स्थिर हैं—समानांतर पटरियों पर तेज, लेकिन एक ही रफ्तार से दौड़ती दो रेलगाड़ियों की तरह। खुद दौड़ रहे हैं, लेकिन स्थिर दिखते हैं, और बाहर जो चीजें स्थिर हैं, वे पीछे चलती दिखती हैं—भ्रम की वास्तविकता और वास्तविकता का भ्रम! तभी दिल-दिमाग के इस खेल को दर्शक-दीर्घा में बैठे दर्शक की तरह देखना और शब्दों में उतारना आसानी से संभव होता है!

नए लेखकों से

वह नए लेखकों को अलग-अलग जवाब देते-देते एक दिन अपने अनुभवों के आलोक में विस्तार से लिखने बैठ गया—

''नए लेखकों को खुद को गुरु बनाना होगा। इसके लिए सबसे पहले कुछ बुनियादी बातों को जानना-समझना होगा। यह जानना-समझना किसी भी काल में खुद के प्रयास से ही संभव होता रहा है। इसके लिए किसी को गुरु बनाने या गुरु-दक्षिणा देने की जरूरत नहीं।

''सबसे पहले यह समझ बनानी होगी कि लुहार और लेखक, पत्रकार और दर्जी में फर्क नहीं।

''नए लेखकों को जानना चाहिए कि लेखक कोई 'किंरूप किंमाकार' जीव नहीं होता। दिक्कत तब होती है, जब ज्यों ही कोई नौजवान दो-चार पंक्तियाँ जोड़ लेता है, वह समझता है कि वह कोई अलौकिक कर्म कर रहा है। वह अपने को अपने साथियों से पृथक् समझने लगता है। यदि उसकी कोई चीज किसी पत्र-पत्रिका में छप गई, तो फिर क्या कहना ? उसके पैर जमीन पर पड़ते ही नहीं।

''और, नहीं छपी तो ? वह समझता है, दुनिया मूर्ख है, संपादक द्वेषी है कि उसकी कद्र अभी नहीं हो पा रही। यह धारणा नए लेखक के लिए परम घातक है, इसलिए बिल्कुल व्यर्थ है।

''जिस तरह दुनिया के अन्य कर्म हैं और उनमें किसी कर्म के प्रति किसी का झुकाव अधिक होता है, लेखन-कला भी उन्हीं कर्मों में से एक है। लुहार, बढ़ई, सुनार, दर्जी, कवि, कथाकार, आलोचक, लेखक (पत्रकार)—इनमें कोई फर्क नहीं है। न कर्म की दृष्टि से और न आजीविका की दृष्टि से।

''एक निश्चित संस्कार या वातावरण किसी को लेखक बनाता है, तो किसी को दर्जी और मानव-विकास के लिए दोनों ही कर्म जरूरी हैं। यदि कविता नहीं हो तो दुनिया कितनी सूखी लगे ? बात ठीक है, किंतु यदि दर्जी न हो, तो आदमी कितना भद्दा लगे, क्या यह कभी सोचा है ?

''और यह भी याद रखो, यह दुनिया बड़ी प्रपंची है। यह उपयोगिता की दृष्टि से ही कदर करती है। यह दर्जी खोजती फिरती है, और कवि को नहीं पूछती, तो कवि को सोचना पड़ेगा न कि उसके कर्म-कौशल में कहीं कोई कमी जरूर है। दुनिया अच्छे दर्जी की तरह अच्छे कवि-लेखक को भी खोजती है, उसकी कद्र करती है, सिर-आँखों पर बिठाती है, पत्र-पुष्प अर्पित करने में भी नहीं हिचकती, लेकिन आप यह जान तो लो कि जिस तरह बुरे दर्जियों ने दर्जी के पेशे को बदनाम कर रखा है, उसी तरह बरसाती घास की तरह हाट-बाट में जहाँ-तहाँ उगे किंरूप किंमाकार पत्रकार, लेखकों और कवियों ने लेखन-कला की महिमा घटा दी है।

''यदि आपमें लेखन-कला की ओर प्रवृत्ति है, तो यह कोई बुरी बात नहीं। समाज में आपकी भी आवश्यकता है और ज्यों-ज्यों निरक्षरता दूर होती जाएगी, शिक्षा का विस्तार बढ़ता जाएगा, आपकी कद्र कढ़ती जाएगी। किंतु यह कद्र तभी मिलेगी, जब आप अपने को समाज का एक साधारण, किंतु आवश्यक अंग समझो। यदि आप पुच्छल तारा बनकर आकाश में थोड़ी देर तक जगमगाने की आकांक्षा रखते हो, तो फिर इस पृथ्वी के प्राणी को मत कोसो, कि 'गुन न हिरानो, गुनगाहक हिरानो है।'

''पहले अपने में गुण पैदा करो, ग्राहक आपको खोज ही लेंगे। जहाँ मधु होगा, भौंरा जाएगा ही। कहने का मतलब यह कि सभी पेशों की तरह लेखन-कला भी अभ्यास खोजती है। बढ़ई अपने सभी औजारों को अच्छी तरह चलाना सीखता है। यही नहीं, सभी प्रकार की लकड़ियों को भी पहचानता है और, वह यह भी जानता है कि किस लकड़ी से कौन-सी वस्तु अच्छी बन सकती है। पेरिस के दर्जी सिर्फ कपड़ों की अच्छी सिलाई-कटाई ही नहीं करते, वे यह भी जानते हैं कि जिस्म के किस रंग पर किस रंग की पोशाक चाहिए; और शरीर के गठन के अनुसार ही पोशाक के आकार-प्रकार का चुनाव कर देते हैं। लेखन-कला को भी इसी तरह का अभ्यास और गहरी जानकारी की आवश्यकता है।

''लेकिन यहाँ बिना छंदशास्त्र के ज्ञान के कविता रची जाती है, बिना संगीत के ज्ञान के गीत रचे जाते हैं, बिना व्याकरण जाने लेख लिखे जाते हैं, बिना सींग-पूँछ के, कहानी की क्या बात, बड़े-बड़े उपन्यास तक लिख दिए जाते हैं। पत्र-पत्रिकाओं और संपादकों के पास नए लेखकों की जो रचनाएँ आती हैं, उनमें प्राय: ही ऐसी बात पाई जाती है। सो, स्वभावत: संपादक उन्हें रद्दी की टोकरी में डाल देते हैं।

''हो सकता है कि उनमें कुछ ऐसे संपादक हों, जिन्हें ऐसा करते हुए दु:ख होता हो। ऐसे संपादक नए लेखक से अभ्यास की बात कहते हैं। तब प्राय: देखते हैं कि उनका चेहरा उतर जाता है। वे समझते हैं कि संपादक उन पर धौंस जमाना चाहता है। किसी दूसरे पेशे को अपनाना चाहते ही वे उसका अभ्यास करना आवश्यक समझते हैं, लेकिन लेखन-कला में 'काते और ले दौड़े' की कहावत चरितार्थ करना पसंद करते हैं। कभी-कभी संपादकों को टूटी-फूटी रचनाओं में भी प्रतिभा की ऐसी झलक मिलती है कि संपादक उन्हें प्रोत्साहित करना आवश्यक समझते हैं, और नए लेखकों की चीजें छाप देते हैं। इसका परिणाम यह होता है कि 'एक तितलौकी, दूसरे नीमचढ़ी' की कहावत सोलह आने सार्थक हो जाती है। वे तब दूसरे पर भी धौंस जमाना शुरू कर देते हैं, लेकिन यह धौंस कब तक काम दे? उनका विकास रुक जाता है, कली फूटने के पहले ही कुम्हलाकर झड़ जाती है। इसलिए नए लेखकों के लिए एक ही उद्देश्य होना चाहिए—अभ्यास, अभ्यास, सतत अभ्यास।

''हाँ, आजाद देश में नए लेखकों में एक बीमारी के बुरी तरह घर करने का खतरा बढ़ गया है। वह बीमारी है, सिफारिश की। साहित्य में भूमिका लिखवाने के रूप में यह बीमारी प्रकट होने लगी है। एक बार किसी नए लेखक ने बर्नार्ड शॉ से अपनी नाट्यकृति पर भूमिका लिख देने की प्रार्थना की। उन्होंने साफ इनकार कर दिया—नहीं-नहीं, मैं ऐसा नहीं करूँगा। तुम्हें तो उसी अग्निपरीक्षा से गुजरना चाहिए, जिसमें मैंने अपने को इतना तपाया था! किंतु हिंदी में शॉ ऐसे अगड़धत्त, फक्कड़ लोगों की कमी है। एक बार, दो बार इनकार किया, फिर मुरव्वत या दबाव में आ गए, दो-चार पंक्तियाँ लिख दीं और

जब लिखना है, तो प्रशंसा छोड़कर और क्या लिखा जाए? इस भूमिका लेखन-क्रिया ने हमारे नए लेखकों को बहुत बरबाद किया है।

''पहले भूमिका लिखी ही नहीं जाती थी। फिर ऐसा युग आया कि लेखकों ने स्वयं भूमिका लिख ली। संभव हुआ तो किसी खास विषय की किसी खास पुस्तक पर उस विषय के विशेषज्ञ से भूमिका लिखवाई गई, किंतु अब जो भूमिकाएँ लिखी जाती हैं, वे भूमिका नहीं, सिफारिशी चिट्ठियाँ होती हैं। जिंदगी के लंबे दौर में सिफारिशी चिट्ठियाँ काम नहीं आतीं। आदमी बढ़ता है अपनी प्रतिभा से, परिश्रम से, उद्योग से।

''आपमें कुछ चीज है, तो वह प्रकट होगी ही। हो सकता है कि स्वयं प्रयास के कारण वह देर से प्रकट हो, किंतु तब उसमें बाँध में घिरे पानी जैसा वह जोर होगा कि ज्यों ही जरा सुराग पाई, उसके प्रवाह को कोई रोक नहीं सकता! संसार में बड़े-बड़े साहित्य-महारथियों में से एक भी ऐसा नहीं है, जिसे किसी दूसरे ने बढ़ाया हो। यदि प्रारंभ में किसी का वरदहस्त मिल भी गया हो, तो भी वह बढ़ा है अपने करतबों से। इस वरदहस्त की मृगतृष्णा में दौड़ने से बहुतों ने अपना भी खो दिया है।

''इसलिए नए लेखक, अपने पैर पर खड़े होइए—धक्के खाइए, धूल फाँकिए। ये धक्के आपके पैर में ताकत देंगे। यह धूल आपके मस्तक पर विजय-तिलक बन जाएगी।''

पत्रकार : सच्चा दुर्जन

एक दिन संत विनोबाजी के प्राइवेट सेक्रेटरी का तार आया। संतजी बिहार के साहित्यिकों से मिलना चाहते थे! वह खुश हुआ—चलो, कम-से-कम संत तो उसे साहित्यिक समझते हैं।

वह 'स्वतंत्र' पत्रकार हो गया था। वह पत्रकार बनकर ही राजनीति के गलियारों में पहुँचा था। पत्रकार बनकर ही साहित्य के बाजार में भी घूमा किया। दोनों जगह उसका स्वागत तो हुआ, लेकिन हर जगह उसने महसूस किया—अरे, यहाँ तो सिर्फ गुलामी बरतने की आजादी है!

साहित्य के बाजार में राजनीति का व्यवसाय करनेवाले खुद को कहते हैं, साहित्यकार और उसे कहते हैं—राजनीतिज्ञ और जो शुद्ध राजनीतिबाज हैं, वे उसे अपने खेमे में टहलते देखकर चौंकते हैं—अरे, साहित्य में कलाबाजी करनेवाला यहाँ कैसे आ गया? खैर!

वह संत के यहाँ गया। उसे दुःख हुआ कि उसके साथी पत्रकार-साहित्यकारों में बहुत कम लोग गए। संत की सभा में शैतान भी कम! हमारे ये साहित्यिक बंधु कैसे जीव हैं? सामाजिक कार्यों में इनकी कोई दिलचस्पी नहीं? संत से मिलें, यह उत्कंठा तो दूर रही, बुलाने पर भी नहीं जाते। हाँ, कवि-सम्मेलनों के नाम पर किसी ने दस-पाँच रुपए थमा दिए, तो दौड़े-दौड़े जा पहुँचते हैं!

उस दिन 11:00 बजे उनसे मिलने गया। संत लगभग आधे घंटे तक अपनी बात कहते रहे—आप तो भ्रमर हैं। जहाँ सुगंध होगी, वहाँ बिना बुलाए पहुँच जाएँगे। मैं जो काम कर रहा हूँ, लगता है, उसमें वह सुगंध अब तक नहीं आई कि आप पहुँच सकें।

फिर उन्होंने कहा—अपने प्रति, अपनी रचना के प्रति ईमानदार बनिए। यदि आप में दुर्जनता है, तो उसे छिपाइए मत। उसे सच्चे रूप में आने दें। आपका, मेरी दृष्टि में तो संसार का, जो सबसे बड़ा कवि-बंधु था, उससे बढ़कर दुर्जन कौन रहा? मेरा मतलब वाल्मीकि से है। किंतु चूँकि वह सच्चा दुर्जन था, इसलिए वह सबसे बड़ा सज्जन और सबसे बड़ा कवि बन सका।...वाणी द्वारा ही भीतर और बाहर का मिलन होता है। वाणी ही अंतर्जगत् का बहिर्जगत् से समागम कराती है। आप उसी वाणी के वर-पुत्र हैं, इसलिए नमस्य हैं। आपकी वाणी का वरदान...इस यज्ञ को भी प्राप्त हो, यही मेरी कामना है। किंतु यह वरदान तभी आप दें, जब वह हृदय से निकले। हृदय में स्फुरण नहीं हो, तब भी आप कुछ कहेंगे, वह फलदायी नहीं होगा। हृदय से निकली वाणी ही हृदय को स्पर्श करती है।

संध्या के 7:00 बजे फिर उनसे मिला। अपने साथियों की तरफ से उसने ही निवेदन किया—हम भौंरे हैं। जहाँ पुष्प होगा, सुगंध होगी, हम वहाँ पहुँच ही जाएँगे, ऐसा आपने कहा! किंतु काश, हम भौंरे ही होते, जो स्वतःप्रवृत्ति से ही काम करता है। हम मानव हैं, हम सोचते-विचारते भी हैं, हमें मान-अपमान का भी बोध होता है। अतः हममें ऐसे भौंरे भी हैं, जो लाख सौंदर्य और सुगंध होने पर भी अनामंत्रित किसी फूल के निकट जाने से हिचकें।

फिर तत्काल उसने ऐसी बात बताई, जिसे सुनकर संत भी चकित हुए—यह हिंदी-भाषी क्षेत्र है। विचित्र है इसकी फितरत। इसने अहिंसा के पुजारियों का वरण किया, लेकिन झिझक के मारे अलग-थलग पड़ा हुआ है। यहाँ की आम धारणा है कि गांधीवाद और कला एक-दूसरे के विरोधी हैं।...यह तो दिखता था कि गांधी की वेशभूषा, रहन-सहन सबसे कला टपकती थी; किंतु गांधीवादियों को देखिए! रूखे-सूखे चेहरे, अटपटी भद्दी पोशाक, ऊटपटाँग व्यवहार...।...हमें तो भाईजी...यह सब उनसे हटकर ही रहने को प्रेरित करता है।

इस पर संत हँसे। दिल खोलकर हँसे।

उनको हँसते देख उसने झट जोड़ दिया—"मुझे यह देखकर प्रसन्नता हुई कि आज बातचीत करते समय आप चार बार हँसे। दिल खोलकर हँसे। मैं कहूँगा, यही हँसी, थोड़ी मात्रा में ही सही, अपने गांधीवादी बंधुओं में भी दीजिए, ताकि हम उनके निकट पहुँचने की कभी-कभी धृष्टता कर सकें!"

इस पर संतजी खूब हँसे। तब उसने निवेदन किया—"आप जहाँ-जहाँ जाएँ, वहाँ हमारे गोत्र के लोगों को यों ही बुलाया कीजिए।"

संत ने हामी भरी। वह और उसके साथ गए चंद मित्र गद्गद हुए।

उनको विदा करते हुए संत ने कहा—"...किंतु मैं निवेदन करूँगा, देश में एक महान् क्रांति हो रही है, आप उसे देखें। आपको गणित से प्रेम नहीं, मैं भी सफलता की माप गणित के अंकों से नहीं करता। इसका उतना महत्त्व नहीं कि मुझे कितने लाख एकड़ जमीन मिली, किंतु इसके द्वारा लोगों को एक जो नया दृष्टिकोण मिल रहा है, उसी का महत्त्व है। रामचरण नामक एक अंधा रातोरात बैलगाड़ी पर आकर अपना कुल जमा पाँच एकड़ दे जाता है, तो मैं समझता हूँ, इस आंदोलन ने लोगों के हृदय को जगाया है।"

साहित्यकार की क्राइम रिपोर्टिंग

एक दिन सूचना मिली (11 मई, 1950) कि किसी ने प्रसिद्ध कलाकार देवदत्त की हत्या कर दी। वह उसकी रिपोर्टिंग करने निकल पड़ा—बिल्कुल अलग तरह की क्राइम रिपोर्टिंग! वह भी एक साहित्यिक पत्रिका के लिए। जैसे कोई पत्रकार साहित्य के थाने में हत्या के मामले का एफ.आई.आर. दर्ज करवा रहा है!

"कहा जाता है, यह हत्या एक अवैध प्रेम-संबंध के कारण हुई है। आततायियों ने कल रात को ही उसकी हत्या कर कुएँ में लाश डाल दी। शरीर पर छुरे के घाव थे; उसकी लाश के साथ ही उसकी साइकिल को भी कुएँ में डाल दिया था।"

देवदत्त अभी बिल्कुल नौजवान था। यों तो वह चित्रकार था; किंतु उसकी प्रसिद्धि थी बाँसुरी बजाने के कारण। गजब का बजाता था। कृष्ण की बाँसुरी की मोहकता की एक झलक मिल जाती थी। बड़ा की नेक स्वभाव। हँसमुख, मिलनसार। प्रेम से जब जहाँ बुलाओ, हाजिर! ऐसे आदमी की हत्या और अवैध प्रेम के कारण!

कलाकारों के साथ प्रेम का यह व्यापार बहुत दिनों से चला आता है। कलाकार भावुक होता है। वह भावुकता फिसलानेवाली होती है। सौंदर्य में अद्भुत आकर्षण होता है। कलाकार के पैर सौंदर्य की फिसलन भरी जमीन पर डगमगा जाते हैं; वह औंधे मुँह गिर पड़ता है! वह मटियामेट हो जाता है, संसार के मुँह से एक हल्की सी आह निकलती है—फिर सब शांत!

किंतु क्या कलाकार के लिए उचित है कि जान-बूझकर खड्ढे में गिरे? जिसके गले में, जिह्वा पर, उँगली में प्रकृति ने खूबी दी—ऐसी खूबी, जो संसार को मुग्ध कर दे—क्या उसके लिए उचित है कि प्रकृति की इस परम देन का दुरुपयोग करे? यहाँ पृथ्वीराज से हुई एक बात की याद आ रही है। मैं बंबई गया था। उन्होंने सिगरेट पेश की; मैंने कहा—"क्या आप नहीं पीते?" वह बोले—"पीता था, लेकिन एक दिन एक साथी ने कहा—'पृथ्वी, तुम्हारी आवाज भर्रा रही है।' बस, उसी दिन से सिगरेट छोड़ दी। सोचा, यह गला मेरा नहीं, राष्ट्र का है। मैं उसे क्यों बरबाद करूँ?" फिर उन्होंने बताया कि अपने शरीर के सौंदर्य

की रक्षा के लिए वह किस तरह सचेष्ट रहते हैं। कलाकार को अपनी कला के प्रति यही रुख तो रखना चाहिए। प्रकृति की देन को हमें बरबाद करने का क्या हक?

देवदत्त बिहार की एक विभूति था। उसे अनुभव करना चाहिए था कि वह एक व्यक्ति मात्र नहीं। सदियों की साधना की परिणति कलाकार के रूप में साकार होती है। हमें अपने को, अपने महत्त्व को, अपने गौरव को समझना चाहिए।

यहाँ अपनी बात याद आती है! सिर्फ एक बात, कुछ दिनों के लिए—शायद दो-तीन सप्ताह के लिए—मुझ पर प्रेम का यह भूत सवार हुआ था। बस, मैं चेत गया। तब से अपने को स्त्रियों से दूर-दूर रखा। सारे प्रेम को अपनी रानी में केंद्रित कर दिया। यह दावा कर सकता हूँ कि कभी किसी स्त्री पर बुरी निगाह नहीं डाली। जहाँ फिसलन का मौका देखा, दूर ही रहा। कभी किसी वेश्या के आमने-सामने बैठकर गाना तक नहीं सुनने गया। इसमें थोड़ा संयम चाहिए! कलाकार को लोग मोम का पुतला समझते हैं—थोड़ी आँच पर भी पिघल जाए। यह कलाकार जीवन का कलंक है। इसे धो देना चाहिए। भावुकता कोमलता में ही केंद्रित क्यों हो—कठोरता में क्यों नहीं परिणत की जाए? खासकर जहाँ गिरने, बिगड़ने, बरबाद होने की बात हो।

बार-बार देवदत्त की याद आ रही है। अब उसकी बाँसुरी की कोमल शक्ति नहीं सुन सकूँगा—यह कल्पना ही कँपा डालती है! आह! जीवन कितना क्षणिक है!

पुनश्चः—अभी एक आदमी ने बताया, देवदत्त की हत्या छुरे से नहीं की गई। गला घोंट दिया गया था और सिर को कुचल डाला गया था। नाक और मुँह से खून का प्रवाह चिता पर जलाए जाने के वक्त भी जारी था। जेब में रुपए थे; हाथ में घड़ी थी, कान में सोने की लवंग। घड़ी बंद हुई 3 बजकर 15 मिनट पर। एक आदमी से वह 12:00 बजे रात तक बातें करता रहा। यह हत्या 12:00 और 3:00 बजे के बीच हुई। भला, जिसकी साँसें निर्जीव बाँस के टुकड़े में जान डाल देती थीं, दुष्टों ने किस तरह उसकी साँस गला घोंटकर सदा के लिए बंद कर दी?

जाओ, साथी, जाओ। जाओ उस लोक में, जहाँ किन्नरियाँ तुम्हारे लिए स्वागत-गान गा रही होंगी और अप्सराओं की आकुल बाँहें तुम्हारी गरदन से लिपटने की व्यग्र प्रतीक्षा कर रही होंगी। जाओ उस लोक में जहाँ सौंदर्य है, संगीत है, सुगंध है और जहाँ प्रेम के साथ पाप नहीं जुड़ा है और न जहाँ मानव ऐसा हत्यारा जंतु है।

कुमारी-संभाषण

उसने पहली बार (मई 1957) विधानसभा के सदस्य की हैसियत से प्रवेश किया।

भीतर प्रवेश किया तो थोड़ा आत्मसंतोष हुआ। नया वातावरण, नए-नए चेहरे, नए-नए कायदे, शिष्टाचार के नए-नए ढंग। एक कुतूहलजनक आनंद का अनुभव किया।

लेकिन शपथ ग्रहण का कार्य आरंभ होते ही विधानसभा की कल्पना चूर होने लगी। सदन में ऐसे सदस्य और सदस्याएँ हैं, जिनके लिए चार पंक्तियों की शपथ पढ़ना भी मुश्किल है। माना देश में अनपढ़ लोगों की संख्या बड़ी है और उनका 'सच्चा' प्रतिनिधित्व भी होना चाहिए, लेकिन उन्हें जिन कर्तव्यों का पालन करना है, क्या वे कर सकेंगे?

शपथ की भाषा भी विचित्र! 'प्रतिज्ञान' और 'निर्वहन' का अर्थ क्या प्रति+ज्ञान, यानी ज्ञान का प्रतिलोम नहीं समझा जा सकता? 'वहन' के पीछे का 'निः' निषेधात्मक रूप में नहीं लिया जा सकता? लेकिन रघुवीरी शब्दकोश को मानने का फल और क्या हो सकता है?

विधानसभा के सदन की शान-शौकत का क्या कहना? शीत-ताप-नियंत्रित सदन! मखमली आसन! सदस्यों के लिए सभी सुविधाएँ! यदि इसमें बैठकर बाहर की लूट-झपट को लोग भूल जाएँ, तो आश्चर्य क्या? और यदि इसमें फिर आने के लिए लोग दिल्ली, पटना एक करें, बेहिसाब खर्च करें, वोट खरीदें, बोगस चलाएँ तो उन्हें कौन दोष दे?

पाँच दिन तक वह देखता रह गया! उसके साथी उछल-कूद मचाने लगे हैं! संख्या में सबसे बड़ी उसकी ही पार्टी—प्रजा सोशलिस्ट पार्टी। फिर झारखंड, तब जनता! इस बार कम्युनिस्ट पार्टी के लोग भी चुने गए! स्वतंत्रों की संख्या बहुत कम। बेचारे लोहिया के एक ही प्रतिनिधि आए। सब समाजवादियों-वामपंथियों ने कितना जोर लगाया, लेकिन कांग्रेस की संख्या लगभग दूनी रही!

कांग्रेस की विजय का रहस्य! उनके पास पैसे हैं, संगठन है, तिकड़म है। सबसे बढ़कर इतने लोग खड़े हो जाते हैं कि विरोधी वोट अनायास ही बँट जाते हैं और वे कम वोट पाकर भी जीत जाते हैं। रामवृक्ष के क्षेत्र में भी तो ऐसा ही हुआ। तीन स्वतंत्र खड़े थे, तीनों की जमानत जब्त हुई, किंतु 11 हजार वोट उन्होंने बरबाद किए ही! कांग्रेस ने इस बार स्त्रियों को अधिक टिकट दिए औरतों में सिर्फ एक-दो ही हारीं, सबकी सब जीत गईं। उनमें कई विदुषी भी हैं। कुछ गृहिणी और कुछ तिलली भी ठीक है, जैसा समाज वैसे ही तो प्रतिनिधि होंगे।

सातवें दिन उसने भाषण दिया—पहला भाषण—अंग्रेजी में। इसे कहा जाता है मैडन स्पीच। उसका उसने रघुवीरी हिंदी में अनुवाद किया—कुमारी-संभाषण!

अपने भाषण के अंत में धन्यवाद देते हुए इस शब्द का प्रयोग किया! लोग खूब हँसे। अखबारों में भी चर्चा हुई। उसने राज्यपाल के भाषण पर संशोधन पेश करते हुए अपना पहला भाषण दिया। ऐक्ट बन चुका है कि 29 नवंबर, 1957 तक सारे राजकाज हिंदी में होंगे। सातवाँ वर्ष बीत रहा है, किंतु आज भी अंग्रेजी की भरमार है। सरकार सांस्कृतिक जागरण के प्रति उदासीन है। शिक्षा का स्तर नीचे जा रहा है। निरक्षरता दूर

करने की गति ऐसी है कि यही रफ्तार रही, तो 115 वर्ष में बच्चे शिक्षित होंगे—बड़े-बूढ़ों को तो निरक्षर रूप में ही मरना है। पाठ्य-पुस्तकों में धाँधली है।

पहले ही भाषण में कांग्रेस की ओर से खूब शोर-गुल हुआ! खासकर इसलिए कि जब हिंदी पर बोला, तो बताया कि किस प्रकार हिंदी-भाषी ही हिंदी की उपेक्षा करते हैं। प्रमाणस्वरूप, अहिंदीभाषी सदस्यों के व्याख्यान की तारीफ करते हुए कहा—हिंदीभाषी मिनिस्टर ही हिंदी की टाँग तोड़ते हैं। एक मिनिस्टर के भाषण में 'जीवन', 'उद्देश्य' आदि शब्द स्त्रीलिंग बन जाते हैं और 'संस्कार', 'उपयोगिता' आदि शब्द पुल्लिंग! इस पर एक मिनिस्टर तमककर उठे! कुछ सदस्यों ने कहा—अच्छा किया! कुछ ने कहा—पहले भाषण में यह अच्छा नहीं! उसने देखा, उसके पहले भाषण का असर! कुछ लोगों ने खामख्वाह अंग्रेजी में बोलना शुरू कर दिया। एक मंत्री और एक भूतपूर्व मंत्री अंग्रेजी में बोले! भाषण के अंत में उसने कहा—इस 'कुमारी-संभाषण' के बाद मैं फिर 57 साल का बूढ़ा हो रहा हूँ। पहले दिन कुछ भूल-भ्रांति हो गई है। अब से एक बुजुर्ग सदस्य की तरह विधानसभा में रहने-सहने की कोशिश करूँगा। हाँ, इतनी बुजुर्गी नहीं कि जिंदादिली ही खत्म हो जाए।

अखबारों में उनके भाषण का प्रायः स्वागत ही किया गया। प्रथम भाषण ने अच्छा प्रभाव डाला। उसकी भाषा और उच्चारण अच्छे थे, उसने विधानसभा में एक नई बात जोड़ी, उसे राजनीतिक और आर्थिक प्रश्नों में ही उलझे रहने से हटाकर सांस्कृतिक और साहित्यिक धरातल पर पहुँचा दिया—आदि टिप्पणियाँ की गईं। अधिकांश पत्रों ने प्रथम पृष्ठ पर ही उसका भाषण छापा। एक विचित्रता रही, 'इंडियन नेशन' और 'आर्यावर्त' की अपेक्षा 'सर्चलाइट' और 'प्रदीप' ने अधिक जगह दी, अच्छे ढंग से छापा! 'नवराष्ट्र' ने यों ही दो चार पंक्तियाँ दे दीं। 'राष्ट्रवाणी' ने चार कॉलम की हेडिंग देकर उसे प्रथम पृष्ठ पर छापा। सबसे कमाल किया 'अमृतबाजार पत्रिका' ने। उसके संवाददाता ने उसका पूरा भाषण तार से कलकत्ता भेजा और पटना के अखबारों के साथ ही उसे डबल कॉलम हेडिंग के साथ अंतिम पृष्ठ के प्रथम स्थान पर वह छापा!

विधानसभा में उनका दूसरा भाषण हुआ। उसने कुछ ऊँचे स्तर पर बातें रखीं? बजट क्या है? क्या आँकड़ों का समूह? नहीं, समाज का दर्पण—आनेवाले समाज का, आज के समाज का और पिछले कल के समाज का भी। आपको कैसा समाज बनाना था? गांधीजी ने रामराज्य कहा, फिर सर्वोदय की संज्ञा दी, कांग्रेस ने, राष्ट्रपति ने समाजवादी समाज कहा! इस बजट में क्या रामराज्य की झलक है? सर्वोदय की? या समाजवाद की?

उसने सप्रमाण सिद्ध किया, इसमें इन तीनों की कहीं झलक नहीं दिखाई पड़ती—चारों ओर गरीबी है, भुखमरी है, बीमारी है, मृत्यु है। शासन ही सबसे बड़ी शोषण-संस्था

बन गई है, वर्गभेद अपनी चरम सीमा पर पहुँच रहा है। इस बजट में इन दुरावस्थाओं के निदान के लिए कहीं कोई बात दिख नहीं पड़ती! आप एक कल्याणकारी राज्य का दावा कर सकते थे! किंतु कल्याण किसका ? गांधीजी ने कहा था, गाँव के कल्याण में ही देश का कल्याण। गाँव स्वस्थ, स्वावलंबी और सुंदर बन जाए, देश स्वभावत: ही ऐसा हो जाएगा। जरा इस बजट को देखिए। इसमें 46 मद हैं। हर मद में लाखों-करोड़ों का खर्चा दिखाया गया है, किंतु इसमें एक अभागा मद है, जिसमें एक पैसे का भी खर्च नहीं है—वहाँ शून्य ही शून्य है। वह कौन सा मद है ? वह है इस बजट का 22वाँ मद, जिसका शीर्षक है—'ग्राम विकास'! यह मद आपकी मनोवृत्ति का डंका पीट रहा है!

फिर उसने गाँव की तीन आवश्यकताओं पर जोर दिया—स्वास्थ्य, शिक्षा, उन्नत जीवन-स्तर! 'जन-स्वास्थ्य-विभाग' तो यथार्थ 'जन-रोग-विभाग' है—नहीं 'महामारी-विभाग' है, क्योंकि जब कभी महामारी फैलती है—हैजा, प्लेग, मलेरिया, चेचक—तभी यह विभाग अपना अस्तित्व सिद्ध करता है! फिर शिक्षा—एक अरब के बजट में शिक्षा पर सिर्फ 10 करोड़; यानी 10 प्रतिशत और जहाँ 88 प्रतिशत लोग अशिक्षित हों, वहाँ प्रौढ़ शिक्षा पर सिर्फ 6 लाख और बच्चों की शिक्षा पर 3.93 करोड़। लगता है, इस सरकार को हमारे संविधान की परवाह नहीं है, जहाँ दस साल में निरक्षरता दूर कर देने का उल्लेख है! ग्रामोद्योग के बारे में भी थोड़ा कहा, क्योंकि इस पर बहुत लोग बोल चुके थे।

फिर बजट में दिए गए 'आयोजन करो या मरो' वाक्य की व्याख्या की। आयोजन कौन करे ? जनता ? जनता से आपने कुछ पूछा, उसकी आवश्यकता पर ध्यान रखा ? यह आयोजन न जनता का है, न हमारा, न आपका। यह आयोजन अफसरों का है, उन्होंने ही बनाया, उन्हें ही भला-बुरा करना है, करें। हाँ, 'मरो' यह शब्द जनता के लिए जरूर कहा गया है, क्योंकि इतने कर आपने लगाए हैं कि वह जीवित रह नहीं सकती—कपड़े पर कर, बरतन पर कर, दवा पर कर, किताब पर कर, जलावन पर कर। बस, एक कर बाकी है, आग पर कर लगा दीजिए, फिर हमारी लाश की दुर्गत् होकर रहेगी!

एक सदस्य ने कहा—दियासलाई पर कर है!

उसने कहा—'मैं भूल गया था। बस, अब आपकी लाश की दुर्गंध से वातावरण विषाक्त होकर रहेगा।' लेकिन, उसने जोड़ा—'करो या मरो' का मंत्र गांधीजी ने 1942 में दिया था। इस मंत्र के उच्चारण के बाद देश में कैसी विद्रोहाग्नि फैली! क्या हमारे वित्तमंत्री फिर उसी विद्रोह का आह्वान कर रहे हैं। हो, ऐसा ही हो, मैं इससे नहीं घबराता। क्योंकि इस मंत्र के बाद पाँच वर्षों में ही देश को राजनीतिक स्वतंत्रता का स्वर्ण-बिहान देखना पड़ा, अगला पाँचवाँ वर्ष हमें आर्थिक स्वतंत्रता का स्वर्ण-बिहान दिखाए और यों हमारे वित्तमंत्री के मुख से उच्चरित यह मंत्र सफल हो, यही मेरी कामना है ?

उसके इस भाषण पर उनके मित्र बहुत प्रसन्न हुए। सबने एक स्वर से कहा, दूसरे ही भाषण में आपने सिद्ध कर दिया, आप अच्छे पार्लियामेंटेरियन भी हैं। पहले दिन स्वर कुछ ऊँचा हो गया था, तर्ज कुछ सार्वजनिक भाषणों की थी। आज इन बातों में कहीं त्रुटि नहीं रही।

हाँ, वह जिस विस्तार से कहना चाहता था, वह नहीं हुआ, क्योंकि अध्यक्ष ने उसे बीस मिनट का ही समय दिया था और उसने चेष्टा रखी कि इतने समय में ही बातें रख दे। विलायत में देखा था, बड़े-बड़े राजनीतिज्ञ और वक्ता आधे घंटे में ही अपनी सारी बातें रख देते हैं, लेकिन उसने यह अनुभव कर लिया कि इस सदन में ऊँची बातें कही ही नहीं जातीं—बस, शिकायतों की सूची पेश की जाती है और उसी को लोग बड़े प्रेम से सुनते और अखबारवाले छापते हैं।

उसने विधानसभा की अपनी स्थिति से अंदर के जनप्रतिनिधियों के साथ बाहर की जनता को अनुभव कराने के लिए विधानसभा संबंधी एक काम और भी शुरू कर दिया। 'आर्यावर्त' में विधानसभा के संबंध में दो लेख दिए। पहला लेख 'आर्यावर्त' में प्रथम दिन के अनुभव पर पहले ही पृष्ठ पर छपा। लोगों में उसकी चर्चा रही! फिर दूसरा लेख छपा। तब से अखबार ने तय किया कि अब प्रति सप्ताह उसका एक लेख छापा करेगा। बिहार के लगभग एक लाख पाठक हैं 'आर्यावर्त' के! सप्ताह में इन लाख आदमियों से वह अपने अनुभव कह सके, यह क्या कुछ कम है?

गोलघर

आजाद बिहार के संघर्ष और सपने, अतीत और वर्तमान के बीच के संबंधों और फासलों को समझने के लिए दो चीजों का उल्लेख करना प्रासंगिक है। ये दोनों चीजें प्रतीक हैं—'गोलघर' और 'गंगा'। बिहार की पहचान के ये लगभग शाश्वत प्रतीक जैसे हैं—प्रत्यक्ष भी और प्रमाण भी!

एक तरफ गोलघर और सौ-दो सौ गज की दूरी पर गंगा। दोनों आमने-सामने हैं, लेकिन दोनों की प्रकृति एक-दूसरे से अलग है। अलग ही नहीं, विपरीत भी। एक अज्ञात काल से निरंतर गतिशील और दूसरा सदियों से अचल। एक सदानीरा सलिला और दूसरा अकाल जन्मा पर्वत।

उसने जाने कितनी बार कभी गोलघर पर चढ़कर गंगा को निहारा किया और कभी गंगा की लहरों पर सवार होकर गोलघर का देखा किया (आज गोलघर से गंगा या गंगा से गोलघर दिखता नहीं)। अचल गोलघर की ऊँचाई से बहती गंगा को निहारना और गंगा की लहरों पर से गोलघर पर नजरें टिकाना, दोनों अलग-अलग अनुभव हैं। कभी यूँ लगता है कि वक्त थम गया है, जीवन बह रहा है और कभी लगता था कि जीवन

ठहर गया है और वक्त गुजर रहा है। ये सिर्फ दो अद्भुत अनुभव नहीं, बल्कि बिहार को पहचानने की दो दृष्टियाँ हैं।

गोलघर बिहार का दर्शनीय स्मारक है। इतिहास साक्षी है कि गोलघर अंग्रेजों की लूट की राजनीति का हिस्सा था। बिहार के अन्य हिस्सों में भी ऐसे ही गोलघर बनने थे, लेकिन पटना का गोलघर बनानेवाले अंग्रेज इंजीनियर की एक छोटी सी भूल ने पूरी योजना पर पानी फेर दिया। अंग्रेजों ने दुर्भिक्ष पैदा किया और फिर उससे बचाव के नाम पर बिहार के किसानों की कमाई लूटकर ब्रिटेन भेजने के लिए गोलघर का निर्माण किया। 96 फीट ऊँचा और 109 फीट व्यास के गुंबदनुमा भवन में ऊपर से अनाज भरने के लिए शिखर पर तीन फीट व्यास का छेद बना। वहाँ तक पहुँचने के लिए दो तरफ से 142-142 सीढ़ियाँ बनीं। अनाज निकालने के लिए दो तरफ दो दरवाजे भी बने। लूट की इस बेईमान कल्पना में ईमानदार भूल यह हुई कि दरवाजे ऐसे बनाए गए, जो अंदर की ओर खुलते थे। अब अगर पूरा गोलघर अनाज से भर जाता, तो दरवाजे खुलते कैसे?

इसके साथ यह किस्सा भी मशहूर है कि गोलघर अनाज से पूरी तरह भरने के पहले ही अंग्रेजों की बुद्धि का कपाट खुला। तब से दुर्भिक्ष से जीते-मरते गरीब बिहारी समाज में हँसी-मजाक के लिए एक दंतकथा ने जन्म लिया कि अंग्रेजों को भूल का एहसास हुआ, तो दरवाजे तोड़े गए दरवाजे टूटते ही अनाज का इतना तेज बहाव निकला कि कई लोग धराशायी हो गए!

गोलघर अकाल का स्मारक है। यह सन् 1770 के विकराल अकाल की याद दिलाता है। सन् 1770 के उस भीषण अकाल से लोग काफी भयभीत हो उठे थे। सन् 1780 में सर जॉन शोर यहाँ का बंदोबस्त अफसर था। हथिया नक्षत्र में वर्षा न होने के कारण उपस्थित संकट का समाधान करने का भार उस पर सौंपा गया। उसने इसके लिए अनाज लाने-ले जाने पर लगाया गया कर उठा लिया। सारन तथा तिरहुत से अनाज के आयात पर लगाया गया प्रतिबंध भी रद्द कर दिया। इसके साथ उसने पटना में अनाज का एक बड़ा गोला बनवाने की सिफारिश की, जिसके निर्माण की स्वीकृति 1784 के जनवरी में मिली। वैसे, सन् 1783 में हथिया नक्षत्र में वर्षा न होने के कारण पटना में भी खाद्य-संकट उपस्थित हो गया था। अतः उस समय के गवर्नर जनरल ने मंत्रिपरिषद् की स्वीकृति से पूरे उत्तर भारत के प्रांतों की भुखमरी से रक्षा करने के लिए सौ वृहद् अन्न-भंडार (गोला) के निर्माण की योजना बनाई। उसी योजना की पहली मिसाल बनकर गोलघर खड़ा है। अनाज की कमी के कारण पटना का 'गोला' कभी भरा नहीं जा सका, इसलिए फिर और किसी दूसरी जगह इस तरह के गोले नहीं बनाए गए।

इंजीनियर जॉन गार्स्टिन को सबसे पहले पटना में यह भंडार बनवाने का आदेश मिला। 'गोलघर' का विशाल अंडाकार भवन, अकाल के 16 वर्ष बाद सन् 1786 में बनकर

तैयार हुआ। देखने में यह एकदम मधुमक्खी के बड़े छत्ते अथवा अंडे की शक्ल का।

गोलघर की उत्तरी दीवार पर एक पत्थर लगा है, जिसमें निम्नलिखित बातें खुदी हैं—"अकाल से इन प्रांतों की रक्षा करने के लिए साधारण योजना के अंश के रूप में गवर्नर जनरल तथा कौंसिल के 20 जनवरी, 1784 के आदेश पर यह अन्नागार कैप्टन जॉन गार्स्टिन (इंजीनियर) ने 20 जुलाई, 1886 को बनवाया। यह पहली बार''द्वारा भरा गया और सार्वजनिक रूप से बंद किया गया।"

उक्त 'शिलालेख' के दूसरे और अंतिम वाक्य में छोड़ा गया 'रिक्त' स्थान आज भी रिक्त है। क्योंकि यह भंडार-गृह कभी भरा नहीं गया। यह घटना है वैज्ञानिक युग से दशकों पूर्व की। उस समय रेल, तार और मोटर का नामोनिशान न था। नदियाँ ही यातायात का मुख्य साधन थीं। संभवत: यही सब सोच-विचारकर दानापुर-पटना रोड के किनारे गंगा के तीर पर इसका निर्माण कराया गया, ताकि प्रांत के विभिन्न भागों से नदियों के जरिए अनाज लाकर यहाँ इकट्ठा करने और ले जाने में सुविधा हो। ऊपर चढ़कर अनाज गिराने के लिए गोलघर के दोनों ओर सीढ़ियाँ बनाई गईं और भवन के सबसे ऊपरी भाग में एक बड़ा-सा छिद्र! साथ ही, आवश्यकता पड़ने पर अनाज निकालने के लिए दो तरफ दरवाजे भी बनाए गए, लेकिन इंजीनियर गार्स्टिन ने सबसे बड़ी भूल यह की कि द्वार भीतर की ओर खुलनेवाला बनवा दिया। सो, बाद में ऊपरवाला छेद एक गोलाकार पत्थर से बंद कर दिया गया। द्वार बनाने में भूल हुई ही, अंदर प्रकाश पहुँचाने का भी कोई खयाल नहीं किया गया। अंदर ज्यादा सर्द रहने के कारण अनाज बरबाद होने और चूहे आदि जानवरों द्वारा नष्ट किए जाने के भय से भी कभी इसमें अनाज इकट्ठा नहीं किया गया।

बहरहाल, गोलघर अपनी प्रतिध्वनि के लिए काफी प्रसिद्ध है। आप गोलघर के अंदर अकेले जाकर चिल्लाएँ, तो जान पड़ेगा कि अनेक व्यक्ति चिल्ला रहे हैं। यही नहीं, घंटों तक आपकी आवाज गूँजती रहेगी। प्रसिद्ध पर्यटक श्री विशॅप हेब्ब ने 1824 में इसका निरीक्षण किया था। उन्होंने लिखा—"यह प्रतिध्वनि के लिए खूब प्रसिद्ध है। इसमें बाँसुरी की आवाज और चूड़ियों की खनखनाहट की प्रतिध्वनि तो बड़ी ही सुंदर जान पड़ती है।" कहा जाता है कि नेपाल के महाराज श्री जंगबहादुर अपने घोड़े पर सवार होकर गोलघर के ऊपर चढ़ गए थे और नीचे उतर आए थे।

1934 में बिहार में भयंकर भूकंप आया। उसने पटना पर कहर ढाया। सैकड़ों बड़ी-बड़ी इमारतें ध्वस्त हो गईं, लेकिन गोलघर अचल-का-अचल रह गया। बूढ़े-बुजुर्ग मजाक में कहते हैं कि उस भूकंप ने गोलघर का सिर्फ बाल भर बाँका किया था, क्योंकि उसमें गोलघर का बुर्ज टूट गया, जो बाद में कभी नहीं बना!

गोलघर के एकदम ऊपरी हिस्से पर चढ़कर नगर की छवि देखने में बड़ा मजा

आता है। अगस्त मास में बाढ़ के समय उत्तर में गंगा और दक्षिण में जल्ला भर आता है। गोलघर के ऊपर से यह ऐसा मालूम पड़ता है मानो हम अथाह समुद्र में जहाज के मस्तूल पर चढ़ें हों! पटना में सड़कों पर लगे दूरी सूचक पत्थरों (मील के पत्थर) का केंद्र भी गोलघर है। इसी को केंद्र मानकर मीलों की दूरी निश्चित की गई है। (यह बेनीपुरी के जमाने की बात है। अब तो गंगा से न जाने कितना पानी बह गया! अब तो पटना की परिधि भी बदल गई और केंद्र भी!—हेमंत)

नवंबर, 1957-58 और मार्च, 1958-59 विधानसभा सत्र में वाद-विवाद के मौके पर रामवृक्ष बेनीपुरी ने समाजवादी पार्टी के विधायक की हैसियत से सूखे पर भाषण दिया।

"उपाध्यक्ष महोदय (उस वक्त आसन पर अध्यक्ष नहीं, उपाध्यक्ष आसीन थे), यहाँ सूखे पर हम लोग तीसरे दिन बहस कर रहे हैं। ...सब लोग मानते हैं कि बिहार की स्थिति खराब है। ...लेकिन यहाँ के एक मंत्री, जो दिल्ली में हैं, उन्होंने यह बात कह दी कि बिहार अब 'रिलीफ स्टेट' हो गया है। इसका मतलब यह हुआ कि अब बिहारवालों को यह सदा सोचना पड़ेगा कि वह दूसरों की ओर देखें और काफी सहायता न मिले तो भूखों मरें। ...आज ऐसी स्थिति क्यों आई? बिहार जो अन्न का भंडार समझा जाता था, वहाँ आज हथिया के न बरसने से सबकुछ हो गया, क्या यह इतना बड़ा सौभाग्यशाली नक्षत्र है, जिसने इतना बड़ा हड़कंप मचा दिया है? मैं कहना चाहता हूँ कि अगर हथिया ही सबकुछ है तो इतने बड़े-बड़े हाथी, जो हम लोगों ने पाल रखे हैं, वे क्यों हैं? (उपाध्यक्ष—शांति, शांति! आप इसको वापस लीजिए।)...मैं वापस लेता हूँ। मैं यह कहना चाहता हूँ कि हम लोग जो महावत के रूप में हैं, बिना अंकुश के कुछ नहीं कर सकते हैं। अगर हम लोग सिंचाई की अच्छी व्यवस्था कर लिये होते तो हथिया की दुहाई नहीं देते और इतना बड़ा हलचल पैदा नहीं होता। मैं अपने क्षेत्र की दुहाई देना चाहता हूँ। हमारे क्षेत्र में पानी के निकास की तीन-तीन नदियाँ हैं, जैसे—धनौर से भरथुआ तक एक नाला है, लखनदेई से भरथुआ तक तीसरी और एक पुरानी नदी जो बड़ी नदी थी, देहात में उसको महानदी कहते हैं, अब वह एक नाला रह गया है। उसको बाँधकर पानी की व्यवस्था की जाती, तो वहाँ सूखा और बाढ़ से जो संकट की स्थिति पैदा हो जाती है, वह कभी भी होने न पाती। उपाध्यक्ष महोदय, मैं आपको बतलाना चाहता हूँ कि सिंचाई की व्यवस्था कैसे की जाती है। हमारा गाँव संयोग से चँवर में पड़ता है और घर तो और भी चँवर में पड़ता है। मैं एक बार घर जा रहा था तो देखा कि एक जगह कुछ कुली काम कर रहे हैं और हल्ला मचा हुआ है। मैंने जाकर पूछा तो उन लोगों ने बताया कि सिंचाई के लिए कुआँ खोदा जा रहा है। वह कुआँ ऐसा है कि बरसात और बाढ़ के पानी से भर जाता है। उसका पानी पीने लायक नहीं रहता। इस तरह हम लोग मौका

ढूँढ़ते रहते हैं और सिंचाई के पानी के बहाने रुपए को पानी की तरह बहाते रहते हैं।''' मैं कहना चाहता हूँ कि जून में वर्षा नहीं हुई, जुलाई में पानी नहीं बरसा, लेकिन अगस्त में और सितंबर में भी पानी नहीं बरसा। अक्तूबर में भी वर्षा नहीं हुई। तो इसमें हथिया नक्षत्र ही का क्या कसूर है ? उसी को दोष क्यों देते हैं ? इस बीच में कितने नक्षत्र बीत गए, जिसमें वर्षा नहीं हुई। जब आपने देखा कि पानी नहीं बरस रहा है तो उत्तरा में जो पानी बरसा था, उसके पानी को आहर, पइन और नालों में रोककर क्यों नहीं रखा ?''' इसके अलावा एक कठिनाई हमारे सामने और है। कुछ लोग हमारे देश में ऐसे हैं, जो बराबर संकटकाल की खोज में रहते हैं और उससे फायदा उठाते हैं। वे जानते हैं कि हथिया में पानी नहीं बरसा तो राहत बाँटने की व्यवस्था होगी और इसलिए वे कलेक्टर, एस.डी.ओ. और मंत्रियों के दरबार करने लगे हैं। ये नरभक्षी मानव इस ताक में लगे हुए हैं कि कब राहत बँटे कि हम इससे मौज उड़ाएँ। इसलिए मैं यह कहना चाहता हूँ कि ऐसे समय में सरकार को चाहिए कि एक सर्वदलीय राहत कमेटी बनाए, ताकि जो लोग जनता की मुसीबत से फायदा उठाना चाहते हैं, वे न उठाने पाएँ। आपको मालूम है कि कुछ समय पहले जब बाढ़ के समय राहत का काम हुआ था, तो 150 आदमियों पर मुकदमा चलाया गया था। इसलिए मैं कहना चाहता हूँ कि राहत का जो काम हो वह अच्छी प्रकार हो, ताकि पुराना इतिहास दुहराने का अवसर नहीं मिले।

'''एक और चीज मैं कहना चाहता हूँ कि राहत के काम में सब जगह एक समान व्यवस्था की जाए। ऐसा नहीं कि जहाँ कांग्रेस हार गई हो, वहाँ राहत समुचित रूप से नहीं दिया जाए और जहाँ कांग्रेस की जीत हुई हो, वहीं राहत की अच्छी व्यवस्था की जाए।''

(राज्यपाल के अभिभाषण पर वाद-विवाद)

"'''महोदय, मैं उन विषयों की तरफ आपका और सदन का ध्यान ले जाना चाहता हूँ, जिन पर साधारणतया से जल्द ध्यान नहीं जाता है और इसीलिए संभव है कि राज्यपाल ने भी अपने अभिभाषण में उन विषयों पर ध्यान नहीं दिया। कहने का मतलब यह है कि गेहूँ की खेती सब कोई जानते हैं, पर मैं गुलाब की बात यहाँ कहना चाहता हूँ। मैं जानता हूँ कि गेहूँ दुनिया में छाया हुआ है और गुलाब की बात बहुत कम होती है या होती भी है तो छिप-छिपकर होती है। जब मैं गुलाब की बात आपसे कहता हूँ तो इसका मतलब है संस्कृति और भिन्न-भिन्न साहित्य और कला से है। इस तरफ राज्यपाल का ध्यान जाना चाहिए था कि किस तरह दुनिया बनाई जा रही है, पर यह आशा-निराशा में परिणत हो जाती है। कुछ वर्ष पूर्व आजादी की लड़ाई में कुछ लोग गोली के शिकार हुए थे। सोचा गया कि उनके लिए स्मारक बनाया जाए। 10 वर्ष तक तरह-तरह की योजनाएँ बनती रहीं। सर्वश्रेष्ठ मूर्तिकार जो हिंदुस्तान में हैं, उनसे मूर्ति तैयार करने के लिए कहा गया। बिहार एक गरीब स्टेट (राज्य) है, फिर भी उस मूर्ति के बनाने में

साढ़े छह लाख रुपए खर्च हुए। जिन्होंने इसे देखा होगा, उनको यह मानना पड़ेगा कि वह मूर्ति कला की उत्कृष्टतम देन है। मैंने दुनिया की बहुत-सी स्मारक मूर्तियाँ देखी हैं और इस अनुभव के आधार पर कह सकता हूँ और मुझे कहते हुए दर्द होता है कि यदि आप चलकर देखें तो पाएँगे कि इसकी क्या दुर्दशा हो रही है? आप पाएँगे कि कुछ पंछी बैठकर उसे गंदा कर रहे हैं। धूल तो इतनी पड़ी हुई है कि आप समझेंगे कि इसकी देखभाल ठीक तरह से नहीं हो रही है। मैं यह कहना चाहता हूँ कि जब सरकार ने साढ़े छह लाख रुपए का खर्च कर इस स्मारक को बनवाया तो क्या यह उसका कर्तव्य नहीं था कि इसकी हिफाजत के लिए दो-चार आदमी को बहाल करती, जो इसकी देखभाल करते? बड़ी हैरत की बात है कि शहीदों के मकबरे पर चिराग होता है और हमारे यहाँ चारों तरफ बिजली की रोशनी जगमगाती रहती है। वे बेचारे शहीद अंधकार में रहते हैं। इसकी यह हालत है, तो कला और साहित्य की क्या हालत होगी, इसका अंदाजा आप कर सकते हैं!...दूसरी बात जो मुझे कहनी है वह यह है कि अभी जो हिंदी अपनाई जा रही है, उससे जनता को जैसे अंग्रेजी के जमाने में कोई फायदा नहीं हुआ, उसी तरह इस तरह की हिंदी से उनको कोई फायदा नहीं होनेवाला है। 'दंडाधिकारी' वगैरह शब्द का इस्तेमाल नहीं करना चाहिए, क्योंकि आम जनता को समझ में नहीं आता है।

"...जब हर जगह कला नष्ट हो रही है, उस वक्त मैं प्रसन्नता के साथ एक बात कहना चाहता हूँ। जब मैं गोलघर के नजदीक गया तो वहाँ गुलाब की खेती देखकर मुझे आनंद हुआ और मैं एक कविता लिखे बिना नहीं रह सका। उसे मैं पढ़कर आपको सुना देना चाहता हूँ।

"गोलघर अब कर रहा श्रृंगार!
जबकि चारों ओर हाहाकार!
लोग भूखे मर रहे हैं
या फिर छटपटा रहे हैं
खेत सूखे
कूप सूखे
हाय रोटी! हाय पानी!
शोर करते तृषित, भूखे!
कौन उन पर ध्यान दे?
कौन उनके रुदन पर अब कान दे?
एयरकंडीशंड कमरे में,
पलंग पर पीठ कर
जबकि बापू के सपूतों ने मचा रखा है

अपनी ही जबां से आप अपने लिए जय-जयकार!
गोलघर अब कर रहा श्रृंगार!

गोलघर अब कर रहा श्रृंगार
रो रहा, वह सामने देखो,
शहीदों का मजार!
धूल से नहा रहा दिनभर
और ज्यों ही रात होती है,
है अँधेरे में सिसकता,
कौन उसकी सिसक सुनता है?
जब सुनना ही नहीं,
फिर कौन गुनता है?
बगल में मोटरें हैं दौड़ती चमचम
सुनाई पड़ रही झमझम
कौन देखे, मूर्तियों के रूप में,
वे खड़े हैं कौन,
गुमसुम, मौन!
हाथ में वे क्या लिये हैं?
और उनकी छातियों में क्या लगी है?
क्यों गिरे हैं,
क्यों मरे हैं,
'तेहिना दिवस गताः' यह शास्त्र की वाणी,
अरे, तुम मौज मारो, खूब गुलछर्रे उड़ाओ, गीत गाओ,
मर गए जो, अब उन्हें तुम भूल जाओ,
अब तिरंगा भी यही कहता पुकार-पुकार!
गोलघर अब कर रहा श्रृंगार!"

□

चंद सतरें और

डायरी बोलती है

सामने के शेल्फ पर नजर पड़ी। डायरी की एक दर्जन से अधिक कॉपियाँ पड़ी हैं—अपनी लिखी! वह खुद को पढ़ने लगा—'हाँ तो श्रीमान बेनीपुरी, कुल मिलाकर तुम जो बने उसमें यही बच गए न? यही तुम्हारा हासिल है? ये सब क्या है? क्या सोचकर डायरी लिखना शुरू किया था और क्या हो गया··· ?'

'भई, मैंने डायरी इसलिए तो नहीं ही लिखना शुरू किया कि इसमें अपने दुःख-द्वंद्वों को स्थायी बनाता जाऊँ। डायरी लिखना अचानक शुरू किया भी नहीं। ये तो हरदिल अजीज दोस्त यूसुफ मेहर अली की मेहरबानी का नतीजा है। वह तो जब जहाँ मौका मिलता है, किताबें पढ़ते हैं। जो किताब अच्छी लगती हैं, खरीदते हैं और अपने दोस्तों को भेज देते हैं। मुझे तो वह जेल में भी किताबें भेजा करते थे···। उनके देश भर में न जाने कितने दोस्त थे मेरे जैसे! वह न जाने एक-एक किताब की कितनी प्रतियाँ खरीदते थे? सुनता था, जेब में पैसा आते ही किताबें खरीदना, पढ़ना और दोस्तों को भेजना उनके राजनीतिक कर्म का अनिवार्य हिस्सा था···! शायद 1947 की बात है···। देश आजाद होने को था। मैं एक तरफ 'जनता' के प्रकाशन को लेकर और दूसरी तरफ नाटक 'विजेता' को लेकर ··· अंतर्द्वंद्व और असमंजस में घिरा हुआ था। तब यूसुफ भाई की भेजी पुस्तक मिली—जेम्स एगेट की 'ए शॉर्टर इगो'। मैं उसी वक्त उसे पढ़ गया। तब से इस तरह की डायरी लिखने की जरूरत महसूस की। सोचा, जब कभी कोई उमंग मन में उठे, उसे कलमबंद कर लिया करूँ। यों थोड़े दिनों में यह अच्छी स्केच-पुस्तिका बन जाएगी।'

'लेकिन हुआ क्या? उसके बदले यह तुम्हारी दुःख-गाथा बनती गई!'

'हाँ··, अब मैं इनका क्या करूँ? खुद पढ़ूँ—हँसूँ या रोऊँ?' वह पुरानी कॉपियाँ उलटने-पलटने लगा।

'यार बेनीपुरी, तुम तो क्रांति करने निकले थे न! क्या हुआ? सामंती मूल्यों से टकराते-टकराते कहाँ पहुँचे? संगी-साथी, यार-दोस्त सब बारी-बारी बिछड़ गए और

तुम अकेलेपन का सन्नाटा बुनते रह गए!'

'न-न! यह पूरा सच नहीं। मैं तो दस-बारह साल पहले ही एक बड़ा सपना देखने लगा था। बिहार हिंदी साहित्य सम्मेलन के इक्कीसवें अधिवेशन में सम्मिलित होने गया (21 अप्रैल, 1950) पहुँचा था। सरजू बाबू के साथ ठहरा। वह थे गया सेंट्रल जेल के सुपरिंटेंडेंट। मेरे पुराने मित्रों में से एक। जब मैं 1932 में जेल में था न, तभी उनसे परिचय हुआ था। 'योगी' में था, तब घनिष्ठता बढ़ी। बड़े कार्यकुशल व्यक्ति। नौकरी के साथ व्यवसाय की ओर भी प्रवृत्त थे। झरिया में कोयले का कारोबार होता था। पिछली लड़ाई के जमाने में काफी पैसे कमाए। उन्होंने कहा, कुछ दिनों में पेंशन पाएँगे। पेंशन के बाद हिंदी के प्रकाशन क्षेत्र में आएँगे। वह पहले भी प्राय: ऐसी बातें करते थे। सो, मैंने कहा—क्यों न 'हॉवर्ड क्लासिक्स' या 'बुक ऑफ नॉलेज' किस्म का, या इन्साइक्लोपीडिया की तरह का, बड़े पैमाने पर प्रकाशन किया जाए''! ऐसा हो जाए, तो अपना एक सुनहरा स्वप्न पूरा हो जाए!'

'फिर'' ?'

'फिर क्या! यही''। 'नवीन' जी की कविता है न—'हम संक्रांति काल के प्राण बदा नहीं सुखभोग''। अंत तक ऐसी ही आशा। अब तक यही कर रहा हूँ। अब तो तबीयत खराब हो गई। रोग क्या है, खुद नहीं जानता। ऐसा लगता है जैसे सारी शक्ति खो दी है। अंग्रेजी में जिसे 'नर्वस ब्रेकडाउन' कहते हैं, शायद वही चीज है। बस, इच्छा होती है, पड़ा रहूँ, सोया रहूँ। शायद हमारी पुश्त परेशानियाँ भुगतने ही के लिए पैदा की गई थी। वैसे, पहले भी अजीब निराशा का वातावरण था! लेकिन तब सोचता था, इस वातावरण से कैसे निकलें? जयनाथ मिश्र के चलते सभी प्रकाशकों पर से विश्वास उठ गया था। जिंदगी-भर आखिर लिखने-पढ़ने का ही तो व्यवसाय चलाना है। तब क्या किया जाएगा? किस तरह आगे काम बढ़ाया जा सकेगा? एक ही उपाय बचता है कि अपना प्रकाशन किया जाए, किंतु यह करे कौन? यही सब सोचना और सपनाना''।

'हाँ, याद आया। 1953 में एक बार मैं जगदीशचंद्र माथुर से भेंट करने गया था। कई बातें हुईं। मैंने उनसे कहा—'माथुर साहब, पचास से ऊपर हो चला, इसलिए अब कुछ इंतजाम करना है।' उन्होंने पूछा—'किस तरह का इंतजाम करने का इरादा है?' मैं अनायास कह गया—'मेरे मरने के बाद न मालूम कोई मेरा स्मारक बनाए या नहीं! कौन जाने मेरी ढेर सी रचनाओं का संग्रह भी प्रकाशित हो या नहीं? इसलिए मैंने सोचा है, स्वयं ही श्रीगणेश कर जाऊँ। बेनीपुरी ग्रंथावली के प्रकाशन की योजना है, उन्होंने मेरी बात की ताईद की। सो, काम चल निकला और उसी साल के अंत तक सज-धज के साथ बेनीपुरी ग्रंथावली का प्रथम खंड निकला। दो साल बाद दूसरा खंड''।'

'बस! तुम इतने से खुश हो गए होगे'' ?'

'खुशी तो स्वाभाविक है। हिंदी में एक ही लेखक की रचनाओं का संग्रह कई खंडों में चित्ताकर्षक और सुव्यवस्थित रूप में प्रकाशित हो, ऐसा आयोजन मैंने अन्यत्र नहीं देखा। तभी मैंने आगे की एक योजना कागज पर उतार ली थी और 5-7 खंडों के प्रकाशन की।'

'यानी तुम जो आगे लिखनेवाले थे उसके छपने की भी कल्पना… ?'

'क्यों? इसमें बुरा क्या है? उनमें से कुछ खंडों के लिए मैटर लगभग पूरा था ही। बाकी के लिए तय था कि क्या लिखना है? अब जैसे ग्रंथावली का तीसरा खंड तैयार है। चौथे और पाँचवें खंडों में मेरे संपूर्ण बाल-साहित्य का समावेश किया जाएगा। चौथे खंड में सात रचनाएँ होंगी—(1) अमर कथाएँ : मनु से गांधी तक (दो भाग); (2) अमर कथाएँ : लाओत्से से लेनिन तक (दो भाग); (3) हम इनकी संतान हैं (दो भाग); (4) पृथ्वी पर विजय (दो भाग); (6) संसार की मनोरम कहानियाँ (दो भाग); (7) इनके चरण चिह्नों पर। पाँचवें खंड में बाल साहित्य की 14 पुस्तकें रहेंगी—(1) बगुला भगत; (2) सियार पांडे; (3) बिलाई मौसी; (4) हीरामन तोता; (8) गुरु गोविंद सिंह; (9) अमृत की वर्षा; (10) बच्चों के बापू; (11) जीवन-जंतु; (12) अनोखा संसार; (13) झोंपड़ी से महल; (14) सतरंग धनुष और रवींद्र भारती। यानी चौथे-पाँचवें खंड के लिए ज्यादा मेहनत नहीं करनी पड़ेगी। फिर कथा-साहित्य, संस्मरण, निबंध आदि तो हैं ही। विदेश का दौरा भी कर आया। उसके भी कई अंश छप चुके हैं …।'

'ओ, तो तुमने अब तक जो लिखा और जो जहाँ-तहाँ बिखरा पड़ा है, उसको समेटने में लगे हुए हो तो फिर नया लिखने का काम?'

'यही तो समस्या है। न समेटने के काम में पूरी तरह लग पाता हूँ और नया लिखने के लिए चित्त को एकाग्र कर पा रहा हूँ। काफी कुछ जमा कर चुका हूँ…। वैसे, दस-बारह साल पहले से महसूस कर हूँ कि एक प्रवृत्ति घर करती जा रही है। लगता है कि सारे काम समेट रहा हूँ। मानो महायात्रा के लिए तैयारी कर रहा हूँ। मन में अजीब ढंग का वैराग्य! शायद यह बुढ़ापा है। मेरे चेहरे को देखकर लोग कहते हैं, अपनी उम्र से 10-15 साल छोटे लगते हो तुम, किंतु चमड़ी के भीतर जैसे बुढ़ापे ने घर कर लिया है। वैसे, नया काम करने का हौसला भी अभी बना हुआ है और कई ऐसे साहित्यिक कार्यों का करना सोच रखा है। यदि उन्हें पूरा कर पाऊँ, तो अधिक अमरता पा सकूँ।'

'अच्छा लिस्ट सुनाओ तो… ?'

'लिस्ट? वह तो लंबी है। सन् 1925 ई. से ही साहित्य रचना शुरू किया था। सन् 1927-28 के बीच छपी 'विद्यापति की पदावली', 'बिलाई मौसी', 'हीरामन तोता', 'आविष्कार और आविष्कारक', जैसी सब पुस्तकें। उसी काल में शिवाजी, गुरु गोविंद

सिंह, विद्यापति और लंगट सिंह की जीवनियाँ भी लिखीं। सन् 1930 और 1932 के बीच में लिखी कहानियाँ 'चिता के फूल' में संगृहीत हुईं। सन् 1930 और 1932 और 1939 के दौर में 'लाल तारा', 'लाल चीन', 'जान हथेली पर', 'फलों का गुच्छा', 'पद चिह्न', 'सतरंगा धनुष'। 'झोंपड़ी का रुदन' प्रकाशित हुई।'

'इनमें कई किताबें संकलन के रूप में प्रकाशित नहीं हुईं। यही न?'

'हाँ···। इन सबको ग्रंथावली में लाना है। लेखन की अवधि के क्रम में, इतिहास के दस्तावेजी क्रम की तरह···। सन् 1940 ई. में 'कैदी की पत्नी' और 'लाल रूस' का प्रकाशन हुआ। इसी तरह 1941-45 के बीच 'माटी की मूरतें' और 'अंबपाली' प्रकाशित हुई। सन् 1947 ई. में जयप्रकाश नारायण से संबंधित दो पुस्तकें लिखीं—'जयप्रकाश : जीवनी', और 'जयप्रकाश की विचारधारा'। उसी समय 'तथागत' और 'चिता के फूल' का प्रकाशन हुआ। आजादी के बाद 1948 से 1950 में 'नेत्रदान', 'सीता की माँ', 'संघमित्र' 'गेहूँ और गुलाब' ···। इस अवधि में नई पीढ़ी के लिए प्रेरक साहित्य भी लिखा। यथा 'बेटे हों तो ऐसे', 'बेटियाँ हों तो ऐसी', 'हमारे पुरखे', 'पृथ्वी पर विजय', 'प्रकृति पर विजय', 'हम इनकी संतान हैं', 'इनके चरण चिह्नों पर', 'अनोखा संसार', 'अपना देश' आदि। फिर सन् 1951 और 52 में ही यात्रा-वृत्तांत भी हिंदी पाठकों के सामने आया—'पैरों में पंख बाँधकर', 'पेरिस नहीं भूलती', 'उड़ते चलो, उड़ते चलो'। 1951 में 'नया समाज' नामक एकांकी प्रकाशित हुआ। सन् 1954 में 'विजेता' नामक नाटक प्रकाशित हुआ···।'

'ये सब ठीक है, लेकिन अब नया क्या लिख रहे हो?'

'मैंने पिछले डेढ़-दो साल से कुछ पुस्तकों पर काम शुरू किया, जिसमें संस्मरण और डायरियाँ शामिल हैं। 'जंजीरें और दीवारें', 'धरती की धड़कनें', 'मेरी डायरी'··· आदि, लेकिन··इस बीच चुनाव में खड़ा हुआ और हार गया!'

'यही तो? साहित्य से सीधे राजनीति में उतर गए? क्यों?'

'मैंने कई बार इसका उत्तर दिया है।'

'क्या? क्या उत्तर दे दिया? उनको उत्तर दे दिया, बस! तसल्ली हो गई?'

'मैं क्या जानूँ कि उनको तसल्ली हुई कि नहीं?'

'तुम अपनी कहो न? तुमको तसल्ली हो गई? खुद से पूछो तो जरा? तुमने जब-तब कुछ जवाब दिया। जवाब क्या, एक चिपकू सवाल का टुकड़ा लेकर मित्रों का मुँह बंद कर दिया। तुमने यही कहा न कि क्या अब साहित्य भी राजनीतिक गंदगियों, उलझनों और षड्यंत्रों से परे रह गया है? यही न कहा था?···तुमने तो अपने को स्वयं उलझन में डाला। पार्टी राजनीति में दिलचस्पी लेना प्रारंभ किया। वह क्या उचित था?'

'अब जो किया, सो, किया। उससे कैसे इनकार करूँ? 1952 के चुनाव में

समाजवादी पार्टी की ओर से चुनाव लड़ा। एक तो जयप्रकाशजी का आग्रह था। फिर वर्तमान शासन की त्रुटियों से चिढ़ और यह आशा भी थी कि यदि एक झोंका लगा दूँ, तो फिर सबकुछ ठीक हो जाए! उस चुनाव में मैं कांग्रेस के दबंग और पैसेवाले प्रत्याशी के खिलाफ चुनाव लड़ा…।'

'और हार गए…! तब पाँच साल बाद फिर चुनाव लड़ने क्यों चल दिए?'

'साथियों की समझ थी कि कांग्रेसियों ने मतगणना में धाँधली कर मुझे हरा दिया…। इसीलिए। कभी-कभी मालूम होता था, जनता मानो कह रही है—हमें इस तरह क्यों छोड़ दिया? तो, हो; कहाँ तक उलझनों का ताना-बाना चुना जाए? नाव धार पर छोड़ दो—कहीं-न-कहीं तो लगेगी ही। बहरहाल, 1957 के चुनाव में मैं वहीं से जीता। कांग्रेस के दिग्गज उम्मीदवार के खिलाफ खड़े होकर भी…।'

'चुनावी राजनीति में फँसनेवाला हर आदमी यही कहता-करता है। इस तरह वह खुद को धोखा देता है और राजनीति के और गहरे गड्ढे में उतरता जाता है…।'

'नहीं-नहीं। मैं तो 1962 के तीसरे चुनाव के पहले तक लिखता रहा—पार्टी राजनीति के खिलाफ। खुद को भी नहीं बख्शा, अपनी पार्टी के खिलाफ लिखने से भी नहीं चूका। मुझे अच्छी तरह याद है, मैंने अपनी डायरी में साफ लिखा था—'मैं क्यों बार-बार अपने को राजनीति की ओर बहका दिया करता हूँ? कहिए, समाजवाद की स्थापना चाहता हूँ! कैसे समाजवाद की स्थापना? एक समाजवाद तो नेहरू भी कायम कर रहे हैं। वह नकली है—तो असली क्या है? वह—जिसे तुम या तुम्हारे साथी स्थापित करेंगे? छोड़ो उस समाजवाद को। कम्युनिस्ट क्या कहेंगे! सोचो, जिसे तुम असली समाजवाद कहते हो, उसकी स्थापना कैसे होगी, कौन करेगा? तुम्हारी पार्टी करेगी, सच? …यह सब धोखा है धोखा, मृग-जाल, माया, भ्रमजाल, भवजाल!…छोड़ो इन बातों को।…बस, एकमात्र साहित्य! और कुछ नहीं। …सलाम राजनीति।' सो, 1962 में जब विधायकी खत्म हुई, तो मैंने सहर्ष पटना छोड़ते हुए अपनी डायरी में प्रथम वाक्य लिखा—'असेंबली का प्रपंच छूटा'।'

'लेकिन पहले चुनाव में खड़े हुए, तुम्हारे अनुमान गलत साबित हुए। फिर भी उसी चुनावी राजनीति की पुनरावृत्ति की। इस पर कुछ क्यों नहीं कहते? पहले चुनाव में खड़ा होना भूल कही जा सकती थी, लेकिन दूसरी बार चुनाव लड़ना! यह भूल नहीं, सरासर गलती ही न कही जा सकती है।'

'नहीं। वैसे, मुझे इसका अफसोस नहीं है। न पहली बार लड़ने का अफसोस है। न दूसरी बार में जीतने का अहंकार। हाँ, यह सही है कि 1950 में मैं चुनाव राजनीति के 'हिमालय' पर चढ़ने की तैयारी करने लगा था। उस वक्त राजनीति ने मुझे अपनी ओर पूरे जोर से खींच लिया था।'

'तुम्हारे मित्र और हितैषी एक बात कहा करते हैं—यदि तुम राजनीति में नहीं पड़े होते, साहित्य को ही पूरा समय दिए होते तो और कितना कर सकते थे! तुम यह नहीं मानते?'

'नहीं, मैं ऐसा नहीं मानता। मुझे अपने राजनीतिक जीवन पर कतई अफसोस नहीं है। साहित्यिक सदा भावप्रवण होता है। क्या वह साहित्यिक का हृदय है, जो देश की दुर्दशा पर पिघल न उठे? जब देशवासी जीवन-मरण के युद्ध में पिले हों, तो एकांत कुंज में बैठकर वंशी बजाए—क्या साहित्यिक का यही कर्तव्य है?'

'लेकिन इसके मायने यह तो नहीं कि साहित्य रचना छोड़कर राजनीति करने लगो?'

'नहीं मित्र, तुम यह भूल रहे हो कि साहित्यकार जहाँ भी हो, साहित्यिक ही बना रहेगा। मेरी राजनीति का माध्यम भी मुख्यत: साहित्य ही रहा और मैं यह तो दावे के साथ कह सकता हूँ कि पच्चीस वर्षों तक संघर्ष में रहने, चौदह बार जेल की हवा खाने और जिंदगी के साढ़े सात साल जेलों में बिताने, सदा अपने को ज्वालामुखी के मुँह में फेंकते रहने और उसकी झुलस और अंगार लिये बाहर निकलने से मेरी प्रतिभा में पंख ही लगे हैं। मेरी रचनाओं में, मेरी भाषा में, शैली में जो कुछ जिंदगी है, जिंदादिली है, रवानी है। सबकुछ उसी अग्नि स्नान का फल है।'

'और कितनी हानियाँ हुईं?'

'हाँ, पार्थिव हानियाँ हुईं, मानता हूँ, किंतु उनकी पाई-पाई की भरपाई मैंने आत्मिक आनंद और अभ्युत्थान के रूप में पाई है। खैर, यह तो रही अपने राम की बात। मेरे बहुत से मित्र तो राजनीति से दूर रहे—उन्होंने क्या मुझसे साहित्य में कुछ अधिक कर लिया है? मैं तो देख रहा हूँ, अब उनमें से कुछ को राजनीति का शैक चर्राया है। जो लोग गंगा-यमुना की तरंगों पर तैरने से डरते रहे, वे राजधानियों की नालियों और मोरियों की चुभकियाँ लगा रहे हैं।'

'तो फिर? आगे का क्या प्लान है?'

'आगे का प्लान? भाई मेरे, आगे का प्लान यह है, पीछे किए प्लान के मुताबिक लिखूँ, छपूँ और क्या···? यह तो मैं बहुत पहले से ही बोलता रहा हूँ कि अभी तक जो कुछ लिखा, युग की माँग पर या जीविका की माँग पर। स्वभाव से मैं क्रांतिवादी हूँ—सिर्फ युग के अनुसार चलने की ही इच्छा नहीं रही, युग को बदलने की भी चेष्टा रही। युग ने मेरी लेखनी को अपना माध्यम बनाया है, यह हमेशा महसूस किया है मैंने। अपनी रचनाओं में मैं ही नहीं बोलता, युग भी बोलता है। हमारी पुश्त का युग, क्रांति का युग रहा है। इसलिए, मेरी लेखनी से क्रांति भी प्राय: बोली है, लेकिन गरीब किसान का बेटा! मुझे जीने के लिए भी लिखना पड़ा, लेकिन मैंने कोशिश की, लिखूँ तो ऐसी ही चीज, जो पैसे भी दे और युग की माँगों को भी अंशत: पूरी करे। इसलिए आज तक ऐसा कुछ नहीं लिखा, जिसके लिए मैं लज्जा अनुभव कर सकूँ। अपनी लेखनी को अपने हृदय से ज्यादा

दूर कभी नहीं जाने दिया। शायद यही कारण है कि उन चीजों को भी लोगों ने युग की माँग की पूर्ति के रूप में ही ग्रहण किया। किंतु मैं जानता हूँ, उसमें मेरी आर्थिक लाचारी कहाँ तक काम कर रही है।'

'यह लाचारी तो अभी भी तुम्हारे सर पर सवार है!'

'हाँ, लेकिन अब चाहता हूँ, कुछ ऐसी चीज लिखूँ, जो सत्यं, शिवं, सुंदरम् का सही प्रतिनिधित्व कर सके। एक तो, एक ऐसी पुस्तक लिखना चाहता हूँ, जो भारत के सांस्कृतिक जीवन का पूर्ण प्रतिनिधित्व कर सके। वह कम-से-कम बीस खंडों में हो—एक-एक प्रांत पर एक-एक जिल्द, बड़ी साइज के पाँच सौ पृष्ठों की जिसका नाम 'शाश्वत भारत' या (सांस्कृतिक भारत?) रखना सही होगा। रहन-सहन, खान-पान, गीत-नृत्य, पर्व-उत्सव, आनंद-विनोद आदि को लेकर भारतीय जीवन में जो एकरसता है, एकात्मता है, उसी पर जोर दिया जाए उसमें। राजनीतिक उलट-फेरों के बावजूद संपूर्ण भारत में आदिकाल से जो एक अविच्छिन्न सांस्कृतिक धारा प्रवाहित होती रही है, उसका सचित्र चित्रण किया जाए उसमें...। इस कार्य में पाँच वर्ष लगेंगे—छह महीने तक यात्राएँ की जाएँ; छह महीने बेनीपुर में बैठकर लिख दिया जाए। इसी क्रम से पाँच वर्ष व्यतीत कर दिए जाएँ।'

'बस, बस...।'

'अभी बस कहाँ? एक काम और भी है। 1915 से मुझे कुछ-कुछ होश आने लगा था। तब से इन पैंतीस वर्षों में भारतीय जीवन में जो परिवर्तन हो रहे हैं, उन्हें देखता रहा हूँ। दो-दो विश्वयुद्ध देखे; तीन-तीन क्रांतियाँ देखीं। बड़े-बड़े व्यक्तित्वों को बनते-बिगड़ते देखा। समाज को बदलते देखा, सरकार को बदलते देखा। धर्म, नीति, आचार आदि में आमूल परिवर्तन घटित होते देखा। क्या 'जील क्रिस्तोफे' की तरह एक नायक बनाकर इन तीस-पैंतीस वर्षों के जीवन को मूर्त रूप नहीं दिया जा सकता है? गाँव और शहर, दोनों को निकट से देखने का मौका मिला है मुझे। शब्दचित्र खींचने में भी काफी सफल सिद्ध हुआ हूँ। अतः क्यों न इस काम में हाथ डालूँ?'

'वाह, इतना सोच लिया, लेकिन यह भी सोचा कि इतना पैसा कहाँ से आएगा?'

'यही तो।'...सच कहूँ, भले पैसे पास में नहीं हैं, हौसला तो वही पुराना है। इसलिए आजकल मन में एक ही लालसा है—ग्रंथावली, ग्रंथावली! उसके दस भाग किसी तरह निकाल दिए जाएँ। अब यह विलंब मेरे लिए असह्य हो रहा है। मुजफ्फरपुर में अपना प्रकाशन शुरू किया। बेटे को लगाया। यह प्रकाशन-शाखा असफल रही। मेरे लिए सिरदर्द बन गई है। अब उसे अपने हाथ में लेना है; नहीं तो डूबना है! सोच रहा हूँ, कहीं-न-कहीं से, किसी-न-किसी उपाय से पाँच हजार रुपया एकत्र करके तीसरा भाग निकाल ही देना है। बेनीपुर में कुछ फालतू जमीन है; उसे ही बेच दूँगा, किंतु ग्रंथावली में अब विलंब नहीं करूँगा...।

'और हाँ, एक काम तो आज भी जारी है। वह यह कि जहाँ एकांत मिल जाए मैं कोई-न-कोई पुस्तक पढ़ जाता हूँ, लेकिन अब बिल्कुल जुनूनी अंदाज में एक साथ कई-कई किताबें पढ़ने लगा हूँ। देश में संविधान लागू किए जाने और गणतंत्र की घोषणा के दौर में मैंने पश्चिम के लेखकों की कई कृतियाँ और कला की विभिन्न विधाओं के विख्यात कलाकारों के जीवन-चरित पढ़े। जो पढ़ा, उसको अपनी समझ के हिसाब से अपनी डायरी में नोट कर लिया—कृतियों का सारांश और कृतिकारों के व्यक्तित्व का सारांश भी। जरूरत महसूस हुई तो हर नोट के अंत में लिखता—मैंने उनमें क्या पाया, उनसे क्या पाया! थॉमस क्रोवेन की पाश्चात्य कला पर पुस्तक 'फेमस आर्टिस्ट्स एंड देयर मॉडल्स' पढ़ी। उसमें लियोनर्दो द विंची से लेकर मार्श तक तेईस यूरोपियन-अमरीकन कलाकारों और उनकी कृतियों पर प्रकाश डाला गया है। फिर हरमन जे. वेचस्लर द्वारा संकलित 'द पॉकेट बुक ऑफ ओल्ड मास्टर्स' पुस्तक भी पढ़ी, जिसमें पाश्चात्य कला के दस आचार्यों—लियोनार्दो, रॉफेल, माइकेल एंजेलो, सिशियन, ब्यूगेल, रुबेंस, रेम्ब्रैंड्ट, एल. ग्रेको, वेलास्वेज, वरमीयर—की जीवनी और कलाकृतियों का विस्तृत विवरण दिया गया है'''। इन पुस्तकों में उनकी कलाकृतियों के जो नमूने दिए गए, उन्हें देखकर आँखें कभी थकती ही न थीं। उनको पढ़ते-देखते मेरी कलम उनका सारांश अपने शब्दों में कागज पर उतारने को मचल-मचल उठती। फिर 'कॉल नो मैन हैप्पी', '16 सेल्फ पोट्रेट्स', 'ग्रेट नॉवलिस्ट्स एंड देयर नॉवेल्स', आंद्रेजीद की आत्मकथा—'ईज इट डाई', इमर्सन, वान गॉग की जीवनी'''!

'मैंने सबमें सबसे बड़ी विशेषता देखी उनकी क्रियात्मक प्रवृत्ति। वे इतने बड़े लेखक इसलिए बने कि उनके भीतर ऐसी प्रेरणा थी, जो उन्हें लिखने को मजबूर करती थी। क्रियात्मक प्रवृत्ति के साथ ही उनमें कला-व्यक्तित्व का विकास हुआ।

'जिसे लोग सनकीपन या झक्कीपन कहते हैं, वही आदमी में दूसरों की अपेक्षा अलग ढंग से देखने को प्रेरित करता है। यह विशेषत्व आपको बुरा लगे या भला, किंतु इन्हीं के चलते वह ऐसी चीजें आपके सामने रख पाता है, जिसे आप अद्भुत कहते और जिससे चकित और विस्मित हुए रहते हैं।

'सबमें लिखने की अजीब प्रेरणा थी—वे लिखते थे, लिखते थे, लिखते थे। लिखना आसान नहीं है और अच्छा लिखना तो और भी मुश्किल है। यों कहा जा सकता है कि कोई आदमी वैसा नहीं लिख पाता, जैसा कि लिखना चाहता है। कई लेखक तो लिखते थे, काटते थे, फिर लिखते थे, फिर काटते थे। लिखने की प्रवृत्ति लोगों में वैसी ही थी, जैसी भूख-प्यास की प्रवृत्ति।

'इनमें से कोई भी बहुत पढ़ा-लिखा नहीं था और लिखने की कला छोड़कर किसी दूसरी कला से वैसा अनुराग भी नहीं था। वे बहुत मेधावी नहीं थे—इसका मतलब यह

नहीं कि मूर्ख थे! उनमें विचार के लिए वैसी रुचि नहीं थी। विचार की कमी की पूर्ति उनमें भावना द्वारा हुई थी। भावना बड़ी प्रखर थी—उनमें कल्पना थी, गहरी सूझ-बूझ थी, परख थी, और सबसे बढ़कर उनमें यह योग्यता थी कि देखा, अनुभव किया या जिसकी कल्पना की, उसे मूर्त रूप दे सके।

'यह सोचना बेवकूफी है कि कलाकार को सांसारिक सुख के प्रति विरक्ति होती है। ऐसी बात नहीं है। उसके स्वभाव में तरलता होती है, जो अपने लिए जगह चाहती है! आराम-चैन उसे पसंद है—मौज से रहना उसे बहुत भाता है। उन लेखकों को देखिए—किसी को कपड़ा पसंद था, किसी को शिकार, किसी को घर, किसी को सवारी। उनमें से किसी में संन्यास वृत्ति नहीं थी। सब मजे में रहना चाहते थे। उन्हें पैसा चाहिए था। जमा करने के लिए नहीं, दोनों हाथों से उड़ाने के लिए! वे किसी भी जरिए से रुपया पाना चाहते थे और किसी के लिए अपनी झोली भी खाली कर देते थे! वे बातचीत में पटु और संगति में रसिक थे और जो उनके निकट गया, उसे बिना प्रभावित किए रह नहीं सकते थे।'

'तो इसके मायने यह है कि तुमने उनमें वह चीज पाई, जो तुमने अपने आपमें पाया, है न?'

'हाँ, यह भी समझा कि मैं उनसे कैसे अलग हूँ, कहाँ अलग रहना चाहता हूँ और क्यों अलग रहने को अनिवार्य मानता हूँ।'

□

अंत का अनंत

जीवन के अंतिम 14 वर्ष (1955 से 1968) में बेनीपुरी ने स्वतंत्र पत्रकार और समाजवादी साहित्यकार होने के 'वरदान' की उम्र खत्म मानकर 'राजनीतिज्ञ' बनने के अभिशाप को चुनौती के रूप में स्वीकार किया। वह चुनावी राजनीति में उतरे और 14 साल की अवधि ऐसा 'वनवास' साबित हुई, जहाँ से मर्यादा पुरुषोत्तम की तरह लौटना 'रामवृक्ष' के लिए संभव नहीं हुआ! यूँ वह जीवन के अंतिम क्षण तक यह सफाई देते हुए अपने आपको मनाते रहते थे कि "न उन दिनों रही और न आज ही किसी पद के लिए मेरे मन में कोई प्रबल अभिलाषा है। (लेकिन) प्राय: अयोग्य व्यक्तियों को ही नाना प्रकार के प्रपंचों द्वारा उच्च पदों पर पहुँचते देखकर मन में टीस पैदा होती है। यह भी नहीं कह सकता कि मैं उच्च पद पर जाने से अपने को विरक्त पाता हूँ। मानव हूँ, मानवीय कमजोरियाँ मुझमें हैं, किंतु सदा कोशिश की है कि वे कमजोरियाँ इतनी न बढ़ें कि मानव ही नहीं रह जाऊँ।" लेकिन यह दिखने लगा कि उनके स्वतंत्र 'व्यक्तित्व' में 'राजनीति' और 'साहित्य' का जो सम्यक् संतुलन था, वह बाद के दिनों में कायम नहीं रह सका। उनके व्यक्तित्व में जो प्रबलतर पक्ष था—भावुक और आवेशपूर्ण, वह उनकी राजनीतिक भूमिका को डुलाने लगा। अपनी कांस्टिटुएंसी में वे कुछ उसी भाँति इलेक्शन के लिए दौड़-धूप करने लगे जैसे असहयोग आंदोलन में करते थे या जैसे किसी कल्पनासिद्ध, उल्लासपूर्ण कार्य को पूरा करने में। नतीजा यह हुआ कि राजनीति के शतरंजी सूझ-बूझ वाले क्षेत्र में बेनीपुरी का आवेशपूर्ण व्यक्तित्व उछलने लगा। शक्तिपुंज बिखर गया और संतुलन कायम न रह सका। उल्लास का गायक दोनों—राजनीति और साहित्य—की बाजी हार गया।

उनकी इच्छा अपने क्षेत्र बागमती में कॉलेज खोलने और गांधी-स्वाध्याय मंदिर की स्थापना करने की थी। इसके लिए आवश्यक धनराशि जुटाने और जमीन की व्यवस्था करने का भार था। वह रात-दिन इसके लिए गाँव-गाँव घूमने लगे। वह चाहते

थे कि राष्ट्रपति राजेंद्र बाबू के हाथों जनाढ़ (मुजफ्फरपुर) में 'गांधी-स्वाध्याय मंदिर' का शिलान्यास हो। इसके लिए उनसे स्वीकृति भी ले ली, किंतु स्थानीय कांग्रेसी नेतागण नहीं चाहते थे कि राष्ट्रपति के शुभागमन का श्रेय बेनीपुरी को मिले। इसलिए जिले के अधिकारियों ने भी असहयोग करना शुरू किया। राजनीतिक और प्रशासनिक स्तर पर प्रयास किया गया कि राष्ट्रपति का कार्यक्रम स्थगित हो जाए, किंतु बेनीपुरी के अथक प्रयत्न और डॉ. राजेंद्र प्रसाद की सदाशयता से यह कार्यक्रम संपन्न हुआ। जनाढ़ में राष्ट्रपति ने गांधी-स्वाध्याय मंदिर की नींव रखी। आयोजन में वह राष्ट्रपति के साथ राष्ट्रपति के बगल में बैठे। बीमार लेकिन खुश। राष्ट्रपति बोले। उनके अचानक बीमार हो जाने पर चिंता व्यक्त की। उनके राजनीतिक संघर्ष, त्याग-तपस्या और रचनाकर्म की प्रशंसा की। रामवृक्ष सिर्फ प्रसन्नता के आँसू टपकाते रहे। राष्ट्रपति के प्रति कृतज्ञता में दोनों हाथ जोड़े! बिल्कुल मौन! उन्होंने राष्ट्रपति के स्वागत के लिए उठने की कोशिश की, लेकिन उठ नहीं पाए। दो शब्द बोलने की कोशिश की तो महसूस हुआ कि आवाज तो चली गई! जब तक समारोह चला, वह चुपचाप मंच पर बैठे रहे। समारोह के बाद वह राष्ट्रपति के साथ मुजफ्फरपुर लौटे। राष्ट्रपति विदा हुए दिल्ली के लिए, वह दाखिल हुए अस्पताल में।

फिर पटना और दिल्ली में इलाज चलता रहा, पर वह पूर्णतः स्वस्थ नहीं हुए। इस दारुण स्थिति में कभी स्मृति लौटती तो वह रोने लगते। एक दिन अचानक पत्नी की कलाइयाँ पकड़कर उनकी चूड़ियाँ तोड़ दीं। तबीयत काफी बिगड़ जाने पर बेहोशी की हालत में उन्हें मुजफ्फर लाया गया, पर उनकी चेतना लौट नहीं पाई।

अंततः 7 सितंबर, 1968 को, मुजफ्फरपुर में ही, पत्रकार, साहित्यकार और राजनीतिज्ञ रामवृक्ष बेनीपुरी की जीवन-यात्रा थम गई—जैसे उनके ही द्वारा अनूदित कविगुरु रवींद्रनाथ ठाकुर की 'गीतांजलि' की अप्रकाशित पांडुलिपि के गान पर आकर ठहर गई! उस गान के अक्षर-शब्द जैसे आवाज बनकर दिग्-दिगंत में विलीन गये एक नये जीवन की आस में—

जहाँ स्वतंत्र विचार न बदलें
मन में मुख में,
जहाँ न बाधक बनें सबल
निबलों के सुख में।
सबको जहाँ समान निजोन्नति का अवसर हो,
शांतिदायिनी हो निशा हर्ष सूचक वासर हो।
इस भाँति सुशासित हो जहाँ,
समता के सुखकर नियम,

बस उसी स्वतंत्र स्वदेश में,
जागें हे जगदीश हम।

अनंतिम

रामवृक्ष बेनीपुरी के बारे में आज भी जो कुछ सुनने को मिलता है, उसका आशय यह होता है कि (1) उनकी पत्रकारिता मनुष्य को उसकी शख्सियत देने के मिशन का हिस्सा थी। उनके लिए पत्रकारिता गुलामी की अमानवीय व्यवस्था में भी निरक्षरों, ग्रामीणों एवं वंचितों को उनकी पहचान देने, उन्हें उनका नाम-पता, रिश्ते-नाते लौटाने का कार्यक्रम था। आजादी के बाद हिंदी पत्रकारिता का जो विकास हुआ, उसमें न यह दृष्टि दिखती है और न ऐसी संवेदना। (2) यूँ हर लेखक जो लिखता है, पाठक के लिए लिखता है; लेकिन बेनीपुरी ने अपने मिशन के तहत उनके लिए लिखने की कोशिश की जो अपाठक हैं, जो पढ़ नहीं सकते। आज के हिंदी पत्रकार-लेखक अपाठक के लिए लिख सकते हैं?

बिहार सहित पूरे देश में पत्रकारिता के लिए दो बातें मुख्य मानी जाती हैं—सूचना देना या संदेश देना। सूचना जो दी जा रही है, वह जानकारी मानी जाती है। उसकी आवश्यकता आज की तेज रफ्तार आधुनिक जिंदगी में स्वयंसिद्ध मानी जाती है, क्योंकि उसकी माँग भी है। उस सूचना या जानकारी का संबद्ध क्षेत्र के परिवेश से कोई संबंध है अथवा नहीं, उस पर विचार नहीं किया जाता। दूसरी ओर 'संदेश' में आधुनिकता और सही समझ का आग्रह ऐसा कि पाठक में सवाल पूछने की जिज्ञासा और कुछ सृजनशील बनने की इच्छा को पनपने ही नहीं देता। यूँ पिछड़े समाज में भी लोग कभी अज्ञान में नहीं रहना चाहते। लोग हमेशा कुछ-न-कुछ सीखते रहते हैं। यह सीखना उनके सर्वाइवल के लिए जरूरी है। यह उन्हें जीने की सामर्थ्य देता है, साहस देता है। रामवृक्ष बेनीपुरी जैसे पत्रकारों की पत्रकारिता ने हिंदी समाज में यह एहसास पैदा किया कि समाचार-पत्र-पत्रिकाएँ भी उनके सर्वाइवल के लिए हैं, लेकिन आज ऐसा नहीं है। जब तक ऐसा नहीं होगा, हिंदी की पत्र-पत्रिकाएँ हिंदी समाज के लोगों को आकर्षित नहीं करेंगी। तब तक जो पाठ उन्हें जीवन सिखा रहा है, राजनीतिक-सामाजिक परिस्थितियाँ उन्हें जो कुछ सिखा रही हैं, उनकी अहमियत पत्र-पत्रिकाओं से ज्यादा होगी।

रामवृक्ष बेनीपुरी ने यह साबित कर दिखाया कि पत्र-पत्रिका, 'अधिकार' और 'आजादी' से अनिवार्यतः जुड़े होते हैं। जो 'पत्र' आजादी और अधिकार हासिल करने की संभावनाओं का द्वार बनेगा, वह स्वतः जनांदोलन से जुड़ेगा। आजादी के पूर्व पत्रकारिता का मूल उद्देश्य था—मानसिक स्वाधीनता दिलाना। इसके लिए 'युवक' और 'जनता' जैसे पत्र-पत्रिका में तीन मुद्दों पर जोर होता था—स्वाधीनता, स्वराज

और शिक्षा। आज के भी पत्रकार और समाचार-पत्र जनता की मानसिक स्वाधीनता की बात करते हैं, लेकिन उससे सिर्फ यह भाव प्रकट होता है कि अखबार या पत्र-पत्रिका के जरिए करोड़ों लोगों के दिल-दिमाग को बदलकर समाज को एक खास राजनीतिक दिशा में मोड़ा जा सकता है। या फिर यह व्यावसायिक भाव कि करोड़ों लोग साक्षर होंगे, तो उपभोक्ता समाज का विस्तार होगा। अक्षर और आजादी के संबंधों पर कथित कम्युनल अखबार सहित कथित सेक्यूलर समाचार-पत्र भी अस्पष्ट हैं, अविश्वास से ग्रस्त हैं। सब साक्षर-शिक्षित हो जाएँगे तो, जहाँ एक तरफ यह संभव है कि वे अपने कुछ रूढ़िवादी विचारों पर सोचें और उनको त्याग दें, वहीं दूसरी तरफ यह खतरा भी है कि वे पुनर्विचार की प्रक्रिया में पुनरुत्थानवादी और सांप्रदायिक विचारों के प्रभाव में आ जाएँ! इस आशंका या खतरे पर समाचार-पत्र खुली बहस चलाने में भी डरते हैं। वे इस मामले में न खुद स्पष्ट होना चाहते हैं और न जनता को स्पष्ट कहना चाहते हैं कि यह कितना निराधार है, लेकिन इतना स्पष्ट है कि उन्हें मानसिक स्वाधीनता में खतरे दिखते हैं। इसलिए शायद वे उन संघर्षों के हिस्सा नहीं बन पाते, जो निरक्षरों की जिंदगी की आजादी एवं अधिकार से जुड़ा है।

रामवृक्ष बेनीपुरी की पत्रकारिता का मुख्य लक्ष्य था—'जनता की वाचा फोड़ना'। 'जनता' ने इस लक्ष्य को हिंदी पत्रकारिता की दृष्टि के रूप में विकसित किया और इसका इस्तेमाल हिंदी पत्रकारिता की दिशा, सफलता और विकास को नापने की कसौटी के रूप में किया।

आजादी के पूर्व के कई पत्रों ने अपने लिए तीन प्रमुख कर्तव्य स्वीकार किए—जनमत तैयार करना, जनमत को प्रदर्शित करना तथा जनमत का मार्ग निर्देशन करना, लेकिन रामवृक्ष बेनीपुरी से जुड़े पत्रकार-लेखक-संपादक और उनसे जुड़ी तमाम पत्र-पत्रिकाओं ने 'न बोलनेवाले' समाज को संबोधित कर उसकी वाचा—आवाज—को आजादी के संघर्ष का हथियार और नये समाज के निर्माण का आधार बनाया। उनके लिए जनमत तैयार करने का मतलब 'जनता के मत को जानना और उसे प्रदर्शित करना' भी था। क्या आज के हिंदी पत्रों में जनता की वाचा फोड़ने का लक्ष्य ध्वनित होता है? आज का आम हिंदी पत्रकार तो न 'न बोलनेवाले' समाज को संबोधित करता दिखता है और न 'बोलनेवाले' समाज के निर्माण के लिए प्रतिबद्ध है और न ही वह बोलनेवाले समाज के विकास को अपनी सफलता या विकास की कसौटी मानता है। उसके लिए जनमत तैयार करने का मतलब 'जनता के मत को जानना और उसे प्रदर्शित करना' नहीं, बल्कि सिर्फ यह प्रयत्न रह गया है कि संबद्ध पत्र-उद्योग, जो कर रहा है और प्रदर्शित कर रहा है, उसे जनता अपना 'मत' माने। इसलिए हिंदी पत्रकारिता भी 'अब पाठक को सिर्फ 'गाहक' (ग्राहक) के रूप में देखना और बनाना' अपनी सफलता-

असफलता की कसौटी मानती है!

रामवृक्ष बेनीपुरी का कृतित्व तीन धाराओं की त्रिवेणी था। वे तीन धाराएँ थीं—पत्रकारिता, राजनीति और साहित्य। पत्रकारिता की प्रवहमानता, राजनीति की प्रखरता और साहित्य की रसमयता की त्रिवेणी। उनके पत्रकार ने उनके भीतर के राजनीतिकर्मी को प्रखर बनाया और उनके राजनीतिकर्मी ने उनके अंदर के पत्रकार को बेलौस और निर्भीक बनाया। बेनीपुरी की राजनीतिक पत्रकारिता ने राजनीतिक घटनाचक्र के विवरण से भिन्न साहित्यिक पत्रकारिता की सुचिंतित बुनियाद डाली। एक ओर जहाँ बेनीपुरी ने अपने राजनीतिक अग्रलेखों में स्वतंत्रता और समाजवाद की व्याख्या प्रस्तुत की, वहीं भारतीय इतिहास और संस्कृति के संदर्भों को लेकर साहित्य की रचना की। उनके पत्रकार व्यक्तित्व में साहित्य और राजनीति का दुर्लभ संयोग मिलता है, जिसका उदाहरण हिंदी में बहुत कम ही दिखाई पड़ता है। उनका साहित्यकार उनके प्रखर पत्रकार और निर्भीक राजनीतिकर्मी में 'इन्सान' बने रहने का विवेक जाग्रत् रखता था। उनके लिए साहित्य शांति के क्षणों का बुद्धि-विलास नहीं, संघर्ष और यातना के दौर से गुजरते इनसान का अनुभव-विस्तार था।

बेनीपुरी का जीवन-संघर्ष और रचना-कर्म, दोनों एक-दूसरे के पर्याय थे। उनके लिए लेखक-पत्रकार होने का अर्थ था—'जिसकी हथेलियों में दिमाग और अंगुलियों में आँखें हों और जिसकी कलाइयों में किसी प्रकार की जंजीर न हो।' ('गेहूँ और गुलाब')

अपने संपूर्ण लेखन में बेनीपुरी ने समाज की वास्तविकताओं को सर्वथा नई शैली में उजागर किया। भाषा और अभिव्यक्ति की एक विशेष पद्धति के रूप में जो परंपरागत साहित्य लेखन की शैली से मुक्त थी। ध्वनियों की आवृत्ति, शब्द-विन्यास के प्रत्यावर्तन, उपवाक्यों के पूर्वापर क्रम के विन्यास आदि की दृष्टि से लीक छोड़कर चलती उनकी शैली में प्रवाह था, गति थी, जोर था।। उनके अपने शब्दों में—'मेरी शैली का स्रोत्र मेरा तूफानी जीवन।' अपनी और संपादक-पत्रकार गणेशशंकर विद्यार्थी की शैली की तुलना करते हुए बेनीपुरी कहते हैं—'एक-सा जोर। गणेशजी की शैली का स्रोत्र बलिदानी जीवन। मेरी शैली का स्रोत्र तूफानी जीवन।' शैली और विषय-वस्तु को एकाकार करनेवाले उनके लेखन ने हिंदी पत्रकारिता को एक मौलिक व स्वतंत्र विधा के रूप में प्रतिष्ठित होने की राह दिखाई—'शैली में ऐसी पारदर्शिता लाओ कि प्रतिपाद्य वस्तु झिलमिल पानी के बहाव में तैरती मछली की आँख की तरह साफ-साफ दिखे!'

पत्रकार के नाते उन्होंने हिंदी भाषा को काम-काजी भाषा का नया संस्कार दिया। बोलचाल की भाषा को साहित्यिक रूप दिया। भाषा सरल, सहज और सुबोध। छोटे-छोटे वाक्य। छोटे-छोटे बोलते शब्द! पढ़ने में आसान। उनके फुलस्टॉप और कॉमा भी बोलते हैं। मुहावरों और कहावतों का सुंदर-सार्थक प्रयोग। क्रियापद के बिना ही

वाक्य में पूर्णविराम, और कभी-कभी एक ही पद से पूरे वाक्य का काम लेने का ऐसा प्रयोग किया कि गद्य एक नए साँचे में ढल गया! इसीलिए श्री मैथिलीशरण गुप्त ने उन्हें कहा—कलम का जादूगर!

उन्होंने खूब लिखा। सबके लिए लिखा। सभी उम्र और वर्ग के लिए लिखा—बच्चों के लिए लिखा, जवानों के लिए लिखा, महिलाओं के लिए लिखा, बुजुर्गों और विद्वानों के लिए लिखा; नवसाक्षरों के लिए भी लिखा।

उनके लेखन की विशेषताएँ—फटाफट और चित्रात्मक लेखन—हिंदी पत्रकारिता के लिए प्रतिमान और पैमाना बनीं। उन्होंने शब्दचित्र लिखे, रेखाचित्र लिखे और लिखे विचारचित्र भी! खबर लिखने से लेकर खबरों के व्याख्या-विश्लेषण, फीचर निबंध और संपादकीय लेखन तक के नियमों व शर्तों की सूत्रबद्ध पहचान कराता है उनका लेखन।

उनके शब्दचित्र—आज की पत्रकारिता की भाषा में फीचर! वस्तुत: उनके शब्दचित्र आज भी हिंदी पत्रकारिता के लिए फीचर लेखन के पैमाने जैसे हैं, लेकिन पत्रकार बेनीपुरी और साहित्यकार बेनीपुरी के लिए शब्दचित्र की दो अलग-अलग परिभाषाएँ थीं। उन्होंने लेखन में उन परिभाषाओं को बरता।

साहित्यकार बेनीपुरी ने जिंदा इनसानों की जीवनी लिखी। उनके जीवन को कहानियों में बाँधा। उन जीवनकथाओं (माटी की मूरतें-1946) की भूमिका (दो शब्द) में लिखा—ये कहानियाँ नहीं, जीवनियाँ हैं—चलते-फिरते आदमियों के शब्दचित्र हैं। (संकलन में 'दो शब्द' या 'भूमिका' की जगह शीर्षक है—'ये माटी की मूरतें'।) उनके शब्दचित्र इस अर्थ में कहानी नहीं कि उनमें कहानी के पारंपरिक शिल्प का बंधन है। उन शब्दचित्रों से लगता है जैसे चीजों पर वे फीचर लिख रहे हैं। (बेनीपुरी ग्रंथावली-1, भूमिका : सुरेश शर्मा)

जीवनी या कहानी से अलग हैं 'गेहूँ और गुलाब' जैसे फीचर। बेनीपुरी के शब्दों में, ये शब्दचित्र पिछले शब्दचित्रों से भिन्न हैं—छोटे, चलते, जीवंत!

जैसे कैमरे का लेंस किसी दृश्य-खंड को अपने भीतर उतार लेता है, उसी तरह बेनीपुरी की भाषा-शैली भाव-खंड को यथावत् प्रस्तुत कर देती है—"छोटा-सा ललाट, चाँद के टुकड़े-सा। ऊपर सजल श्यामल मेघ-से बालों के लट, नीचे काम के कमान-सी पतली, लचीली, नुकीली भौंहें। आँखों में खुमार, गालों पर गुलाब। सुंदर पतली नाक—जब वह पतले अधरों को खोल, दानेदार दाँतों को जरा सा चमकाकर बोलती, मालूम होता, नाक उसमें सुरीलापन भर रही। स्वस्थ अर्द्ध-स्फुटित यौवन। कैसी मोहक थी वह, उसकी काया, उसकी बातें, उसकी चाल।"

रामवृक्ष कहते हैं, "मैंने कहा—हैंडकैमरा के स्नैपशॉट! आलोचक ने कहा—हाथीदाँत पर की तस्वीरें। इतनी हिम्मत नहीं कि 'आमीन' कहूँ। आप ही देखें, दोनों में

कौन हैं ये?'' ('गेहूँ और गुलाब' की भूमिका—'पुस्तक आंदोलन')

पत्रकार बेनीपुरी ने फीचर और निबंध के बीच के फर्क को भी पहचानने की कोशिश की। साथ ही, अपनी पत्रकारिता में निबंध लेखन को साहित्यिक निबंध के परंपरागत स्वरूप से अलग किया। 'निबंध के जो परंपरागत स्वरूप हैं, उनसे ये निबंध पृथक् पड़ते हैं। ये रेखाचित्र (शब्दचित्र नहीं!) भर नहीं हैं। क्या उन्हें विचारचित्र कहा जा सकता है?' (निबंध-संकलन 'मशाल' की भूमिका)।

'शिल्पगत भिन्नता के कारण बेनीपुरी अपने इन निबंधों को विचारचित्र नाम देना चाहते हैं। यानी ये निबंध विचार-प्रधान तो हैं, लेकिन ऐंद्रिक भाषा के कारण उनसे चित्रात्मकता का ऐसा जादू जगता है कि पढ़नेवाला सुध-बुध खो देता है। (सुरेश शर्मा)

बेनीपुरी की कुछ कहानियाँ और शब्दचित्र भी ऐसे हैं, जिनमें अखबारों में छपे 'समाचार' मूल कथा को गति और मोड़ देते हैं। उनमें कथानायक पत्रकार है या खुद बेनीपुरी पत्रकार की हैसियत से मौजूद हैं—जैसे, 'चिता के फूल' (1930-32 में छपी।), 'भिखारिन की थाती' (1930-32 या उससे पहले छपी)। 'परमेसर' (शब्दचित्र)—'उस दिन अपनी रफ्तार में कागज के ढेर और काम की भीड़ अखबार के दफ्तर में बैठा था कि श्रीराम गाँव से आए और कुशलक्षेम पूछने पर बोले—परमेसर बहुत बीमार है, लबेजान, बेचारा बचता है कि नहीं!…परमेश्वर मेरी पट्टीदारी का ही एक व्यक्ति है—लेकिन उसके लिए कामधाम छोड़कर दौड़ा-दौड़ा बेनीपुर जाने की कल्पना नहीं की जा सकती।…किंतु ज्यों ही शाम हुई, काम की भीड़ छँटी, निश्चिंत हुआ, परमेसर का ध्यान आया और रात के स्टीमर से घर के लिए रवाना हो गया!'

और 'रजिया' (शब्दचित्र)—'मैं छोटे से अखबार में था, पीर-बावर्ची-भिश्ती की तरह।… यों तो लोग समझते कि मैं संपादक ही हूँ!'

रामवृक्ष बेनीपुरी ने लिखा—''आजाद हिंदुस्तान का नया समाज कैसा हो? लेखकों को, कवियों को, पत्रकारों को हम इकट्ठा करेंगे कि वे परस्पर विचार-विनिमय करके जनता के जीवन के अभावों और अभियोगों का सही चित्रण करें और साहित्य को उस पथ से ले चलें, जिसके द्वारा जनता स्वतंत्र और पूर्ण जीवन का उपयोग कर सके।…नया समाज जनता का समाज होगा, संस्कृति को भी जनता की संस्कृति होना है।'' (नई संस्कृति की ओर, शब्दचित्र, 1938-39)

लेकिन पत्रकारिता के भविष्य एवं भविष्य की पत्रकारिता पर बेनीपुरी की नजर और नजरिया स्पष्ट था—''द्वितीय महायुद्ध के बाद पत्रकारिता ने एक नया रूप ले लिया है। वह बिल्कुल व्यावसायिक वस्तु बन गई है। बड़े-बड़े पूँजीपतियों ने अखबारों की लंबी कड़ियाँ जोड़ ली हैं। कौन उनसे मुकाबला कर सके? साप्ताहिक पत्रों की पूछ नहीं रह गई—जब तक वे चित्रों से जगमग नहीं हों। मासिक पत्रों का स्टैंडर्ड भी दिन-

ब–दिन गिरता ही जा रहा है। परिमाण बढ़ रहा है, गुण घट रहा है। सरस्वती को लक्ष्मी ने ऐसा दबोच रखा है कि बेचारी का दम घुट रहा है। द्विवेदी–विद्यार्थी युग समाप्त हुआ, डालमिया–बिड़ला युग सिर पर नाच रहा है। किंतु क्या आदर्श की यज्ञाग्नि बुझाई जा सकी है? यह बुझती रही है, बलती रही है, धधकती रही है—नई समिधा, नई वायु और नया होता और नया मंत्र पाकर!"

□□□